Sozioökonomische Forschungen Band 8

Herausgeber:
Prof. Dr. Ernst Dürr, Nürnberg
Prof. Dr. Egon Tuchtfeldt, Bern

Prof. Dr. Christian Watrin
Prof. Dr. Hans Willgerodt
(Herausgeber)

Widersprüche der Kapitalismuskritik

Festschrift zum 75. Geburtstag von Alfred Müller-Armack

Verlag Paul Haupt Bern und Stuttgart

Veröffentlichung des Instituts für Wirtschaftspolitik
an der Universität zu Köln

Wirtschaftspolitische Chronik

25. Jahrgang, Heft 2/3, 1976

ISBN 3-258-02567-3

ALFRED MÜLLER-ARMACK

gewidmet
zur Vollendung seines
fünfundsiebzigsten Lebensjahres
am 28. Juni 1976
und zum fünfundzwanzigjährigen Bestehen
des von ihm gegründeten
Instituts für Wirtschaftspolitik
an der Universität zu Köln

VORWORT

Alfred Müller-Armack, dem die folgenden Beiträge von Freunden, Kollegen und Schülern in Verehrung und Dankbarkeit gewidmet sind, hat als junger Kölner Privatdozent sein Buch „Entwicklungsgesetze des Kapitalismus"[1] veröffentlicht. Das Werk, in einer Zeit erschienen, in der bald die freie wissenschaftliche Diskussion nicht mehr möglich sein sollte, wendet sich der zeitgenössischen Kapitalismusforschung zu, die, anders als die „Kapitalismuskritik" heute, im Anschluß an die Arbeiten von Max Weber, Werner Sombart und Ernst Troeltsch um das Verständnis der Funktionsweise einer marktwirtschaftlichen Ordnung bemüht war. In Auseinandersetzung mit der von Marx und seinen Nachfolgern propagierten Idee, daß die sozial-ökonomische Entwicklung historisch determiniert sei, weist Müller-Armack mit überzeugenden Argumenten die „Offenheit des geschichtlichen Prozesses" nach. Damit ist ein Grundthema seiner späteren Arbeiten angeschlagen, die Suche nach Möglichkeiten zur Gestaltung des Wirtschafts- und Soziallebens unter dem Leitbild einer irenischen Ordnung, der Sozialen Marktwirtschaft.

Die Schlußpassage des Buches könnte das Motto des vorliegenden Bandes sein. Sie verdient deswegen, hier wiederholt zu werden. Müller-Armack schreibt, er habe es als Aufgabe seiner Untersuchung angesehen, „die falschen Bilder vom Verlauf des kapitalistischen Prozesses abzubauen, ihn zu begreifen als stetig sich wandelndes Gebilde, das dennoch keinem Entwicklungszwange gehorcht, der die Konturen des Kommenden vorschriebe. Jedem Versuche, sich durch die Annahme von Entwicklungsgesetzen der Verantwortung zur steten aktuellen Entscheidung zu entziehen, begegnet die Geschichte mit dem Appell an die immer neu zu orientierende gestaltende Tat".

Aus der Grundeinstellung heraus, Fehlbilder der Marktwirtschaft zu korrigieren und die Entfaltungsmöglichkeiten einer Gesellschaft freier Menschen aufzuzeigen, sind die in diesem Bande abgedruckten Aufsätze geschrieben. Allerdings kann der Begriff „Kapitalismus", anders als in den zwanziger Jahren, in denen er noch mit größerer Unbefangenheit zur Kennzeichnung der modernen marktwirtschaftlichen Ordnung verwendet werden konnte, heute kaum noch als Terminus technicus der Wirtschafts- und Sozialwissenschaften verstanden werden. Zu weit ist mittlerweile die „Sprachpolitik" von jenen Kreisen getrieben worden, die ihn zum politischen Kampfwort abgewertet haben. Um so notwendiger ist es, vom heutigen Stand die Widersprüche der Kapitalismuskritik zeitgenössischer

[1] Alfred Müller-Armack, Entwicklungsgesetze des Kapitalismus. Ökonomische, geschichtstheoretische und soziologische Studien zur modernen Wirtschaftsverfassung, Berlin (Junker & Dünnhaupt) 1932, 218 S.

Provenienz offenzulegen und zu zeigen, daß die „Kapitalismus"theorie untauglich ist, die uns umgebende Realität zu erfassen und befriedigend zu erklären.

Die Beiträge zu dieser Festgabe konzentrieren sich auf diese analytische Aufgabe und weichen damit bewußt von der akademischen Gepflogenheit ab, auf das ganze Werk des zu Ehrenden einzugehen. Alle Verfasser sind in ihren wissenschaftlichen Anschauungen durch die Entwicklung geprägt worden, die nach dem Zweiten Weltkrieg begann und die dazu geführt hat, daß die von Alfred Müller-Armack mitgeschaffene Ordnung der Sozialen Marktwirtschaft von allen maßgeblichen politischen und geistigen Kräften unseres Landes als die richtige Antwort auf die großen sozialen und wirtschaftlichen Probleme der Nachkriegszeit angesehen wurde. Die Diskussion um die Grundlagen der Wirtschafts- und Staatsordnung war besonders in den frühen sechziger Jahren zur Ruhe gekommen, und es schien damals, daß alle Kräfte auf den Ausbau der Sozialen Marktwirtschaft konzentriert werden könnten. In den letzten zehn Jahren haben sich jedoch Prozesse wiederholt, von deren krisenhafter Zuspitzung Müller-Armack in seinem Frühwerk spricht. Um so mehr gilt es, seiner Aufforderung zu folgen, die gestaltenden Kräfte und die Leistungsmöglichkeit der Marktwirtschaft in der Auseinandersetzung mit ihren Kritikern ein weiteres Mal zu verdeutlichen.

CHRISTIAN WATRIN HANS WILLGERODT

INHALTSVERZEICHNIS

VON DER MACHT DES KAPITALS — MYTHEN UND WIRKLICHKEIT

von Hans Willgerodt

Wer in einer wirtschaftspolitischen Diskussion der Gegenwart Leidenschaften erregen und auf einfache Weise Beifall erlangen möchte, führt alle auftretenden Unzulänglichkeiten auf die „Macht des Kapitals" zurück. Die „Herrschaft des Kapitals" gilt auch heute noch vielen als die wesentliche Ursache von Konflikten aller Art. Sie wird für Klassenschichtung und Ausbeutung, ungerechte Einkommensverteilung und Verbrauchermanipulation, für Leistungszwang, Profit- und Erwerbsgier, für Währungskrisen, Inflation und Arbeitslosigkeit, je nach den Idealvorstellungen des Beurteilers einmal für zu starkes Wirtschaftswachstum und Umweltschäden, ein anderes Mal für wirtschaftliche Stagnation verantwortlich gemacht. Man glaubt das „Kapital" im Bildungswesen und an den Universitäten am Werke, um sich Menschen geistig untertan zu machen; die Presse sei von ihm abhängig; ja nicht einmal alle links gerichteten Parteien könnten seinen Zwängen widerstehen, so daß ihm in westlichen Ländern der Staat selbst zum Opfer falle (These vom „Staatsmonopolistischen Kapitalismus" — abgekürzt: Stamokap).

Selbst die sowjetische Wirtschaft wird gelegentlich — nicht in jeder Hinsicht unzutreffend — als „Staatskapitalismus" bezeichnet; dabei mag der Wunsch mitspielen, eigene sozialistische Vorstellungen gegenüber offenkundigen Mängeln der Sowjetwirtschaft abzugrenzen, also definitorisch alles, was man für unerwünscht hält, einer imaginären begrifflichen Realie, dem „Kapitalismus", zuzuweisen[1]. Im übrigen seien ihm

[1] Die Mehrzahl der genannten Anklagepunkte wird schon im Kommunistischen Manifest aufgeführt und durchzieht seitdem das Schrifttum über „Kapitalismus". Es fehlt auch nicht an Versuchen, den Nationalsozialismus als eine Art von „Kapitalismus" hinzustellen und auf diese Weise das Schuldkonto des „Kapitals" weiter zu belasten. Dies wird dadurch erleichtert, daß der Nationalsozialismus ebenso wie der Kommunismus vorübergehende taktische Konzessionen — etwa gegenüber Mittelstand und Unternehmertum — gemacht und obendrein über keine so fest gefügte Ideologie wie der Kommunismus verfügt hat. Vgl. z. B. A. Schweitzer, Der organisierte Kapitalismus. Die Wirtschaftsordnung in der ersten Periode der nationalsozialistischen Herrschaft. Edgar Salin zum 70. Geburtstag, in: Hamburger Jahrbuch für Wirtschafts- und Gesellschaftspolitik, 7. Jahr 1962, S. 32—47. Der „organisierte", d. h. durch Konzentration und zentrale Lenkung verformte „Kapitalismus" ist sozialistischen Kritikern keineswegs im Prinzip unsympathisch. Mit geheimer oder offener Wonne betrachten sie ihn als erwünschte Stufe auf dem Wege zum Sozialismus. Vgl. Fritz Naphtali, Wirtschaftsdemokratie. Ihr Wesen, Weg und Ziel, 2. Aufl., Frankfurt am Main 1966. Im übrigen bleibt festzuhalten, daß Äußerungen und Handlungen der Nationalsozialisten im Kern „antikapitalistisch" und in jeder Hinsicht kollektivistisch gewesen sind: Die Wirtschaft wurde schrittweise autoritär-staatswirtschaftlich umgestaltet; die Hoffnung einiger Wirtschaftskreise, sich dem staatlichen Zugriff entziehen und einen Bereich der Eigenständigkeit und Eigengesetzlichkeit erhalten zu können, wurde enttäuscht. Das formal aufrecht erhaltene Eigentum an den Produktionsmitteln wurde durch Preisstopp, Len-

Rüstungswettlauf, Imperialismus und wirtschaftliche Nöte von Entwicklungsländern anzulasten, das international mobile Kapital könne ganze Staaten seinem Willen gefügig machen.

Solche Thesen kritisch zu prüfen ist einigermaßen beschwerlich. Wer es unternimmt, dem wird meist ohne großen Einzelnachweis und ohne sorgfältiges Studium der jeweiligen Äußerungen ideologisch bedingte Apologetik des „Kapitalismus" oder sogar mittelbare, wenn nicht unmittelbare Käuflichkeit unterstellt. Die Klärung des Sachverhaltes wird außerdem nicht gerade erleichtert durch das in der öffentlichen Diskussion immer wieder zu beobachtende zähe Festhalten an der Vorstellung, daß der große soziale Konflikt der Gegenwart noch immer in dem Gegensatz von „Kapital" und „Arbeit" bestehe. Damit wird zugleich nahegelegt, es komme auf eine einfache Parteinahme an und die moralisch einzig gebotene Parteinahme sei diejenige zugunsten der „Arbeit". Nach dieser Auffassung beziehen „Kapitalisten" ein „arbeitsloses Einkommen", das deswegen machtbedingt und ausbeuterisch sei, weil es vom „vollen Arbeitsertrag" einbehalten werden könne; dies sei möglich, weil die „Klasse" der „Kapitalisten" den vermögenslosen Arbeitnehmern anderenfalls keine Arbeitsplätze zur Verfügung stelle. In marxistischer Sprechweise wird dieser Vorwurf bekanntlich mit Hilfe der Mehrwerttheorie „abgeleitet", indem behauptet wird, der Tauschwert der Arbeit (Lohn) sei niedriger als der Gebrauchswert für den Unternehmerkapitalisten, die Differenz könne vom Unternehmer aufgrund eines Machtverhältnisses dem Arbeiter vorenthalten werden.

Auf der anderen Seite gibt es noch immer Vertreter eines undifferenzierten Laissez-faire, die bestreiten, daß es Probleme einer Machtausübung geben könne, wie sie durch Verfügung über Kapital möglich gemacht wird. Es ist aber nicht zweifelhaft, daß die Konzentration von Kapital und Kapitaleinkommen den Verfügungsberechtigten tatsächlich Einfluß oder Macht, gelegentlich sogar große Macht, verleihen kann. In diesem Aufsatz wird die Ansicht vertreten, daß sich schädliche Kapitalmacht letztlich nur dann ergeben kann, wenn der Wettbewerb beschränkt wird. Derjenige, der unerwünschte Kapitalmacht bekämpfen will, muß daher das Entmachtungsinstrument wettbewerblicher Märkte anwenden. Andere Methoden, das Machtproblem zu lösen — etwa Ver-

kung und Verfügungsbeschränkung schließlich so gut wie aufgehoben. Der Ansicht, dies sei nur ein mehr zufälliges Ergebnis der Notwendigkeiten einer Kriegs- und Rüstungswirtschaft gewesen, ist entgegenzuhalten, daß die Nationalsozialisten marktwirtschaftliche Möglichkeiten schon dann verworfen haben, als sie — wie vor Kriegsausbruch — noch anwendbar waren. Ihre Ideologie war extrem gegen das „Bürgertum" gerichtet, außerdem gegen jede Art von „Liberalismus". Charakteristisch hierfür sind neben den offiziellen Äußerungen der Nationalsozialisten vor allem auch die Ansichten des Tat-Kreises: Vgl. z. B. Ferdinand Fried, Das Ende des Kapitalismus, Jena 1931; ders., Deutscher Sozialismus?, in: Die Tat, März 1933, S. 993—1012; Hans Zehrer, Rechts oder Links?, in: Die Tat, Oktober 1931, S. 505—559.

staatlichungen oder „Demokratisierungen" — erweisen sich als unzulängliche oder gar das Übel verschärfende Mittel.

In der Frage, ob Wettbewerbsbeschränkungen und Monopolismus schädlich sind, liegt jedoch nicht der eigentliche Streitpunkt mit dem marxistischen Sozialismus und vielen Beurteilern, die auf anderen Wegen das Problem der Kapitalmacht erörtern. Vielmehr wird die wissenschaftliche und populäre Diskussion noch immer von der These stark beeinflußt, vom „Kapital" als solchem gehe illegitime Macht aus, ohne Rücksicht darauf, ob zwischen denen, die Eigentümer des Kapitals sind oder darüber verfügen, funktionsfähiger Wettbewerb besteht oder nicht. Insoweit wäre „Kapital" an sich böse. Da man hiermit das Privateigentum an den Produktionsmitteln innerhalb einer marktwirtschaftlichen Ordnung meint, soll insoweit auch diese Ordnung selbst mit einer Erbsünde behaftet sein. Unsere erste und wichtigste Aufgabe wird es daher sein, uns mit den hinter dieser Vorstellung stehenden, teilweise sehr gewichtigen Theorien auseinanderzusetzen.

I. Die vermeintliche Erbsünde des „Kapitals": Machtausübung auch bei Wettbewerb

A. Eine sozialethische Vorerwägung

Längst sind die christlichen Kirchen praktisch vom Zinsverbot abgerückt. Auch die Zinsfeindschaft marxistischer Herkunft ist in der Praxis stark aufgeweicht, denn selbst im sowjetischen Machtbereich wird für Sparguthaben Zins gezahlt. Gleichwohl gilt Einkommen aus Besitz und Kapital nach wie vor weithin als nicht voll legitimes Machteinkommen. Hierfür sind Sondersteuern, die das Zins- und Vermögenseinkommen zusätzlich zur allgemeinen Besteuerung des Einkommens treffen, nur ein besonders ins Auge fallendes Symbol. Es ist zu fragen, ob das Vermögenseinkommen wirklich darauf beruht, daß der Vermögen Besitzende persönlich Macht anwendet. In diesem Falle könnte man ja an ihn appellieren, seine Macht nicht oder nur zum Vorteil anderer anzuwenden.

Macht wird nach Max Weber als „jede Chance" angesehen, „innerhalb einer sozialen Beziehung den eigenen Willen auch gegen Widerstreben durchsetzen, gleichviel worauf diese Chance beruht."[2] Für die Ausübung eines eigenen Willens ist indessen ein Handlungsspielraum notwendig, denn derjenige, der lediglich Wirkungen auf andere ausübt, ohne an diesen Wirkungen und seinen eigenen Handlungen etwas ändern

[2] Max Weber, Wirtschaft und Gesellschaft, Grundriß der Sozialökonomik, III. Abteilung 3. Aufl., 1. Halbband, Tübingen 1947, S. 28.

zu können, hat keinen eigenen Willen. Ein moralischer Appell an ihn ist sinnlos.

Um zu klären, ob die Zinsfrage ein Problem der Individualethik ist und dabei an das Verhalten des Einzelnen innerhalb seines persönlichen Macht- und Einflußspielraums Forderungen zu stellen sind, ist es nützlich, eine scheinbar paradoxe Erwägung anzustellen: Könnte nicht ein einzelner Kapitalbesitzer, von der Verwerflichkeit des Zinsnehmens überzeugt, dieser Überzeugung folgen und sein Kapital unentgeltlich ausleihen? Selbstverständlich ist dies möglich und geschieht wohl auch hin und wieder. Kann dieses Verhalten sich ausbreiten und den Zins schließlich senken oder überflüssig machen, so daß er sozusagen ein Barometer für die innerhalb einer Gesellschaft herrschenden Durchschnittsmoral wäre sowie ein Erfolgsmaßstab für das Wirken der Moralisten?

Wenn der Schuldner ein Unternehmen ist, so hätte es insoweit keine Fremdkapitalzinsen mehr zu zahlen und könnte gegenüber vergleichbaren Unternehmen einen Wettbewerbsvorteil ausnutzen. Aber das bedeutet nicht, daß es seinen erhöhten Gewinn, der aus der Nutzung fremden Vermögens hervorgegangen ist, nun in eine andere Einkommensart, etwa Arbeitseinkommen, umwandeln müßte. Wird die Gewinnerhöhung nicht dazu benutzt, den Arbeitnehmern dieses Unternehmens höhere Löhne zu zahlen, so wird nur der Zinsverzicht des Kapitaleigentümers durch einen höheren Gewinn des Unternehmens ersetzt, also durch eine Einkommensart, die mindestens in dem Umfang des Zinsverzichtes des Gläubigers ebenfalls Einkommen aus Kapitalnutzung ist. Verbrauchen diejenigen, die über den Gewinn verfügen, den ihnen durch das Wohlwollen des Kapitaleigners zugeflossenen Betrag, so erhöht sich die volkswirtschaftliche Kapitalsumme ceteris paribus nicht, eine durch reichlichere Verfügbarkeit von Kapital möglicherweise hervorgerufene Zinssenkung oder Lohnsteigerung bleibt aus. Das begünstigte Unternehmen benutzt seine potentiell erhöhte Wettbewerbsfähigkeit nicht dazu, eine günstigere Stellung am Markt zu erringen. Deswegen kommt es auch nicht zu sonst denkbaren Preissenkungen oder Qualitätsverbesserungen bei den von ihm angebotenen Produkten.

Etwas anderes ergibt sich, wenn das begünstigte Unternehmen aus dem erhöhten Gewinn Investitionen finanziert. Dies kann unter günstigen Bedingungen lohnsteigernde Wirkungen haben, nämlich dann, wenn dadurch die Arbeit produktiver und gleichzeitig knapper wird (direkte oder indirekte Komplementarität von Kapital und Arbeit). Allerdings hätte der Kapitaleigner, der auf Zins verzichtet hat, ebenfalls den Zinsbetrag sparen und investieren können, so daß der gleiche Effekt zustande gekommen wäre. Die Lohn-Zins-Relation könnte sich also nur dann wesentlich zugunsten des Lohnes verändern, wenn der auf Zins verzichtende Kapitaleigner eine geringere Sparneigung hätte als das vom Zinsverzicht begünstigte Unternehmen. Dafür gibt es keine prinzipiellen Anhaltspunkte.

Für eine Zinssenkung bedarf es nicht eines Zins- und Gewinnverzichtes, sondern nur erhöhter und investierbarer Ersparnisse, gleichgültig, wer sie leistet. Der Ethiker, dem der Zins ein Dorn im Auge ist, müßte demnach zum Sparen, nicht aber zum Verzicht auf das Zinsnehmen auffordern.

Was ändert sich nun, wenn ein Unternehmer, der zugleich Eigentümer seines Unternehmens und Eigenkapitalbesitzer ist, auf seinen dem Eigenkapital zuzurechnenden Gewinnanteil und damit auf die Verzinsung seines Eigenkapitals verzichtet und die bisher erzielte Gewinnsumme seinen Arbeitnehmern auszahlt? Das Lohn-Zins-Verhältnis scheint insofern für seine Arbeiter radikal verändert worden zu sein. Trotzdem kann sich diese Relation durch das Handeln eines einzigen Unternehmers gesamtwirtschaftlich nicht ändern: Der Vorteil bleibt auf die Arbeitnehmer dieses einen Unternehmens beschränkt; sie werden gegenüber den Arbeitnehmern anderer Unternehmen besonders begünstigt und beziehen eine Art von Kapitaleinkommen, wobei das Kapital als der kapitalisierte Vorteil anzusehen ist, den das Recht auf einen Arbeitsplatz in diesem Unternehmen gegenüber anderen Arbeitsplätzen verschafft. Könnten die Arbeitnehmer anderer Unternehmen um die begünstigten Arbeitsplätze konkurrieren, dann wäre folgende Entwicklung denkbar: Die Arbeitnehmer wären bereit, in Anbetracht der Aussicht auf Gewinnbeteiligung mindestens teilweise auf Vertragslohnforderungen gegenüber dem gewinnbeteiligenden Unternehmen zu verzichten. Die Konkurrenz um die „besseren", das heißt mit Gewinnbeteiligung verbundenen Arbeitsplätze würde die Einkommensunterschiede wieder einebnen, die zunächst durch die Begünstigung zwischen den Arbeitnehmern verschiedener Unternehmungen entstanden waren. Der Gewinnverzicht ist dann soweit verdünnt, daß er gesamtwirtschaftlich nicht mehr zu Buche schlägt.

Sofern im übrigen die durch Gewinnverzicht des Unternehmers begünstigten Arbeitnehmer nicht sorgfältiger und produktiver als vorher arbeiten, kann der auf Gewinn verzichtende Unternehmer in wirtschaftliche Schwierigkeiten kommen. Denn es wird immer andere Unternehmer geben, die nicht in dieser Weise verfahren, sondern ihren Gewinn behalten. Investieren sie ihn, so erlangen sie einen Wettbewerbsvorsprung, der den auf Gewinn verzichtenden Unternehmer zwingen kann, seine Verhaltensweise aufzugeben, es sei denn, es gelänge ihm, seine Arbeitnehmer zur Investition ihrer Gewinnanteile im eigenen Unternehmen zu veranlassen, das heißt, sie zu Kapitaleignern zu machen. Auch damit ist das Kapitaleinkommen nicht verschwunden, sondern nur anders verteilt. Es wäre nämlich etwas viel verlangt, wenn man nun von den Arbeitnehmern, die Gewinnanteile reinvestiert haben, erwarten wollte, daß sie auf eine Verzinsung dieser Anteile verzichten. Einen individuell nach Maßgabe der Einlage zugerechneten Vorteil hätten sie dann nämlich von ihrem „Kapital" nicht mehr. Es könnte sich höchstens eine erhöhte Arbeitsproduktivität wegen besserer Ausstattung der Arbeitsplätze mit

Kapital ergeben und damit die Möglichkeit, einen steigenden Lohn zu zahlen. Steigende Löhne würden aber bei gleicher Arbeitsqualität auch denen zufallen, die keine Gewinnanteile angelegt haben, sofern sie nur in dem investierenden Unternehmen beschäftigt sind. Denn für die Lohnsteigerung kommt es allein darauf an, daß das Unternehmen überhaupt mehr Kapital bildet, gleichgültig, wem das Kapital gehört. Neu hinzukommende Arbeitnehmer bei gleicher Arbeitsqualität mit schlechteren, unzulänglich mit Kapital ausgestatteten Arbeitsplätzen zu versehen und sie mit niedrigeren Löhnen abzufinden wäre betriebswirtschaftlich nicht rational: Die bewerteten Grenzerträge des Kapitals wären nicht ausgeglichen, der Gewinn könnte durch Umverteilung des Kapitals innerhalb des Unternehmens erhöht werden. Nun könnten allerdings die Löhne bei gleicher Arbeit nach Maßgabe der Dauer der Betriebszugehörigkeit gestaffelt werden, um die Tatsache zu berücksichtigen, daß die älteren Belegschaftsmitglieder durch früher einbehaltene Gewinnanteile stärker die Gesamtproduktivität der Arbeit im Unternehmen erhöht haben als die neu Hinzugekommenen. Damit hätte man ein verkapptes Kapitaleinkommen der Altbelegschaft eingeführt, selbst wenn es äußerlich als Lohn bezeichnet würde.

Was aber geschieht, wenn sich das Verfahren der Gewinnbeteiligung der Arbeitnehmer, vielleicht unter gesetzlicher Nachhilfe, weiter ausbreitet und wenn auch die Fremdkapitalgläubiger freiwillig auf das Zinsnehmen verzichten? Wird wenigstens in diesem Falle das Kapitaleinkommen in Arbeitseinkommen verwandelt und der Zins als Einkommenskategorie verschwinden? Keineswegs: Mit der Gewinnbeteiligung wird ja das Privateigentum am Kapital noch nicht aufgehoben. Es bleibt in der Hand irgendwelcher Eigentümer, unter denen sich auch der Staat befinden kann. Außerdem bleiben Kapital und Kapitalnutzungsmöglichkeit knapp, ohne Rücksicht auf die Eigentumsverhältnisse, also auch dann, wenn das Kapital allein dem Staat gehört. Solange es selbständig handelnde Unternehmungen gibt, werden sie bemüht sein, Kapital zu nutzen und an sich zu ziehen. Sie werden infolgedessen bereit sein, einen Preis für die Kapitalnutzung zu zahlen. Die Konkurrenz der Kapitalnachfrager müßte also einen Zins hervorrufen. Wir haben aber vorausgesetzt, daß die Kapitaleigner infolge ethischer Appelle einen solchen Zins nicht annehmen wollen oder wegen eines Verbots nicht nehmen dürfen, ihr Kapital also umsonst zur Verfügung stellen. Dies können sie nur solange tun, wie der Kapitalvorrat reicht. Zum Zins von Null ist die Kapitalnachfrage im allgemeinen größer als das Kapitalangebot; infolgedessen muß das Kapital nach irgendwelchen anderen Kriterien als dem Zins an die Kapitalnutzer ausgeteilt werden. Es kann rationiert, nach „Beziehungen" vergeben, nach dem Warteschlangenprinzip oder nach Gesichtspunkten „volkswirtschaftlicher" oder „moralischer" Dringlichkeit zugeteilt werden, das heißt nach Kriterien, die mit der Inferiorität jedes Bewirtschaftungssystems behaftet sind. Diejenigen, die bei derartigen Verfahren in den glücklichen Besitz unentgeltlich gewährter Nutzungsrechte am Kapital gelangen, erlangen damit einen erheblichen Vorteil gegenüber denen, die weniger erhalten haben. Denn die Marktpreise für die mit Hilfe des knappen Kapitals hergestellten Produkte enthalten der Tendenz nach (also im Gleichgewicht) auch eine Vergütung für die knappe Kapitalleistung, selbst wenn das Unternehmen eine solche Vergütung nicht an die Kapitaleigner weiterzugeben braucht. Dies erklärt sich damit, daß Güter, die unter Verwendung von Kapitalnutzung hergestellt werden, nicht in dem Umfang angeboten werden können, wie er möglich wäre, wenn Kapitalnutzung freies Gut wäre. Da die Kapitalnutzung knapp ist, werden auch die Güter knapper, die mit Hilfe von Kapitalnutzung hergestellt werden; die Preise enthalten damit nicht nur Abschreibungen, sondern auch einen zusätzlichen Bestandteil, der in einer normalen Marktwirtschaft zum Zinseinkommen wird. Da die Eigentümer des Kapitals die Annahme von Zinsen verweigern, entsteht das Kapitaleinkommen nunmehr bei denen, denen das Kapital zur unentgeltlichen Nutzung geliehen worden ist. Der Markt gewährt ihnen in den Produktpreisen mehr, als sie zur Abdeckung aller Kosten einschließlich der Abschreibungen brauchen. Diese etwas vereinfachte Darstellung genügt, um das Prinzip klarzumachen.

Es zeigt sich, daß mit einem freiwilligen Verzicht auf Zins oder Gewinn die Existenz des Kapitaleinkommens nicht beseitigt werden kann, solange Kapitalnutzung nicht freies Gut wird. Außerdem ist es nicht sehr wahrscheinlich, daß alle Kapitaleigner auf Zinseinkommen verzichten oder auch nur verzichten können.

Selbst wenn aber die Kapitaleigner auf Zins verzichten, so daß der entsprechende Vorteil der Kapitalnutzung den Unternehmungen zufließt, ist es nicht sicher, daß diese den Vorteil an ihre Arbeitnehmer weitergeben. Einige Unternehmen werden Wettbewerbsvorteile daraus ziehen können, daß sie die Gewinne einbehalten und nicht an die Arbeitnehmer ausschütten. Außerdem werden einige Arbeitnehmer nicht so einsichtig sein, im Interesse der Wettbewerbsfähigkeit ihres Unternehmens auf Barauszahlung zu verzichten und die zugewiesenen Beträge wieder im Unternehmen anzulegen. Beide Verhaltensweisen hemmen die Ausbreitung eines allgemeinen Gewinnverzichtes der Unternehmen.

Es scheint demnach, als ob die angebliche „Unmoral" von Profit und Zins systemimmanent ist, zumal bei Konkurrenz diejenigen Unternehmen, die sich den Arbeitnehmern gegenüber am restriktivsten verhalten, die günstigsten Wettbewerbschancen haben. Deswegen scheint auch ohne Kartellabsprache oder Wettbewerbsbeschränkung zwischen den Kapitaleignern die Grenzmoral des Hartgesottensten unter ihnen die allgemeine „Moral" der Kapitaleigner zu bestimmen, und zwar gerade bei intensivem Wettbewerb.

Einzuschränken ist diese These nur insoweit, als der Wettbewerb ein dynamischer Vorgang ist, der Unsicherheiten und Handlungsspielräume schafft oder geradezu voraussetzt, also nicht wie ein Automat abläuft. Insoweit können die Unternehmungen „moralisch" sein und ihre Arbeitnehmer begünstigen. Auch können sie auf diese Weise Loyalität ihrer Arbeitnehmer hinzugewinnen, die sie im Wettbewerb stärkt.

Als Ergebnis ist festzuhalten: Selbst wenn tatsächlich, z. B. durch gesetzlichen Zwang, das Kapital nicht mehr verzinst werden dürfte und der entsprechende Betrag den Arbeitnehmern auszuzahlen wäre oder wenn die Kapitaleigner aus Überzeugung das Kapital zinslos ausleihen würden, würde das Kapitaleinkommen damit nicht verschwunden sein. Es würde nur den Arbeitnehmern zugeleitet. Im Rahmen einer Marktwirtschaft ist das Kapitaleinkommen nicht durch Methoden der Individualethik zu beseitigen.

Marxisten und ähnlich Denkende ziehen hieraus die Folgerung, daß deswegen die Marktwirtschaft revolutionär beseitigt werden müsse. Aber es gibt auch weniger revolutionäre sozialethische Forderungen zur Abschaffung des persönlichen Kapitaleinkommens. Der folgende Abschnitt wird sich mit der These auseinandersetzen, das Kapital- und Besitzeinkommen könne verschwinden, wenn das Vermögen gleichmäßig verteilt sei. Der Zins wird danach auf die Ungleichmäßigkeit der Vermögensverteilung zurückgeführt. Daraus wäre die sozialethische Forderung abzuleiten, das Vermögen solle gleichmäßiger verteilt werden. Für eine gleichmäßigere, wenn auch nicht gleiche, Vermögensverteilung lassen sich ausgezeichnete Gründe anführen. Wie sich zeigen wird, kann sie jedoch ebensowenig das Vermögens- und Kapitaleinkommen zum Verschwinden bringen, wie dies durch freiwilligen Verzicht auf Zinseinkommen möglich ist.

B. Ungleichmäßige Vermögensverteilung als Ursache des Kapitaleinkommens?

Die hier zu betrachtende These geht von der Vorstellung aus, der Eigentümer von knappen sachlichen Produktionsmitteln einschließlich Sachkapital oder von Rechtstiteln, die eine Verfügungsgewalt über solche Produktionsmittel verschaffen, übe Macht aus, die es ihm ermögliche, auf Kosten des Arbeitseinkommens eine Rente zu erzielen[3]. Diese Macht sei unabhängig von der Marktform, beruhe also nicht auf der Macht eines Einzelmonopolisten, sondern könne auch dann ausgeübt werden, wenn die Besitzenden miteinander in Konkurrenz stehen. Die Konkurrenz sei

[3] Vgl. z. B. Erich Preiser, Erkenntniswert und Grenzen der Grenzproduktivitätstheorie, in: ders., Bildung und Verteilung des Volkseinkommens, 3. Aufl., Göttingen 1963, S. 288.

nämlich auf diejenigen beschränkt, die den vorhandenen Vorrat an sachlichen Produktionsmitteln besitzen[4]. Preiser hat gemeint, diese Klassenmonopoltheorie könne die Frage „nach dem Existenzgrund des Besitzeinkommens" beantworten[5]. Die Klasse der Besitzenden stehe quasimonopolistisch den Nichtbesitzenden gegenüber, die aus Mangel an Kapital nicht selbständig produzieren können, deswegen unselbständig erwerbstätig sein müssen und sich dabei von ihrem Arbeitsertrag einen Abzug zur Verzinsung des Kapitals gefallen lassen müssen. Wäre das Vermögen gleichmäßig gestreut, so wären die Unselbständigen nicht auf das Kapital der Besitzenden angewiesen und könnten unter Verwendung des eigenen Kapitals produzieren, ohne Zins zahlen zu müssen.

Diese Theorie enthält zwei Komponenten, die miteinander verwoben werden: 1. die Vorstellung, daß Kapital in seiner Nutzung verteuert werde, wenn es sich in der Hand einer bestimmten Schicht befinde oder ungleichmäßig verteilt sei; 2. die Vorstellung, daß es bei gleichmäßiger Vermögensverteilung keine Kapitalnachfrage und daher auch keinen Preis für die Kapitalnutzung, also Zins, gebe.

Mit der ersten Komponente klingt die vertraute Vorstellung von einer Rente an, die bei geschlossenem Markt — etwa bei Einschränkungen der Gewerbefreiheit — von denjenigen erzielt werden kann, die weiterhin im Markt als Anbieter tätig bleiben. Zwischen den Anbietern kann durchaus noch Wettbewerb im Polypol bestehen, doch ist ihre Zahl gegenüber einem Zustand mit freiem Marktzutritt herabgesetzt, sei es durch zünftlerische Satzung (etwa Beschränkung der Meisterstellen), sei es durch Ausscheidungsprozesse, denen kein Neuzugang von Unternehmen gegenübersteht[6]. Denkbar ist auch, daß die Nachfrage wächst, die Anbieterzahl aber unverändert bleibt. Wenn in solchen Fällen die Betriebsgrößen der im Markt bleibenden Unternehmungen nicht ohne Kostensteigerung erweitert werden können, erhöhen sich die Produktpreise stärker als bei freiem Marktzutritt. Die Preiserhöhung ruft eine Rente hervor, die auf der Marktschließung beruht. Freigesetzte oder von den Unternehmen nicht eingestellte Arbeitnehmer drücken auf den Lohnsatz, womit sich die Rente der Unternehmer weiter erhöht.

Bei näherem Zusehen ergibt sich allerdings, daß die Vorstellung vom geschlossenen Markt nicht ohne weiteres auf den Markt für Kapital über-

4 Ders., Artikel: Distribution, in: Handwörterbuch der Sozialwissenschaften, wieder abgedruckt in: ders., Bildung und Verteilung des Volkseinkommens, a.a.O., S. 299.

5 Dsgl.; zur Kritik vgl. auch: Walter Hensler, Das Problem von Vermögensverteilung und Rente dargestellt an Peters „Klassenrente" und Preisers „Quasimonopol", Kölner Dissertation 1970.

6 Allerdings kann durch Ausscheidungsprozesse die Marktform zum Oligopol oder sogar Monopol transformiert werden, wenn der Marktzugang nicht frei bleibt. Vgl. hierzu Walter Eucken, Die Grundlagen der Nationalökonomie, 6. Aufl., Berlin, Göttingen, Heidelberg 1950, S. 91 ff., 199 und passim.

tragen werden kann. Jedenfalls ist sie in globaler Form für die Erklärung des Kapitaleinkommens untauglich. Denn hierzu müßte bewiesen werden, daß das Gesamtangebot an Kapital am Markt deswegen geringer ist, weil nur ein Teil der Bevölkerung zu den Kapitaleigentümern gehört. Das genaue Gegenteil ist jedoch richtig: Soweit Kapitaleigner auch im Durchschnitt ein höheres Einkommen beziehen und mit höherem Einkommen die Sparneigung zunimmt, wächst sogar bei ungleichmäßiger Vermögensverteilung das Kapitalangebot. Die Reichen sparen mehr, so daß der Zinssatz tendenziell sinkt. Die Akkumulation des Kapitals wird durch die einseitige Verteilung des Vermögens in keiner Weise behindert, sondern im Gegenteil eher befördert[7].

Die zweite Komponente der Klassenmonopoltheorie ist ebenfalls nicht tragfähig. Erich Preiser meinte, bei gleichmäßiger Verteilung des Produktionsmittelbesitzes „wäre eine zinsbringende Verwertung unmöglich, weil im Regelfall keine Nachfrage nach der Nutzung fremder Produktionsmittel bestünde ..."[8]. Erst die ungleichmäßige Verteilung des Vermögens mache also Produktionsmittel zur Rentenquelle. Man muß jedoch bestreiten, daß Preiser den Regelfall erfaßt hat. Die Vorstellung, bei gleichmäßiger Vermögensverteilung könne jedermann mit seinem eigenen Kapital selbständig produzieren, ist der vorindustriellen Landwirtschaft mit Realteilung entlehnt und für Bedingungen einer modernen Industriewirtschaft unrealistisch. Nach Preisers Darstellung müßte der Zins als Einkommenskategorie wegfallen, weil der volle Reinertrag der Produktion ausschließlich den Arbeitenden zufällt.

In Wirklichkeit wird jedoch in den verschiedenen Branchen mit unterschiedlicher Kapitalintensität produziert. Das heißt: Die Arbeitsplätze erfordern unterschiedliche Kapitalausstattung. Wenn alle Arbeitenden selbständig produzieren würden, müßten die einen mehr, die anderen weniger Kapital besitzen, um auf fremdes Kapital nicht angewiesen zu sein. Bei gleichmäßiger Vermögensverteilung fehlt jedoch den Produzenten kapitalintensiver Branchen das zur Produktion notwendige Kapital mindestens insoweit, wie bei ihnen die erforderliche Kapitalintensität den gesamtwirtschaftlichen Durchschnitt übersteigt. In anderen Branchen ist dagegen zuviel Kapital im Besitz der Arbeitenden. Es wäre unrationell, sich in der ersten Branche mit einer unzulänglichen Kapitalausstattung zu begnügen und in der zweiten das eigene Kapital zu sinkenden Grenzerträgen zu verwenden, anstatt es zu günstigeren Bedingungen auszuleihen. Infolgedessen kommt es auch bei gleichmäßiger Vermögensverteilung zu einer Nachfrage nach Kapital, denn die kapitalintensiven Bran-

[7] Ob zu erwarten ist, daß Kapital akkumuliert wird, ohne produktiv in Verbindung mit unmittelbarer Arbeit verwendet zu werden, soll später noch erörtert werden.

[8] Erich Preiser, Artikel: Distribution, a.a.O., S. 300.

chen müssen Kapital von solchen Arbeitenden an sich ziehen, die in weniger kapitalintensiven Branchen beschäftigt sind. Diese Überlegungen gelten natürlich auch dann, wenn bei gleichmäßiger Vermögensverteilung die Arbeitenden zum großen Teil unselbständig beschäftigt sind. Es sind dann die Unternehmungen der kapitalintensiven Branchen, die gleichsam stellvertretend für ihre Arbeitnehmer Kapital nachfragen, um die notwendige Kapitalausstattung der Arbeitsplätze sichern zu können. Wird in diesem Falle kein Zins gezahlt? Das ist ausgeschlossen.

Die kapitalintensiven Branchen sind ja deswegen kapitalintensiv, weil bei ihnen der bewertete Grenzertrag des Kapitals erst bei einem weit höheren Kapitaleinsatz fällt als in den weniger kapitalintensiven Branchen. Das bedeutet auch, daß die bewerteten Gesamterträge pro Arbeitsplatz in den kapitalintensiven Branchen höher sind als in den weniger kapitalintensiven Wirtschaftszweigen. Einfacher ausgedrückt: In den kapitalintensiven Produktionen wird pro Arbeitskraft erheblich mehr an Werten produziert als anderswo. Die höhere Wertschöpfung pro Arbeitenden beruht aber nicht auf einer besseren Arbeitsleistung, sondern auf einer größeren Ausstattung der Arbeitenden mit Kapital. Das Kapital ist zum Teil von den Arbeitenden anderer Branchen geliehen. In diesen anderen Branchen kann es die Arbeitsproduktivität nicht in dem Maße erhöhen wie in den kapitalintensiven Branchen. Läßt man nun das geliehene Kapital unverzinst, so wären die Gläubiger benachteiligt und die Schuldner hätten einen unverdienten Einkommensvorteil. Sie kämen in den vollen Genuß der bei ihnen höheren Kapitalproduktivität, obwohl ihnen das Kapital nicht in vollem Umfange gehört. Die in den weniger kapitalintensiven Branchen Tätigen werden nicht bereit sein, ihr Kapital zinslos auszuleihen, zumal sie bei eigener Verwendung immer noch einen, wenn auch niedrigeren, Zusatzertrag aus erhöhtem Kapitaleinsatz erzielen könnten. Die kapitalintensiven Branchen werden bereit und in der Lage sein, einen höheren Zins zu zahlen, als der niedrigeren Kapitalproduktivität bei voller Eigenverwendung in den weniger kapitalintensiven Branchen entspricht.

Der Zins als Einkommenskategorie verschwindet also nicht, wenn das Vermögen gleichmäßig verteilt ist. Trotzdem hält Preiser die Auszahlung eines Ertragsanteils der sachlichen Produktionsmittel an die Arbeitenden unter der Bezeichnung „Arbeitsertrag" für möglich[9]. Unter modernen Bedingungen, bei denen auch bei gleichmäßiger Vermögensverteilung für die Nutzung geliehenen Kapitals etwas gezahlt werden muß, wäre es jedoch irreführend, ein solches Entgelt nicht mehr „Zins" zu nennen. Da der Zins trotz gleichmäßiger Vermögensverteilung als Einkommenskate-

[9] Erich Preiser, Erkenntniswert und Grenzen der Grenzproduktivitätstheorie, a.a.O., S. 281.

gorie erhalten bleibt, kann er nicht mit Hilfe der Ungleichmäßigkeit des Besitzes erklärt werden. Man muß sich bei unterschiedlichen Kapitalintensitäten der Branchen schon entschließen, ihn auf die Knappheit des Kapitals zurückzuführen.

Auch Preiser tritt im übrigen dafür ein, daß in der Erlösrechnung dem Kapital der jeweilige bewertete Grenzertrag und in der Kostenrechnung der bewertete Grenzertrag der alternativen Kapitalverwendung (opportunity costs) zugerechnet werden[10]. Wie aber ein volkswirtschaftlich richtiger, d. h. die Knappheitsverhältnisse spiegelnder Zinssatz für Zwecke richtiger Erlös- und Kostenrechnungen ermittelt werden soll, wenn er nicht wirklich von einem Kapitalnehmer an einen Kapitalgeber gezahlt wird, bleibt ungeklärt.

C. Erhöht die Kapitalvermehrung die Macht des Kapitals?

Derjenige, der auf den Spuren von Karl Marx wandelt, wird gegen unsere bisherigen Ausführungen einwenden, daß mit ihnen noch nichts bewiesen sei: Der Zins werde als notwendige Begleiterscheinung der Marktwirtschaft dargestellt und nicht einmal durch eine — ohnehin utopische — gleichmäßige Vermögensverteilung beseitigt. Der „Makel" des arbeitslosen Einkommens bleibe also erhalten.

Dem ließe sich entgegnen, daß die einseitige Vermögensverteilung keine unabänderliche Notwendigkeit der Marktwirtschaft ist und die angebliche Ungerechtigkeit des Besitzeinkommens jedenfalls bei breiter Streuung des Vermögens stark gemildert wäre. Noch wichtiger ist jedoch der Umstand, daß die „Macht des Kapitals" entsprechend der marktwirtschaftlichen Logik um so geringer wird, je mehr Kapital gebildet und für die Kombination mit Arbeit den Unternehmungen angeboten wird. Denn ein Gut, das immer reichlicher verfügbar wird, sinkt der Tendenz nach im Preis. Die Marxisten leugnen eine starke Vermehrung des Kapitals keineswegs, sondern betonen sie ausdrücklich und machen sie geradezu zum Angelpunkt ihrer Kritik an der Marktwirtschaft. Die Kapitalakkumulation hat nach ihrer Vorstellung jedoch nicht zur Folge, daß die Macht des Kapitals abnimmt. Sie soll im Gegenteil dadurch noch zunehmen, jedenfalls im Verhältnis zum Faktor Arbeit. Mit dieser Frage müssen wir uns daher eingehender auseinandersetzen.

Zwar sagte Marx einen tendenziellen Fall der Profitrate voraus[11], wie

[10] Dsgl.

[11] Karl Marx, Das Kapital, Drittes Buch, Dritter Abschnitt: „Gesetz des tendenziellen Falls der Profitrate".

vor ihm — wenn auch mit anderer Begründung — Ricardo[12] und Adam Smith[13]. Die Begründungen, die Marx für das Sinken der Profitrate gibt, interessieren heute im wesentlichen nur noch den Dogmenhistoriker und den Gläubigen[14]. Sie leiden unter der abwegigen, aber für das Gedankengebäude von Marx entscheidenden These, sogenanntes konstantes Kapital (etwa Maschinen) trage gesamtwirtschaftlich nichts zum Profit bei, werde aber trotzdem privatwirtschaftlich verzinst. Entscheidend ist jedoch die schon von Ricardo aufgestellte und von Marx übernommene These, durch die Kapitalbildung werde Arbeit freigesetzt; eine sich damit bildende „Reservearmee der Arbeit" erhöhe die Möglichkeiten der Ausbeutung.

Dieses Problem kann unabhängig von der marxistischen Scholastik erörtert werden: Welche Folgen hat eine Kapitalvermehrung für die Marktchancen der Kapitaleigner? Wie wirkt sich die Kapitalvermehrung auf Lohnsätze und Marktchancen der unselbständigen Arbeit aus? Dies hängt offenbar davon ab, ob und in welchem Grade zusätzliches Kapital ohne zusätzliche Arbeit gewinnbringend verwendet werden kann oder gar Arbeit überflüssig macht und freisetzt[15]. Wenn die Kapitalvermehrung unmittelbar oder mittelbar eine erhöhte Nachfrage nach Arbeit hervorruft, muß der Lohnsatz steigen, sofern nicht das Arbeitsangebot entsprechend zunimmt. Diese Lohnsteigerung könnte ein Zeichen dafür sein, daß unabhängig von der Marktform die Marktchancen der Kapitaleigner gegenüber denen der Arbeitskräfte bei erhöhter Kapitalbildung schwächer werden. Ob dies wirklich zutrifft, hängt von zahlreichen Umständen ab, etwa davon,

— wieviel Arbeit zur Herstellung und Bedienung zusätzlicher Kapitalgüter notwendig ist,
— inwieweit technischer Fortschritt Arbeit einspart,
— inwieweit bei veränderter Nachfragestruktur, wie sie mit Wirtschaftswachstum und Kapitalvermehrung einhergeht, zusätzliche Arbeitsleistungen in expandierenden Branchen verlangt werden,
— vor allem aber, inwieweit der kapitalintensiven Massenproduktion

12 David Ricardo, Grundsätze der Volkswirtschaft und Besteuerung (übersetzt von H. Waentig), Jena 1923, Kapitel XXI, S. 292 ff.

13 Adam Smith, An Inquiry into the Nature and Causes of the Wealth of Nations, Book I, Chapter IX, deutsch von H. C. Recktenwald, München 1974, Bd. 1, S. 76 ff.

14 Zur Kritik an der marxistischen Konzeption: A. Walker, Karl Marx, the Declining Rate of Profit and British Political Economy, in: Economica, Vol. XXXVIII, Nov. 1971, S. 362—377; Ernst Helmstädter, Der Kapitalkoeffizient, Stuttgart 1969, S. 79 ff.

15 Zur Einführung in das Problem ist noch immer geeignet: Walter Eucken, Kapitaltheoretische Untersuchungen, 2. Aufl., Tübingen, Zürich 1954. Zur Frage des technischen Fortschritts vgl. Helmut Walter, Der technische Fortschritt in der neueren ökonomischen Theorie, Berlin 1969; Ulrich Fehl, Technischer Fortschritt und Beschäftigung in kapitaltheoretischer Sicht, in: Zeitschrift für Wirtschafts- und Sozialwissenschaften, 95. Jg., 1975, S. 135—170.

eine entsprechende Massennachfrage gegenübergestellt wird, die heute nur aus Arbeitseinkommen stammen kann.

1. Kapitalvermehrung und technischer Fortschritt

Nicht selten wird angenommen, die Kapitalvermehrung erlaube den Übergang zu Produktionsverfahren, bei denen Arbeit immer überflüssiger wird. Die Kapitalbildung soll dementsprechend zur Vernichtung von Arbeitsplätzen führen. Ferner wird angenommen, daß gleichzeitig ständig Erfindungen gemacht werden, die zusätzlich Arbeit einsparen. Kapitalbildung und technischer Fortschritt erscheinen so miteinander verwoben, daß die Stoßrichtung gemeinsam gegen die Sicherheit der Arbeitsplätze gerichtet ist. Man glaubt, die Automatisierung schreite unaufhaltsam vorwärts, Rationalisierungen beraubten zunehmend auch qualifizierte Arbeiter ihres Arbeitsplatzes. Vor einiger Zeit beherrschte das Schlagwort von der zweiten industriellen Revolution, die mit derartigen Erscheinungen verbunden sei, die öffentliche und zum Teil auch die wissenschaftliche Diskussion. Man glaubte an eine Art von Emanzipation des „Kapitals" von der unmittelbaren Arbeit. Dies wurde durch Erwägungen unterstützt, wonach die Unternehmer als Kapitaleigentümer ausschließlich ein Interesse an arbeitsparenden, nicht aber an kapitalsparenden Erfindungen hätten[16].

Einleuchtend ist ein solcher Zusammenhang indessen keineswegs. Zunächst haben ja nicht alle Unternehmer auch das volle Eigentum an dem von ihnen verwendeten Kapital, wirtschaften vielmehr mit dem Kapital Fremder. Warum sollten sie nicht mindestens daran interessiert sein, Fremdkapitalzinsen einzusparen, indem sie weniger geliehenes Kapital verwenden? Bei gleichem Eigenkapital setzt jede Kapitaleinsparung die Notwendigkeit herab, Fremdkapital heranzuziehen und dafür Zinsen zu zahlen. Wichtiger noch ist, daß die Einsparung von Kapital durch einen einzelnen Unternehmer keinerlei spürbare Rückwirkungen auf den Zinssatz und die allgemeine Kapitalrendite hat. Im Verhältnis zum volkswirtschaftlichen Gesamtkapital sind nämlich Kapitaleinsparungen eines einzelnen Unternehmers eine zu vernachlässigende Größe. Erst die Summation vieler solcher Einsparungen könnte den Zins senken. Um eine Zinssenkung zu verhindern, müßten alle Unternehmungen gemeinsam kartellartig vorgehen, eine offenbar abwegige Vorstellung. Deswegen verhält sich ein Unternehmer in dieser Frage grundsätzlich neutral: Alle Arten von Kostensenkungen sind ihm willkommen.

[16] Vgl. Alfred E. Ott, Artikel: Technischer Fortschritt, in: Handwörterbuch der Sozialwissenschaften, Bd. 10, S. 311 (im Anschluß an eine entsprechende These von Rothschild).

Denkbar wäre höchstens, daß die Aufmerksamkeit der Innovatoren vorzugsweise darauf gerichtet ist, den Produktionsfaktor einzusparen, der sich am meisten verteuert hat[17]. Für Deutschland sprechen hierzu seit dem letzten Viertel des vorigen Jahrhunderts die Tatsachen eine eindeutige Sprache: Die Reallohnsätze sind langfristig gestiegen; von einer langfristigen Steigerung der realen Kapitalrendite kann dagegen keine Rede sein[18]. Sehen wir einmal davon ab, daß dies nicht gerade ein Beweis für steigende Macht „des Kapitals" ist. Die stärkere Lohnsatzsteigerung könnte in der Tat vorzugsweise arbeitsparenden technischen Fortschritt angeregt haben. Trotzdem läßt sich damit ein Überwiegen der Einsparung von Arbeit gegenüber der Einsparung von Kapital gesamtwirtschaftlich nicht erklären.

Dies hat folgenden Grund: Kapitalkosten sind ja nicht nur Zinsen, sondern auch Abschreibungen, also in der Hauptsache Kosten für „vorgetane Arbeit". Zinsen und Abschreibungen zusammen sind ein so erheblicher Kostenfaktor, daß Erfinder und Unternehmer auch bei steigenden Lohnsätzen ein erhebliches Interesse daran haben müssen, „Kapital" einzusparen. Selbst wenn wir aber einmal annehmen, auf jeder einzelnen Produktionsstufe werde tatsächlich vorwiegend unmittelbare Arbeit eingespart, so sind daraus keineswegs eindeutige gesamtwirtschaftliche Schlüsse in dem Sinne zu ziehen, daß durch technischen Fortschritt solcher Art die Marktchancen der Kapitaleigner langfristig verbessert, diejenigen der Arbeitnehmer verschlechtert werden:

1. Die höhere Produktivität auf einer bestimmten Produktionsstufe, die von arbeitsparendem technischem Fortschritt ausgeht, bedeutet nämlich bei Wettbewerb, daß die Preise der Kapitalgüter gesenkt werden, die für die nächste Produktionsstufe bestimmt sind. Die Bezieher verbilligter Kapitalgüter können deshalb mit einem bestimmten Geldkapital mehr Kapitalgüter als bisher kaufen, ihre Gesamtkapazität erhöhen und dabei auch wieder mehr Arbeit verwenden. Kapital als vorgetane Arbeit hat sich verbilligt und insofern seine Position gegenüber dem Faktor Arbeit wieder verschlechtert[19]. Wer auf der einen Produktionsstufe Arbeit ein-

[17] Desgl.

[18] Vgl. Ernst Helmstädter, Die Wachstumsrate der durchschnittlichen Arbeitsentgelte und der Zinssatz in einer wachsenden Wirtschaft, in: Untersuchungen zum Wachstum der deutschen Wirtschaft, hrsg. von Walther G. Hoffmann, Tübingen 1971, S. 193—228. Helmstädter ermittelt Nominalzinssätze und unterstellt, daß die Inflationsrate langfristig sowohl in die Wachstumsrate der Lohneinkommen wie in den Zinssatz eingeht (ebendort, S. 195); seit einiger Zeit gilt das in der Bundesrepublik Deutschland für die Zinssätze nicht mehr: Für einige Sparformen werden real Negativzinsen erreicht, weil die Geldentwertungsrate höher ist als der Zinssatz.

[19] In ähnlichem Sinne: Ernst Heuss, Grenzproduktivitäts- und Verteilungstheorie in einer wachsenden Wirtschaft, in: Zeitschrift für die gesamte Staatswissenschaft, 120. Bd., 1964, S. 303 ff.; im Anschluß an Hicks jetzt: Ulrich Fehl, Technischer Fortschritt und Beschäftigung in kapitaltheoretischer Sicht, a.a.O., S. 135 und passim.

spart, hat damit für die nächste Stufe Kapital eingespart. Wegen der zirkulären Beziehung zwischen den Produktionsstufen und der Möglichkeit der „Rückversetzungen" von potentiellen Konsumgütern auf höhere Produktionsstufen gilt dies im Prinzip nicht nur für die sogenannten Investitionsgüterbranchen, sondern auch für die sogenannten Konsumgüterindustrien.

2. Das Gesamtangebot an Kapital, durch das mittelbar Nachfrage nach Arbeit ausgeübt wird, dürfte außerdem schon deswegen durch technischen Fortschritt kaum abnehmen, weil er zu einem steigenden Volkseinkommen führt, aus dem wiederum ein weiterer Kapitalzuwachs gespeist wird.

Im übrigen ist aber gegenüber der These, in jedem einzelnen Unternehmen werde vorzugsweise Arbeit eingespart, darauf hinzuweisen, daß für die Unternehmensleitungen seit längerer Zeit die Zusatzkosten, die mit arbeitsparendem technischem Fortschritt verbunden sind, im Vergleich zur Einsparung von Kapital erheblich zugenommen haben. Dies gilt nicht erst seit der Einführung von Rationalisierungsschutzabkommen und entsprechenden Mitbestimmungsrechten von Arbeitnehmervertretern bei Rationalisierungen. Allerdings können die Unternehmungen eben deswegen, weil Entlassungen stark erschwert sind, bei der Neueinstellung von Arbeitskräften zurückhaltender sein. Eine geringere Unkündbarkeit bei Kapital begünstigt seine Verwendung[20].

Was folgt aus diesen Überlegungen für die „Macht des Kapitals" und für mögliche Nachteile bei den Arbeitnehmern? Die Einsparung von Arbeit und die Einsparung von Kapital lassen sich im Durchschnitt überhaupt nicht voneinander trennen. Es ist sehr unwahrscheinlich, daß die Unternehmungen allein darauf ausgehen, unmittelbare Arbeit einzusparen. Aber selbst wenn sie dies täten, würden sie dadurch mittelbar Kapital einsparen, das wiederum zu einem wesentlichen Teil vorgetane Arbeit ist. Die gleichzeitige Freisetzung von unmittelbarer und vorgetaner Arbeit erlaubt eine Ausdehnung der Gesamtproduktion ohne gravierende Arbeitslosigkeit bei steigenden Lohnsätzen. Natürlich gilt dies nur auf mittlere bis längere Frist; strukturelle und konjunkturelle Arbeitslosigkeiten sind dabei nicht ausgeschlossen. Das „Kapital" wird aber von konjunkturellen und Anpassungskrisen nicht weniger getroffen als „die Arbeit", so daß seine „Macht" dadurch nicht wächst.

[20] Die Zusammenhänge sind im einzelnen noch komplizierter: Kapital in abstrakter Form von Geldkapital kann einen hohen Unkündbarkeitsschutz gegenüber einem bestimmten Unternehmen genießen, etwa Aktienkapital, muß dann aber eine veränderliche Vergütung hinnehmen. Die konkrete Form, in der das Kapital als Sachvermögen verwendet wird, kann dagegen verändert werden, ohne daß die Kapitaleigner hierbei andere als wirtschaftliche Erwägungen geltend machen. Jedenfalls sind sie in der Regel damit einverstanden, wenn Kapital in einer bestimmten Verwendung eingespart wird, denn es kann ja in einer anderen Form rentabel angelegt werden.

2. Kapitalvermehrung und sonstige Faktoren, von denen die Arbeitsnachfrage abhängt

Die übrigen Faktoren, von denen die Arbeitsnachfrage abhängt, scheinen bisher die Stellung der Kapitaleigner am Markt nicht verstärkt zu haben. Der tertiäre Bereich der Dienstleistungen, dem sich die von wachsenden Einkommen ausgehende Nachfrage zuwendet, ist nicht kapitalintensiver und arbeitsextensiver als Landwirtschaft und Industrie.

Außerdem hat die Massenproduktion entgegen der marxistischen Unterkonsumtionstheorie ihren Massenabsatz bei den Arbeitnehmern gefunden; das bedeutet, daß die Arbeitnehmer allen Krisen- und Verelendungslehren zum Trotz mit der hierfür notwendigen Kaufkraft ausgestattet worden sein müssen.

Diejenigen, die ein Jahrhundert lang die materielle Lage der Arbeiter zum Angelpunkt ihres Denkens gemacht haben, sprechen nun griesgrämig von einem den Arbeitern aufgezwungenen „Kapitalverwertungsprozeß": Reklame und Konsumterror drängen den arbeitenden Massen im Profitinteresse überflüssige Waren auf, um das „kapitalistische System" zu stabilisieren. Um zu erkennen, daß der Massenwohlstand auch seine Probleme hat, bedurfte es wahrlich nicht der Belehrung ausgerechnet durch diejenigen, die das Vorenthalten eines solchen Wohlstandes zu einem ihrer Hauptvorwürfe gegenüber der marktwirtschaftlichen Ordnung gemacht haben[21].

3. Die Kritik der Marxisten an der These, Kapitalvermehrung rufe Lohnsteigerungen hervor

Die Erfahrung nicht nur der Bundesrepublik Deutschland hat gezeigt, daß die Kapitalvermehrung in Verbindung mit technischem Fortschritt das Wirtschaftswachstum gefördert hat und daß sie von starken Lohnsteigerungen begleitet gewesen ist. Es galt insofern die klassische Weisheit des Adam Smith: „The increase of stock, which raises wages, tends to lower profit."[22]

[21] Wer entsprechend einer materialistischen Philosophie das Verhalten der Menschen allein als Ausfluß der Produktions- und Wirtschaftsverhältnisse ansieht, ist folgerichtig, wenn er meint, die Arbeiter könnten nicht frei über ihre Bedürfnisse bestimmen, solange sie dem „kapitalistischen" System ausgesetzt seien. Meist gibt es dann eine selbsternannte Elite, die als „freischwebende Intelligenz" das System revolutionär durchbricht, um eine „Erziehungsdiktatur" nach dem Rezept Herbert Marcuses zu errichten und die Massen mit dem „richtigen" Bewußtsein auszustatten. — Zur liberalen Kritik und Weiterentwicklung der Marktwirtschaft: Alfred Müller-Armack, Die zweite Phase der Sozialen Marktwirtschaft. Ihre Ergänzung durch das Leitbild einer neuen Gesellschaftspolitik, in: ders., Wirtschaftsordnung und Wirtschaftspolitik (1966), 2. unveränderte Aufl., Freiburg 1976, S. 267—291; Wilhelm Röpke, Jenseits von Angebot und Nachfrage, 4. Aufl., Erlenbach-Zürich und Stuttgart 1966.

[22] a.a.O., Book I, Chapter IX (Anfang des Kapitels).

Diese Auffassung, Kapitalvermehrung rufe Lohnsteigerungen hervor und mindere den Einfluß, der mit einer Kapitaleinheit am Markt ausgeübt werden kann, wird von mehreren Seiten bestritten. Sie trifft zunächst auf die Kritik der Marxisten. Zwar beurteilen sie das Gegenteil der Kapitalvermehrung, nämlich den Konsum der Kapitalisten, ebenfalls negativ und führen ihn auf das nach ihrer Auffassung ausbeuterische Zins- und Profiteinkommen zurück. Sie bestreiten aber, daß die Arbeiter im Rahmen einer Marktwirtschaft mit Privateigentum an den Produktionsmitteln Vorteile von der Kapitalvermehrung haben. Prüfen wir dies etwas näher:

Daß die Kapitaleigner einen großen Teil ihres Gewinn- und Zinseinkommens wieder akkumulieren, haben die Marxisten immer betont. Rosa Luxemburg bemerkt: „Der größte Teil des erzielten Profits wird wieder zum Kapital geschlagen, zur Erweiterung der Produktion verwendet."[23] Ebenfalls wird eingeräumt, daß die Kapitalakkumulation in Verbindung mit technischem Fortschritt die Produktion ungeheuer erweitert hat. Wer aber hat dann die Produkte gekauft, die doch angeblich durch Ausbeutung den Arbeitern vorenthalten worden sind? In Marktwirtschaften mit funktionierenden Preissignalen können sie nicht sämtlich wieder auf Stufen der Investitionsgüterproduktion rückversetzt, in Kapitalgütern investiert und damit dem Konsum entzogen worden sein. Denn die Rentabilität der Investitionsgüterindustrien hängt letztlich von der Bereitschaft der Konsumgüterindustrien ab, Maschinen und andere Investitionsgüter zu bestellen. Dazu ist aber die Konsumgüterindustrie nur bereit, wenn sie selbst absetzen kann. Nur eine Zentralverwaltungswirtschaft, etwa sowjetischen Typs, kann dauerhaft den Konsum zu Gunsten der Investition niedrig halten.

Rosa Luxemburg hat sich in diesem Dilemma der Kapitalismuskritik mit der These geholfen, man könne die Überschüsse, die man den eigenen Arbeitern vorenthält, an noch nicht proletarisierte Zwischenschichten absetzen: „Die kapitalistische Produktion ist als echte Massenproduktion auf Abnehmer aus bäuerlichen und Handwerkskreisen der alten Länder sowie auf Konsumenten aller anderen Länder angewiesen, während sie ihrerseits ohne Erzeugnisse dieser Schichten und Länder (sei es als Produktions-, sei es als Lebensmittel) technisch gar nicht auskommen kann."[24] Wer verbraucht dann aber diese als Gegenleistung gelieferten Lebensmittel? Und was geschieht mit der Mehrproduktion, die mit den als Gegenleistung gelieferten Produktionsmitteln ermöglicht wird?[25] Im übrigen müßten sich die nichtkapitalistischen Schichten, die nach Rosa Luxemburg die primären Überschüsse abnehmen, entgegen der marxistischen Lehre

[23] Rosa Luxemburg, Die Akkumulation des Kapitals oder Was die Epigonen aus der Marxschen Theorie gemacht haben. Eine Antikritik, Leipzig 1921, S. 7.

[24] Desgl., S. 19.

[25] Zur Einzelkritik vgl. Wilhelm Röpke, Internationale Ordnung, Erlenbach-Zürich 1945, S. 87 ff.

sehr vermehrt haben, wenn diese Theorie richtig wäre. Mindestens müßte ihre Kaufkraft stark zugenommen haben.

Sie beziehen freilich die Waren nicht umsonst, sondern liefern dafür, wie Luxemburg betont, Produktions- und Lebensmittel. Die Konsumkraft der „reichen Kapitalisten" reicht nicht aus, um diese Gegenleistung zu verbrauchen. Wenn man nicht zugeben will, daß mit diesen Gütern die arbeitenden Massen versorgt werden, bleibt das Problem ungelöst.

Allerdings könnte nach marxistischer Auffassung der „Kapitalismus" an gleichzeitiger Überakkumulation und Unterkonsumtion zusammenbrechen. Die Unterkonsumtionsthese steht jedoch in Konflikt mit der Behauptung Luxemburgs, die Lieferungen von Produktions- und Lebensmitteln aus nichtkapitalistischen Ländern und Schichten seien so geartet, daß die „kapitalistische Produktion" ohne sie „technisch gar nicht auskommen kann". In Wirklichkeit haben natürlich Kapitalvermehrung und Wirtschaftswachstum die Lohnsätze gesteigert und einen Massenabsatz an die eigenen Arbeitnehmer der entwickelten Länder ermöglicht. Nicht Marx, sondern Adam Smith hat recht behalten.

4. Die Kritik der Keynesianer an der Kapitalakkumulation

Die These von der lohnsteigernden Wirkung der Kapitalakkumulation könnte allerdings noch von den Keynesianern bestritten werden: Unter den Bedingungen allgemeiner Unterbeschäftigung und mangelnder Investitionsgelegenheiten könnte das vermehrte Sparen der Kapitaleigner die Lage der Arbeitnehmer eher verschlechtern, weil durch Nachfrageausfall die Beschäftigung zurückgeht. Aber dieses (lösbare) Problem eines deflatorischen Kreislaufungleichgewichtes hat bisher keineswegs die langfristige Entwicklung beherrscht. Die an Keynes anknüpfende Kritik bezieht sich mehr auf kurze Fristen; darauf wird im Zusammenhang mit der Verweigerungs- und Ausweichmacht „des Kapitals" noch einzugehen sein.

D. Die Macht der Kapitaleigner, das Kapitalangebot zu verweigern

Mit dem Nachweis, daß eine Kapitalvermehrung die Marktstellung der Kapitaleigner nicht verstärkt, sondern eher schwächt, ist natürlich noch nicht gezeigt, daß Kapital weniger dringend gebraucht wird, um Arbeitsplätze zu schaffen. Im Durchschnitt hat die Kapitalintensität stark zugenommen, so daß man sagen kann: Pro Arbeiter muß heute wesentlich mehr Kapital bereitgestellt werden als früher[26]. Die Beschäftigung

[26] Vgl. Sachverständigenrat zur Begutachtung der gesamtwirtschaftlichen Entwicklung, Jahresgutachten 1975/76, Vor dem Aufschwung, Stuttgart und Mainz 1975, S. 67, Schaubild 19; zur früheren Entwicklung vgl. Walther G. Hoffmann, Das Wachstum der deutschen Wirtschaft seit der Mitte des 19. Jahrhunderts, Berlin, Heidelberg, New York 1965, S. 49 ff.

eines Arbeitnehmers ist also von einer viel größeren Kapitalsumme abhängig geworden, das heißt auch von der Bereitschaft von „Kapitalisten", diese Summe anzulegen. Der Sachverhalt läßt sich aber auch anders bezeichnen: Erst durch einen sehr hohen Kapitalaufwand gelingt es heute, einen Arbeitnehmer für einen Arbeitsplatz zu gewinnen. Man sieht an solchen Formulierungen, wie wenig mit dem bloßen Hinweis auf die Komplementarität von unmittelbarer Arbeit und Kapital für die Frage gewonnen ist, ob nun die veränderte Relation der beiden Faktoren den Einfluß des Kapitals verändert hat.

Für eine mögliche Machtausübung, die von der Marktform unabhängig ist und nur eine Art von gesellschaftlich objektivierter Position „des Kapitals" zum Ausdruck bringt, kommt es vor allem auf die Möglichkeiten an, die „dem Kapital" zur Verfügung stehen, wenn Druck auf seine Rendite und seine Sicherheit ausgeübt wird. Man könnte hier von einer Verweigerungs- oder Ausweichmacht sprechen, einer Macht der Defensive. Dem Markt- und Verhandlungspartner erscheint sie natürlich als aggressive Macht, denn z. B. das Warten mit dem Abschluß eines Kredit- oder Arbeitsvertrages bedeutet für ihn eine Schädigung durch Nichthandeln des Partners. Eine eigentlich gezielte aggressive Macht „des Kapitals", die durch bewußte und nicht berechenbare Angriffshandlungen mit dem Ziel, die Lage bestimmter Partner zu verschlechtern, gekennzeichnet ist, kann aber bei Konkurrenz der Kapitaleigner untereinander keinen Erfolg haben, weil die gezielt angegriffenen Schuldner oder Arbeitnehmer dann auf Konkurrenzangebote anderer Kapitaleigner ausweichen können. Auch bei Marx ist die gesellschaftlich bedingte Macht des Kapitals nicht durch eine allgemeine Kartellabsprache der Unternehmerkapitalisten, gemeinschaftlich den Lohn aggressiv zu drücken, hervorgerufen, sondern durch die im Privateigentum an den Produktionsmitteln verliehene Möglichkeit, dem vermögenslosen Arbeiter die Nutzung des zu produktiver Arbeit notwendigen Kapitals solange zu verweigern, bis der Arbeiter einen Abzug vom Produktionsergebnis, den Profit, zugestehen muß.

Man könnte einwenden, daß es hierzu wohl zumindest einiger allgemeiner Vorstellungen der „Kapitalisten" darüber bedarf, zu welchem Zinssatz sie ihr Kapital zur Verfügung stellen wollen, so daß doch eine Art von Klassenmentalität mit kartellartigem Charakter vorliege. Aber die „Kapitalisten" sind überhaupt keine gefestigte und einwandfrei abgrenzbare Klasse, deren Verhalten in irgendeiner Weise genau definierbar wäre. Ein erheblicher Teil des westdeutschen Vermögens befindet sich in der Hand der Arbeitnehmer; nach neueren Schätzungen bewegt sich ihr Anteil an der jährlichen Gesamtersparnis (außer Staat) um 50 %[27],

[27] Vgl. Ulrich Schillert, Gewinne als Quelle der Vermögenspolitik? Berlin 1976, S. 120, Tabelle 8, Spalte (3).

eine Tatsache, die Sozialisten marxistischer Färbungen in nicht geringe Verlegenheit zu bringen pflegt[28]. Auch wenn man beachtet, daß von der Ersparnis der Arbeitnehmer ein Teil in eigene Wohnungen investiert wird, läßt sich nicht abstreiten, daß die „kapitalistische" Wirtschaft heute zu einem sehr erheblichen Teil mit dem Kapital der Arbeitnehmer betrieben wird. Die Theorie von der Verschwörung des „Kapitals" müßte also zeigen, daß die Arbeitnehmer in ihrer Eigenschaft als „Kapitalisten" bewußt gegen ihr „Klasseninteresse" verstoßen und einer Art von „Selbstausbeutung" Vorschub leisten. Außerdem müßte nachgewiesen werden, daß die „Kapitalisten" bewußt ihr Kapital solange nicht zur Verfügung stellen, wie sie nicht einen von ihnen für angemessen gehaltenen Zinssatz erzielen.

1. Die Ausweichmacht der Kapitaleigner bei feststehendem Sparentschluß und damit gegebener Kapitalmenge

Untersuchen wir zunächst die Möglichkeiten, die die Kapitaleigner haben, um einer für sie unbefriedigenden Lage auszuweichen, unter der Bedingung, daß der Entschluß zum Sparen und zur Kapitalbildung gefaßt ist, das vorhandene Kapital nicht aufgezehrt wird und demzufolge das Gesamtkapitalangebot feststeht. Auf diesem Gebiete bestehen fest eingewurzelte Vorstellungen, die gleichwohl in Frage gestellt werden müssen. Betrachten wir zuerst diejenigen Kapitaleigner, die ihr Kapital als rückzahlbaren Geldbetrag ausleihen. Wodurch könnten sie die Zahlung eines Zinses erzwingen? Hier wird nun angenommen, ein einzelner Kapitaleigner könne einen Schuldner, der dringend auf Kredit angewiesen sei, solange warten lassen, bis dieser einen Zins zahlt, mit dem der Kapitalist zufrieden ist. Da sich alle Kapitalisten so verhielten, ergebe sich das gesamtwirtschaftliche Phänomen des Zinses.

Damit wird aber eine einzelwirtschaftliche Möglichkeit in unzulässiger Weise auf die Gesamtwirtschaft übertragen. Wenn sich nämlich die Kapitaleigner einmal dazu entschlossen haben, Kapital zu bilden, muß dieses Kapital auch uno actu in irgendeiner Form angelegt worden sein. Nach dem Sparentschluß haben die Kapitaleigner nur noch die Möglichkeit, die Form der Anlage zu bestimmen oder zu wechseln[29]. Unter modernen

[28] Zu den Fakten vgl. W. Engels, H. Sablotny, D. Zickler, Das Volksvermögen. Seine verteilungs- und wohlstandspolitische Bedeutung, Frankfurt/New York 1974; meist weicht die sozialistische Argumentation damit aus, daß nur das Eigenkapital an gewerblichen Unternehmungen in die Betrachtung einbezogen wird. Ein Musterbeispiel für verzerrende Darstellung: Karl Heinrich Pitz, Über die potentiellen Gefahren der „großen Lösung" des Vermögensproblems für die gewerkschaftliche Lohnpolitik, in: Gewerkschaftliche Monatshefte, 21. Jg., 1970, S. 577—590.

[29] John Maynard Keynes, The General Theory of Employment, Interest and Money, London 1936, S. 166.

Bedingungen dürfte es ihnen aber schwer fallen, das Gesparte gleichsam der Volkswirtschaft und damit den Beschäftigung suchenden Arbeitnehmern vorzuenthalten. Prüfen wir dies etwas näher!

Zunächst scheint die Möglichkeit des Hortens von Bargeld dem Gesagten zu widersprechen. Horten von Geld bedeutet aber nichts anderes als die Gewährung eines zinslosen Kredites an die übrige Volkswirtschaft, wobei die denkbaren Nachteile des deflatorischen Effektes meist durch die Notenbank mehr als ausgeglichen werden. In der Regel ist das Horten von Bargeld heute mit einem realen Negativzins versehen, weil das Preisniveau ständig steigt. Der Horter leistet sogar einen volkswirtschaftlich nicht selten erwünschten Stabilitätsbeitrag, wird dafür aber mit einer realen Vermögensabgabe bestraft. Er kann heute das von ihm Gesparte realwirtschaftlich nicht mehr der übrigen Wirtschaft vorenthalten.

Die Lehrbücher werden freilich in diesem Zusammenhang immer noch durch die von Keynes wachgerufene Vorstellung einer Liquiditätsfalle beherrscht, wonach die Sparer nicht bereit sein sollen, ihre Ersparnisse für längerfristige Investitionen zur Verfügung zu stellen, es sei denn, es werde ihnen ein Mindestzins gewährt[30]. Wird dieser Zinssatz unterschritten, so sollen gemäß dieser Lehre die Sparer auf die Anlage ihrer Ersparnisse in längerfristiger Form verzichten und statt dessen im wesentlichen unverzinsliche Depositen horten, die immobil werden und die Bewegungsfreiheit des Banksystems bei der Vergabe notwendiger Neukredite behindern[31]. Unter den Bedingungen einer allgemeinen Depression mit deflatorischer Tendenz, wie sie Keynes im Auge hatte, mag dies ein ernstes Problem gewesen sein. Unter modernen inflatorischen Bedingungen schreckt aber das Horten von Depositen ebensowenig wie das Horten von Bargeld; auf beide Verhaltensweisen können Staat und Notenbanken in der Weise reagieren, daß sie das Gleichgewicht des Wirtschaftskreislaufs aufrecht erhalten, die Notenbanken, indem sie die Liquidität des Banksystems erhöhen und die Geldschöpfung fördern, der Staat, indem er sich — unter Umständen zum Null-Zins — bei der Notenbank oder sogar über das Banksystem verschuldet[32] und die Kreditbeträge investiert. Obwohl dabei zahlreiche Probleme auftauchen, die hier nicht geschildert werden sollen, ist jedenfalls soviel sicher: Durch Geldhorten und Anlageattentismus kann der Sparer zwar zahlreiche Schwierigkeiten verursachen, sie sind indessen keineswegs prinzipiell unüberwindlich. Das Verhalten des Sparers ist relativ unwichtig im Vergleich zum Verhalten der Investoren; darauf wird später noch einzugehen sein.

[30] Dsgl. S. 207.

[31] Vgl. hierzu auch: Hans Gestrich, Kredit und Sparen, 2. Aufl., Düsseldorf und München 1957.

[32] John Maynard Keynes, a.a.O., S. 207.

Marxisten könnten hier einwenden, daß die Hilfestellung von Staat und Währungsbehörden im wesentlichen im Interesse der Kapitaleigner gewährt werde, um die Reallöhne inflatorisch zu drücken und die Profite wieder in die Höhe zu treiben, die zunächst deflatorisch gefallen waren. Dies ist jedoch eine sehr verzerrte Optik, wenn man die Alternative des Nichtstuns und deflatorischen Treibenlassens betrachtet. Kapitalbildung und Investitionen mißlingen dann nämlich, es bleibt beim deflatorischen Horten, mit der Folge, daß es wirklich zu der „Reservearmee der Arbeit" kommt, die Marx dem „System" ankreidet. Das Angebot an Realkapital bleibt zurück, die Arbeitseinkommen stagnieren ebenfalls.

Die gelegentlich vorgetragene entgegengesetzte Theorie, das „Kapital" oder die „Oberschicht" führe bewußt Krisen herbei, um die Gewerkschaften zu disziplinieren, und hindere den Staat an einer wirksamen Konjunkturpolitik, ist einerseits mit Wettbewerb der Kapitaleigner untereinander nicht zu vereinbaren. Sie ist im übrigen aber schon deswegen absurd, weil die Schäden, die die Kapitaleigner durch eine Krise erleiden, wegen der Remanenz der Lohnsätze weit größer sind als der zweifelhafte Effekt für die Lohnpolitik[33].

Das im Zusammenhang mit deflatorisch wirkendem Horten entscheidende Problem ist die Fristentransformation des Kredits. Ist die Zunahme des Hortens langfristig stabil, so ist dieses Problem durchaus im Rahmen des traditionellen Banksystems lösbar. Schwieriger zu behandelndes kurzfristiges Horten nützt dagegen den „Kapitalisten" wenig, weil sie beim Enthorten und der Umlenkung in längerfristige Anlagen nur die Kurse für derartige Titel in die Höhe treiben, nachdem sie sie erst durch Attentismus gesenkt hatten. Das Enthorten wirkt dann zinssenkend. Es ergibt sich, daß das Horten zum mindesten für die Sparer eine außerordentlich stumpfe Waffe ist, um einen höheren oder überhaupt einen Zinssatz zu erzwingen. Indem die „Kapitalisten" Geld oder Depositen horten, können sie heute die Währungspolitik kaum noch in Verlegenheit bringen: die Güter, die infolge dieser Art des Sparens für Investitionen zur Verfügung stehen, bleiben nicht notwendig ungenutzt. Sofern es Investoren gibt, die zu einem sehr niedrigen Zins oder zinslos Kredit aufnehmen wollen, kann diese Art von Kapital nicht durch Aktionen der Sparer zurückgehalten werden.

Wenn also das Mittel des Hortens versagt, welche Mittel haben die Geldkapitalisten außerdem, um einen Zins zu erzwingen? Sie können das Geldkapital in das Ausland verlagern, aber dies hat nur Sinn, wenn dort ein Zins gezahlt wird. Das Erklärungsproblem ist damit international verlagert, aber nicht gelöst. Die internationale Kapitalbewegung liefert nur

[33] Vgl. hierzu die Auseinandersetzung mit H. Hinz durch Willi Meyer, Personen und Institutionen. Zur Analyse der ökonomischen Krisenerscheinungen in der Bundesrepublik, in: Ordo-Jahrbuch, Bd. 19, 1968, S. 101 ff.

eine Erklärung dafür, daß sich die Zinssätze international angleichen, nicht aber für die Entstehung des Zinses überhaupt, der ja angeblich das Symbol für die Macht des Kapitals ist.

Das Problem bleibt solange ungelöst, wie man den Zins allein mit dem Verhalten des Kapitalangebotes erklären und als Ergebnis einer Aggression der „Kapitalisten" ausgeben will. Bliebe das Angebot an Geldkapital nach getroffener Sparentscheidung wirklich unverändert starr, so hätte es nicht einmal wesentliche Defensivmacht, wenn es in das Ausland ausweicht. Der Preis für ein Gut, dessen Angebot starr ist, kann nicht mit Reaktionen eben dieses Angebotes erklärt werden, weil es solche Reaktionen nicht gibt. Von sich aus kann ein starres Angebot einen Preis für sein Gut überhaupt nicht erzwingen, es findet sich auch mit dem Preis von Null ab, wenn die Nachfrage so entscheidet.

Damit haben wir natürlich zwei Annahmen in der Ableitung versteckt, die zu untersuchen sind, um der Wirklichkeit nahe zu kommen. Einmal wurde bisher angenommen, daß von den Sparern die Form des Geldkapitals gewählt und nicht gewechselt wird. Zum anderen wurde eine Starrheit dieses Geldkapitalangebotes überhaupt angenommen. Betrachten wir jetzt zunächst den Fall, daß statt des Geldkapitals eine andere Anlageform gewählt wird. Die bisherigen Geldsparer könnten ja, wenn sie keinen Geldzins erhalten, Eigenkapital von Unternehmungen erwerben oder selbst Unternehmerkapitalisten werden. Auch könnten sie die Ersparnisse eigenwirtschaftlich verwenden, etwa im Eigenheimbau oder bei der Finanzierung eines Ausbildungsganges, der ein höheres Einkommen in der Zukunft ermöglicht.

Bei einem hypothetischen Null-Zins wird wahrscheinlich der Eigenheimbau angeregt und deswegen das Kapital in anderen Verwendungen vermindert werden. Aber auch der Mietwohnungsbau wird angeregt und dadurch der Eigenheimbau gedämpft. Die Vergleichsmiete des Eigenheimbesitzers enthielte keinen Zins, infolgedessen entfiele auch ein wirtschaftlicher Vorteil einer Kapitalverlagerung zum Eigenheimbau.

Ähnlich steht es mit der Verzinsung von Ausbildungskapital. Durch das bloße *Angebot* von mehr Ausbildungskapital kommt dessen Verzinsung noch keineswegs zustande. Es muß vielmehr eine *Nachfrage* nach den wirtschaftlichen Ergebnissen des Ausbildungskapitals vorliegen, die ausreicht, um nicht nur dessen Amortisation, sondern auch dessen Verzinsung zu gewährleisten.

Für das Eigenkapital der Unternehmungen gilt das gleiche: wächst es durch Einströmen von Geldkapital, so ist das für sich allein gewiß kein Element, das geeignet wäre, eine Eigenkapitalverzinsung hervorzurufen oder eine bestehende Verzinsung zu erhöhen. Dies wird vielmehr im Gegenteil von einer Abwanderung des Eigenkapitals zu erwarten sein; diese aber wäre mit der Möglichkeit, anderswo Zins zu erlangen, deutbar, womit das Problem abermals weitergeschoben und nicht gelöst wäre.

Eine gängige, wenn auch schiefe Vorstellung ist es freilich, daß das Eigenkapital die Unternehmensleitung beherrsche und diese wiederum über die Einstellung von unselbständigen Arbeitskräften zu entscheiden habe. Da der Profit und der nach Marx aus diesem abgeleitete Fremdkapitalzins als Ausbeutung der unselbständigen Arbeiter aufgefaßt wird, müßte nun gezeigt werden, wie durch Ausweichen und Zurückhaltung des Kapitals den Arbeitern der Profit abgepreßt wird. Solange das Kapital in der Form des Eigenkapitals aber nicht ausweicht, sondern im Gegenteil noch zuströmt, akkumuliert und ständig vermehrt wird, ist — Marx und allen, die ihm darin folgen, zum Trotz — schwer einzusehen, wie die Ausbeutung vor sich gehen soll, wenn man nur das Verhalten „des Kapitals" allein betrachtet. Einige der immer wieder hierzu vorgetragenen Argumente seien kurz angeführt:

1. Arbeit habe als solche beim Abschluß des Arbeitsvertrages einen Verhandlungsnachteil, auch wenn vollständige Konkurrenz unter den Arbeitgebern bestehe. Die Intensität, mit der der Arbeiter einen Arbeitsplatz erlangen wolle, sei ungleich höher als die Intensität, mit der der Unternehmer die Leistung des Arbeiters nachfrage. Der Unternehmer wird hier als jemand gedacht, der es sich leisten kann, elastisch zu reagieren, also gegebenenfalls auch auf die Einstellung von Arbeitern zu verzichten. Der ärmere Arbeitnehmer braucht den Lohn, um existieren zu können. Aber brauchen die Unternehmer die Arbeiter nicht ebenfalls, um ihr Einkommen sichern zu können? Die These vom Verhandlungsnachteil des Arbeiters muß also weiter untermauert werden:

2. Die Kapitaleigner verfügten über größere finanzielle Reserven und könnten daher länger auf die Arbeiter verzichten als diese auf den Lohn. Das Argument findet sich schon bei Adam Smith, allerdings nicht in Zusammenhang mit der Annahme der Konkurrenz unter den Arbeitgebern, sondern bei der Erörterung der Frage, welche kollektiven Aktionen am Arbeitsmarkt erfolgreicher sein werden, diejenigen der Arbeitnehmer oder diejenigen der Arbeitgeber[34]. Machlup fragt mit Recht, ob daraus etwa entgegen aller Erfahrung folgt, daß die reichsten Arbeitgeber die niedrigsten Löhne zahlen und die ärmsten Arbeitgeber besonders hohe Löhne[35]. Bei Wettbewerb zwischen den Unternehmungen kommt es in Wirklichkeit nicht darauf an, welche unsinnigen Handlungen ein einzelner vornehmen könnte, sondern ob sie zu einer den Markt bestimmenden Massenerscheinung werden können. Wenn sich die Arbeitgeber untereinander Konkurrenz machen, mag einer unter ihnen getrost mit der Ein-

[34] Adam Smith, a.a.O., Book I, Chapter VIII, Deutsche Ausgabe, a.a.O., S. 58.

[35] Fritz Machlup, Monopolistic Wage Determination as a Part of the General Problem of Monopoly, in: Wage Determination and The Economics of Liberalism, Chamber of Commerce of the United States, Washington, D. C. 1947, S. 54 f.

stellung von Arbeitern warten, in der Hoffnung, den Lohn drücken zu können. In der Zwischenzeit werden weniger unweise Arbeitgeber um so mehr Arbeiter einstellen und die Marktanteile des Zurückhaltenden an sich ziehen, so daß dieser einen erheblichen Verlust erleidet oder sogar als Unternehmer ausscheiden muß.

3. Für die These vom Verhandlungsnachteil der Arbeiter wird ferner angeführt, Arbeitsleistungen seien nicht aufzubewahren, müßten also sofort genutzt werden. Ähnliche Argumente werden auch von Unternehmern bestimmter Branchen vorgebracht, etwa für das Transportgewerbe: Transportleistungen seien nicht stapelbar, deswegen sei freier Wettbewerb unzuträglich, da die Marktlage nicht durch Verschiebungen des Angebots gleichmäßiger gemacht werden könne. Machlup bemerkt hierzu: Kapitaldienste seien ebensowenig stapelbar wie Arbeitsleistungen, die Vergänglichkeit beider sei gleich[36]. Man kann hinzufügen, daß bei Verschuldung des Unternehmens sogar Rückzahlungen an die Gläubiger zu leisten sind, auch wenn die Fabriken stillstehen.

4. Die Arbeitnehmer besitzen zu wenig Mittel, um genügend Zeit für die Suche nach dem besten Arbeitsplatz aufwenden zu können. Sie müssen daher mit ungünstigeren Angeboten vorliebnehmen. Das mag sein, ist aber nach Machlup nur ein Zeichen für ungenügenden Wettbewerb unter den Arbeitgebern. Auf ähnlicher Ebene liegt das Argument, der einzelne Arbeitnehmer habe gegenüber einem Unternehmer ein geringeres Verhandlungsgeschick, könne sich weniger gut informieren usw. Auch dies mag in manchen Fällen zutreffen. Insoweit ist eine Art von kleinem Machtspielraum angesichts der immer vorhandenen Unvollkommenheiten der Märkte und des Wettbewerbs vorhanden, selbst bei sonst nicht behinderter Arbeitgeberkonkurrenz.

Unter modernen Bedingungen, wie sie in der Bundesrepublik Deutschland herrschen, muß man diese ganze Argumentation jedoch als reichlich antiquiert ansehen: Die Arbeitslosenunterstützung sorgt dafür, daß die Arbeitnehmer nicht mehr auf jedes beliebige Angebot eines Arbeitgebers eingehen müssen. Die Mobilität der Arbeitskräfte ist allein schon durch die verkehrstechnische Entwicklung außerordentlich gewachsen. Die Möglichkeit, selbst bei verbreitetem Eigenheimbesitz der Arbeitnehmer den Wohnsitz zu verlegen, wird allerdings künstlich durch den Staat behindert, indem er steuerliche Nachteile an den Verkauf und Wiedererwerb eines Eigenheimes knüpft. Wenn es Mängel in der Arbeitsvermittlung gibt, so beruhen sie auf der Schwerfälligkeit des staatlichen Vermittlungsmonopols, doch wird es durch anderweitige Informationsmöglichkeiten (etwa Stellenanzeigen und Ausschreibungen) stark gelockert. Zahllose öffentliche und von den Arbeitsmarktparteien oder Unternehmungen ge-

[36] Desgl.

währte Hilfen beim Arbeitsplatz- und Berufswechsel können in Anspruch genommen werden. Nicht selten besitzen die Arbeitnehmer aber auch bereits ausreichende Rücklagen[37], um die Zeit der Suche nach einem neuen Arbeitsplatz überbrücken zu können. Die Arbeitsbedingungen sind im übrigen durch ein weit verzweigtes Arbeits- und Sozialrecht und durch ergänzende Tarifverträge und Betriebsvereinbarungen sowie durch die Befugnisse von Gewerkschaften und Arbeitnehmervertretungen in den Betrieben derartig kontrolliert und auch standardisiert, daß jedenfalls in der Bundesrepublik Deutschland nicht mehr gut mit Argumenten operiert werden kann, die vielleicht in der Zeit von Adam Smith und Karl Marx noch anwendbar gewesen sein mögen. Die Probleme, die gleichwohl auch heute noch im Kleinklima des Arbeitsverhältnisses nachteilig für Arbeitnehmer wirken können, beruhen vorwiegend auf Organisationsmängeln, menschlichen Unzulänglichkeiten, Brancheneigentümlichkeiten, Immobilität der Arbeitnehmer und dem wirtschaftlichen Strukturwandel, vor allem aber auf der Konzentration in Großbetrieben und Großunternehmungen, die zu verstärkter hierarchischer Verfestigung führen können.

Jedenfalls kann aber mit den genannten Argumenten unter modernen Bedingungen die Entstehung von Profit und Zins nicht mehr erklärt werden. Solange das Kapitalangebot feststeht, hat es kaum Möglichkeiten des Ausweichens. Auch der Wechsel vom Eigen- zum Fremdkapital und umgekehrt bedeutet keine Machtausübung, die den Profit als solchen begründen könnte. Derartige Verschiebungen erhöhen zwar die Verzinsungsaussichten dort, wo das Kapital abströmt, mindern sie aber dort, wo es zufließt.

2. Die Ausweichmacht der Kapitaleigner bei veränderlicher Kapitalmenge

Das einzig wirksame Verhalten, das den Kapitaleignern auch bei Wettbewerb untereinander möglich bleibt, um ihre Vorstellungen stärker durchzusetzen, besteht darin, daß sie das Kapitalangebot elastischer machen, also nur bei steigendem Profit und Zins erhöhen, bei sinkender Rendite herabsetzen. Damit lassen wir die Voraussetzung fallen, der Sparentschluß stehe fest. Wer elastisch reagieren kann, ist von der Marktgegenseite nicht mehr vollständig abhängig[38]. Das bedeutet also, daß die

[37] Man fragt sich in diesem Zusammenhang, weshalb einige Gewerkschaftler die Vermögensbildung der Arbeitnehmer überhaupt bekämpfen. Die Erklärung liegt darin, daß man davon eine Auflockerung der Konfrontation am Arbeitsmarkt befürchtet. Man gibt sich der Illusion hin, durch militantes Auftreten am Arbeitsmarkt Umverteilungen erreichen zu können. Vgl. Das Nein zur Vermögenspolitik, hrsg. von Karl H. Pitz, Hamburg 1974.

[38] G. Gäfgen, Die Marktmacht sozialer Gruppen, in: Hamburger Jahrbuch für Wirtschafts- und Gesellschaftspolitik. 12. Jahr, 1967, S. 58, glaubt demgegenüber, daß bei großer Angebotselastizität die Nachfrager ein Maximum an Marktmacht hätten. Eine einge-

Kapitaleigner ihren wesentlichen Einfluß ausüben, indem sie die Akkumulation verweigern, ihren Konsum erhöhen oder Kapital vernichten.

Beginnen wir mit dem Letztgenannten: Eine Kapitalvernichtung bei Wettbewerb in dem Sinne, daß vorhandene sachliche Produktionsmittel nicht einer wirtschaftlichen Verwendung zugeführt werden, obwohl sie möglich wäre, ist nur durch Krisen zu erklären. Nach Marx kommen solche Krisen zustande, weil bei starker Kapitalakkumulation die Profitrate fällt, die „Kapitalisten" aber ihr Profiteinkommen durch weitere übermäßige Akkumulation trotz sinkender Profitrate aufrecht erhalten wollen, so daß Überproduktion eintritt, für die am Markt bei zu geringer Massenkaufkraft der Arbeitnehmer kein lohnender Absatz möglich ist[39]. Wenn die Profitrate negativ wird, dann ist in der Tat Kapital vernichtet, aber in diesem Falle gewiß nicht deswegen, weil zu wenig, sondern eher weil zuviel Kapital gebildet und am Markt wirksam geworden ist. Die Krise bereinigt dies, hält jedoch ein abermaliges und schließlich dauerhaftes Sinken der Profitrate nicht endgültig auf, weil ja die Akkumulation des Kapitals nach Überwindung der Bereinigungskrise erneut einsetzt. Als dauerhaftes Phänomen ist der Kapitalzins also auch auf diesem Wege nicht zu erklären.

Als weiterer Grund für Kapitalvernichtung bei Wettbewerb wird technischer Fortschritt angeführt. Meist wird hierbei nur privatwirtschaftlicher Vermögensverlust mit gesamtwirtschaftlicher Kapitalvernichtung verwechselt. Im allgemeinen wird Sachkapital erst dann aus der Produktion endgültig ausscheiden und damit wirtschaftlich vernichtet werden, wenn es durch produktiveres Sachkapital ersetzt werden kann[40]. Jedenfalls ist dies für den Fall ausreichenden Wettbewerbs die Regel. Außerdem besteht kein hinreichender Grund zu der Annahme, daß etwa die Verzinsung des Kapitals systematisch steigt, weil Kapital durch technischen Fortschritt vernichtet wird. Wenn der technische Fortschritt Kapital entbehrlicher macht, müßte dies eher eine zinssenkende Tendenz begünstigen. Tech-

hende Auseinandersetzung mit dieser These, die Gäfgen übrigens selbst durch weitere Erwägungen relativiert, ist an dieser Stelle nicht möglich. Seine Analyse leidet ein wenig unter der Einbeziehung sehr verschiedenartiger Sachverhalte in den Begriff der Marktmacht. In unserem Zusammenhang interessiert jedoch zunächst nur die Frage, ob das Kapital, wenn es unelastisch oder sogar starr angeboten wird, einen irgendwie a k t i v e n Einfluß auf das Entgelt für seine Nutzung nehmen kann. Wer starr anbietet, also in ähnlicher Weise handelt wie ein „Bestens"-Verkäufer von Wertpapieren an der Börse, hat sich seines Einflusses auf den Preis begeben, er muß hinnehmen, was die Marktgegenseite zu geben bereit ist, und geht im extremen Fall überhaupt leer aus. Die Null- oder Minus-Verzinsung, wie sie heute vorkommt, käme nicht zustande, wenn das Kapital ausweichen könnte.

39 Vgl. Erich Preiser, Das Wesen der Marxschen Krisentheorie (1924), in: ders., Politische Ökonomie im 20. Jahrhundert, München 1970, S. 47—76.

40 Spezialisierte alte Anlagen werden zunächst bei Konkurrenz durch bessere neue Anlagen verstärkt abgeschrieben, produzieren aber solange weiter, wie die dabei entstehenden Zusatzkosten noch geringer sind als die Gesamtkosten einer neuen Anlage.

nischer Fortschritt, gleichgültig welcher Art, entwertet immer solche Anlagen, die nicht auf neue Verfahren umzustellen sind. Auch bei arbeitsparendem technischem Fortschritt, wie er vielleicht nach gängiger, von uns bereits kritisierter Lehre durch niedrigen Zins begünstigt werden könnte, werden immer zugleich mit Arbeitskräften auch solche Kapitalgüter aus der Produktion herausgezogen, die nur mit einer unveränderten Arbeitsmenge beschäftigt werden können (z. B. Maschinen, deren Bedienung eine gegebene Arbeiterzahl erfordert). Ein privatwirtschaftlicher Verlust trifft also immer auch einige Kapitaleigner. Indessen wird bei technischem Fortschritt altes Sachkapital nicht willkürlich verschrottet. Bei Wettbewerb vernichtet niemand altes Kapital, um das Kapitalangebot elastischer zu machen. Bei Verlusten, also negativer Verzinsung, wird allerdings solches Sachkapital nicht mehr verwendet, da es nur noch Schrottwert hat.

So bleibt denn in Wahrheit bei Wettbewerb der Kapitalisten untereinander nur der Konsum übrig, mit dem das Kapital vom Markt ferngehalten werden kann. In der Tat ist spektakulärer Privatkonsum häufig auch von den Vertretern freiheitlicher Systeme als anstößig betrachtet und verurteilt worden, vor allem, wenn die Möglichkeiten des Normalbürgers bei weitem übertroffen wurden und die Teilhabe anderer ausgeschlossen war[41]. Uns geht es bei der Erörterung dieses Sachverhaltes jedoch nicht um Egalitätsvorstellungen oder Neidkomplexe, die sich mit Konsumexzessen verbinden können, sondern um die Tatsache, daß auf diesem Wege Einfluß auf das Kapitalangebot ausgeübt und der Zinssatz verändert werden kann. Derjenige, der Kapital bilden und für die Produktion mit lohnsteigernder Wirkung zur Verfügung stellen könnte, unterläßt dies. Danach wäre weniger der akkumulierende als vielmehr der verbrauchende Wohlhabende derjenige, der einer Entstehung und Steigerung von Profiten und einem Zurückdrängen der Löhne Vorschub leistet.

Für die Zinselastizität des Kapitalangebotes kommt es allerdings darauf an, ob tatsächlich die Kapitalisten bei niedrigem Zins und Profit ihren Konsum erhöhen. Adam Smith hat eher das Gegenteil vermutet. Hohe Profitraten erklärte er für unerwünscht, weil sie seiner Ansicht nach die Sparsamkeit der Unternehmer herabsetzen und die Kapitalbildung behindern: „Accumulation is thus prevented in the hands of all those who are naturally the most disposed to accumulate; and the funds destined for maintenance of productive labour receive no augmentation from the revenue of those who ought naturally to augment them the most."[42] Demzufolge würden niedrigere Profitraten die Neubildung von Kapital nicht eindeutig behindern. Die Schärfe fällt besonders auf, mit der Smith sich

[41] Vgl. Alexander Rüstow, Ortsbestimmung der Gegenwart, 2. Band, Erlenbach-Zürich 1952, S. 103 f.

[42] Adam Smith, An Inquiry into the Nature and Causes of the Wealth of Nations, Book IV, Chapter VII, Part Third; edited by Edwin Cannan, 6. Aufl., London 1950, S. 128.

gegen den Luxuskonsum von Reichen ausgesprochen hat, während er mit größter Wärme für hohe Löhne eingetreten ist.

Bei seiner These hatte er jedoch monopolistische, nicht auf Leistung beruhende Gewinne im Auge. Ob sie auch für Leistungsgewinne gilt, die im Wettbewerb verteidigt werden müssen, aus denen also zur Aufrechterhaltung der Wettbewerbsfähigkeit investiert werden muß, ist fraglich. Der Unternehmensgewinn ist zweifellos solange eine für die Kapitalbildung strategische Größe, wie nicht die Arbeitnehmer den größten Teil der Kapitalbildung übernehmen. Wird der Gewinn stark zusammengepreßt, so sinkt das Sparen der Unternehmer, zumal wenn der Unternehmerkonsum aufrecht erhalten wird. Ähnliches gilt für Unternehmungen mit eigener Rechtspersönlichkeit, wenn bei rückläufigen Gewinnen die Möglichkeiten der Selbstfinanzierung beschränkt sind; zwar wird dabei wohl kaum der Konsumanteil vergrößert, es sei denn, man behält aus Gründen der Optik früher übliche Ausschüttungen an die Anteilseigner noch eine Zeitlang bei, die Möglichkeit der Investition aus eigenen Mitteln ist aber objektiv herabgesetzt.

Die Kapitalbildung aus Unternehmensgewinnen kann also elastisch auf einen Druck reagieren, der auf die Gewinne ausgeübt wird. Zwar ist es möglich und sogar wahrscheinlich, daß — wie Smith annahm — erhöhter Wettbewerbsdruck die Unternehmer veranlaßt, zu sparen, den Konsum nur mäßig auszuweiten und stattdessen zu investieren, um mit den Konkurrenten mithalten zu können. Auf der anderen Seite können aber Maßnahmen, die alle Unternehmen gleichmäßig treffen — etwa Lohnniveausteigerungen, Steuerbelastungen usw. — die Gewinne allgemein herabsetzen; der Konsum*anteil* am Unternehmereinkommen kann damit wachsen.

Nun könnte an sich die verminderte Kapitalbildung aus Unternehmensgewinnen durch eine erhöhte Ersparnis aus Arbeitnehmereinkommen ausgeglichen werden. Zum Teil läßt sich dies heute schon beobachten. Nicht in jedem Falle ist damit aber eine unverminderte Neukapitalbildung gesichert. Die Unternehmungen müssen auch bereit sein, die Ersparnisse anderer zu investieren. Die Erwartung, daß ein Mindestertrag für die Unternehmungen anfällt, ist hierzu erforderlich, um das Risiko der Investition abzudecken und einen ausreichenden Anreiz zu bieten. An diese Zusammenhänge hat die jüngste Entwicklung der westdeutschen Wirtschaft recht unsanft erinnert. In anderen Ländern sind sie noch deutlicher zu erkennen. Überall wurde versucht, in Verfolgung offen ausgewiesener oder verkappter sozialistischer Ziele die Belastbarkeit des marktwirtschaftlichen Systems zu testen. In Deutschland konnte die Gewinnsituation der Unternehmungen drastisch verschlechtert werden[43]. Die

[43] Sachverständigenrat zur Begutachtung der gesamtwirtschaftlichen Entwicklung, Jahresgutachten 1975/76, a.a.O., Schaubild 19 und passim.

Folge waren ein Rückgang der Investitionen, ein Stillstand des Wirtschaftswachstums, Arbeitslosigkeit und verminderte Möglichkeiten der absoluten Lohnsteigerung. Zwar wurde die Lohn q u o t e gesteigert[44], aber dieser relative Vorteil wurde teuer erkauft.

Ist deswegen unsere frühere Aussage, mit dem Sparentschluß sei immer zugleich auch irgendein Anlageentschluß verbunden, wieder in Zweifel zu ziehen? Der Widerspruch besteht nur scheinbar. Dort hatten wir gefragt, ob der Geldsparer nach gefaßtem Sparentschluß durch Wahl der Anlageform Macht ausüben und der Gesamtwirtschaft die Bildung von Sachkapital vorenthalten kann, wenn er z. B. in Form von Bargeld oder Sichtdepositen spart. Diese Frage hatten wir verneint. Es ging also um den Einfluß, den derjenige auf das Kapitalangebot ausüben kann, der beschlossen hat, einen Teil seines Einkommens nicht für Konsumausgaben zu verwenden. Hier haben wir es jedoch mit einem ganz anderen Problem zu tun: Gelingt es, dem Angebot an Ersparnissen eine entsprechende Nachfrage gegenüberzustellen? Bei den privaten Investoren kann die Wirtschaftspolitik eine Situation dulden oder herbeiführen, bei der diese Bedingung nicht zu den geltenden Kreditkonditionen erfüllt ist. Eigentlich müßten dann die Zinssätze solange fallen und die Kreditbedingungen solange verändert werden, bis es gelingt, die Ersparnisse unterzubringen, also dafür zu sorgen, daß die den Ersparnissen entsprechenden Güter in irgendeiner privatwirtschaftlich rentablen Investition verwendet werden. Die Frage ist nur, ob die Zinssätze genügend nach abwärts beweglich sind. Keynes hat dies verneint. Bei stabilem Geldwert wird in der Tat der Sparer Bargeld horten, also eine Anlage mit Null-Zins wählen, bevor er Negativzinsen hinnimmt. Die Wirtschaftspolitik kann dem freilich durch Inflation abhelfen, mit der Folge, daß reale Negativzinsen als neueste Errungenschaft des Antikapitalismus Wirklichkeit geworden sind. Möglich ist jedoch, daß selbst solche realen Vermögensabgaben der Gläubiger an die Schuldner keine ausreichende Investitionsbereitschaft hervorrufen, weil anderweitige Belastungen der privaten Investoren und ein Klima der Unsicherheit zu stark wirken. Als Ausweg bleibt immer noch die staatliche Kreditaufnahme. Reicht sie nicht aus, dann wird trotz der Sparbereitschaft von Arbeitnehmern und anderen Geldsparern die Kapitalbildung nicht vollendet. Gewiß legen die Sparer dann ihre Ersparnisse irgendwo an, gleichzeitig kommt es aber zur Wertvernichtung bei nicht normal absetzbaren Gütern, also zu Desinvestitionen.

Es sind dabei nicht die eigentlichen Sparer, sondern die Investoren, die das für die Beschäftigung von Arbeitnehmern bereitzustellende Neukapital nicht entstehen lassen. Die mit dem nicht normal investierbaren Sparüberschuß verbundene Desinvestition kann als Konsum besonderer

[44] Desgl., Ziffer 131 und Tabelle 16.

Art aufgefaßt werden, der die eigentliche Kapitalbildung verhindert. Karl Marx würde diesen Vorgang als einen Beweis für die Macht „des Kapitals" auffassen, obwohl es dabei Sparer gibt, die nicht nur keinen Zins erhalten, sondern sogar einen Teil ihres Vermögens einbüßen können: „Der Zins ist ein Verhältnis zwischen zwei Kapitalisten, nicht zwischen Kapitalist und Arbeiter."[45] Demnach wäre von einem den Arbeitern abgepreßten Profit auszugehen, der entweder dem Unternehmer verbleibt oder zum Teil den Gläubigern weiterzugeben ist. Erhalten die Gläubiger nichts oder müssen sie sogar noch draufzahlen, so müßte der Unternehmer um so mehr erhalten.

Wie aber ist es um die Macht „des Kapitals" bestellt, wenn der Profit im ganzen schrumpft und beide weniger erhalten? Diese Frage ist zur Zeit sehr aktuell. Die als mögliche „Gegenwehr" in Betracht kommenden Mittel des Mehrkonsums der Kapitaleigner und Unternehmer oder des „Investitionsstreiks" (der als organisierte Aktion überhaupt nicht möglich ist) waren teils nicht anwendbar, teils nicht wirksam, um einen vorher üblichen Kapitalertrag wiederherzustellen. Die Zinssätze fallen zur Zeit trotz fortgehender Inflation, die Unternehmergewinne erscheinen noch immer nicht befriedigend. Die Ausweichmacht der Kapitaleigner hat offenbar nicht ausgereicht, um sie vor erheblichen Einbußen zu bewahren.

E. Wer kann „Kapitalmacht" ausüben? — Die Auflösung des marxistischen Klassenschemas

Bei Marx und seinen Jüngern ist „das Kapital" als solches eine „gesellschaftliche Macht"[46], von der die Lenkung der „kapitalistischen" Wirtschaft ausgeht. Marx verkennt nicht, daß der Profit eine komplexe Größe ist, leitet aber trotzdem den Fremdkapitalzins, die Aktiendividende und einen „kapitalistischen" Unternehmerlohn in gleicher Weise von der „Macht des Kapitals" ab[47]. Zum Teil kann nach Marx allerdings der Unternehmerlohn auch ein systemunabhängiger echter Arbeitslohn für die Leitung eines arbeitsteiligen Produktionsprozesses sein, eine Art Managergehalt[48]. Gleichwohl ist bei Marx der Unternehmerkapitalist von seiner gesellschaftlichen Klasseneigenschaft als mehrwertabpressender Besitzer des Kapitals vollkommen beherrscht. Auch was der Unternehmer an Arbeit leisten muß, ist in der Hauptsache die Mühewaltung, den Vorgang der Ausbeutung von Arbeitern zu beaufsichtigen und zu leiten.

[45] Karl Marx, Das Kapital, Band 3, a.a.O., S. 417.
[46] Desgl., S. 222.
[47] Desgl., 23. Kapitel.
[48] Desgl., S. 417 ff.

Marx hält die Vorstellung des Unternehmers, selbst im wesentlichen echtes Arbeitseinkommen zu beziehen, für eine optische Täuschung: Bei dem Unternehmer „entwickelt sich daher notwendig in seinem Hirnkasten die Vorstellung, daß sein Unternehmergewinn — weit entfernt irgendeinen Gegensatz zur Lohnarbeit zu bilden und nur unbezahlte fremde Arbeit zu sein — vielmehr selbst Arbeitslohn ist, ..."[49]. In Wahrheit wird jedoch nach der Vorstellung von Marx auch der Sklavenaufseher wie der zum Zwecke der Beaufsichtigung von formell freien Lohnarbeitern angestellte Manager für seine Mühe bezahlt werden, ohne deswegen eine vom gesellschaftlichen System unabhängige, objektiv notwendige Arbeit zu leisten. Insoweit sollen also auch die Leiter moderner Aktiengesellschaften nichts anderes als Beauftragte des Kapitals sein, die für den Aktionär die Schmutzarbeit der Ausbeutung übernehmen und dafür einen kapitalistischen Judaslohn erhalten.

Aber kann man wirklich heute noch das Problem der „Macht des Kapitals" in der Weise ausreichend erfassen, daß Geldsparer einschließlich der Arbeitnehmer, selbständige Unternehmer, Manager und Kreditinstitute sämtlich in einer Gruppe von Profitsaugern zusammengefaßt werden, über deren innere Beziehungen kein Nachdenken lohnt? Oder sollte man nicht vielmehr die Bequemlichkeit des Zwei-Klassen-Schemas durch eine genauere Betrachtung ersetzen, damit man erkennen kann, von wem wirklicher Einfluß ausgeht und wer im Grunde machtlos ist? Versuchen wir, der groben Betrachtungsweise des Zwei-Klassen-Schemas eine weniger pauschale Darstellung entgegenzusetzen. Als erste Gruppe von „Kapitalisten" sind die Geldsparer zu nennen, unter ihnen in großer Zahl auch Arbeitnehmer. Sie haben in den letzten Jahren keinerlei Einfluß auf die Organisation des Wirtschaftsprozesses nehmen können. Für Sparguthaben mit gesetzlicher Kündigungsfrist konnten seit 1971 auch in der Bundesrepublik Deutschland Zinssätze gezahlt werden, die unter der Geldentwertungsrate lagen. Eine Anpassung von Geldforderungen an die Inflation ist noch immer, jedenfalls für kleine Sparer, verboten. Vorstöße, das Indexierungsverbot des § 3 des Währungsgesetzes zu lockern, sind abgewehrt worden[50]. Auch die reale Verzinsung von längerfristig laufenden Wertpapieren ist auf ein sehr niedriges Niveau abgesunken (von 5,5 % im Jahre 1969 auf 2,7 % im Jahre 1975[51]). Diese Art von Kapital-

[49] Desgl., S. 415.

[50] Vgl. Joachim Starbatty, Das Für und Wider von Geldwertsicherungsklauseln: „Eine Art von Glaubenskrieg?", in: Ordo-Jahrbuch, Bd. 26, 1975, S. 225—246.

[51] Berechnet nach: Statistische Beihefte zu den Monatsberichten der Deutschen Bundesbank, Reihe 2 Wertpapierstatistik, Januar 1976, Tabelle 7 b, und Veränderung des Preisindex für die Lebenshaltung aller privaten Haushalte, Sachverständigenrat zur Begutachtung der gesamtwirtschaftlichen Entwicklung, Jahresgutachten 1975/76, a.a.O., S. 64, Tabelle 14. (Die darin berechnete Preissteigerung ist wegen Abzugs von Verbrauchssteuererhöhungen eher zu niedrig angegeben.)

eignern hat zur Zeit keinerlei Macht, solange sie nicht die Anlageform wechselt. Solchem Wechsel stehen zahlreiche persönliche, institutionelle und wirtschaftliche Hindernisse im Wege, so daß ein Großteil des in dieser Weise angebotenen Sparkapitals zinsunempfindlich ist und eine Verschlechterung seiner Marktbedingungen bis zur partiellen Enteignung hinnehmen muß.

Mit den Kleinaktionären steht es nicht besser. Nachdem schon Marx gemeint hatte, bei Aktiengesellschaften könne der erwirtschaftete Profit deswegen geringer sein, weil die Aktionäre nur Zins zu erhalten brauchten[52], wird heute das Fehlen ausreichender Mitbestimmungsrechte der kleineren Aktionäre geradezu als Argument benutzt, um die Leitung der Aktiengesellschaften anderen Kontrollen, etwa durch mitbestimmende Arbeitnehmervertreter, zu unterwerfen[53]. Marx bemerkte zum Institut der Aktiengesellschaften: „Es ist Privatproduktion ohne die Kontrolle des Privateigentums."[54] Dies ist sicher eine Übertreibung, die an dieser Stelle nicht im einzelnen widerlegt werden kann[55]. Die Marktkräfte, insbesondere bei der Beschaffung von neuem Kapital, und außerdem rechtliche Regelungen schließen eine völlige Lösung der Unternehmensleitung in Kapitalgesellschaften von der Rücksichtnahme auf die Aktionäre im allgemeinen noch aus. Immerhin ist aber die Gruppe der Kleinaktionäre heute nicht eine Macht, die gegenüber den Unternehmensleitungen eine Politik maximalen Profits auf Kosten der Arbeitnehmer durchsetzen könnte. Wer deswegen noch immer auch bei Publikumsaktiengesellschaften die „Macht des Kapitals" als den großen Gegner der Arbeitnehmer plakatiert und darunter die Aktionäre versteht, ist der Gefahr ausgesetzt, sich lächerlich zu machen. Niedrige bis negative reale Aktienrenditen sprechen eine allzu deutliche Sprache[56].

Bei den Großaktionären scheint nun aber wirkliche Macht konzentriert zu sein. Ist von Macht die Rede, so muß angegeben werden, wem gegenüber diese Macht ausgeübt werden kann. Der Großaktionär hat zunächst einmal nur einen mehr oder weniger durch gesetzliche Vorschriften, Tarifverträge usw. eingeengten beherrschenden Einfluß auf sein Unternehmen. Solange dieses Unternehmen in Wettbewerb mit anderen Unternehmungen auf den Absatz- und Beschaffungsmärkten steht, ist dieser Einfluß durch die Marktsituation beschränkt und auf die innerbetriebliche

[52] Karl Marx, Das Kapital, Band 3, a.a.O., S. 478.

[53] Vgl. Dieter Lösch, Heinz-Dietrich Ortlieb, Kapitalismuskritik, München und Wien 1974, S. 37 ff.

[54] Karl Marx, Das Kapital, Band 3, a.a.O., S. 480.

[55] Vgl. zu Einzelheiten: Hans Willgerodt, Vermögensstreuung und Mitbestimmung der Eigentümer, in: Wirtschaftspolitische Chronik, Heft 2, 1972, S. 24 ff.

[56] Vgl. Hans Willgerodt, Karl Bartel, Ulrich Schillert, Vermögen für alle, Düsseldorf und Wien 1971, S. 100 f.

Organisationsgewalt konzentriert. Die Meinung jedoch, Großaktionäre hätten beim Abpressen von Mehrwert gegenüber den Arbeitnehmern ihres Unternehmens heute im allgemeinen eine stärkere Position und könnten höhere Profite erzielen, ist in das Reich der Fabel zu verweisen. Meist sind die Großaktionäre schon aus steuerlichen Gründen nicht an großen Ausschüttungen, sondern eher an Reinvestitionen von Gewinnen interessiert; damit kann sich die Produktivität ihrer Unternehmungen und die Lohnzahlungsfähigkeit erhöhen, ein Umstand, der von den Gewerkschaften im allgemeinen nicht ungenutzt gelassen wird.

Wenden wir uns nun den echten Unternehmerkapitalisten kleinerer und mittlerer Unternehmungen zu. Bei ihnen ist es schwer, ihren eigentlichen Unternehmerlohn für systemunabhängige Leitungsarbeit vom Vermögenseinkommen zu trennen. Meist behilft man sich damit, eine Art von Vergleichslohn zuzubilligen, wie er von vergleichbaren leitenden Arbeitnehmern erzielt wird, und erklärt den Rest des Unternehmereinkommens zum Kapital- und Vermögenseinkommen. Schon allein derartige Vergleichsrechnungen wirken ziemlich ernüchternd auf überzogene Erwartungen über die Höhe des restlichen Profits[57]. Das eigentliche Problem liegt dabei aber in der Festlegung des vergleichbaren Arbeitnehmerlohns. Soll man Managergehälter wählen, oder bestimmte Beamtengehälter? Müßte man nach Betriebsgrößen und Branchen staffeln? Wäre die Hauptaufgabe der Manager von Kapitalgesellschaften wirklich ein Abpressen von Mehrwert zugunsten der Aktionäre, so würden wenigstens Marxisten den eigentlichen Vergleichslohn entsprechend niedriger festlegen. Oder wäre das abwegig, weil auch in einer sozialistischen Wirtschaft die Aufgabe von Managern darin bestehen kann, die Kosten so niedrig wie möglich zu halten und einen Überschuß zu erwirtschaften[58], der dann an den Staat abgeführt wird? In diesem Falle hinge der Unternehmerlohn weniger davon ab, daß es Privateigentum an den Produktionsmitteln gibt. Im sozialistischen System hätte sich nur der Eigentümer geändert, für den der Manager seine Dienste leistet. Soll man also womöglich das Salär sowjetischer oder mitteldeutscher Betriebsleiter zum Vergleich heranziehen, weil es dort ja angeblich keine Ausbeutung gibt? Die Frage stellen heißt sie verneinen, weil die Arbeitsproduktivität dort wesentlich niedriger ist. Aber man könnte ja die Relationen verwenden, die auch in sozia-

[57] Vgl. Ulrich Schillert, Vermögensstreuung aus Unternehmensgewinnen, in: Ordo-Jahrbuch, Bd. 23, 1972, S. 225—259; ders., Gewinne als Quelle der Vermögenspolitik?, a.a.O.; Wilhelm Krelle, Macht und ökonomisches Gesetz in der Verteilung, in: Macht und ökonomisches Gesetz (Schriften des Vereins für Socialpolitik, N. F. Bd. 74/I), Berlin 1973, S. 104 ff.

[58] Marx selbst hat einen Abzug vom gesellschaftlichen Gesamtprodukt „für Ausdehnung der Produktion" für notwendig erklärt: ders., Randglossen zum Programm der deutschen Arbeiterpartei (Kritik des Gothaer Programms), in: Karl Marx, Friedrich Engels, Werke, Bd. 19, Berlin 1969, S. 19.

listischen Ländern zwischen dem Salär für leitende und nicht leitende Arbeit bestehen.

Damit entginge jedoch der Vergleichsrechnung das Wesentliche: Die Freiheit der unternehmerischen Betätigung kann in Marktwirtschaften dem Unternehmerkapitalisten einerseits Verluste bringen, die oft unterschätzt werden; bei Einkommensvergleichen zählen die gescheiterten Unternehmer nämlich nicht mehr unter den Selbständigen mit, der Durchschnitt wird nur aus den vorläufig Erfolgreichen gebildet. Demgegenüber gibt es ein entsprechendes Ausscheiden aus dem Arbeitnehmerdasein nicht. Die erfolgreichen Unternehmerkapitalisten erhalten freilich auch bei Wettbewerb oft ein überdurchschnittliches Einkommen. Es wird aber zum Teil für eine ganz andere Leistung gewährt, als sie der vom Staat eingesetzte Funktionär einer sozialistischen Planwirtschaft erbringt; nicht die getreue Planerfüllung wird dadurch entlohnt, sondern die Bewährung in einem dynamischen Markt und die Einführung wirtschaftlicher Neuerungen, die mit Produktivitätssteigerungen verbunden sind. Wem ist das erfolgreiche Durchsetzen von Neuerungen zuzurechnen, dem Unternehmer als Person oder dem bei der Neuerung verwendeten Kapital? Doch wohl dem Unternehmer, nicht dem nur mitwirkenden und dem Kapital, das als solches einfallslos ist.

Es ist deswegen verwirrend und mißverständlich, von „schöpferischem Kredit" zu sprechen. Der Kredit ist notwendig, um dem Unternehmer die Einführung von Neuerungen möglich zu machen. Das, was der Unternehmer dem Kreditgeber als Entgelt für die Kapitalnutzung zahlt, wäre demnach aus dem Unternehmerlohn abgezweigt, nicht dem unselbständigen Arbeitnehmer vom Lohn abgepreßt. Schumpeter hat sogar gemeint, den Zins ausschließlich mit der Durchsetzung von Neuerungen begründen zu können, während in der Statik kein Zins anfalle[59]. Müller-Armack hat daraus gefolgert, Unternehmergewinn und Kapitalzins würden für die Erfüllung der dynamischen Funktionen gezahlt, der durch die Übernahme dieser Funktionen zustande kommende Klassenaufbau sei „ohne das Moment eines früheren Gewalteinsatzes, zu erklären."[60] Daß in der stationären Wirtschaft kein Zins entstehen kann, ist zwar umstritten[61], unbestreitbar ist jedoch, daß der marktwirtschaftliche Unternehmergewinn zu einem sehr erheblichen Teil solche Leistungen belohnt, die in einer anderen — etwa sozialistischen — Wirtschaftsordnung überhaupt nicht erbracht werden.

[59] J. Schumpeter, Theorie der wirtschaftlichen Entwicklung (1911), 6. Aufl., Berlin 1964, S. 240 ff.

[60] Alfred Müller-Armack, Entwicklungsgesetze des Kapitalismus, Berlin 1932, S. 19; das Machtelement im Klassenaufbau lokalisiert Müller-Armack eher darin, daß die führenden Schichten die Struktur der Umwelt selbst schon mitbestimmt haben, in der sie ihre Funktionen erfüllen (dsgl., S. 56), nicht in der Erfüllung dieser Funktionen selber.

[61] Vgl. z. B. Walter Eucken, Kapitaltheoretische Untersuchungen, a.a.O., S. 53 ff., 114 ff.

Daß sich vor allem die besonders erfolgreichen Unternehmerkapitalisten beim Erbringen ihrer Leistungen ganz oder auch nur überwiegend von ihrem Rentner-, Vermögens- und Kapitalinteresse leiten lassen, ist deswegen sehr unwahrscheinlich. Die ausschließliche Zurechnung ihres Einkommens zu ihrem Kapital ist jedenfalls grotesk, und insoweit auch die Auffassung, der Profit sei ausschließlich oder auch nur überwiegend ein Abzug vom Arbeitslohn der Unselbständigen, selbst wenn zwischen den Unternehmern genügender Wettbewerb herrscht. Wieviel eigentlich der Person des Unternehmers und wieviel seinem Vermögen zuzurechnen wäre, ist schwer zu entscheiden. Der Anteil einer auf Vermögen (unter Einschluß monopolistischer Privilegien) beruhenden Rente wäre um so höher zu bemessen, je geringer und funktionsunfähiger der Wettbewerb ist. Aber damit greifen wir bereits vor; bisher haben wir uns nur mit derjenigen „Macht des Kapitals" auseinandergesetzt, die ihm auch unter Wettbewerbsbedingungen zugeschrieben wird. Das Problem ist also: Wird der Unternehmer mächtig durch sein Kapital und das Kapital, das ihm von anderen anvertraut ist?

Zunächst geht es uns ja immer noch allein um die von den Marxisten und anderen immer wieder gestellte Urfrage, ob selbst bei Konkurrenz durch Zurückhalten und elastisches Reagieren des Kapitals Macht ausgeübt und ein Profit oder Zins erzwungen werden kann. Was wird eigentlich möglicherweise zurückgehalten, das Kapital oder die Unternehmerleistung? Dies müssen wir nunmehr etwas hartnäckiger prüfen. Wenn die Unternehmerkapitalisten, die eine Unternehmerfunktion ausübenden Großaktionäre und die Manager von Publikumsaktiengesellschaften einem Druck durch Lohnsteigerungen ausgesetzt werden, haben sie dann heute die Möglichkeit, durch Handlungen und Unterlassungen die Elastizität des Kapitalangebotes wesentlich zu erhöhen und bei sinkender Verzinsung dafür zu sorgen, daß nur noch weniger Kapital in Verbindung mit Arbeit in der Produktion eingesetzt wird? Soweit dies möglich ist: Handeln sie dabei in erster Linie, um die Profitrate für das Kapital wieder zu erhöhen, und sind sie insofern nur dessen Helfershelfer?

Betrachten wir zunächst das vorhandene Kapital. Soweit es, etwa aus Abschreibungen, in liquider Form zur Verfügung steht, müßten es aus früher dargelegten Gründen die Unternehmerkapitalisten und Großaktionäre verzehren, wenn sie es endgültig von jeder Anlage fernhalten wollen. Dies ist zwar eine mögliche Gefahr, ihre Bedeutung ist aber sehr begrenzt, zumal bei einer durch Kostenauftrieb hervorgerufenen schwierigen Lage des Unternehmens nicht gerade erhöhter Unternehmerkonsum auf Kosten des vorhandenen Kapitals zu erwarten ist. Die Manager von Publikumsaktiengesellschaften, in deren Verfügungsgewalt sich praktisch das dort vorhandene Kapital befindet, werden ebenfalls nicht auf die Idee verfallen, im Zeichen schlechter Geschäftslage das vorhandene Kapital etwa im Verein mit der Belegschaft zusätzlich aufzuzehren. So etwas soll höchstens bei verstaatlichten Unternehmungen vorkommen, die im Vertrauen auf die staatliche Gewährsträgerschaft selbst in einer Krise des Unternehmens starke Lohnkostensteigerungen bewilligen. Ähnliches wird von einer nicht mit Auflagen belasteten Arbeiterselbstverwaltung jugoslawischer Art zu erwarten sein.

Zum Konsum steht im übrigen nicht das Kapital zur Verfügung, das noch in Form von Investitionsgütern irgendeiner Art gebunden ist. Selbst in Geldform aus Abschreibungen angefallene Beträge müssen noch nicht automatisch auf einen volkswirtschaftlich vermehrten Konsumgütervorrat stoßen. Soweit nicht der Konsumgütervorrat zunimmt oder die Ansprüche anderer an diesen Vorrat abnehmen, konkurriert das der Reinvestition entzogene Geld nunmehr mit den allgemeinen Konsumausgaben. Das hat zur Folge, daß die Konsumgüterpreise steigen, nicht aber in gleichem Maße auch der volkswirtschaftliche reale Gesamtkonsum. Die im Prinzip mögliche Desinvestition ist also keineswegs sehr einfach.

Allerdings kann Kapital dadurch zurückgehalten werden, daß vorhandene Investitionsgüter bei starken Lohnsteigerungen weniger stark ausgelastet werden. Bei funktionierendem Wettbewerb sind dem aber enge Grenzen gesetzt: Einmal vorhandene Investitionsgüter werfen einen Ertrag nur ab, wenn sie zusammen mit Arbeit und Material beschäftigt werden. Man kann versuchen, mehr Maschinen mit weniger Arbeitskräften zu kombinieren, aber dieses Verfahren ist vor allem auf kurze Frist aus technischen Gründen nicht beliebig anwendbar. Eine stillgelegte Maschine bedeutet stets reinen Verlust, solange sie bei Beschäftigung noch mehr Erlöse bringt, als zusätzliche Kosten anfallen. Das in vorhandenen Investitionsgütern geronnene volkswirtschaftliche Sachkapital kann dem Markt also nur unter Schwierigkeiten und Verlusten ferngehalten werden, solange Konkurrenz zwischen den Unternehmungen besteht und man nicht etwa nach dem Vorbild von Strukturkrisenkartellen künstlich Kapazitäten vernichtet. Das schließt Verschiebungen der Investitionsgüter zwischen Unternehmungen, Regionen und Branchen mit dem Ziel, lokalisiertem Druck auszuweichen, nicht aus. Gesamtwirtschaftlich ist davon keine sehr wesentliche Besserung der Kapitalrendite zu erwarten, zumal oft ein Transfer schon aus technischen Gründen unmöglich ist.

Günstiger sind, wie an früherer Stelle gezeigt, die Möglichkeiten einzuschätzen, in der Neukapitalbildung zurückhaltender zu sein. Wenn die Gewinne fallen, nimmt die Selbstfinanzierung der Unternehmungen ab. Ein erhöhtes Unternehmersparen bei fallenden Gewinnen — gleichsam gegen den Strom im Interesse des Unternehmens — kann jedenfalls nicht als Regelfall erwartet werden. Bis zu einer gewissen Grenze ist aber eine abnehmende Selbstfinanzierung für die Gesamtkapitalbildung unschädlich. Die Erfahrungen in der Bundesrepublik Deutschland haben gezeigt, daß die sehr hohe Selbstfinanzierungsrate der Jahre 1948 bis 1960 herabgesetzt werden konnte, ohne das Wirtschaftswachstum wesentlich zu beeinträchtigen. Aber eine Grenze der unschädlichen Gewinnkompression gibt es sehr wohl; sie ist inzwischen erreicht und überschritten. Wenn die Gesamtkapitalbildung nicht leiden soll, müssen natürlich anstelle der Selbstfinanzierung genügend Fremdkapital oder auch neu aufgenommenes haftendes Kapital zur Verfügung stehen. Es kann nur von Arbeitnehmern stammen, wenn es nicht doch wieder die Selbständigen bilden sollen. Man prüfe unter diesem Aspekt die Weisheit der heftigen, aber allzu durchsichtigen Angriffe, die von gewerkschaftlicher und marxistischer Seite gegen eine aktive Politik der Vermögensstreuung gerichtet werden[62]. Es wird da allen Ernstes behauptet, man könne durch eine aggressive Lohnpolitik ebensoviel, wenn nicht mehr erreichen als durch Vermögensbildung der Arbeitnehmer. Wie aber die entstehende Lücke in der Neukapitalbildung geschlossen werden soll, wird nicht verraten[63].

Vielleicht hält man die Investitionen für autonom gegeben. Wenn das so wäre, wäre aber die Art der Finanzierung dieser Investitionen keineswegs gleichgültig; bei zu geringem Arbeitnehmersparen würde der Restbedarf an Finanzierung, den die Unternehmer nicht decken, durch Inflation zu Lasten der breiten Massen aufgebracht. Vielleicht gibt man sich auch der Illusion hin, es komme auf etwas weniger Kapitalbildung nicht an, der technische Fortschritt sei der entscheidende Wachstumsfaktor, nicht die Kapitalvermehrung. Beides ist jedoch so stark miteinander verflochten, daß eine Trennung kaum möglich ist. Wenn nicht genügend investiert und innoviert wird, steigen die Lohnsätze der Zukunft zwangsläufig weniger stark. Den Innovatoren werden ja die Mittel vorenthalten, die sie für die Erprobung neuer Wege brauchen. Man lebt von der Hand in den Mund, manchmal in der ehrlichen Absicht, damit den Arbeitnehmern zu nützen.

F. Die Bedeutung der Kapitalnachfrage für das Machtproblem

Aber wird auf diesem Wege — bei abnehmender Selbstfinanzierung und verweigerter Kapitalbildung durch die Arbeitnehmer — der Profit- und Zinssatz steigen? Das Kapital im Sinne von investierbaren Fonds wird ja nun knapper. Es kommt aber auch darauf an, wie die Investitionsneigung durch die ungünstigere Gewinnlage beeinflußt wird. Damit kommt ein Element der Kapitalnachfrage ins Spiel, das bei Marx und seinen Jüngern nicht genügend hervortritt, weil er die Sparer und die Unternehmer in gleicher Weise für „Kapitalisten" hält, von denen die

62 Vgl. Das Nein zur Vermögenspolitik, hrsg. von Karl H. Pitz, a.a.O.
63 Desgl., S. 146.

Arbeiter Arbeitsplätze, also Kapitalnutzung, nachfragen[64]. Doch die Arbeiter sind gar nicht unmittelbare Nachfrager nach Kapitalnutzung. Es stehen sich in marktwirtschaftlichen Unternehmungen bei Privateigentum an den Produktionsmitteln nicht einfach „Kapital" und „Arbeit" gegenüber, wie es alle Welt heute wieder den spätmarxistischen Vereinfachern nachspricht.

Es sind vielmehr die Unternehmer, gleichgültig ob selbständig oder angestellt, die sowohl Arbeit als auch Kapital nachfragen und den Bedarf, den die Arbeitnehmer nach Kapitalnutzung haben, sowie den Bedarf, den die Kapitaleigner nach Arbeitsleistungen haben, organisieren und am Markt artikulieren. Gewiß sind Arbeit und Kapital aufeinander angewiesen. Unselbständige Arbeit und Kapital allein können aber aufeinander keine unmittelbare Nachfrage ausüben. Für denjenigen, der Arbeit und Kapital unternehmerisch zusammenführt, muß daraus ein für ihn günstiges Gesamtergebnis herauskommen. Das heißt: Die Erlöse aus der Verwendung von Arbeit und Kapital müssen höher sein als die zur Bezahlung beider Faktoren aufgewandten Kosten.

Um diese für alle Gruppen von Unternehmern geltenden Zusammenhänge besonders deutlich zu machen, betrachten wir den im Prinzip vermögenslosen Manager einer Publikumsaktiengesellschaft: Wenn die stark gesteigerten Lohnsätze feststehen, die erwarteten geringeren Erlöse ebenfalls und ein Mindestüberschuß nach Abfindung des Kapitals übrig bleiben soll, um die Ertragskraft des Unternehmens zu stärken, von der Gehalt und berufliches Ansehen des Managers abhängen, dann kann für das im Grunde außen stehende Aktien- und Fremdkapital des Unternehmens nur noch eine geringere Verzinsung und Ausschüttung als vorher übrig bleiben. Die Erfahrung lehrt, daß das Kapital dies hinnehmen muß, weil ihm wenig Auswege übrig bleiben. Von defensiver, geschweige denn aggressiver Macht des Kapitals ist wenig zu spüren.

Was ergibt sich daraus? Das Zusammenpressen des Gewinnes der Unternehmungen durch starke Lohnsteigerungen ruft ein vermindertes Kapitalangebot aus Selbstfinanzierung hervor. Wenn das Arbeitnehmersparen nicht entsprechend steigt, müßte damit ceteris paribus der Zinssatz steigen, „das Kapital" hätte durch elastische Reaktion Einfluß ausgeübt. Aber die übrigen Bedingungen sind nicht unverändert geblieben: Jenseits einer bestimmten Schwelle sinken die Investitionsneigung und die Neigung zur Beschäftigung von Arbeitskräften, weil den Unternehmern das Risiko im Vergleich zur möglichen Entlohnung einer dynamischen Unternehmerleistung zu groß erscheint. Infolgedessen steigt der Kapitalzins trotz abnehmenden Kapitalangebotes nicht, meist fällt er

[64] Natürlich würden echte Marxisten diese Form der Beschreibung des von Marx gemeinten Sachverhaltes ablehnen. An der Richtigkeit ändert das nichts. Im übrigen ist es zur Klärung der Beziehungen zwischen Unternehmer, Arbeit und Kapital wieder einmal sehr nützlich, das Kapitel „Der Unternehmergewinn oder Mehrwert" bei J. Schumpeter, a.a.O., S. 207 ff., nachzulesen.

sogar. Die Faktoren, die zur Verweigerung der Unternehmerleistung geführt haben, sind sowohl für die Unterbeschäftigung der Arbeitskräfte als auch für eine schlechtere Verzinsung des Kapitals verantwortlich. Das Kapital für sich allein kann dabei wenig ausrichten.

Fassen wir zusammen: Es hat sich gezeigt, daß zahlreiche altehrwürdige Theorien über eine angebliche Macht des Kapitals, die unabhängig von eigentlicher konkurrenzbeschränkender Marktmacht bestehen soll, unter modernen Bedingungen mindestens fragwürdig geworden sind. Zins und Unternehmergewinn müssen auf anderem Wege erklärt werden als durch einseitige Machtanwendung, die den Eigentümern des Kapitals nachgesagt wird. Was die Eigentümer von Geldkapital betrifft, die keine volle Unternehmerfunktion erfüllen, so sind ihre Ausweichmöglichkeiten heute derartig gering, daß sie fast vernachlässigt werden können. Ihnen bleibt im wesentlichen nur die Möglichkeit, ihr Kapital aufzuzehren oder die Kapitalbildung einzustellen. Anderenfalls ist ihr Kapitalangebot bei sinkender Verzinsung unelastisch und muß jede Belastung tragen. Bei starrem Kapitalangebot kann ein realer Zins nur entstehen, wenn die Kapitalnachfrager dies wollen. Oft wollen sie dies nicht, wie die Gegenwart beweist. Großaktionäre und Unternehmerkapitalisten können allerdings ebenso wie Manager von Großunternehmen einem auf sie ausgeübten Druck dadurch ausweichen, daß sie eine geringere Investitionsneigung zeigen. Auf diese Weise wird aber nicht nur eine Art von Widerstand gegen Arbeitnehmerforderungen ausgeübt, sondern auch die Verzinsung des Kapitals beeinträchtigt. Die Verminderung der Investitionsneigung ist also kein Symbol für „Macht des Kapitals", sondern bestenfalls ein Zeichen dafür, daß man diejenigen, die die dynamische Unternehmerfunktion erfüllen sollen, nicht beliebig unter Druck setzen kann, ohne daß sie elastisch zu reagieren beginnen und ihre Leistung verweigern. Dem „Kapital" helfen sie damit wenig; oft geben sie sogar den auf sie von der Lohnseite her ausgeübten Druck zunächst an das „Kapital" weiter, indem Dividenden gesenkt und Zinsen gedrückt werden. Insoweit reagieren viele Unternehmer der Gegenwart ausgesprochen antikapitalistisch. Die Verteidigung von Verzinsungsrechten der Kapitalgeber ist ihnen jedenfalls kein Herzensanliegen.

Demnach bleibt nur übrig, die Entstehung des Kapitaleinkommens nach klassischer Tradition auf die Knappheit des Kapitals zurückzuführen, das heißt die Nachfrage nach Kapital mit einzubeziehen. Zu Beginn der Industrialisierung hätte die Kapitalverzinsung hoch sein können, wenn bei günstigen Gewinnchancen das Kapitalangebot starr gewesen wäre. Denn bei *steigender* Nachfrage begünstigt ein unelastisches und sich nicht vermehrendes Angebot die Anbieter. Das Sparen mag von jeher im Durchschnitt zinsunelastisch gewesen sein[65], mit wachsendem Einkommen

[65] Vgl. Heinz Haller, Artikel: Sparen, in: Handwörterbuch der Sozialwissenschaften, Bd. 9, S. 663.

stiegen aber die Ersparnisse, so daß sich bei zunehmender Kapitalnachfrage die geringe Zinselastizität des Kapitalangebotes nicht zinssteigernd ausgewirkt hat. Als externer Effekt der Kapitalvermehrung hat sich eine außerordentliche Lohnsteigerung ergeben; die Möglichkeiten der Unternehmer, auf sie ausgeübten Druck an die Arbeitnehmer weiterzugeben, hat sich sehr stark verringert, während es immer leichter geworden ist, Druck an die Seite des Kapitals weiterzugeben.

Der Zins ist nicht ein Resultat ungleichmäßiger Vermögensverteilung, denn er verschwindet als Einkommenskategorie bei gleichmäßiger Vermögensverteilung nicht. Nur das Zinseinkommen verteilt sich dann gleichmäßiger.

Die Aufhebung des Privateigentums an den Produktionsmitteln würde Kapitalnutzung nicht zu einem freien Gut machen. Behandelt man sie trotzdem als freies Gut, so erzielen diejenigen, denen das Kapital zufällig zur Nutzung überlassen wird, eine Kapitalrente. Wird das Kapital zum Staatseigentum erklärt, so muß der Staat von denen, die damit wirtschaften, eine Abgabe erheben, wenn er nicht Kapitalvergeudung zulassen und außerdem wiederum willkürliche private Kapitalrenten entstehen lassen will, die sich als Arbeitseinkommen tarnen.

Die zentrale Verwendung der in jeder rationalen Wirtschaft zu zahlenden Zinsen durch den Staat hat gegenüber dezentraler Verwendung durch private Kapitalbesitzer erhebliche Nachteile. Die Erwartung, mit der Abschaffung des Privateigentums werde der volle Produktionsertrag allein an die Arbeitnehmer zur freien Verfügung ausgeschüttet, ist jedenfalls Illusion. Ebenso ist Illusion, daß die Verstaatlichung eine freie und gleiche Teilhabe aller an den Früchten der kollektiven Investitionen gewährleiste.

Wenn es daher unzweckmäßig ist, das Privateigentum an den Produktionsmitteln aufzuheben und die Zinseinnahmen zu verstaatlichen, spricht alles dafür, das Kapitaleigentum gleichmäßiger zu streuen. Dies gilt vor allem auch deshalb, weil mit der Konzentration von Vermögen die Konzentration von Verfügungsmacht über Kapital zunehmen und der Wettbewerb unter den Kapitalisten abnehmen kann.

II. Wirkliche Macht des „Kapitals" beruht heute auf Konzentration und Wettbewerbsbeschränkung

Wir haben bisher unterstellt, die Kapitaleigner stünden untereinander in funktionsfähigem Wettbewerb. In der Tat gibt es so zahlreiche Vermögensbesitzer und Quellen der Kapitalbildung, daß an sich der Markt für Kapital ein polypolistischer Markt ohne Marktmacht im üblichen Sinne sein müßte. Zum Mißvergnügen der Klassenkämpfer ist heute in der Bundesrepublik Deutschland so gut wie jedermann als Sparer und Besitzer von Vermögen irgendwie in mehr oder weniger hohem Grade „Kapitalist". Dabei ist auch keine scharfe Trennung in „Klein- und Großkapitalisten" möglich, sondern es kann ein Gürtel mittlerer Kapitalvermögen beobachtet werden[66]. Auch ist die Fluktuation von Vermögen größer, als meist angenommen wird. Was Schumpeter auf die Unternehmer gemünzt hat, gilt auch hier: „Weil es immer Unternehmer und Angehörige und Erben von Unternehmern gibt, übersieht die öffentliche Meinung und auch die Phraseologie des sozialen Kampfes gerne diesen Sachverhalt. Sie macht aus „den Reichen" eine dem Lebenskampf entrückte Klasse von Erben. Allein die Oberschichten der Gesellschaft gleichen Gasthöfen, die zwar immer voll von Leuten sind, aber von immer anderen — von Leuten, die sich in viel höherem Maß aus den Tiefen rekrutieren als viele unter uns wahrhaben wollen."[67]

Trotzdem kann von illegitimer Kapitalmacht gesprochen und auf unerfreuliche Sachverhalte hingewiesen werden, die in vielen Fällen überhaupt nicht in Zweifel gezogen werden können[68]. Versuchen wir, diese Mißstände aufzureihen und die Ursachen zu finden:

1. Die Dezentralisierung von Kapitalbildung und Kapitalverwendung schließt eine zentralisierte Kapitalvermittlung[69] nicht aus. Die Kapitalsammelstellen treten unter Umständen einem Schuldner und Kreditnehmer in einer ungleichgewichtigen, also beherrschenden Verhandlungsposition gegenüber, wenn der Kreditnehmer nicht auf einen anderen Kreditvermittler ausweichen kann. Der Wettbewerb kann hier unvollkommen sein. Man spricht deswegen — in Erinnerung an ein längst versunkenes Mittelalter mit „wucherischem" Konsumtivzins — von der Macht des Gläubigers, der Ohnmacht des Schuldners und einer Finanzmacht im allgemeinen[70]. Dabei bleibt außer Betracht, daß die Kapitalsammelstellen ja nicht nur Gläubiger, sondern gleichzeitig auch Schuldner sind und den im allgemeinen weniger potenten und kleineren Sparern mit der Machtposition eines Schuldners gegenübertreten könnten, der die Bedingungen bestimmt, vor allem, wenn hierüber auch noch Absprachen mit anderen Kreditinstituten bestehen oder der Staat als Aufsichtsinstanz kartellartiges Verhalten gegenüber dem Sparer im eigenen (meist inflationistischen) Interesse vorschreibt.

[66] Zu den Einzelheiten: Hans Willgerodt, Karl Bartel, Ulrich Schillert, Vermögen für alle, a.a.O., S. 42 ff.

[67] J. A. Schumpeter, Theorie der wirtschaftlichen Entwicklung, a.a.O., S. 239.

[68] Vgl. Helmut Arndt, Wirtschaftliche Macht. Tatsachen und Theorien, München 1974.

[69] Dieser Ausdruck ist hier ökonomisch und nicht juristisch gemeint: Wirtschaftlich vermitteln die Banken Ansprüche auf Kapital, das von anderen gebildet wird, und sind nur teilweise auch selbst kapitalbildende Einrichtungen, nämlich soweit sie Gewinne nicht ausschütten. Auch bei inflatorischer Kreditschöpfung handelt es sich güterwirtschaftlich um eine besondere Art der Vermittlung von Kapital, denn die Bank selber spart dabei nicht.

[70] Helmut Arndt, a.a.O., S. 13 f.

In der „kapitalistischen" Epoche sind im Unterschied zum Mittelalter die Schuldner durchschnittlich die wirtschaftlich Stärkeren und Vermögenderen, während die definitiven Gläubiger durchschnittlich zu den relativ Ärmeren gehören. Den Schuldnern aber gelang es infolge der Tatsache, daß auch die öffentliche Hand zu ihnen gehört und sie politisch oft einflußreicher sind, unter Mobilisierung archaischer und vorkapitalistischer Leitbilder vom prinzipiell armen Schuldner und prinzipiell reichen Gläubiger wirtschaftspolitische und gesetzgeberische Maßnahmen durchzusetzen, die in diesem Jahrhundert mehrfach zu Enteignungen der Gläubiger durch die Schuldner geführt haben und noch führen.

Als hauptsächliches Enteignungsinstrument wird natürlich die Inflation benutzt, die von staatlichen oder privaten Maßnahmen der Niedrighaltung des Zinses begleitet wird, um zu verhindern, daß den Gläubigern im steigenden Zins ein ausreichender Inflationszuschlag gewährt wird. Das Verbot von Gleitklauseln für Schuldverträge dient — gewollt oder ungewollt — dem gleichen Ziel der Enteignung der Gläubiger. Dabei ergab sich oft noch die Nebenwirkung, daß die größeren Gläubiger die Zwischenstufe der zentralisierten Kredit- und Kapitalvermittlung und damit künstlich niedrig gehaltene Habenzinsen überspringen und mit den eigentlichen Kapitalverwendern der investierenden Wirtschaft direkt abschließen konnten, um günstigere Anlagebedingungen zu erreichen.

Spürbare Macht können im Regelfall allenfalls die Kreditinstitute bei staatlicher Duldung und Beihilfe ausüben. Ob nicht in Wirklichkeit trotz einer Zentralisierung der Kapitalverfügung bei den Kapitalsammelstellen noch erheblicher Wettbewerb zwischen ihnen besteht, kann hier nicht im einzelnen erörtert werden.

Was schlagen nun sozialistische Kritiker zur Lösung solcher tatsächlicher oder vermeintlicher Vermachtungsprobleme vor? Sie folgen noch immer dem Punkt 5 des Aktionsprogrammes des Kommunistischen Manifestes: „Zentralisation des Kredits in den Händen des Staats durch eine Nationalbank mit Staatskapital und ausschließlichem Monopol." Nachdem sich in der Bundesrepublik Deutschland bereits jetzt mehr als die Hälfte des Kreditwesens in öffentlicher Hand befindet[71], wird in der völligen Bankenverstaatlichung das Heil gesehen[72]. Da man zur zentralen Investitionslenkung übergehen will[73], müssen dann die bisher noch unabhängig voneinander agierenden staatlichen Kreditinstitute zentralisiert vorgehen. Man will also gegenüber den Schuldnern und Investoren in Zukunft nicht weniger, sondern mehr Macht als bisher ausüben. Daß man damit

[71] Vgl. Bundesverband deutscher Banken, Jahresbericht 1972/73, S. 10, 31.

[72] Kritisch dazu Hans E. Büschgen, Macht der Banken und Bankenverstaatlichung — neue gesellschaftspolitische Dimensionen, in: Festschrift für Philipp Möhring zum 75. Geburtstag, hrsg. von W. Hefermehl, R. Nirk, H. Westermann, München 1975, S. 343—379.

[73] Vgl. Investitionskontrolle gegen die Konzerne?, hrsg. von Manfred Krüper, Hamburg 1974.

auch nach der anderen Seite gegenüber dem Sparer und „Kapitalisten" mehr Macht ausüben kann, versteht sich. Die Vorstellung, dies alles sei harmlos, sofern nur die monopolistischen Kreditlenkungsinstanzen demokratisch kontrolliert seien, ist unhaltbar[74]. Das Problem einer Macht, die durch unzulänglichen Wettbewerb entstanden sein kann, soll hier durch äußerste monopolistische Verstärkung dieser Macht gelöst werden, wobei diese Macht dann noch zusätzlich demokratisch und politisch legitimiert werden soll. Sie tritt den Marktparteien mit der höchsten Autorität gegenüber, die man sich vorstellen kann, wahrscheinlich aber auch mit der niedrigsten Sachkunde im Kreditgeschäft, verglichen mit dezentralisierter Organisation.

Damit solche Omnipotenz auch greift, muß selbstverständlich die Freiheit des internationalen Kapitalverkehrs aufgehoben werden. Sonst könnte sich wieder die entmachtende Wirkung des Wettbewerbs der Kapitalisten und Kreditinstitute bemerkbar machen. Den sozialistischen Kritikern der Macht des Kapitals geht es gar nicht darum, sie dort, wo sie besteht, abzuschaffen. Sie wollen sie vielmehr zunächst künstlich verstärken und dann in ihre autoritären Hände nehmen.

2. Die dezentralisierte Kapitalbildung in Form der Streuung von Eigenkapitaltiteln, etwa Aktien, schließt eine zentralisierte Verfügungsmacht über das Kapital nicht aus, sondern begünstigt sie sogar, indem entweder das Management oder die Banken über das Depotstimmrecht Macht hinzugewinnen[75]. Dies ist zwar keineswegs unabänderlich. Unterbleiben aber geeignete Gegenmaßnahmen, dann sind die eigentlichen „Kapitalisten" dabei entmachtet, mit Ausnahme der Großaktionäre. Auch die Macht von Depotbanken, Großaktionären und Management ist indessen, wie schon gezeigt, begrenzt, wenn das von ihnen beeinflußte oder beherrschte Unternehmen am Beschaffungs- und Absatzmarkt in ausreichendem Wettbewerb steht.

Immerhin liegt hier eine wirkliche Schwierigkeit vor, so daß man folgern müßte, die Erhaltung und Vermehrung der Zahl selbständiger Unternehmungen mit dezentraler Kapitalbildung und ebenso dezentraler Verfügung über Eigenkapital sei besonders zu fördern, zumal dadurch auch der Wettbewerb belebt werden kann. Jeder Initiative, die hierauf gerichtet ist, fallen jedoch sozialistische Kritiker mit dem Bemerken in den Arm, es handele sich um ein nutzloses Bemühen, die Konzentration der Unternehmungen schreite unaufhaltsam vorwärts, wie es Marx erwartet habe. Wenn das so ist, warum lassen sie dann eine Probe aufs Exempel

[74] Vgl. Hans Willgerodt, Demokratisierung der Wirtschaft und die Freiheit des Einzelnen, in: Wirtschaftspolitische Chronik, Heft 1, 1970, S. 17—32.

[75] Vgl. Dieter Lösch, Heinz-Dietrich Ortlieb, a.a.O., S. 36 f.; Hans Willgerodt, Vermögensstreuung und Mitbestimmung der Eigentümer, in: Wirtschaftspolitische Chronik, a.a.O., S. 15—30.

nicht zu und vereiteln jede entschlossene Dezentralisierungspolitik mit allen Kräften, während sie kaum eine Gelegenheit vorübergehen lassen, um die Konzentration künstlich zu fördern?[76]

Entlarvend ist noch immer, was der Sozialist Fritz Naphtali im Jahre 1928 in seiner Schrift „Wirtschaftsdemokratie. Ihr Wesen, Weg und Ziel"[77] hierzu geäußert hat: „Während die Träger des Kampfes für die Erhaltung der freien Konkurrenz um jeden Preis die durch die Monopolorganisationen zurückgedrängten Schichten der Unternehmer in Gewerbe und Handel sein mußten, sind die natürlichen Träger des Gedankens der Unterordnung der organisierten Wirtschaftsmächte der Unternehmer unter die organisierte Wirtschaftsmacht der Gesamtheit vor allen Dingen die Arbeiter und Angestellten, deren Interesse nicht in der Richtung der Erhaltung möglichst vieler selbständiger Unternehmungen liegt, sondern in der Richtung der Erringung des demokratischen Einflusses auf die großen Machtzentren der organisierten Wirtschaft." Klein- und Mittelunternehmen, die immer wieder neu gegründet werden und die es nach einem Jahrhundert marxistischer Totbeterei immer noch in erheblicher Zahl gibt, sind dem echten Marxisten ein Dorn im Auge. Er hält zwar die Marktwirtschaft der Bundesrepublik Deutschland für ein System mit „kapitalistischer Herrschaft" und „Produzentensouveränität"[78]. Wenn es aber darum geht, durch mehr Wettbewerb und Dezentralisierung von Entscheidungen diese angebliche Herrschaft zu mindern, gilt dies als reaktionär.

Stattdessen ist der Übergang zu zentraler Lenkung der Wirtschaft als „Abhilfe" vorgesehen. Allen Ernstes glaubt man, es lasse sich dabei schwerlich von einer Einschränkung der Konsumfreiheit reden, wenn der Prioritätenkatalog der Produktion auf demokratischem Wege ermittelt worden sei[79]. Als ob es überhaupt technisch möglich wäre, für die Millionen von Produkten, die es gibt, auf demokratischem Wege einen Prioritätenkatalog aufzustellen! Daß bei demokratischen Mehrheitsentscheidungen 49 % der Abstimmenden majorisiert werden können, der Markt aber demgegenüber den Zwang zu einheitlichen Entscheidungen im Prinzip nicht kennt, bleibt unbeachtet. Demokratie beseitigt Macht nicht, sie kann sie bestenfalls legitimieren.

Es zeigt sich auch hier, daß nicht die Existenz des Privateigentums an den Produktionsmitteln als solche, sondern seine Konzentration oder die Konzentration seiner Verfügungsmacht unerwünscht sein können. Die

[76] Beispiele sind die Gründung der Ruhrkohle-AG, die Behinderung von Gesetzentwürfen zur Beteiligung von Arbeitnehmern am Betriebsvermögen, die Ablehnung jeglicher Reprivatisierungspläne auf dem SPD-Parteitag in Mannheim (11.—15. November 1975).

[77] a.a.O., S. 37.

[78] Investitionskontrolle gegen Konzerne?, hrsg. von Manfred Krüper, a.a.O., S. 13.

[79] Desgl., S. 12.

Aufhebung des Privateigentums führt nur zur äußersten Verschärfung des Machtproblems[80]. An dieser Stelle darf wohl die Frage gestellt werden, was eigentlich von Marxisten zu halten ist, die vorgeben, Arbeitnehmerinteressen zu vertreten, und zu diesem Zwecke zunächst die äußerste Konzentration der Kapital- und Arbeitgebermacht vorschlagen, um dann mit schon rein technisch unzulänglichen und nicht ernst zu nehmenden „Demokratisierungen" die künstlich geschaffene Supermacht wieder zu domestizieren.

3. Andere Machtanwendungen, die dem Kapital unterstellt oder nachgewiesen werden, beruhen ebenfalls ganz oder überwiegend auf dem Mangel an Wettbewerb auf einzelnen Märkten und der Zentralisierung von Verfügungsmacht über Kapital. Das gilt für die Schäden, die — oft zu Unrecht — den multinationalen Unternehmungen angelastet werden, ferner für die Probleme der hierarchischen Struktur von Großunternehmungen. Das Mitbestimmungsproblem ist ja nicht zuletzt ein Problem des Großbetriebes und der oft fehlenden Alternativen für den Arbeitnehmer solcher Großbetriebe. Selbst die rein politische Macht, die dem Kapital nachgesagt wird, ist eine Macht des konzentrierten Kapitals, das sich Sondervorteile zu verschaffen weiß. Das Wenige, was an den Lehren vom kapitalistischen Imperialismus richtig ist, etwa die These vom Märkte erobernden und die Staatsgewalt zu einer Mischung von Protektionismus und politischer Expansion veranlassenden „Finanzkapital" (Hilferding)[81] gehört in diesen Bereich.

4. Oft wird auf die Macht hingewiesen, die von der Bewegung großer Mengen an Finanzkapital, die sich in einer Hand befinden, ausgehen könne. Bewegungen großer Summen über die Grenzen brächten die Zahlungsbilanz eines ganzen Landes ins Ungleichgewicht. Dies wird vor allem von multinationalen Unternehmungen vermutet. Auch Kauf und Verkauf großer Wertpapiermengen könnten beträchtliche Schäden hervorrufen. Der Großkapitalist, der tatsächlich so große Transaktionen beabsichtigt, daß davon ein starker Einfluß auf den Marktpreis des Kapitaltitels oder auf den Wechselkurs ausgeht, schädigt sich mit der Ausführung seiner Pläne nur selbst. Nicht immer ist Monopolmacht ein Vorteil. Durch Großkäufe werden die Kurse in die Höhe getrieben, durch Großverkäufe herabgesenkt. Insoweit wird Marktmacht schon vom Markt selbst bestraft.

Bei Großtransaktionen, die zu Zahlungsbilanzstörungen führen können, gibt es ein sehr wirksames Gegenmittel: Die Freigabe des Wechselkurses und die Freiheit des Kapitalverkehrs. Bei plötzlichem und willkürlichem Kapitalabstrom würde der Außenwert der betroffenen Wäh-

[80] Vgl. hierzu noch immer: Wilhelm Röpke, Die Krise des Kollektivismus, Erlenbach-Zürich 1947; auch ders., Maß und Mitte, Erlenbach-Zürich 1950, S. 86 ff.

[81] Rudolf Hilferding, Das Finanzkapital (1909), Frankfurt und Wien 1968.

rung fallen, die Kapitalexporte würden zu einem Verlustgeschäft. Die Erwartung, daß die Kapitalexporte irgendwann einmal aufhören müssen, wenn der Großkapitalist sein Pulver verschossen hat, wird ferner eine Gegenspekulation auf eine entgegengesetzte Wechselkursänderung und einen Kapitalimport in das betroffene Land hervorrufen, der den Verfall des Wechselkurses abfängt. Die „Großkapitalisten" befinden sich hier in der Rolle eines Elefanten im Porzellanladen, der sich vorsehen muß, um nicht von den Scherben geschnitten zu werden, die er hervorruft. Die Tatsache, daß die von den Erdöl produzierenden Ländern in den letzten Jahren akkumulierten Beträge keineswegs die Störungen der Zahlungsbilanzen hervorgerufen haben, die erwartet worden sind, bestätigt diesen Zusammenhang.

5. Mit einiger Berechtigung wird der Vorwurf erhoben, ein Teil der volkswirtschaftlichen Ersparnisse werde darauf verwendet, vorhandene Marktmacht zu sichern oder auszubauen. Reservekapazitäten werden über das durch Marktschwankungen, Unteilbarkeiten und erwartetes Nachfragewachstum gerechtfertigte Maß hinaus erhalten, um gegen Außenseiter eingesetzt werden zu können und damit abschreckend zu wirken. Um Preise künstlich hochzuhalten, werden Kapazitäten vorzeitig stillgelegt; im Oligopol ergibt sich ein solches Verhalten schon aus der Furcht vor ruinösen Preiskämpfen. Mit zahlreichen Methoden des Behinderungswettbewerbs versuchen die Unternehmungen, ihre Marktmacht zu festigen. Betriebswirtschaftlich kann es sich um Investitionen handeln, die Ertrag bringen; das dabei genutzte Kapital erscheint also produktiv. Gesamtwirtschaftlich aber ist keine Produktionssteigerung hiermit verbunden, sondern eher eine Produktionshemmung. Man hat privatwirtschaftlich Kapital akkumuliert und hofft, dadurch Gewinn zu erzielen, daß man es volkswirtschaftlich vergeudet. Seinem eigentlichen Zweck ist das Kapital damit vorenthalten worden, man hat es vorzeitig konsumiert. Damit zeigt sich besonders deutlich, daß nicht die echte Kapitalbildung und Akkumulation ein Symbol der Machtansammlung und Machtanwendung darstellt, sondern die Kapitalvergeudung, wie sie vor allem durch Wettbewerbsbeschränkungen begünstigt wird.

Schlußbemerkung

Die Macht und der Einfluß, die vom Kapital auch bei Wettbewerb zwischen den Kapitaleignern ausgehen können, haben sich im Laufe der Entwicklung in modernen Industrieländern immer mehr abgeschwächt. Hierzu hat vor allem die ständige Kapitalvermehrung beigetragen. Wenn trotzdem mit Hilfe des Kapitals Macht ausgeübt werden kann, so geht dies in erster Linie auf die Konzentration der Verfügungsbefugnis über Kapital zurück. Sie kann den Wettbewerb der Kapitalisten neutralisieren oder funktionslos machen und Marktmacht von Unternehmungen begründen. Diese Konzentration ist aber kein Naturgesetz. Für eine Förderung der Konzentration, wie sie den Sozialisten naheliegt, gibt es keinen Grund, denn dadurch wird nur Macht einseitig verstärkt. Die Abschaffung des Privateigentums an den Produktionsmitteln beseitigt das Problem zentralisierter Verfügungsmacht über Kapital nicht im geringsten. Der Versuch, solche Verfügungsmacht demokratisch zu kontrollieren, gleichzeitig aber den Markt über zentrale Investitionskontrollen lahmzulegen, kann nur zu weiterer Machtkonzentration führen. „Sozialisten" können nicht „Kapitalisten" enteignen, ohne selber zugleich Superkapitalisten zu werden. Befindet sich alles Kapital in Staatshand, ist die Kontrollinstanz des Marktes paralysiert, dann ist die Macht des sozialisierten Kapitals gegenüber den breiten Massen der Arbeitenden auf die Spitze getrieben, das heißt die Macht derjenigen, die über das Kapital im „sozialistischen" Staat als Funktionäre verfügen. Insofern fördert der „Sozialismus" die Macht des Kapitals und schädigt die „Arbeiterklasse".

DER „INTERVENTIONSKAPITALISMUS" — EINE GEMISCHTE WIRTSCHAFTSORDNUNG

Bemerkungen zur systematischen Erfassung konkreter Wirtschaftsordnungen

von Egon Tuchtfeldt

I. Der „Interventionskapitalismus"

Alfred Müller-Armack, dem diese Ausführungen aus Anlaß seines 75. Geburtstages gewidmet sind, sprach 1932 in seinem Buch „Entwicklungsgesetze des Kapitalismus"[1] vom „Übergang des liberalen zum Interventionskapitalismus"[2]. Auf den ersten Blick könnte der Begriff des „Interventionskapitalismus" den Anschein erwecken, als werde hier das Wort „Kapitalismus" in dem heute wieder modern gewordenen Sinne verwendet (als Gegenbegriff zum „Sozialismus", wie ihn insbesondere die sog. „Kapitalismus-Kritik" versteht). Dies ist jedoch keineswegs der Fall. Häufiger noch als vom „Interventionskapitalismus" spricht Müller-Armack in dem genannten Werk von „Interventionsstaat" und vom „Interventionismus", benutzt also Begriffe, die damals durch die Arbeiten von L. von Mises und W. Röpke, um hier nur zwei bedeutende Namen zu nennen, durchaus geläufig waren. Worum es ging, waren aus heutiger Sicht die Anfänge zur systematischen Erfassung gemischter Wirtschaftsordnungen, nachdem sich der punktuelle Interventionismus durch den Ersten Weltkrieg und verstärkt durch die Weltwirtschaftskrise immer weiter ausgebreitet hatte. Die vielfältigen Eingriffe in die Wirtschaft drängten nach einer systematischen wissenschaftlichen Erfassung. Die Suche nach dem, was man später unter mannigfachen Vorzeichen als „Dritten Weg" bezeichnete, hatte begonnen. In der Einleitung seines Werkes spricht Müller-Armack denn auch davon, daß es ihm darum gehe, „an die Stelle des vom Marxismus vertretenen mechanistischen Entwicklungsmodelles eine neuartige Grundformel für die typische Struktur der Wirtschaftsentwicklung zu setzen"[3]. Bemerkenswerterweise findet sich diese Stelle unter der Überschrift „Die offenen Probleme der Kapitalismustheorie". Wer den geistigen Weg Müller-Armacks nachvollzieht, wird in seinem „Interventionskapitalismus" von 1932, wenn auch erst in groben Umrissen, eine Vorahnung des Konzepts der Sozialen Marktwirtschaft erkennen, das er dann seit der Mitte der vierziger Jahre in zahlreichen Publikationen er-

[1] Vgl. A. Müller-Armack, Entwicklungsgesetze des Kapitalismus. Ökonomische, geschichtstheoretische und soziologische Studien zur modernen Wirtschaftsverfassung, Berlin 1932 (im folgenden zitiert als A. Müller-Armack, „Entwicklungsgesetze").

[2] A. Müller-Armack, Entwicklungsgesetze, a.a.O., S. 103.

[3] A. Müller-Armack, Entwicklungsgesetze, a.a.O., S. 12.

weitert und vertieft hat[4]. Hierbei ist auch daran zu erinnern, daß in den zwanziger und vor allem in den dreißiger Jahren die Diskussion über die Wirtschaftsordnung begonnen hatte, die dann in den vierziger und fünfziger Jahren ihren Höhepunkt erreichen sollte[5].

II. Die Kapitalismus-Sozialismus-Dichotomie

Die wirtschafts- und gesellschaftspolitischen Auseinandersetzungen des letzten Jahrzehnts sind demgegenüber mehr und mehr durch die Rückkehr zur unfruchtbaren Gegenüberstellung von „Kapitalismus" und „Sozialismus" charakterisiert. „In der politischen Öffentlichkeit wird es heute kaum noch als Herausforderung empfunden, wenn einflußreiche und in der politischen Verantwortung stehende Kräfte die Staats- und Wirtschaftsordnung der Bundesrepublik Deutschland als ‚kapitalistisch' bezeichnen und sich des Klassenkampfschemas bedienen, um die soziale und wirtschaftliche Realität zu beschreiben[6]." Dabei wird (bewußt oder unbewußt) übersehen, daß die Kapitalismus-Sozialismus-Dichotomie sachlich wie geistesgeschichtlich kaum geeignet ist, konkrete Wirtschaftsordnungen zu erfassen.

In der ideologischen Auseinandersetzung versteht sich der Sozialismus gewöhnlich als öffentliches (gesellschaftliches) Eigentum an den sachlichen Produktionsmitteln und identifiziert den Kapitalismus umgekehrt als ein System des Privateigentums an den Produktionsmitteln. Um die Affektbesetztheit der beiden Begriffe zu vermeiden, wie sie dem politischen Sprachgebrauch eigen ist, verwendet man in der wissenschaftlichen Diskussion je länger je mehr die Gegenüberstellung von privaten und öffentlichen Gütern (und Dienstleistungen). Im Prinzip können nun aber alle Güter und Dienste auf der Basis sowohl privaten als auch öffentlichen Eigentums produziert werden, weshalb der Einführung von Wertkriterien nicht ausgewichen werden kann. Nicht umsonst gewinnen daher auch die „gemischten" (meritorischen) Güter eine zunehmende Bedeutung, bei denen es primär um die Frage geht, welche Organisationsform der Produktion politisch erwünscht ist.

4 Vgl. hierzu die beiden Sammelwerke von A. Müller-Armack, Genealogie der Sozialen Marktwirtschaft, Bern und Stuttgart 1974, und ders., Wirtschaftsordnung und Wirtschaftspolitik (Freiburg 1966), 2. Aufl., Bern und Stuttgart 1976, die alle diesbezüglich relevanten Arbeiten enthalten.

5 Wie sehr Müller-Armack schon 1932 Wirtschaftsordnung und Wirtschaftspolitik als Einheit gesehen hat, zeigt ein Satz aus der „Schlußbetrachtung" seines damaligen Buches: „Der nationalökonomischen Wissenschaft erwächst die Aufgabe, diese Theorie des Interventionsstaates als zentrale Aufgabe in Angriff zu nehmen. Nachdem die Tatsache der Durchstaatlichung des Wirtschaftsprozesses unverrückbar feststeht, ist eine Theorie der Wirtschaftspolitik, die die optimalste Gestaltung dieses Eingriffssystemes zu ermitteln hat und die sich voll auf die neue Situation einstellt, nicht mehr zu entbehren" (a.a.O., S. 218).

6 Chr. Watrin, Kapitalistischer Klassenstaat — Zur Diagnose unserer Wirtschaftsordnung, in: Wirtschaftspolitische Chronik, Jg. 23, 1974, Heft 2, S. 13.

Soll der Begriff „Kapitalismus" als Sachbegriff verwendet werden, kann er sich nur auf die Kapitalintensität der Produktion beziehen. Die industrielle Entwicklung ist dann insofern „kapitalistisch", als sie durch einen ständig steigenden Kapitaleinsatz charakterisiert ist. Das Eigentum an den Produktionsmitteln ist demgegenüber als Unterscheidungsmerkmal ziemlich ungeeignet. Denn die industrielle Entwicklung (eben im Sinne steigender Kapitalintensität) kann sowohl „privatkapitalistisch" wie „staatskapitalistisch" erfolgen. Die Geschichte liefert dafür zahlreiche Beispiele. Im 17. und 18. Jahrhundert, als noch niemand von Sozialismus sprach, waren die ersten Großbetriebe staatlich (wie Porzellanmanufakturen, Rüstungswerke und dgl.). Ähnliches können wir heute in vielen Entwicklungsländern feststellen. Wenn kein privates Risikokapital vorhanden ist oder nicht zugelassen wird, müssen die Investitionen vom Staat vorgenommen werden. In den alten Industrieländern gibt es Fälle, bei denen die Verkehrsinvestitionen (Eisenbahnen) zuerst privatwirtschaftlich erfolgten und dann später verstaatlicht wurden. Bei anderen wurden sie vom Staat vorgenommen und später privatisiert.

Die marxistische Auffassung, daß das Privateigentum an den Produktionsmitteln Voraussetzung für die Ausübung von Macht sei, darf als falsifiziert gelten. Denn Macht im Sinne der Chance, seinen Willen gegenüber anderen durchzusetzen (Max Weber) ist nicht notwendig an das Eigentum gebunden, sondern vor allem an die Verfügungsgewalt über das Eigentum. Manager können eine erhebliche Macht besitzen, aber Macht aufgrund von Verfügungsgewalt. Sie brauchen dazu keine einzige Aktie ihrer Gesellschaft zu haben. Umgekehrt gibt es gerade aus den letzten Jahren Beispiele, die zeigen, daß es Großaktionären, also echten Kapitalisten im marxistischen Sinne, schlecht ergehen kann, wenn sie als Manager versagen.

Die marxistische Auffassung vom Kapitalismus als einem System mit Privateigentum an den Produktionsmitteln war nur so lange richtig, wie Kapitalgeber und Manager in einer Person vereinigt waren. Das war zu Marxens Zeiten noch der Fall. Aber dann erfolgte durch das Vordringen der Kapitalgesellschaft, insbesondere der AG, die Trennung von Kapitalgeber und Manager in zwei verschiedene Funktionen. Heute gibt es große Aktiengesellschaften, deren Eigentum bei Tausenden oder in Einzelfällen sogar bei Hunderttausenden von Aktionären liegt. Als Kapitalisten sind diese Leute völlig machtlos. Sie können froh sein, wenn tüchtige Manager ihnen eine einigermaßen anständige Dividende herauswirtschaften.

Erst recht ist die heute so beliebte Bezeichnung „Spätkapitalismus" wissenschaftlich unbrauchbar, da sich hiermit die organizistische Vorstellung eines gesetzmäßigen Ablaufes der Geschichte verbindet (vom Früh- über den Hoch- zum Spätkapitalismus)[7]. Analog müßte dann auch vom

[7] Vgl. hierzu die grundlegende Kritik bei Chr. Watrin, Spätkapitalismus?, in: E. K. Scheuch (Hrsg.), Die Wiedertäufer der Wohlstandsgesellschaft, Köln 1968, S. 40 ff.

Früh-, Hoch- und Spätsozialismus gesprochen oder dem Stamokap der Stamosoz gegenübergestellt werden. Empirische Untersuchungen haben ergeben, daß das private Subsystem in der Gesamtwirtschaft sowohl zu- als auch abnehmen kann — Vorgänge, die historisch vielschichtige Ursachen haben und sich nicht zuletzt auch auf den jeweiligen politischen Gestaltungswillen zurückführen lassen[8].

Schließlich sei daran erinnert, daß Kapitalismus und Sozialismus geistesgeschichtlich gar keine echten Gegenbegriffe darstellen. Der Sozialismus bildet, historisch gesehen, eine Reaktion auf die Auswüchse des Manchester-Liberalismus, der selbst wiederum nur eine verzerrte Form des liberalen Wertsystems darstellte, das wesentlich älter ist als die kapitalintensive industrielle Produktionsweise. Für die Erfassung konkreter Wirtschaftsordnungen interventionistischen Charakters leistet die Kapitalismus-Sozialismus-Dichotomie keinen substantiellen Beitrag.

III. Die Verbindung von Eigentumsverhältnissen und Lenkungssystemen

Um die Begriffe Kapitalismus und Sozialismus gleichwohl beibehalten zu können, zeigt sich in der Literatur seit einiger Zeit das Bestreben, die Eigentumsverhältnisse an den Produktionsmitteln mit den beiden, der Wirtschaftsordnungsdiskussion entstammenden Lenkungssystemen der Produktion (Allokationssystemen) zu verbinden. Hierbei ergeben sich vier mögliche Kombinationen:

Lenkungssysteme / Eigentumsverhältnisse	Dezentrale Lenkung (Marktwirtschaft)	Zentrale Lenkung (Zentralverwaltungswirtschaft)
Privateigentum („Kapitalismus")	Kapitalistische Marktwirtschaft	Kapitalistische Lenkungswirtschaft
Öffentliches Eigentum („Sozialismus")	Sozialistische Marktwirtschaft	Sozialistische Zentralverwaltungswirtschaft

Interessant ist in diesem Zusammenhang der Hinweis von C. Bauer, daß der Begriff Kapitalismus sich bei Marx weder im „Kommunistischen Manifest" (1848) noch in der „Kritik der politischen Ökonomie" (1859) findet, sondern erst im ersten Band des „Kapital" (1868). Vgl. C. Bauer, Kapitalismus, in: Staatslexikon, 6. Aufl., Bd. IV, Freiburg 1959, Spalte 813.

[8] Vgl. hierzu die Übersicht bei E. Tuchtfeldt, Über die Rolle des öffentlichen Sektors in der Gesamtwirtschaft, in: W. Geiger u. a. (Hrsg.), Der wirtschaftende Staat (Festschrift für Th. Keller), Bern und Stuttgart 1971, S. 13 ff. (mit ausführlichen Literaturangaben).

Die kapitalistische Marktwirtschaft ist dann der „Normalfall", wenn man von „Kapitalismus" spricht. Die sozialistische Zentralverwaltungswirtschaft ist andererseits der „Normalfall", wenn von „Sozialismus" die Rede ist. Versucht man, sozialistisches Eigentum mit der Koordination der Einzelpläne über den Markt zu verbinden, so erhält man eine sozialistische Marktwirtschaft. Kombiniert man dagegen Privateigentum an den Produktionsmitteln mit zentraler Lenkung, dann haben wir es mit einer kapitalistischen Lenkungswirtschaft zu tun, wie sie beispielsweise in Kriegszeiten vorkommt.

Schon diese relativ einfache Vierteilung zeigt, daß sich die Lenkungssysteme durchaus mit verschiedenen Eigentumsformen kombinieren lassen (womit allerdings über etwaige Effizienzunterschiede nichts ausgesagt ist). Die historischen Erfahrungen deuten jedenfalls darauf hin, daß die Wirtschaftsordnung nicht irgendwelchen „Entwicklungsgesetzen" folgt, sondern aus politischen Entscheidungen entsteht.

Der Ansatz, Eigentumsverhältnisse und Lenkungssysteme miteinander zu kombinieren, ließe sich über die erwähnte Vierteilung hinaus noch weiter ausbauen, da es neben privatem und öffentlichem Eigentum weitere Eigentumsformen gibt (gemischtwirtschaftliche Unternehmungen, Genossenschaftungen, Stiftungen usw.). Auch die seit einigen Jahren viel beachtete „Arbeiterselbstverwaltung" in Jugoslawien, das sog. „Jugoslawische Modell" einer gemischten Wirtschaftsordnung mit seiner Trennung von formalem Eigentumsrecht und materiellem Nutzungsrecht, wäre hier zu erwähnen[9]. Aber auch die Lenkungssysteme bedürften einer Ausfächerung durch Einbeziehung der verschiedenen Arten der Mikro-, Meso- und Makrosteuerung, die allokative und distributive Wirkungen in dem breiten empirischen Raum zwischen den Modellen einer rein dezentralen und einer ausschließlich zentralen Koordination der Einzelpläne ausüben. Neue politische Entscheidungen (wie z. B. die Einführung einer Investitionskontrolle oder einer wohlfahrtsstaatlichen „Volkspension") treffen auf ein historisch entstandenes, höchst kompliziertes Geflecht individueller, verbandsmäßiger und kollektiver Organisationsformen. Die Frage, wie sich differenzierte Teilordnungen zur Gesamtordnung verhalten, bleibt aber weiterhin ungelöst.

IV. Mischformen „reiner" Wirtschaftsordnungen

Einen anderen Ansatz zur systematischen Erfassung konkreter Wirtschaftsordnungen bildet der im wesentlichen auf W. Eucken zurückge-

[9] Vgl. hierzu Chr. Watrin, Gesellschaftliches Eigentum und Arbeiterselbstverwaltung — ein Weg zur Humanisierung der Gesellschaft?, in: Ordo, Bd. 26, 1975, S. 79 ff. (mit weiteren Literaturhinweisen).

hende Versuch, Mischformen aus der Kombination der „reinen" Wirtschaftsordnungen zu konstruieren. Man geht dabei von einem „chemisch reinen" System aus und nähert es schrittweise der Realität an (abnehmende Abstraktion). Dieser Ansatz ist sowohl auf die Marktwirtschaft als auch auf die Zentralverwaltungswirtschaft angewendet worden.

Bei der Marktwirtschaft erkannte man bereits frühzeitig, daß sich eine konkrete Wirtschaftsordnung mit dem Modell des Polypolmarktes nicht hinreichend in den Griff bekommen läßt. Weitere Marktstrukturen müssen berücksichtigt werden, so insbesondere Oligopol- und Monopolmärkte, also Märkte mit Konzentration. Dadurch wird die Idealvorstellung einer freien Marktwirtschaft, bei der alle Märkte als Polypolmärkte gedacht sind, gewissermaßen „verunreinigt", aber zugleich der Realität angenähert. Auch dann haben wir es immer noch mit marktwirtschaftlichen Ordnungen zu tun; nur sind die Marktergebnisse jetzt modifiziert. Auf Oligopolmärkten können — entsprechend den jeweils gegebenen Bedingungen — entweder latente Kampfpositionen herrschen oder sich Kartelle und Kartellsurrogate herausbilden (wie „conscious parallelism" oder „abgestimmtes Verhalten"). Auf einem Monopolmarkt kann der Monopolist im Rahmen seiner Preis-Absatz-Funktion die Bedingungen weitgehend diktieren und — fehlende Substitutions- und Auslandskonkurrenz vorausgesetzt — die vor- und/oder nachgelagerten Produktionsstufen „ausbeuten". Einen weitergehenden Fall bildet die Gruppenvereinbarung, bei der sich beide Marktseiten konzentriert in Verbänden gegenüberstehen. Als klassisches Beispiel wird dazu gewöhnlich der Tarifvertrag auf dem Arbeitsmarkt genannt, den der Arbeitgeberverband mit der Gewerkschaft aushandelt. Doch gibt es auch auf anderen Märkten Gruppenvereinbarungen, die sogar verschiedene Produktionsstufen einbeziehen (z. B. im Bereich der gesetzlichen Krankenversicherung). Die Gruppenvereinbarung, marktmorphologisch ein bilaterales Monopol, wird von einigen Autoren (W. A. Jöhr, G. Weippert, J. Wössner u. a.) als eigenständiges Ordnungsprinzip aufgefaßt, doch hat sich diese Ansicht bisher nicht durchgesetzt. In einer modernen arbeitsteiligen und weltmarktverflochtenen Volkswirtschaft dürfte es sehr schwer fallen, eine Koordination aller Einzelpläne durch solche Vereinbarungen zu realisieren. W. A. Jöhr sieht deshalb im „organisierten Interessenausgleich" auch nur eine partielle Möglichkeit, die neben dezentralen und zentralen Elementen in einer gemischten Wirtschaftsordnung vorkommt.

Das Vorhandensein von Märkten mit verschiedenen Konzentrationsgraden ist zugleich der Ansatzpunkt für einen wichtigen Bereich der Wirtschaftspolitik, nämlich die Wettbewerbspolitik. Sie möchte die Konzentration von Märkten möglichst hintanhalten. Gelingt dies nicht, besteht als ultima ratio die Möglichkeit der Verstaatlichung. Da eine verstaatlichte Monopolunternehmung auf den Beschaffungs- und Absatzmärkten weiterhin in die Marktzusammenhänge integriert ist und diese bei ihren Entscheidungen beachten muß, haben wir es immer noch mit einer marktwirtschaftlichen Ordnung zu tun. In diversen westlichen Industrieländern befindet sich ein Viertel bis ein Drittel der sachlichen Produktionsmittel (in einzelnen Fällen noch mehr) in öffentlicher Hand. Man denke z. B. an Österreich, Italien, Frankreich oder einige skandinavische Staaten. Trotzdem spricht man auch hier von primär marktwirtschaftlichen Ordnungen, weil die Allokationsprobleme über den Markt und nicht durch staatliche Anordnungen gelöst werden.

In ähnlicher Weise kann man andererseits das Modell der Zentralverwaltungswirtschaft auflockern. So ging W. Eucken (1940) von der total zentralgeleiteten Volkswirtschaft aus und führte schrittweise „Auflockerungsformen" ein. Ein erster Schritt war dabei die freie Konsumwahl. Die Konsumenten erhalten dann nicht mehr Konsumgüter zugeteilt, sondern können aus einem Sortiment auswählen, das ihnen aufgrund der Produktionsentscheidungen der Zentrale zur Verfügung gestellt wird. Technisch läßt sich diese Auflockerung durch Punktkarten bewältigen, deren Punkte innerhalb des angebotenen Sortiments frei verwendbar sind. Die Idee zu dieser „Auflockerung" stammt bereits von A. P. Lerner, der 1934 im Rahmen der Diskussion über die Theorie der Zentralverwaltungswirtschaft auf den undemokratischen Charakter einer von der Zentrale geplanten Bedürfnisskala der Konsumenten hingewiesen hat[10].

Als nächste Auflockerungsform führte W. Eucken die freie Wahl von Beruf und Arbeitsplatz in die Modellanalyse der Zentralverwaltungswirtschaft ein. Um die Arbeitskräfte zu veranlassen, ihre diesbezüglichen Wahlhandlungen ungefähr den Wünschen der Zentrale entsprechend vorzunehmen, müssen durch Lohnsatzdifferenzierungen die erforderlichen „incentives" und „disincentives" geschaffen werden. Sonst besteht die Gefahr, daß bestimmte Berufe und Arbeitsplätze bevorzugt, andere dagegen gemieden werden (Büroarbeit vs. körperliche Arbeit, Gegensatz Stadt-Land usw.).

Eine dritte Auflockerungsform bildet die Einführung des freien Sparens. Sie beschränkt sich auf die Akkumulation von Geldvermögen (Kontensparen, Staatsanleihen, evtl. Versicherungssparen). Die Bildung von Produktivvermögen ist bei Kollektiveigentum an den Produktionsmitteln selbstverständlich ausgeschlossen. Soll das Sparen über den übli-

[10] Vgl. A. P. Lerner, Economic Theory and Socialist Economy, in: Review of Economic Studies, Vol. 2, 1934, S. 51. — Auch Zassenhaus machte im gleichen Jahre darauf aufmerksam, daß die Zentralverwaltungswirtschaft in ihrer reinen Form den automatischen Zusammenhang zwischen den Nachfragefunktionen der Konsumenten und der Produktion zerreißt. Vgl. H. Zassenhaus, Über die ökonomische Theorie der Planwirtschaft, in: Zeitschrift für Nationalökonomie, Bd. 5, 1934, S. 509.

chen „Notgroschen" hinausgehen, müssen auch hier Anreize in Form differenzierter Zinssätze geschaffen werden (z. B. mit der Länge der Spardauer steigende Zinssätze). Ebenso dürfen die Zinseinnahmen der privaten Haushalte nicht steuerlich diskriminiert werden. Sonst besteht die Gefahr, daß die zur Investitionsfinanzierung benötigten Sparmittel nicht in hinreichendem Umfang aufgebracht werden. Diese Anreize sind auch erforderlich, um das Horten von Bargeld zu verringern.

Die Praxis der Ostblockländer kennt noch eine ganze Reihe weiterer Auflockerungen der zentralen Planung. So hat man in der Sowjetunion einige Zweige der Konsumgüterindustrie (Textil- und Schuhindustrie) aus der Zentralplanung entlassen und hier eine Marktorientierung der Produktion eingeführt. Das Eigentum an den diesbezüglichen Produktionsmitteln bleibt weiterhin in staatlicher Hand.

Die bisherigen Überlegungen zu diesem Ansatz lassen sich schematisch folgendermaßen darstellen:

Koordinationssysteme

Marktwirtschaft		**Zentralverwaltungswirtschaft**	
Polypolmärkte	**Märkte mit Konzentration**	**Auflockerungsformen**	**Totale Zentralverwaltungswirtschaft**
	1. Oligopolmärkte 2. Monopolmärkte 3. Gruppenvereinbarungen 4. Verstaatlichung	1. freie Konsumwahl 2. freie Wahl des Berufes und Arbeitsplatzes 3. freies Sparen von Geldvermögen 4. Marktorientierung der Konsumgüterindustrie	

Weitere Mischformen mit unterschiedlichem Eigentum an den Produktionsmitteln und verschiedenen Interventionsgraden bei Allokation und Distribution

Wenn man die Verstaatlichung einer Branche innerhalb einer primär marktwirtschaftlichen Ordnung (wie z. B. der Schwerindustrie in Österreich oder des Bergbaus in Großbritannien) mit der vierten Auflockerungsform der Zentralverwaltungswirtschaft vergleicht (Marktorientierung von Konsumgüterindustrien bei Kollektiveigentum an den Produktionsmitteln), so zeigt sich, daß hier schon eine weitgehende Annäherung zwischen den beiden ursprünglichen Ordnungsmodellen Marktwirtschaft und Zentralverwaltungswirtschaft stattgefunden hat.

Man könnte nun auf dieser Linie fortfahren und weitere „Mischformen" mit unterschiedlichen Eigentumsverhältnissen an den Produktionsmitteln und differenzierten Interventionsgraden in allokativer und distributiver Hinsicht bilden. Dadurch wäre es möglich, die Funktionsweise der Koordinationssysteme unter realitätsnäheren Bedingungen zu studieren. Als weitere Auflockerungsform ließe sich beispielsweise die Übertragung der Außenhandelsbefugnisse von staatlichen Monopolstellen auf die Betriebe einführen (was allerdings wegen der dann verringerten Zuverlässigkeit der Zentralplanung nicht unproblematisch ist). Auf der anderen Seite gibt es bereits eine Reihe von Staaten mit primär marktwirtschaftlicher Ordnung, bei denen die Marktsteuerung mit einer mehr oder minder intensiven indikativen ex ante-Planung verbunden wird.

Dennoch dürfen die Grenzen dieses Ansatzes nicht übersehen werden. Vor allem zwei Probleme sind hier zu erwähnen. Einmal handelt es sich im Grunde um ahistorische Konstruktionen. Die konkreten Wirtschaftsordnungen sind zu komplex, als daß man sie durch solche Kombinationen von markt- und verwaltungswirtschaftlichen Elementen erfassen könnte. Auch hier muß wieder daran erinnert werden, daß jede Gesamtordnung aus unterschiedlich gestalteten Teilordnungen besteht. Man denke beispielsweise an das Problem der „Ausnahmebereiche" in der Wettbewerbspolitik, an die „regulated industries" oder an die Fülle beeinflussender und lenkender Eingriffe auf zahlreichen Märkten.

Zum anderen verleitet die Konstruktion von „Mischformen" dazu, die Realität konkreter Wirtschaftsordnungen an den „chemisch reinen" Formen der Koordination zu messen. Die Realität muß dann notwendigerweise als „unvollkommen" und mit Mängeln behaftet erscheinen. So dient etwa die sog. „Theorie des Marktversagens" als Begründung für staatliche Eingriffe in die Marktwirtschaft. Den Beweis für dieses „Marktversagen" macht man sich allerdings recht leicht, indem man vom Polypolmodell (Modell der vollkommenen Konkurrenz) ausgeht (das in der wirtschafts*theoretischen* Diskussion als hypothetischer Grenzfall für didaktische Zwecke eine gewisse Rolle spielt, aber niemals wirtschafts*politische* Bedeutung erlangt hat). Wenn man eine theoretische Fiktion (dazu noch statischen Charakters) als politische Norm postuliert, lassen sich natürlich mit Leichtigkeit aus der immer dynamischen Realität der Marktwirtschaft mit ihren zahllosen „Abweichungen" vom Modell Interventionsgründe in nahezu beliebiger Zahl ableiten. Nicht umsonst ist die Wohlfahrtsökonomie eine so beliebte „Rechtfertigungsideologie" für Staatseingriffe aller Art. Interessanterweise fehlt auf der anderen Seite eine analoge „Theorie des Planversagens". Da nun allerdings die Unzulänglichkeiten zentraler Planung offenkundig sind, versucht man gerade durch „Auflockerungen" die Allokationseffizienz der Zentralverwaltungswirtschaft zu verbessern. Umgekehrt ließen sich diese „Auflockerungen" aber ebenso als „Verunreinigungen" des „chemisch reinen" Systems der zentralen Koordination betrachten.

V. Typen des Interventionismus

Die erwähnten Probleme bei der Konstruktion von „Mischformen" haben dazu geführt, daß dieser Ansatz eigentlich nie richtig befriedigt hat. In einer reinen Marktwirtschaft gibt es — streng genommen — keine Wirtschaftspolitik, sondern nur rechtliche Rahmenbedingungen, innerhalb deren sich Strukturen und Prozesse frei entwickeln können („Privatrechtsgesellschaft"). Staat und Wirtschaft sind insofern unabhängig voneinander. In einer reinen Zentralverwaltungswirtschaft sind dagegen Staat und Wirtschaft identisch. An die Stelle der Wirtschaftspolitik tritt hier die zentrale Lenkungsbehörde.

Der wirtschaftspolitisch interessante Bereich wird in konkreten Wirtschaftsordnungen aber weder durch die privaten noch die öffentlichen Güter charakterisiert, sondern durch alle jene Märkte, auf denen staatliche oder quasistaatliche Organe mehr oder minder stark intervenieren, Ziele fixieren und Instrumente zur Zielerreichung einsetzen. Wirtschaftspolitik im eigentlichen Sinne meint immer den „Interventionsstaat" oder „Staatsinterventionismus".

Brauchbarer als die vorhin skizzierten „Mischformen" scheinen daher die Typen des wirtschaftspolitischen Interventionismus. Je nachdem, ob man dabei vom Intensitätsgrad oder von der gesamtwirtschaftlichen Orientierung ausgeht, lassen sich verschiedene typische Ausprägungen unterscheiden:

Typen des Interventionismus

Intensitätsgrade	**Gesamtwirtschaftliche Orientierung**
1. marktwirtschaftlicher Interventionismus	1. punktueller Interventionismus
2. verbandswirtschaftlicher Interventionismus	2. konstruktivistischer Interventionismus
3. lenkungswirtschaftlicher Interventionismus	

Betrachten wir zunächst die Einteilung nach den Intensitätsgraden. Der marktwirtschaftliche Interventionismus will auf einzelnen Märkten eingreifen, um dort vor allem Anpassungshilfen zu gewähren. Man geht also davon aus, daß die Intervention vorübergehender Natur ist und letztlich der besseren Funktionsfähigkeit des Marktes dienen soll. A. Rüstow prägte hierfür schon 1932 den Begriff des „liberalen Interventionismus". Auch redistributive Korrekturen der Marktergebnisse lassen sich unter diese Rubrik einordnen (solange sie wettbewerbsneutral sind!). Der verbandswirtschaftliche Interventionismus ist dadurch charakterisiert, daß Wirtschaftsverbände als Hilfsorgane der staatlichen Wirtschaftspolitik fungieren. Ihnen sind bestimmte Aufgaben delegiert, durch die zugleich die staatlichen Instanzen entlastet werden. Die Interventionsintensität ist dabei in der Regel stärker als beim marktwirtschaftlichen Interventionismus. Als Beispiel seien das Prüfungswesen, Zwangskartelle, Marketing Boards in Entwicklungsländern u. a. erwähnt. Wo mehr eine Strukturerhaltung entgegen der Marktdynamik angestrebt wird (z. B. aus rüstungswirtschaftlichen Gründen), bedarf es stärkerer Maßnahmen. Hier läßt sich dann von lenkungswirtschaftlichem Interventionismus sprechen (was nicht ausschließt, daß dabei Wirtschaftsverbände als Durchführungsorgane eingeschaltet werden). Er findet sich partiell vor allem im Agrarsektor (bis hin zu den EG-Agrarmarktordnungen), ferner in stärkerer Ausbreitung in Kriegszeiten (als kriegswirtschaftliche Lenkung, um möglichst viele Ressourcen für die Produktion von Rüstungsgütern zur Verfügung zu haben).

Die Einteilung nach der gesamtwirtschaftlichen Orientierung geht davon aus, inwieweit der Staatsinterventionismus mikroökonomisch ex post ansetzt oder makroökonomisch ex ante geplant erfolgt. Die seit den achtziger Jahren des vorigen Jahrhunderts praktizierte Wirtschaftspolitik der Interventionen auf einzelnen Märkten (bis hin zu Branchen) ist mikroökonomisch ausgerichtet und erfolgt ex post, sei es daß der Marktmechanismus nicht zufriedenstellend funktioniert (inverse Reaktionen, Anpassungsschwierigkeiten usw.; L. von Mises hatte hierfür bereits 1923 den Begriff der „Ordnungstaxen" gebraucht) oder seine Ergebnisse politisch unerwünscht sind. Daß dann bei stärkerer Intensität der korrigierenden Interventionen eine „Interventionsspirale" in Gang gesetzt werden kann, die den Einbezug vor- und nachgelagerter Märkte erforderlich macht, wird nicht als Ergebnis der allgemeinen Interdependenz der Märkte gesehen, sondern als unerwünschte Nebenwirkung. Die Betrachtungsweise bleibt somit punktuell.

Nach dem Zweiten Weltkriege haben sich unter dem Einfluß der „keynesianischen Revolution" in verschiedenen Ländern Techniken einer gesamtwirtschaftlich geplanten Wirtschaftspolitik herausgebildet. Sie geht im Prinzip von der Festlegung der Investitionsquote aus, die dann in mehr oder minder starkem Umfang sektoral, regional (oder entsprechend dem normativen Selbstverständnis der Wirtschaftspolitik bis hinunter zur Projektebene) desaggregiert wird. E. Hoppmann hat hierfür 1973 in Anlehnung an F. A. von Hayeks grundlegende Forschungen über das konstruktivistische Denken den Begriff des „konstruktivistischen Interventionismus" geprägt und dem herkömmlichen „pragmatistischen" oder „punktualistischen" Interventionismus gegenübergestellt[11]. „Die Interventionen orientieren sich an Modellen einer konkreten, ex ante konstruierten Ordnung der Wirtschaftsabläufe. Die Idee der Marktwirtschaft als einer staatlichen Veranstaltung erfährt deshalb einen entscheidenden Bedeutungswandel. Unter staatlicher Veranstaltung wird nicht mehr eine ‚Planung der Ordnungen', sondern eine Planung und Lenkung des Wirtschaftsprozesses verstanden. Ziel ... ist nicht mehr die Durchsetzung von Prinzipien, sondern die Verwirklichung eines kollektiven beziehungsweise staatlichen Willens zur Realisierung von Zielen, die konkret und numerisch ex ante fixiert sind[12]." Mit dieser Übertragung des Ingenieursdenkens auf die Wirtschaft gewinnt der Interventionismus eine gänzlich andere Qualität als die früheren, ex post und punktuell erfolgenden Eingriffe.

Zwischen den verschiedenen Typen des Interventionismus ließen sich Verbindungen herstellen; doch muß hiervon aus Platzgründen Abstand genommen werden. Der punktuelle Interventionismus wird in der Regel marktwirtschaftlicher Natur sein (und es auch bleiben, solange er dem, allerdings im Einzelfall nicht immer genau formulierbaren Zulässigkeitskriterium der Marktkonformität genügt)[13]. Der konstruktivistische Interventionismus weist demgegenüber eine unverkennbare Affinität zur Einbeziehung der Verbände auf (vgl. z. B. die Planifikation in Frankreich oder die Konzertierte Aktion in der Bundesrepublik Deutschland).

VI. Entwicklungsgesetze des Staatsinterventionismus?

Die heutige „Kapitalismuskritik" geht — entsprechend ihrem wertenden Vorverständnis — von der Annahme einer gesetzlichen Entwicklung aus. Die konkreten Wirtschaftsordnungen bewegen sich danach in Richtung auf eine Zunahme des Staatsinterventionismus, wie immer man diese

11 Vgl. E. Hoppmann, Soziale Marktwirtschaft oder Konstruktivistischer Interventionismus, in: E. Tuchtfeldt (Hrsg.), Soziale Marktwirtschaft im Wandel, Freiburg 1973, S. 27 ff., insbesondere S. 55 ff. Vgl. hierzu ferner E. Tuchtfeldt, Soziale Marktwirtschaft und Globalsteuerung, ebenda, S. 159 ff.

12 E. Hoppmann, a.a.O., S. 56 f.

13 Vgl. hierzu ausführlich E. Tuchtfeldt, Zur Frage der Systemkonformität wirtschaftspolitischer Maßnahmen, in: H.-J. Seraphim (Hrsg.), Zur Grundlegung wirtschaftspolitischer Konzeptionen, Berlin 1960, S. 203 ff.

Richtung auch bezeichnen mag. Damit kommen die zwei grundlegenden Denkstile ins Spiel, die W. Eucken (1952) als Denken in historischen Entwicklungen und Denken in Ordnungen bezeichnet hat. Der erste Denkstil — in der Geschichte der Ökonomie zahlreich ausgeprägt — führt und verführt nur allzu leicht dazu, historische Entwicklungsgesetze zu konstruieren und als gültige Erklärungen für das Geschehen zu akzeptieren. Käme jedoch alles so, wie es nach irgendwelchen „ehernen Gesetzen" kommen muß, dann wäre Politik im allgemeinen und Wirtschaftspolitik im besonderen — Politik hier als aktive Gestaltung der Verhältnisse aufgefaßt — letztlich unmöglich. Jeder politische Gestaltungswille, der nicht darauf abzielt, in Richtung der historischen Gesetze zu wirken, würde auf Illusionen beruhen und nur Verzerrungen und Verzögerungen des Geschichtsprozesses bewirken können.

Lehnt man die Vorstellung von einer Zwangsläufigkeit der Entwicklung ab — wie es jeder Politiker tut, wenn er Ziele setzt und dementsprechend handelt —, so bedeutet dies noch keineswegs, daß der Spielraum der politischen Gestaltungsmöglichkeiten beliebig ist. So wie individuelle Entscheidungen durch physische, psychische, soziale und wirtschaftliche Gegebenheiten eingeengt werden, wird auch der Aktionsradius der kollektiven Entscheider durch die historischen Gegebenheiten beschränkt. Nicht umsonst spricht man in der Jurisprudenz gern vom „Normativ des Faktischen".

Gerade die geschichtlichen Erfahrungen zeigen aber auch, daß der politische Gestaltungswille sich erfolgreich über angeblich noch so zwingende Fakten hinwegsetzen und sie ihrerseits zu verändern vermag. Die merkantilistische Politik des 17. und 18. Jahrhunderts hat erfolgreich die Beharrungstendenzen der aus dem Mittelalter überkommenen Zunftwirtschaft überwunden und die infrastrukturellen Voraussetzungen für das Industriezeitalter geschaffen. Noch eindrucksvoller war die Freisetzung des individuellen Erwerbsstrebens durch den Wirtschaftsliberalismus und die daraus resultierenden Impulse für die wirtschaftliche Entwicklung vom Ende des 18. bis zum Ende des 19. Jahrhunderts. Nach dem Zweiten Weltkriege sprachen in Europa sowohl die Fakten wie die Widerstände der bürokratischen Lenkungsapparaturen gegen eine konsequente Befreiung von den Fesseln der Warenbewirtschaftung. Wo der politische Gestaltungswille sie trotzdem durchsetzte, wurden dadurch Expansionsprozesse wie das sog. „Deutsche Wirtschaftswunder" ausgelöst[14]. Daß hier das „Denken in Ordnungen" (welches auch die Gestaltung von Teilordnungen innerhalb einer Gesamtordnung umfaßt) eine maßgebende Rolle gespielt hat, zeigt eindrücklich das von A. Müller-Armack entwickelte Konzept der Sozialen Marktwirtschaft, das nach der Währungsreform von 1948 unter

[14] Zu den besonderen Voraussetzungen, die dieses „Wunder" ermöglicht haben, vgl. E. Tuchtfeldt, Soziale Marktwirtschaft und Globalsteuerung, a.a.O., S. 159 ff.

der Ägide von Ludwig Erhard realisiert werden konnte[15]. In diesem Zusammenhang ist es besonders interessant, daß Müller-Armack sich schon 1932 zur Offenheit der Zukunft und damit auch zur Möglichkeit der Zukunftsgestaltung bekannt hat: „So wenig der Interventionismus als ein Resultat der Gesamtsituation des ihm vorhergehenden Liberalismus angesehen werden kann, so wenig darf man die gegenwärtige Situation zur eindeutigen Vorform einer erwarteten staatskapitalistischen oder staatssozialistischen Zukunft machen. Eine Analyse unserer Gegenwartssituation zeigt vielmehr, daß eine solche Entwicklungseindeutigkeit bei aller äußeren Verstärkung des Interventionismus nicht festgestellt werden kann, daß jede Annahme einer Transparenz der Zukunftsgestaltung der Wirtschaftsordnung in der Gegenwart eine Entwicklungseindeutigkeit annimmt, die nicht vorhanden ist[16]."

[15] Vgl. hierzu die in Fußnote 4 genannten beiden Sammelwerke von A. Müller-Armack.

[16] A. Müller-Armack, Entwicklungsgesetze, a.a.O., S. 104. Vgl. hierzu ferner Chr. Watrin, Ökonomische Entwicklungsgesetze, in: F. W. Meyer und H. Willgerodt (Hrsg.), Beiträge zur Ordnung von Wirtschaft und Gesellschaft (Festgabe zum 65. Geburtstag von Alfred Müller-Armack), Köln 1966, S. 67 ff. (und die dort angegebene Literatur), sowie neuerdings F. Böhm, Wirtschaftsordnung und Geschichtsgesetz, Tübingen 1974, und H. Lübbe, Was heißt „Das kann man nur historisch erklären?". Zur Analyse der Struktur historischer Prozesse, in: Ders., Fortschritt als Orientierungsproblem, Freiburg 1975, S. 154 ff.

„KAPITALISTISCHE AKKUMULATION" UND DIE UNTERNEHMENSKONZENTRATION IN DER BUNDESREPUBLIK DEUTSCHLAND

von Hans Tietmeyer

Nach marxistischer Auffassung ist der Zusammenbruch des „kapitalistischen" Systems das zwangsläufige Ergebnis historischer Entwicklungsgesetze und damit ein unvermeidbares Ereignis. Die Ursache für die Endlichkeit des Kapitalismus liegt nach Marx in der kapitalistischen Produktionsweise selbst. Sie führt über die zunehmende Akkumulation des Kapitals zu einer wachsenden Konzentration und Zentralisation in der Hand weniger Unternehmer oder Kapitalgesellschaften und ruft zugleich eine wachsende Verelendung der Arbeiterklasse hervor.

Auf dieses Grundmuster Marxscher Prophezeiung pflegen seine Epigonen vor allem in konjunkturell und strukturell schwierigen Übergangszeiten zurückzugreifen und den unaufhaltsamen Weg des Kapitalismus in die allgemeine Krise zu beschwören[1]. Die nicht selten mit solchen gesamtwirtschaftlichen Schwächeperioden einhergehende Verschärfung der Unternehmenskonzentration und auch die Verschlechterung der Lage am Arbeitsmarkt bieten derartigen Aussagen dabei, zumindest auf den ersten Blick, durchaus plausibel erscheinende Argumente. So ist es nicht verwunderlich, wenn gerade in der kritischen binnen- und weltwirtschaftlichen Entwicklungsphase 1974/75 mit dem scharfen Rückgang der Produktion, dem ungewöhnlichen Anstieg der Arbeitslosigkeit und der außergewöhnlichen Zunahme der Konkurse in der Bundesrepublik Deutschland sowie in den meisten westlichen Industrieländern auch die These vom unaufhaltsamen und sich beschleunigenden Untergang des „kapitalistischen" Systems wieder verstärkt zu hören ist. „Mit der Entwicklung der allgemeinen Krise tragen auch die zyklischen Überproduktionskrisen immer stärker die Züge dieser allgemeinen Krise[2]."

Angesichts derartiger Äußerungen soll am Beispiel der Bundesrepublik Deutschland die Frage untersucht werden, ob die bisherige tatsächliche

[1] Interessant ist im übrigen, daß auch die neueren akkumulations- und wachstumstheoretischen Aussagen für die sozialistischen Wirtschaften selbst noch weitgehend auf der Marxschen Akkumulationstheorie fußen. Im Marxschen Theoriegebäude wird dabei zwischen „systemspezifischen" (d. h. dem Kapitalismus entsprechenden) und „systemneutralen" (d. h. für alle Systeme zutreffenden) Kategorien unterschieden, wobei z. B. der technische Fortschritt, die Entwicklung der Arbeitsproduktivität, die Relation Produktionsmittel zu Arbeitskraft als „systemneutrale" Elemente, dagegen Verfügungsmacht über Produktionsentscheidungen und Verwendung des Mehrproduktes als „systemspezifische" Faktoren klassifiziert werden. (Vgl. Frank Haller, Sozialistische Akkumulations- und Wachstumstheorie, Berlin 1974, S. 59 ff.)

[2] Gerhard Kade, Krise des Kapitalismus, in: Wirtschaftsdienst, Wirtschaftspolitische Monatsschrift, Hamburg, Februar 1976, S. 105.

Entwicklung die Annahme einer „wachsenden Verelendung der Arbeiterklasse" und insbesondere einer „wachsenden Konzentration und Zentralisation" rechtfertigt oder ob nicht gerade die sozial gestaltete und gesicherte Marktwirtschaft eine solche Entwicklung verhindert hat. Wenn dabei im Sinne der marxistischen Terminologie die Qualifizierung der Wirtschaftsordnung der Bundesrepublik als „kapitalistisches System" akzeptiert wird, bedeutet das allerdings nicht zugleich auch eine Übernahme der damit im heutigen Sprachgebrauch zumeist verbundenen politischen Bewertung. Der Begriff „kapitalistisches System" wird vielmehr in wertfreiem Sinne als Synonym für ein dominant marktwirtschaftliches System mit weitgehendem Privateigentum an den Produktionsmitteln benutzt.

Bevor im folgenden das „allgemeine Gesetz der kapitalistischen Akkumulation" mit der tatsächlichen Entwicklung in der Bundesrepublik Deutschland verglichen wird, sollen die von Marx vorgenommene Ableitung des Gesetzes und die diesem Gesetz zugrundeliegenden Hypothesen kurz in Erinnerung gerufen werden.

I. Das allgemeine Gesetz der kapitalistischen Akkumulation

Marx leitet den Akkumulationsprozeß aus der Umwandlung von Mehrwert in Kapital ab. Der Mehrwert ist dabei die Differenz zwischen dem Wert der in der Arbeitszeit von einem Arbeiter produzierten Gütermenge und der vom Unternehmer diesem Arbeiter für diese Arbeitszeit gewährten Entlohnung. Den größten Teil dieses Mehrwertes verwendet der Unternehmer wieder für Investitionen, d. h. zum weiteren Aufbau seines Kapitalstocks; nur ein geringer Teil fließt in den Konsum. Dieses unternehmerisch-kapitalistische Verhalten ist nach Marx zwangsläufig, denn zum einen können Mehrwert schaffende Arbeitskräfte nur durch zusätzlichen Kapitaleinsatz gebunden werden, zum anderen aber steht der Unternehmer in scharfem Wettbewerb und muß versuchen, seine Konkurrenten über vermehrte Investitionen, bessere Produktionsmethoden etc. zu verdrängen. „Jene, die eine überdurchschnittliche organische Zusammensetzung des Kapitals haben, die über die höchsten Reserven und das meiste Kapital verfügen und so am schnellsten auf dem Weg des technischen Fortschritts vorankommen können, werden im Wettbewerb zwischen den Unternehmen somit Sieger bleiben[3]."

[3] Ernest Mandel, Marxistische Wirtschaftstheorie, Frankfurt am Main 1968 (Originalausgabe: Traité d'Economie Marxiste, Paris 1962), S. 174. Auf die auch hier enthaltene Behauptung eines funktionalen Zusammenhangs zwischen Unternehmensgröße und technischem Fortschritt wird später noch eingegangen.

Die Ursache für den Verdrängungswettbewerb liegt nach Marx im „Gesetz des tendenziellen Falls der Profitrate" begründet. Die Profitrate ist definiert als

$$\frac{m}{c + v} = \frac{\frac{m}{v}}{\frac{c}{v} + 1}$$

d. h. die Mehrwertrate (m/v) und die organische Zusammensetzung des Kapitals (c/v) bestimmen die Höhe der Profitrate[4]. Marx ging von der Annahme aus, daß die Mehrwertrate (m/v) konstant bleibt und die organische Zusammensetzung des Kapitals (c/v) steigt oder zumindest (c/v) im Wachstumsprozeß schneller wächst als (m/v).

Bei steigender Akkumulation würde eigentlich auch die Nachfrage nach Arbeitskräften und damit der Arbeitslohn steigen, so daß die organische Zusammensetzung des Kapitals konstant bliebe. Mögliche Lohnerhöhungen verhindern oder bremsen aber die Unternehmer durch Vornahme arbeitssparender Investitionen: „... in Wiltshire stieg der Wochenlohn von 7 auf 8 Schilling ... Was taten nun die Pächter? Warteten sie, bis die Landarbeiter sich infolge dieser brillanten Zahlung so vermehrt hatten, daß ihr Lohn wieder fallen mußte, wie die Sache sich im dogmatisch ökonomischen Hirn zuträgt? Sie führten mehr Maschinerie ein, und im Umsehn waren die Arbeiter wieder „überzählig" in einem selbst den Pächtern genügenden Verhältnis. Es war jetzt „mehr Kapital" in der Agrikultur angelegt als vorher und in einer produktiveren Form. Damit fiel die Nachfrage nach Arbeit nicht nur relativ, sondern absolut[5]."

Der Akkumulationsprozeß, verbunden mit dem Einsatz arbeitssparenden technischen Fortschritts, führt also zu einem ständigen Anstieg der Ausgaben für das fixe Kapital (Maschinen) zulasten der Ausgaben für Arbeit und setzt damit Arbeitskräfte frei, die nach Marx die „industrielle Reservearmee" auffüllen. Parallel zum Aufbau der Reservearmee und der Verelendung der Arbeiterklasse folgt aus der fortgesetzten Umwandlung von Mehrwert in Kapital (Akkumulationsprozeß) die zunehmende Konzentration und Zentralisation des Kapitals[6], d. h. die Verfügungsmacht

[4] Es bedeuten:
m = Mehrwert
c = „konstantes Kapital" (Kosten für Rohstoffe, Maschinen usw.)
v = „variables Kapital" (Arbeitslohn);
nur variables Kapital produziert Mehrwert.

[5] Karl Marx, Das Kapital. Kritik der politischen Ökonomie, Bd. I (MEW, Bd. 23), Berlin 1970, S. 667 f.

[6] Vgl. Egon Görgens, Gesetz der kapitalistischen Akkumulation, in: Wirtschaft und Statistik, Heft 7, 1975, S. 342 f.

über die Produktionsmittel in den Händen weniger Kapitalisten. „Die bisherigen kleinen Mittelstände, die kleinen Industriellen, Kaufleute und Rentiers, die Handwerker und Bauern, alle diese Klassen fallen ins Proletariat hinab, teils dadurch, daß ihr kleines Kapital für den Betrieb der großen Industrie nicht ausreicht und der Konkurrenz mit den größten Kapitalisten erliegt, teils dadurch, daß ihre Geschicklichkeit von neuen Produktionsweisen entwertet wird[7]."

„Je größer der gesellschaftliche Reichtum, also auch die absolute Größe des Proletariats und die Produktionskraft seiner Arbeit, desto größer die industrielle Reservearmee... Dies ist das absolute, allgemeine Gesetz der kapitalistischen Akkumulation[8]." Diese Widersprüchlichkeit des „kapitalistischen" Systems ist eine treibende Kraft für den Aufbau einer klassenlosen sozialistischen Gesellschaft.

„Mit der beständig abnehmenden Zahl der Kapitalmagnaten, welche alle Vorteile dieses Umwandlungsprozesses usurpieren und monopolisieren, wächst die Masse des Elends, des Drucks, der Knechtschaft, der Entartung, der Ausbeutung, aber auch die Empörung der stets anschwellenden und durch den Mechanismus des kapitalistischen Produktionsprozesses selbst geschulten, vereinten und organisierten Arbeiterklasse. Das Kapitalmonopol wird zur Fessel der Produktionsweise, die mit ihm und unter ihm aufgeblüht ist. Die Zentralisation der Produktionsmittel und die Vergesellschaftung der Arbeit erreichen einen Punkt, wo sie unverträglich werden mit ihrer kapitalistischen Hülle. Sie wird gesprengt. Die Stunde des kapitalistischen Privateigentums schlägt. Die Expropriateurs werden expropriiert[9]."

II. Die Hypothesen der marxistischen Schule

1. Theorie der absoluten oder relativen Verelendung der Arbeiterschaft

Obwohl Marx bei der Ableitung seines allgemeinen Gesetzes der kapitalistischen Akkumulation die Verelendungstheorie und das Gesetz des tendenziellen Falls der Profitrate als einheitlichen Prozeß betrachtet, sollen primär die aus dem Gesetz des tendenziellen Falls der Profitrate abgeleiteten Aussagen zur Konzentration und Zentralisation

[7] Karl Marx / Friedrich Engels, Manifest der Kommunistischen Partei (MEW, Bd. 4), Berlin 1969, S. 469.

[8] Karl Marx, Das Kapital, Bd. I (MEW, Bd. 23), Berlin 1970, S. 673 f.

[9] Karl Marx, Das Kapital, Bd. I, a.a.O., S. 790 f.

empirisch überprüft werden. Die Verelendungstheorie ist — und zwar im absoluten wie im relativen Sinn — schon von ihrer logischen Ableitung her nicht unbestritten[10]. Görgens[11] weist darauf hin, daß die Annahmen (1) Anstieg der organischen Zusammensetzung des Kapitals (c/v) **und** (2) Konstanz der Mehrwertrate (m/v) mit der These absoluter oder relativer Verelendung nicht vereinbar sind; denn bleibt die Mehrwertrate z. B. bei Verdoppelung der Arbeitsproduktivität konstant, verdoppelt sich auch die Entlohnung. Eine zumindest relative Verelendung aber würde bei steigender organischer Zusammensetzung einen Anstieg der Mehrwertrate erfordern. In dem Falle wäre jedoch eine Bedingung des Gesetzes des tendenziellen Falls der Profitrate, nämlich Konstanz der Mehrwertrate nicht erfüllt[12].

Für den Marx-Epigonen Mandel ist dennoch „die Erscheinung der relativen Verelendung ... tatsächlich das hervorstechendste Merkmal der kapitalistischen Produktionsweise". Als Beweis führt er aus: „Die empirischen Daten bestätigen allgemein die Tendenz, daß der Anteil der Löhne an dem durch die Arbeit geschaffenen Nettoprodukt relativ zurückgeht. ... Periodische absolute Verelendung der Arbeitslosen und anderer Opfer der kapitalistischen Produktionsweise — mehr oder weniger allgemeine relative Verelendung des Proletariats (d. h. die Steigerung der Reallöhne in einem langsameren Tempo, als der gesellschaftliche Reichtum und die mittlere Arbeitsproduktivität wächst): das sind die Entwicklungsgesetze der Arbeiterklasse unter dem kapitalistischen Regime[13]."

Die Realität in der Bundesrepublik Deutschland sieht allerdings anders aus. Sie widerspricht nicht nur der These von der absoluten und der relativen Verelendung; sie zeigt sogar eine deutliche relative Verbesserung der materiellen Lebenslage der Arbeitnehmer in den letzten Jahrzehnten. Hierzu nur einige Hinweise:

— Der um die Veränderungen in der Beschäftigungsstruktur bereinigte Anteil der Bruttoeinkommen aus unselbständiger Arbeit am Volkseinkommen (sog. bereinigte Lohnquote) ist vor allem im letzten Konjunkturzyklus um nahezu 4-Prozent-Punkte gestiegen (vgl. Tabelle 1). Diese überaus rasche und tiefgreifende Veränderung der primären Einkommensverteilung dürfte zwar nicht unerheblich zu

10 Vgl. insbesondere die Auseinandersetzung mit dieser Theorie durch Karl Raimund Popper, Die offene Gesellschaft und ihre Feinde, Bd. 2: Falsche Propheten — Hegel, Marx und die Folgen, Bern 1958 (2. Aufl. 1970), S. 203 ff.

11 Egon Görgens, Gesetz des tendenziellen Falls der Profitrate, in: Wirtschaft und Statistik, Heft 3, 1975, S. 138.

12 Vgl. auch Paul M. Sweezy, Theorie der kapitalistischen Entwicklung. Eine analytische Studie über die Prinzipien der Marxschen Sozialökonomie, Köln 1959, S. 76 ff.

13 Ernest Mandel, a.a.O., S. 161 f.

den derzeitigen gesamtwirtschaftlichen Schwierigkeiten beigetragen haben und deswegen auch bei einer neuen konjunkturellen Aufwärtsbewegung nicht voll beibehalten werden können; sie steht jedoch zweifellos im Widerspruch zur Verelendungsprognose.

— Trotz recht unvollkommener statistischer Unterlagen über die Entwicklung der Vermögensverteilung in der Bundesrepublik Deutschland lassen die verfügbaren Informationen doch den Schluß zu, daß auch aus der als „Bruttoeinkommen aus Unternehmertätigkeit und Vermögen" bezeichneten Restgröße des Volkseinkommens ein erheblicher Teil in Form von Zinserträgen, Mieten etc. den Arbeitnehmern zufließt. Über ihr vielfach mit staatlicher Unterstützung geschaffenes Grund-, Wohnungs- und Beteiligungsvermögen partizipieren in zunehmendem Maße auch Arbeitnehmer an sog. kapitalistischen Einkünften[14].

— Mindestens ebenso wichtig wie diese Entwicklung der Primärverteilung sind jedoch die Ergebnisse der Sekundärverteilung. In den letzten Jahrzehnten ist in der Bundesrepublik Deutschland ein engmaschiges Netz von staatlichen Umverteilungsmaßnahmen geschaffen worden, die tendenziell auf eine relative Verbesserung der materiellen Lebenslage der Arbeitnehmer hinwirken. Wenngleich diese Umverteilung der Markteinkommen zu einem erheblichen Teil auch zwischen den Arbeitnehmern selbst stattfindet und die Inzidenz der einzelnen Maßnahmen nur schwer festzustellen ist, so gibt doch die Entwicklung der sog. Staatsquote und der Zwangsabgabenquote einen globalen Hinweis auf die Größenordnung des von Umverteilungsmaßnahmen betroffenen Anteils des Sozialproduktes (vgl. Tabelle 2).

Nimmt man zu diesen materiellen Verbesserungen auch die immateriellen hinzu (bessere Bildungsmöglichkeiten, Freizeit, Mitbestimmung etc.), so dürfte hinreichend deutlich sein, daß die Verelendungsthese einem Vergleich mit der tatsächlichen Entwicklung nicht standhält.

2. Zur Theorie der Konzentration und Zentralisation in der kapitalistischen Wirtschaft

Der tendenzielle Fall der Profitrate, der ausschlaggebend für den Zusammenbruch des kapitalistischen Systems sein soll, kann nach Marx durch den technischen Fortschritt nicht verhindert, sondern allenfalls temporär verzögert werden. Aus dem Wettbewerb um den Mehrwert resultiert nach seiner Auffassung eine verstärkte Investitionstätigkeit

[14] Vgl. Hans Willgerodt, u. a., Vermögen für alle, Düsseldorf und Wien 1971, S. 69 ff.

und ein Zwang zu ständiger Produktivitätssteigerung, mit dem ein unvermeidbarer Konzentrations- und Zentralisationsprozeß einhergeht[15]. Mit ausschlaggebend für die Zentralisation und die Verdrängung der Wettbewerber ist nach Marx die ökonomische und technische Überlegenheit der Großbetriebe. Mandel beschreibt die marxistische Perspektive für einen Konzentrations- und Zentralisationsprozeß in der kapitalistischen Wirtschaft wie folgt: „Die Entwicklung der kapitalistischen Produktionsweise bringt also notwendig eine Zentralisierung und Konzentration des Kapitals mit sich. Die Durchschnittsgröße der Unternehmen wächst unaufhörlich; eine große Anzahl kleiner Unternehmen wird durch eine geringe Anzahl von Großunternehmen, die einen wachsenden Anteil des Kapitals, der Arbeit, der Gelder und der Produktion in allen Industriezweigen kontrollieren, im Konkurrenzkampf geschlagen. Einige wenige Großunternehmen vereinigen in sich eine solche Masse an Produktionsmitteln und an Arbeitskräften, wie man sie vorzeiten nur in Dutzenden wenn nicht in Hunderten von Manufakturen gefunden hat. Die Großunternehmen zermalmen die Kleinen im Konkurrenzkampf. Da deren Herstellungspreise zu hoch sind, können sie ihre Waren nicht mehr mit Gewinn absetzen und machen Konkurs. In Zeiten wirtschaftlicher Krisen und Depressionen rafft der Zusammenbruch die kleinen Unternehmen zu Hunderten und zu Tausenden hinweg. So setzt die kapitalistische Produktion den Prozeß der Enteignung fort, der am Anfang der kapitalistischen Produktionsweise steht. Aber nicht die unabhängigen Erzeuger sind jetzt die Opfer, sondern die Kapitalisten selbst. Die Geschichte des Kapitals ist die Geschichte der Zerstörung des Eigentums von vielen zugunsten einer immer kleiner werdenden Minderheit[16]."

Im folgenden sollen diese von Marx zugrundegelegten und von seinen Epigonen weiterentwickelten und interpretierten Konzentrations- und Zentralisationsthesen mit der tatsächlichen Entwicklung in der Bundesrepublik Deutschland in den letzten Jahrzehnten verglichen werden. Da es für die Erfassung und Beurteilung der Konzentrationsentwicklung weder unbestrittene Kriterien noch eindeutige statistische Grundlagen gibt, werden zur Beschreibung der tatsächlichen Entwicklung und

[15] „Konzentration" ist nach Marx mit der Akkumulation unmittelbar verbunden, denn jedes „individuelle Kapital ist eine größere und kleinere Konzentration von Produktionsmitteln". Konzentration wird durch den „Wachstumsgrad des gesellschaftlichen Reichtums" beschränkt. Er unterscheidet hiervon die Konzentration bereits gebildeter Kapitale, sie „ist die eigentliche Zentralisation im Unterschied zur Akkumulation und Konzentration" (Das Kapital, Bd. I, a.a.O., S. 653 f.). Im heutigen Sprachgebrauch werden Konzentration und Zentralisation im Sinne von Marx den Begriffen internes bzw. externes Unternehmenswachstum zugerechnet.

[16] Ernest Mandel, a.a.O., S. 174 f.

Lage verschiedene Ansätze und Untersuchungen nebeneinandergestellt.

a) Ergebnisse der Konzentrationsenquête (Entwicklung 1954—1960)

Eine erste umfassende Analyse über die Entwicklung der Konzentration in der Bundesrepublik Deutschland in den 50er Jahren enthält die im Jahre 1964 abgeschlossene Konzentrationsenquête[17]. Das Ergebnis zeigt insgesamt — wenngleich die Entwicklung in den einzelnen Branchen durchaus sehr differenziert war — eine zunehmende Konzentration in den Jahren 1954 bis 1960. Der Bericht bezieht sich dabei im wesentlichen auf Beobachtungen in der Industrie, im Handel, bei Banken und Versicherungen, bei der öffentlichen Hand und der Elektrizitätsversorgungswirtschaft. In dem wohl bedeutsamsten Bereich, der Industrie, versuchen die Autoren der Enquête die Konzentration insbesondere durch folgende Relationen zu erfassen:

— Umsatzanteil der eintausend größten Unternehmen,
— Umsatzanteil der fünfzig größten Unternehmen,
— Umsatzanteil der einhundert größten Unternehmensverbindungen[18].

Bei Zugrundelegung dieser Kriterien kommt der Bericht zu folgendem Ergebnis[19]:

Hatten die 50 größten Unternehmen der deutschen Industrie, die im wesentlichen den Wirtschaftsbereichen Fahrzeugbau, Mineralölverarbeitung, chemische, elektrotechnische und eisenschaffende Industrie angehörten, im Jahre 1954 noch einen Anteil von 17,7 v.H. am industriellen Gesamtumsatz, so erhöhte sich dieser Anteil bis 1960 auf 22,8 v.H. Infolge dieser außerordentlichen Steigerung haben auch die eintausend größten Unternehmen ihren Anteil am industriellen Umsatz von 52,6 v.H. (1954) auf 55,4 v.H. (1960) erhöht. Der Umsatzanteil der einhundert größten Unternehmensverbindungen wuchs während dieser Zeit von 33,6 v.H. auf 38,8 v.H.

Eine zunehmende Konzentration zeigte sich auch in den einzelnen Branchen. Die Enquête vergleicht von 30 Industriegruppen die Umsatzanteile der jeweils zehn größten Unternehmen der Jahre 1954 und 1960. Danach sind die Umsatzanteile in 21 Fällen gestiegen, in neun Fällen waren sie rückläufig. Etwa die Hälfte der untersuchten Industriegruppen wird von der Enquête als hoch konzen-

17 Bericht über das Ergebnis einer Untersuchung der Konzentration in der Wirtschaft, Bundestags-Drucksache IV/2320 (Konzentrationsenquête) vom 5. 6. 1964.

18 Kapitalmäßige Beteiligungen von mehr als 50 v.H.; vgl. Konzentrationsenquête, a.a.O., S. 15.

19 Ebenda, S. 12 ff.

triert bezeichnet, da in ihnen die größten Zehn zwischen 37 v.H. und 92 v.H. des Umsatzes auf sich vereinigen.

b) Anteil der Großunternehmen in ausgewählten Industriezweigen bis 1970

Die zwischen 1962 und 1970 in ausgewählten Branchen eingetretene Entwicklung hat das Bundeskartellamt untersucht und veröffentlicht. Die wichtigsten Ergebnisse sind in Tabelle 3 zusammengestellt.

Ein Vergleich der beiden Jahre 1962 und 1970 weist zwar auf eine gestiegene Konzentration mit Ausnahme des Bereiches Mineralölverarbeitung hin; die Entwicklung der letzten Jahre läßt jedoch gleichzeitig auch eine deutliche Abschwächung, ja zum Teil sogar einen Rückgang der Konzentration erkennen. Inwieweit in diesen Unterschieden nachhaltige Veränderungen des Trends oder primär Konjunktureinflüsse zum Ausdruck kommen, muß dabei jedoch zunächst noch offen bleiben. Eine zuverlässige Aussage über die auf den Markt einwirkenden Konzentrationskräfte läßt sich aus diesen Umsatzzahlen indessen nicht ableiten, da weder vertikale und konglomerate Verbindungen noch die tatsächliche Verfügungsmacht erfaßt sind. Außerdem sind Substitutionskonkurrenz, Markteintrittsmöglichkeiten potentieller Anbieter und Import-/Exportverhältnis für die wettbewerbliche Beurteilung von ebenso entscheidender Bedeutung wie die Struktur der übrigen Unternehmen.

c) Zusammenschlüsse von Großunternehmen von 1958 bis 1974

Von größerer Aussagekraft dürfte hier die vom Bundeskartellamt geführte Statistik der Unternehmenszusammenschlüsse sein (Tabelle 4). Sie verdeutlicht, daß für die wettbewerbliche Bewertung nicht nur die „klassischen", d. h. die horizontalen Zusammenschlüsse, eine Rolle spielen — mit zunehmendem Konzentrationsgrad sind hier die Möglichkeiten eher eingeschränkt —, sondern auch vertikale und konglomerate Zusammenschlüsse ein zunehmendes Gewicht erhalten haben.

Jedoch muß auch diese Zielreihe hinsichtlich ihrer Aussage über die Wettbewerbswirkungen der Zusammenschlüsse vorsichtig interpretiert werden. Dies wird schon daran deutlich, daß von den 318 Zusammenschlüssen, die im Jahre 1974 nach § 23 n. F. des Gesetzes gegen Wettbewerbsbeschränkungen (GWB) angezeigt wurden, 127 Fälle wegen der Bagatellgrenzen nicht kontrollpflichtig waren. Lediglich in fünf Fällen hat das Bundeskartellamt wegen befürchteter Wettbewerbseinschränkung eine Untersagung ausgesprochen. Im Jahre 1975 wurde, bei weiter gestiegener Zahl der angezeigten Zusammenschlüsse auf 448, keine einzige Untersagung ausgesprochen.

Wenngleich ein hinreichend gesicherter Nachweis über den Konzentrationsgrad und seine Auswirkungen auf die Wettbewerbsintensität wegen des mangelnden statistischen Materials kaum zu führen ist, lassen die zugrundegelegten Meßmethoden sowie die Zahlen über die angezeigten Unternehmenszusammenschlüsse als Indikatoren doch die Aussage zu, daß sich der gesamtwirtschaftliche Konzentrationsgrad in der Zeit von 1958 bis 1974 in gewissem Umfang erhöht hat. Für diese Tendenzaussage spricht auch ein auf der Umsatzsteuerstatistik aufbauender Vergleich der Unternehmenskonzentration der Jahre 1962 und 1972. Wenn man den von Gini entwickelten Konzentrationsindex für einzelne Wirtschaftszweige berechnet, so ergibt sich im 10-Jahres-Vergleich in allen Wirtschaftszweigen ein Anstieg der Konzentration (Zunahme des Gesamtindex von 0,468 auf 0,512)[20]. Dies wird auch deutlich, wenn die addierten Bilanzsummen oder Umsatzzahlen der übernommenen Unternehmen berücksichtigt werden[21].

d) Entwicklung der Unternehmensgrößen in Industrie, Handwerk und Handel nach der Umsatzsteuerstatistik von 1960 bis 1972

Hinweise auf die Entwicklung der Unternehmensgrößen in der Gesamtwirtschaft gibt die nach Umsatzgrößenklassen geordnete Umsatzsteuerstatistik (vgl. Tabelle 5). Die Unterteilung nach Industrie, Handwerk, Groß- und Einzelhandel ist dabei jedoch wegen der unterschiedlichen Bedeutung der Umsatzgröße für die Unternehmensgröße unerläßlich.

Für alle vier Bereiche ist gemessen an den Umsätzen eine deutliche Zunahme der Unternehmensgrößen zu verzeichnen. So ist z. B. der Umsatzanteil der kleinen Unternehmen mit Jahresumsatz bis zu 10 Mio DM (im Handwerk bis zu 1 Mio DM) zwischen 1960 und 1972 im Groß- (— 15,5 v.H.) und Einzelhandel (— 11,9 v.H.) stark gesunken. Diese Zahlen sind allerdings wegen des starren Einteilungsschemas, das die Unternehmen sowohl durch das allgemeine gesamtwirtschaftliche reale als auch durch das inflationsbedingte Wachstum in höhere Umsatzgrößenklassen aufsteigen

[20] Zu den Einzelwerten und zur Methodik vgl. Tätigkeitsbericht 1974 des Bundeskartellamtes, Bundestags-Drucksache 7/3791 vom 18. 6. 1975, S. 28 f. — Einschränkend ist darauf hinzuweisen, daß es kein allgemein anerkanntes Maß der Konzentration gibt. Das sog. Gini-Maß erfaßt zwar die Verteilung der Merkmale, nicht aber die Anzahl und die Größe der Unternehmen.

[21] Ebenda S. 30.

läßt[22], für die Konzentration nur bedingt aussagefähig. Im gleichen Zeitraum hat allerdings die Anzahl der Unternehmen in der Industrie (— 4,6 v.H.), im Handwerk (— 1,7 v.H.), im Groß- (— 11,7 v.H.) und Einzelhandel (— 15,3 v.H.) deutlich abgenommen. Dabei sind jedoch nur die kapitalmäßigen Verflechtungen erfaßt, die mit einer umsatzsteuerlichen Organschaft verbunden sind.

e) Entwicklung der Unternehmensgrößen von 1962 bis 1972 nach Beschäftigtenzahlen

Neben den nominellen Umsatzgrößen gibt auch eine Gruppierung der Unternehmen nach Beschäftigtenzahlen wichtige Hinweise über die Entwicklung der Unternehmensgrößenstruktur. Wegen der unterschiedlichen Bedeutung der Anzahl der Beschäftigten für die Unternehmensgröße ist auch hierbei eine gesonderte Betrachtung der Unternehmensentwicklung in Industrie, Handwerk, Groß- und Einzelhandel erforderlich. Die Zahlen sind jedoch nur begrenzt vergleichbar, da das statistische Material über die einzelnen Wirtschaftsbereiche nur für unterschiedliche Zeiträume verfügbar ist.

In der Industrie hat sich von 1963 bis 1972 der Anteil der kleinen Betriebe (10—49 Beschäftigte) an der Gesamtzahl der Beschäftigten um 7,4 v.H. verringert, während der Anteil der mittleren Unternehmen (50—499 Beschäftigte) etwa bei 31 v.H. unverändert geblieben ist und sich der Anteil der Großunternehmen (500 und mehr Beschäftigte) geringfügig um 5,4 v.H. erhöht hat. Im Handwerk weist die Entwicklung von 1963 bis 1967 deutlich von den Kleinbetrieben (1—2 Beschäftigte), deren Anteil um 19,4 v.H. abgenommen hat, in Richtung der mittleren (3—49 Beschäftigte) mit einer Zunahme des Anteils um 5,8 v.H. und der großen Betriebe (50 und mehr) mit einer Zunahme von 5,5 v.H. Auch im Groß- und Einzelhandel hat sich die Entwicklung zu größeren Betriebsformen deutlich gezeigt: Im Großhandel hat der Anteil der Kleinbetriebe (1—9 Beschäftigte) stark um 12,7 v.H. abgenommen, während der Anteil der mittleren (10—199 Beschäftigte) um 3,8 v.H. und der der Großbetriebe (200 und mehr Beschäftigte) um 47,1 v.H. gestiegen ist. Im Einzelhandel beträgt der Rückgang bei den Kleinbetrieben (1—2 Beschäftigte) 14,6 v.H., dagegen die Zunahme bei den mittleren (3—99 Beschäftigte) 7,8 v.H. und bei den Großunternehmen (100 und mehr Beschäftigte) 21,8 v.H.[23].

Zwar weisen die Beschäftigtenanteile der Unternehmensgrößen ebenfalls, insbesondere im Handel, auf eine deutliche Entwicklung

[22] Das nominelle Bruttosozialprodukt ist von 1960 bis 1972 um 176 v. H. gestiegen, das reale um 72 v. H.

[23] Vgl. Die Entwicklung der Unternehmensgrößen in der Bundesrepublik Deutschland von 1962 bis 1972 — Mittelstandsstatistik —, hrsg. vom Institut für Mittelstandsforschung, Göttingen 1975, S. 8 ff.

zu größeren Betriebseinheiten hin. Die Zahlen können jedoch für die Beurteilung des Ausmaßes der Unternehmenskonzentration nur begrenzt verwertet werden, da die Anzahl der Beschäftigten ganz allgemein gestiegen ist und dadurch die Unternehmen in höhere Beschäftigtengrößenklassen hineingewachsen sind. Andererseits sind nur die rechtlich selbständigen Unternehmen erfaßt und die kapitalmäßigen Verflechtungen unberücksichtigt.

f) Zusammenfassung des empirischen Befundes und Bewertung

Die hier aufgezeigten statistischen Daten lassen zweifellos nur mit erheblichen Vorbehalten eine zusammenfassende Aussage über die Entwicklung der Unternehmens- und Marktstrukturen sowie den Konzentrationsgrad der deutschen Wirtschaft zu. Nach Auffassung des Verfassers rechtfertigen die dargestellten Einzelergebnisse jedoch folgende Gesamtaussage: Die Nachkriegsentwicklung der deutschen Wirtschaft ist in weiten Bereichen zweifellos durch eine erhebliche Konzentration in den Unternehmens- und Marktstrukturen aufgrund internen und externen Wachstums der Unternehmen gekennzeichnet, wobei sich allerdings — jedenfalls bis zum Jahre 1973 — das Tempo in den letzten Jahren verlangsamt zu haben scheint. Die wettbewerbsmäßigen Auswirkungen dieser Konzentration lassen sich jedoch nur schwer abschätzen und auf einen Nenner bringen: Während in einer Reihe von Bereichen (z. B. im Handel) der Wettbewerb zweifellos erheblich intensiver geworden ist und in Einzelfällen sogar ruinöse Formen angenommen hat, dürfte in anderen Bereichen zumindest auf den Binnenmärkten die Intensität des Wettbewerbs nachgelassen haben. Andererseits erfährt die Feststellung einer gestiegenen Konzentration auf nationaler Basis eine gewisse Relativierung, wenn man in Rechnung stellt, daß die weltwirtschaftliche Verflechtung seitdem erheblich zugenommen hat. Eine Konzentration im nationalen Bereich kann unter diesem Gesichtspunkt auch als Reaktion auf die Vergrößerung des Marktes gedeutet werden.

Nach Auffassung des Verfassers können Art und Ausmaß der festgestellten Konzentrationsbewegung in der deutschen Nachkriegswirtschaft nicht als Bestätigung der generellen und vor allem monokausalen Konzentrations- und Zentralisationstheorie angesehen werden. Was das Ausmaß der von Marx erwarteten Akkumulation des Kapitals angeht, so zielt die Marxsche Prophezeiung zweifellos auf einen anderen Zustand als den gegenwärtigen. Nach Marx hätte nämlich „in einem gegebenen Geschäftszweig die Zentralisation ihre äußerste Grenze erreicht, wenn alle darin angelegten Kapitale zu einem Einzelkapital verschmolzen wären. In einer gegebenen Gesellschaft wäre diese Grenze erreicht erst in dem

Augenblick, wo das gesamte gesellschaftliche Kapital vereinigt wäre in der Hand, sei es eines einzelnen Kapitalisten, sei es einer einzigen Kapitalistengesellschaft[24]". Abgesehen von der nur sehr bedingt zulässigen Gleichsetzung von Unternehmensgröße und Kapitalakkumulierung in der Hand des oder der Kapitalisten dürfte die deutsche Wirtschaft insgesamt heute trotz der nicht zu leugnenden Konzentrationsbewegung gerade im Bereich der Klein- und Mittelbetriebe vielleicht ebenso weit von der von Marx beschriebenen Grenze entfernt sein als zu seinen Lebzeiten.

Vor allem aber dürften der Konzentrationsbewegung der letzten Jahrzehnte primär andere Ursachen zugrundeliegen, als Marx und seine Epigonen sie glaubten gefunden zu haben. Im Marxschen Theoriengebilde wird die Konzentration nämlich letztlich auf eine Ursache zurückgeführt: auf die kapitalistische Produktionsweise und die mit ihr verbundene ökonomische Überlegenheit der Großunternehmen. Gegen diese These wäre nichts einzuwenden, hätte ihr Marx nicht das Element der Zwangsläufigkeit zugewiesen und wäre sie als e i n e und nicht als d i e e i n z i g e Erklärung des Konzentrationsprozesses aufgeführt. Wir können zwar in bestimmten Wirtschaftsbereichen, z. B. Schiffbau oder Automobilindustrie (Serienfertigung) eine technisch bedingte Erhöhung der optimalen Betriebsgröße beobachten. In anderen Wirtschaftsbereichen sind andere Ursachen entscheidender oder mitentscheidend[25], wie die Werbeausgaben in bestimmten Branchen (z. B. Zigarettenindustrie), plötzliche Änderung der Nachfragestruktur (z. B. Kraftradindustrie Ende der 50er Jahre), hohe Forschungsausgaben (z. B. pharmazeutische Industrie), vertikale Integration (z. B. eigene Handelsorganisationen), Diversifizierung. Konzentrationsursachen genereller Art kommen hinzu: Zu denken ist hier an die Einflüsse der Besteuerung[26] (z. B. alte Umsatzsteuer, Schachtelprivileg) oder des Patentwesens, und solche, die speziell mit dem Aufbau der Bundesrepublik Deutschland zusammenhängen — z. B. Versuch der Wiederherstellung unternehmerischer Verbindungen nach den alliierten Dekartellierungsmaßnahmen, wellenförmige Verbrauchswandlungen, Investitionsanreize für potente ausländische Investoren[27].

[24] Karl Marx, Das Kapital, Bd. I, a.a.O., S. 655 f.
[25] Vgl. Konzentrationsenquête, a.a.O., S. 18 ff.
[26] Vgl. ebenda, S. 52 ff.
[27] Vgl. ebenda, S. 24 f.

III. Gründe für das Scheitern der Marxschen Prophezeiung

Daß die Konzentration wirtschaftlicher Macht nicht in dem von Marx vorausgesagten Umfang eingetreten ist, dürfte im wesentlichen wohl auf folgende Ursachen zurückzuführen sein:

— Die von Marx unterstellte generelle wirtschaftliche Überlegenheit von Großunternehmen trifft für die Realität nicht zu.

Die Frage, ob auch kleine und mittlere Unternehmen den wettbewerblichen Ausleseprozeß bestehen können, ist für die Funktionsfähigkeit unserer Marktwirtschaft von entscheidender Bedeutung; denn sie setzt eine ausgewogene Unternehmensstruktur, d. h. eine Vielzahl von Unternehmen aller Größenordnungen voraus. Daß gerade kleine und mittlere Unternehmen — quer durch alle Wirtschaftszweige — zu außerordentlichen Leistungen befähigt sind, bezweifelt heute niemand. Nach zahlreichen in- und ausländischen Untersuchungen gilt es heute auch als gesicherte Erkenntnis, daß zwischen Unternehmensgröße und ökonomischer Effizienz kein eindeutiger Zusammenhang der Art besteht, daß vor allem große Unternehmen z. B. den technischen Fortschritt besonders stark fördern oder international besonders leistungsfähig sind[28]. Übereinstimmend wurde bei der Tagung des Ifo-Instituts im Oktober 1975 über „Die gesamtwirtschaftliche Funktion kleiner und mittlerer Unternehmen" von den Teilnehmern festgestellt, „daß die wirtschaftliche Leistungsfähigkeit eines Unternehmens nicht unbedingt von dessen Größe abhängt"[29]. Auch hinter dem Stichwort „Marktnische" verbirgt sich die unternehmerische Fähigkeit der Spezialisierung, des Aufspürens von Marktlücken, die zur Festigung der Marktstellung der Gruppe der kleineren Unternehmen beiträgt. Andererseits ist es eine Erfahrungstatsache, daß kleine und mittlere Unternehmen gegenüber Großunternehmen gewisse Wettbewerbsnachteile haben, z. B. bei der Kapitalbeschaffung.

Wie z. B. die Zweite GWB-Novelle mit den Erleichterungen für die Kooperation und auch das breitgefächerte Instrumentarium staatlicher Förderungsmaßnahmen für kleine und mittlere Unternehmen zeigen, hat der Staat auf den strukturellen Größennachteil der kleineren Unternehmen reagiert. Hier liegt vermutlich eine zweite wesentliche Ursache für den Nichteintritt der von der Konzentrations- und Zentralisationstheorie vorausgesagten Entwicklung.

[28] Vgl. insbesondere: Unternehmensgröße und Wettbewerb, Protokolle der Arbeitsgruppe Wettbewerbspolitik des Bundesministeriums für Wirtschaft, Teil I, S. 7 ff., BMWi-Texte 1970.

[29] Die gesamtwirtschaftliche Funktion kleiner und mittlerer Unternehmen, in: Ifo-Schnelldienst, Nr. 34 vom 5. 12. 1975, S. 3.

— Marx hat die Möglichkeiten staatlicher Gegenmaßnahmen im marktwirtschaftlich-demokratischen System unterschätzt.

Nach Marxens Theorie des Staates ist die Politik im kapitalistischen System ohnmächtig; sie kann die ökonomische Realität niemals entscheidend ändern[30].

Schon bei den Ausführungen zur Verelendungstheorie wurde gezeigt, daß sie nicht zuletzt durch staatliche Maßnahmen widerlegt worden ist. Auch bei der Frage der Konzentration ist der Gesetzgeber nicht untätig geblieben. Eine umfassende Beobachtung und Kontrolle der Konzentrationsentwicklung spielten in der Bundesrepublik Deutschland schon im frühen Stadium der Erarbeitung des Gesetzes gegen Wettbewerbsbeschränkungen eine bedeutsame Rolle. Das Gewicht, das man diesen Fragen beimaß, resultierte aus der historischen Erkenntnis, daß eine dem Wettbewerbs- und Preismechanismus selbständig überlassene Wirtschaft (Politik des Laissez-faire) eine zunehmende Vermachtung der Märkte bewirkt, die den Wettbewerb schließlich selbst aufhebt. Die ordo- oder neoliberale Schule forderte daher eine strenge staatliche Ordnung des Wettbewerbs, um die Freiheit des Marktes zu gewährleisten. Dieses Prinzip, verbunden mit dem des sozialen Ausgleichs (Müller-Armack), wurde zum Grundgedanken der Sozialen Marktwirtschaft[31].

Das ursprüngliche Konzept eines Wettbewerbsgesetzes für die Bundesrepublik Deutschland sah daher konsequenterweise neben dem grundsätzlichen Kartellverbot mit sparsamen Ausnahmen auch eine Erlaubnispflicht für Unternehmenszusammenschlüsse vor. Die am 1. Januar 1958 in Kraft getretene Fassung des Kartellgesetzes war indessen ein politischer Kompromiß, der auf die Möglichkeit des staatlichen Eingriffs zur Begrenzung des externen Unternehmenswachstums verzichtete. Den wesentlichen Beweggrund für diesen Verzicht verdeutlicht die Aussage von Fritz Hellwig, der bei der Amtseinführung des Kartellamtspräsidenten 1958 zum Problem einer vorbeugenden Fusionskontrolle sagte:

„Wir haben immer noch mit dem psychologischen Handicap zu rechnen, daß mit besatzungsrechtlichen Eingriffen in der Konzentrationsentflechtung ein erster Versuch in dieser Richtung unternommen wurde und daher bestimmte psychologische Ressentiments vorhanden sind, die es geraten erscheinen lassen, eine deutsche Gesetzgebung zu diesem Thema zunächst noch zurückzustellen und einstweilen über eine Meldepflicht und über die Beobachtung durch die Kartellbehörde zu etwas mehr Erfahrungsmaterial zu gelangen."

30 Vgl. Karl Raimund Popper, a.a.O., S. 146 ff.

31 Vgl. Alfred Müller-Armack, Wirtschaftsordnung und Wirtschaftspolitik, Freiburg i. Br. 1966 (2. unveränderte Aufl., Bern und Stuttgart 1976).

Hinzu kam die ungeteilte Auffassung, daß Konzentration an sich weder als gut noch als schlecht zu beurteilen ist. Sie enthält Vorteile, solange sie nicht zu einer marktbeherrschenden Stellung führt, solange sie insbesondere das Erreichen optimaler Betriebs- und Unternehmensgrößen ermöglicht, den technischen Fortschritt fördert oder allgemein gesprochen die Leistungsfähigkeit und Wettbewerbsfähigkeit der Wirtschaft stärkt. Von der Erweiterung der Märkte durch die EWG und die fortschreitende weltweite Liberalisierung versprach man sich ferner eine automatische Relativierung des Konzentrationsproblems.

Der seinerzeitige Verzicht auf gesetzliche Maßnahmen im Sinne einer Konzentrationskontrolle bedeutete allerdings nicht, die Konzentrationsproblematik gelöst zu haben; sie blieb in der praktischen Diskussion und Auseinandersetzung. Die Lückenhaftigkeit der Wettbewerbspolitik wurde in den 60er Jahren immer deutlicher. Zu dem notwendigen wettbewerbspolitischen Schritt kam es jedoch erst Mitte des Jahres 1973, als der Gesetzgeber mit der Verabschiedung der Zweiten GWB-Novelle die Kontrolle für Unternehmenszusammenschlüsse einführte[32]; erst zu diesem Zeitpunkt erhielten die kleinen und mittleren Unternehmen durch die schon erwähnten Kooperationserleichterungen des Kartellgesetzes die Möglichkeit, ihre Leistungsfähigkeit im Wettbewerbsprozeß besser einzusetzen und in „selbsttätiger Kontrolle"[33] wirtschaftlicher Macht entgegenzutreten.

IV. Perspektiven für die Antikonzentrationspolitik

Dieser wettbewerbspolitische Fortschritt sollte aber nicht darüber hinwegtäuschen, daß die Konzentrations- und Wettbewerbsfrage nach wie vor die besondere Aufmerksamkeit der Wirtschaftspolitik in der Bundesrepublik Deutschland erfordert. Die Konzentration und die in Teilbereichen noch immer wachsende Marktmacht von Unternehmen sind Punkte, bei denen marktwirtschaftlicher Anspruch und Realität auseinanderklaffen und gegen die trotz des hohen Lebensstandards der Bevölkerung, der verbunden ist mit einem Höchstmaß an individuellem Freiheitsraum, und trotz der sozialen Absicherung sowie des sozialen Ausgleichs eine ernstzunehmende Kritik vorgetragen wird.

Die Frage der Konzentrationsentwicklung hat einen hohen Grad an Sensibilisierung auch im politischen Raum erreicht. Es dürfte deshalb für

[32] Der vorbeugenden Fusionskontrolle unterliegen dabei alle Zusammenschlüsse, an denen mindestens zwei Umsatzmilliardäre beteiligt sind.

[33] Otto Schlecht, Die Zielsetzungen der Zweiten GWB-Novelle aus der Sicht der Bundesregierung, in: Auslegungsfragen zur Zweiten GWB-Novelle, FIW-Schriftenreihe Heft 66, Köln 1974, S. 4.

die Beurteilung der Konzentration notwendig sein, von einer rein quantitativen Aussage, die die Zahl von Zusammenschlüssen in den Vordergrund rückt, zu einer mehr qualitativen, gewichteten Interpretation des Konzentrationsprozesses überzugehen. Aussagen über die Konzentrationsentwicklung sollten auf die Markt- und Wettbewerbswirkung zugeschnitten sein, wobei sowohl die Ressourcen der Unternehmen als auch die Fälle des Marktaustritts und des Markteintritts neuer Wettbewerber, Substitutionskonkurrenz und Export-/Importverhältnis zu berücksichtigen sind.

Was das Instrument der Fusionskontrolle anbelangt, so kann festgestellt werden, daß es sich bisher insgesamt bewährt hat. Dabei wäre es falsch, seine Wirksamkeit allein an der Zahl der untersagten Fusionen zu messen, denn logischerweise enthält sie nicht jene potentiellen Zusammenschlüsse, auf die die Unternehmen wegen der gesetzlichen Regelung von vornherein oder nach Vorgesprächen mit dem Bundeskartellamt verzichtet haben. Die Rücknahme der Fusionsabsicht von GENERAL ELECTRIC im OSRAM-Fall bildet ein bekanntgewordenes Beispiel.

Andererseits können die Grenzen des Instruments Fusionskontrolle nicht übersehen werden:

— Wie schon in Tabelle 4 gezeigt wurde, haben die Zusammenschlüsse im vertikalen und konglomeraten Bereich an Bedeutung gewonnen. Die weitere Konzentrationsentwicklung wird wesentlich davon beeinflußt, in welchem Umfang auch die Fälle, in denen es nicht nur auf eine reine Addition von Marktanteilen ankommt, einer wirksamen Kontrolle unterliegen. Die im Kartellgesetz vorgesehene Ressourcenbetrachtung bietet einen brauchbaren Ansatzpunkt, ihre Übertragung auf praktische Fusionsfälle ist bisher jedoch eher zurückhaltend erfolgt. Dabei sollen die Anwendungsschwierigkeiten nicht verkannt werden, denn die Ressourcenbetrachtung wird, sofern sie nicht durch quantitative Kriterien gesetzlich definiert wird, immer auch zu dem Hinweis der der Kontrolle unterliegenden Unternehmen führen, daß ihre Ressourcen in Relation zu noch potenteren Wettbewerbern, z. B. auch zu ausländischen multinationalen Unternehmen, gesetzt werden müßten. Auch wegen dieser Anwendungsprobleme ist bereits die Forderung erhoben worden, ein absolutes Fusionsverbot einzuführen, das nach Ansicht seiner Verfechter etwa dann ausgesprochen werden soll, wenn die Unternehmen einen bestimmten Umsatz erreicht haben oder wenn sie z. B. unter den einhundert umsatzstärksten Unternehmen rangieren.

— Bei Einführung der Fusionskontrolle verzeichneten eine ganze Reihe von Wirtschaftszweigen bereits einen hohen Konzentrationsgrad. Da die Fusionskontrolle nur neue Zusammenschlüsse, nicht aber bereits bestehende Unternehmenskonzentrationen erfaßt, ist sie kein Instrument zur Beseitigung vorhandener konzentrationsbedingter Wettbewerbsbeschränkungen.

Auch die Anwendung und die Möglichkeiten der im GWB vorgesehenen Mißbrauchsaufsicht über marktbeherrschende Unternehmen werden die weitere Entwicklung des Wettbewerbsrechts wesentlich beeinflussen. Wenn wegen monopolistischer Marktstrukturen in bestimmten bedeutsamen Wirtschaftsbereichen entsprechende Verhaltensweisen auch durch die Mißbrauchsaufsicht nicht verhindert werden können, erhalten Forderungen nach ständigen Preis- und Investitionskontrollen neue Nahrung. Der Verfasser hält staatliche Verhaltenskontrollen solcher Art für einen ordnungspolitisch problematischen Weg und stimmt deswegen der Monopolkommission darin zu — ohne diese Thematik hier näher behandeln zu können —, daß es richtiger ist, alle Möglichkeiten zur Verbesserung der Wettbewerbsstrukturen auszuschöpfen; auch die Frage der Entflechtung kann dabei nicht von vornherein und unter allen Umständen ausgeklammert werden[34], wenngleich ein so weitgehender Schritt eine besonders sorgfältige Abwägung aller Konsequenzen erfordert.

Die Wettbewerbspolitik und ihre weitere Gestaltung dürfte für die Zukunft des freiheitlich-marktwirtschaftlichen Systems von entscheidender Bedeutung sein.

[34] Vgl. Gutachten der Monopolkommission: Anwendung und Möglichkeiten der Mißbrauchsaufsicht über marktbeherrschende Unternehmen seit Inkrafttreten der Kartellgesetznovelle, Baden-Baden 1975, S. 22.

Tabelle 1: Entwicklung der Lohnquote von 1950 bis 1974

Jahr	1950[1]	1955[1]	1960	1962	1964	1966	1968	1970	1972	1974[4]	1975[4]
Volkseinkommen (in Mrd. DM)	76,9	141,0	235,7	277,5	324,3	377,1	416,9	529,2	639,2	765,2	794,3
Einkommen aus unselbständiger Arbeit (in Mrd. DM)	45,0	83,7	142,8	177,5	208,4	247,6	266,3	353,2	439,2	546,6	569,0
Einkommen aus Unternehmertätigkeit und Vermögen (in Mrd. DM)	31,9	57,3	92,9	100,0	115,8	129,5	150,6	176,0	200,0	218,6	225,4
unbereinigte Lohnquote[2]	58,4	59,3	60,6	64,0	64,3	65,7	63,9	66,7	68,7	71,4	71,7
bereinigte Lohnquote[3]	—	—	60,6	62,7	61,8	62,4	60,4	61,7	63,0	65,1	65,4

[1]) Ohne Saarland und Berlin (West)
[2]) Anteil des Bruttoeinkommens aus unselbständiger Arbeit in % des Volkseinkommens
[3]) um die Beschäftigtenentwicklung bereinigter Anteil (Basis 1960)
[4]) vorläufige Ergebnisse

Quelle: Statistische Jahrbücher der Bundesrepublik Deutschland, Wiesbaden

Tabelle 2: Zwangsabgaben und Ausgaben des Staates
— in % des Bruttosozialprodukts —

Jahr	Steuerlastquote[1])	Sozialversicherungsbeiträge	Steuern u. Sozialversicherungsbeiträge[1])	Ausgaben insgesamt: Staat insges.	Ausgaben insgesamt: Gebietskörperschaften	Ausgaben insgesamt: Sozialversicherung
	1	2	3	4	5	6
1960	23,6	9,7	33,2	32,5	22,4	12,9
1961	24,6	9,7	34,2	33,7	24,2	12,4
1962	24,9	9,8	34,8	35,7	25,3	13,3
1963	24,8	9,9	34,7	36,2	25,5	13,6
1964	24,7	9,6	34,4	35,8	25,5	13,3
1965	24,0	9,7	33,7	36,5	26,1	13,4
1966	24,0	10,1	34,1	36,8	25,7	14,0
1967	24,3	10,3	34,6	38,5	26,4	15,4
1968	23,7	10,4	34,1	37,6	25,5	15,1
1969	25,1	10,8	35,9	37,4	25,2	14,9
1970	23,8[a])	11,4	35,3	37,3	25,4	14,3
1971	24,2[a])	11,8	36,0	38,5	26,1	14,7
1972	24,2[b])	12,3	36,6	39,2	26,5	15,3
1973[1])	25,7[c])	13,2	38,9	40,0	26,7	15,9
1974[1])	25,6[c])	13,6	39,2	43,1	28,3	17,5
1975[2])	24,6	14,2	38,8	47,5	31,3	19,6

[1]) Definition Volkswirtschaftliche Gesamtrechnung
[2]) vorläufige Ergebnisse des StaBuA, Stand 7. 2. 1976
[a]) einschl. des rückzahlbaren Konjunkturzuschlages
[b]) nach Erstattung des Konjunkturzuschlages
[c]) einschl. Stabilitätszuschlag

Tabelle 3: Anteil der 6 größten Unternehmen am Gesamtumsatz in ausgewählten Industriezweigen[1]) (in v.H.)

Industriezweig	1962	1965	1967	1968	1970	1972
Mineralölverarbeitung und Kohlewertstoffindustrie	77,0	78,2	72,1	68,1	69,2	68,1
Fahrzeugbau	67,7	69,4	70,1	71,8	68,7	71,2
Zementindustrie	55,4	59,8	61,4	60,6	62,8	—
Eisenschaffende Industrie	39,9	44,5	48,9	49,0	51,2	52,7
Elektrotechnische Industrie	34,7	34,6	39,9	39,8	39,0	39,8
Chemische Industrie	35,5	35,9	36,5	37,7	36,2	35,4
Ziehereien und Kaltwalzwerke, Stahlverformung	12,2	14,5	15,5	15,7	15,7	16,7

[1]) bezogen auf die in der jeweiligen Branche tätigen inländischen Unternehmen
Quelle: Tätigkeitsberichte des Bundeskartellamtes

Tabelle 4: Gesamtzahl der nach § 23 a.F. und n.F. GWB angezeigten Unternehmenszusammenschlüsse seit 1958

	Zusammenschlüsse			
Jahr	insgesamt	horizontal	vertikal	konglomerat
1958	15			
1959	15			
1960	22			
1961	26			
1962	38			
1963	29			
1964	36			
1965	50			
1966[1])	43 (12)	10	1	1
1967	65 (20)	13	—	7
1968	65 (16)	7	1	8
1969	168 (61)	35	1	25
1970	305 (95)	65	—	30
1971	220 (69)	48	—	21
1972	269 (75)	46	3	26
1973[2])	242	196	19	28
1974	318	235	50	33
1975	448	336	53	59

1) Nach der von 1966 bis 1972 vorgenommenen Einteilung wurden nur die sog. „großen" Zusammenschlüsse (Angabe in Klammern) weiter nach der Art des Zusammenschlusses aufgeteilt. Ein „großer" Zusammenschluß lag vor, wenn das erworbene Unternehmen eine Bilanzsumme von 25 Mio DM oder mehr auswies. Handelte es sich um ein Kreditinstitut, wurde als Kriterium eine Bilanzsumme von 150 Mio DM oder mehr, bei Versicherungsunternehmen eine jährliche Prämieneinnahme von 50 Mio DM oder mehr angenommen.

2) Wegen veränderter Kriterien der gesetzlichen Vorschrift ist keine hinreichende Vergleichbarkeit mit den Vorjahren möglich.

Quelle: Tätigkeitsberichte des Bundeskartellamtes

Tabelle 5: Anzahl der Unternehmen und deren Umsätze in einzelnen Umsatzgrößenklassen

Jahr	1960		1964		1968		1970		1972	
Umsatzgrößenklasse von .... bis unter .... DM	Anzahl	Umsatz %	Anzahl	Umsatz %	Anzahl	Umsatz %	Anzahl	Umsatz %	Anzahl	Umsatz %
a) Industrie										
12 000— 10 Mio	81 741	27,9	79 747	24,0	74 844	20,1	73 767	17,1	72 931	15,8
10 Mio—100 Mio	3 419	27,8	4 979	28,1	5 225	27,5	6 895	27,6	7 860	27,5
100 Mio u. m.	318	44,4	442	47,9	**492**	**52,5**	**681**	**55,5**	**790**	**56,7**
zusammen	85 478	100	85 168	100	80 561	100	81 343	100	81 581	100
b) Produzierendes Handwerk										
12 000— 1 Mio	388 099	78,0	375 655	69,0	376 574	69,5	371 171	61,6	360 615	51,8
1 Mio—25 Mio	6 115	21,3	11 158	29,9	10 814	29,4	17 458	36,7	26 894	44,6
25 Mio u. m.	8	0,5	18	1,0	**18**	**1,0**	**43**	**1,8**	**111**	**3,6**
zusammen	394 222	99,8	386 831	100	387 406	100	388 672	100	387 620	100
c) Großhandel										
12 000— 10 Mio	131 728	50,0	127 606	46,0	119 877	40,8	116 088	36,1	112 589	34,5
10 Mio—100 Mio	1 701	24,3	2 653	29,2	3 140	30,9	4 182	32,4	5 019	34,5
100 Mio u. m.	123	25,8	158	24,8	**208**	**28,3**	286	31,7	355	30,9
zusammen	133 552	100	130 417	100	123 225	100	120 556	100	117 963	100
d) Einzelhandel										
12 000— 10 Mio	431 929	73,2	514 017	62,5	401 779	67,3	381 430	64,4	365 000	61,3
10 Mio—100 Mio	373	10,4	550	12,8	701	12,7	980	13,3	1 222	13,6
100 Mio u. m.	28	16,2	43	24,9	50	20,4	72	22,3	97	25,0
zusammen	432 330	99,8	514 610	100	402 530	100	382 482	100	366 319	100

Quelle: Statistisches Bundesamt, Fachserie L Finanzen und Steuern, Reihe 7 Umsatzsteuer

KRITIK DER MARXISTISCHEN ERKLÄRUNG DER JÜNGSTEN DEUTSCHEN DEPRESSION[1]

von Ernst Dürr

Wenn auch marxistische Autoren verschiedener Richtungen unterschiedliche Schwerpunkte bei der Erklärung der Depression von 1974/75 in der Bundesrepublik Deutschland und in anderen Ländern setzen[2], so ist ihnen doch gemeinsam, daß sie in der Krise die Aufdeckung von Grundwidersprüchen sehen, die notwendig mit dem System des Kapitalismus verbunden sind und zu seinem Untergang führen werden.

1. Die Unterkonsumtionstheorie

Obwohl inzwischen die Unterkonsumtionstherorie als marxistische Krisenerklärung etwas in den Hintergrund gerückt ist, wird ihr von Wolf[3] neben der Theorie der fallenden Profitrate eine wesentliche Bedeutung zugemessen. „Eine der wichtigsten Krisenursachen ist der Widerspruch zwischen der großen Produktionskraft und der beschränkten Konsumtionskraft der Massen." „Es gibt zweifellos in der kapitalistischen Produktion einen Widerspruch, zwischen der (potentiell) unbegrenzten Entwicklung der Produktion einerseits und der beschränkten Konsumtionskraft der Massen. Und in konjunkturellen Situationen kann es durchaus dieser Widerspruch sein, der eine aktuelle Krise verursacht oder verschärft." Zwar lassen einige Ausführungen bei Wolf darauf schließen, daß er in der Unterkonsumtion nur eine Verschärfung der durch andere Ursachen eingeleiteten Depression sieht, doch spricht er in den angeführten Zitaten ausdrücklich von der krisen*verursachenden* Wirkung der Unterkonsumtion.

1 Für die Sichtung und Aufbereitung der marxistischen Krisenliteratur danke ich Herrn Diplom-Volkswirt J. Jungfer.

2 So kritisiert J. Goldenberg (Die Grundzüge der marxistischen Krisentheorie heute — Kritische Übersicht über neue Veröffentlichungen und Diskussionen, in: Marxistische Blätter, 14. Jg., 1976, Heft 1, S. 55.) die Ansicht von Altvater, wonach die Krise die Folge sinkender Profitraten sei, die ihrerseits durch den Anstieg der Kapitalintensität und durch die gestiegenen Löhne und Lohnstückkosten verursacht worden seien. Goldenberg wendet ein, daß hier das Vermittlungsglied zwischen der langfristigen Tendenz der Profitrate und der kurzfristigen Zyklizität der wirtschaftlichen Entwicklung fehle. In der Behauptung von A. Blechschmidt (Profitentwicklung und Krise in der BRD-Industrie, Handbuch 1, Perspektiven des Kapitalismus, Frankfurt/M. 1974, S. 275), „daß bislang für den Fall der Profitrate die sinkende Ausbeutungsrate ein größeres Gewicht hatte als die steigende organische Zusammensetzung", sieht Goldenberg „eine gefährliche Parallelität mit der bürgerlichen Krisenerklärung. Schließlich ist die angeblich überzogene Lohnpolitik der Gewerkschaften der Kernpunkt der herrschenden Unternehmerbehauptungen" (Goldenberg, a.a.O., S. 55).

3 W. Wolf, Westdeutsche Wirtschaftskrise 1974/75 und der Bankrott sozialdemokratischer Politik, in: E. Mandel und W. Wolf, Weltwirtschaftsrezession — BRD — Krise 1974/75, Frankfurt 1976, S. 97 und 110.

Dieser Hypothese widerspricht allerdings die Tatsache, daß in der Bundesrepublik Deutschland bis zum 1. Quartal 1973 die Auftragseingänge aus dem Inland bei den Verbrauchsgüterindustrien stärker stiegen als die Umsätze, was wachsende Auftragsbestände zur Folge hatte. Auf der Basis 1970 = 100 erreichten die Inlandsumsätze in den Verbrauchsgüterindustrien im 1. Quartal 1973 den Index 126, die Auftragseingänge aus dem Inland jedoch den Index 131[4]. Die Kapazitätsauslastung sank in den Verbrauchsgüterindustrien von 1969 bis Mitte 1974 nie unter 90 v.H., während in der verarbeitenden Industrie insgesamt der Auslastungsgrad von 90 v.H. in den Jahren 1971/72 unterschritten wurde und Ende 1972 wesentlich unter dem Auslastungsgrad in den Verbrauchsgüterindustrien lag[5]. Diese Zahlen sprechen nicht dafür, daß im Konjunkturaufschwung 1968—1973 die Konsumtionskraft der Massen hinter der Produktionskraft herhinkte.

Wenn Mader[6] behauptet, daß das Problem der mangelnden Massenkaufkraft durch die Inflation verschärft worden sei, so enthält diese Aussage insofern einen wahren (jedoch vom Verfasser sicherlich nicht beabsichtigten) Kern, als nach Beginn der Rezession die überhöhten Lohnabschlüsse des Jahres 1974 zu einer reinen Kosteninflation führten, während die Notenbank durch ihre monetäre Inflationsbekämpfung die Nachfrageausweitung versagte, die erforderlich gewesen wäre, um die Erhöhung der Lohnstückkosten ohne Absatzeinbußen auf die Preise abwälzen zu können. Hier reichte tatsächlich die Nachfrage nicht aus, um bei den gestiegenen Produktionskosten alle Güter absetzen zu können. Die Arbeiter mußten die zweistelligen Lohnerhöhungen, die im Vertrauen auf eine Fortsetzung der Nachfrageinflation durchgesetzt worden waren, mit einem Rückgang der Beschäftigung erkaufen.

2. Die Überinvestitionstheorie

Im Vordergrund der marxistischen Krisenerklärung steht die Überinvestitionstheorie, die bei Huffschmid[7] in Anwendung auf den jüngsten deutschen Konjunkturzyklus besonders prägnant formuliert wird: „... Der klassische kapitalistische Zyklus setzte sich wieder durch und produzierte

[4] Statistische Beihefte zu den Monatsberichten der Deutschen Bundesbank, Reihe 4: Saisonbereinigte Wirtschaftszahlen, Februar 1976, Nr. 2, Tabellen 12 und 16.

[5] Vor dem Aufschwung, Jahresgutachten 1975/76 des Sachverständigenrats zur Begutachtung der gesamtwirtschaftlichen Entwicklung, Stuttgart—Mainz 1975, S. 54, Schaubild 14.

[6] H. Mader, Charakter der gegenwärtigen Wirtschaftskrise, in: Marxistische Blätter, 14. Jg., 1976, Heft 1, S. 27.

[7] J. Huffschmid, Krisenzyklus in der BRD, in: Marxistische Blätter, 14. Jg., 1976, Heft 1, S. 18.

nach dem stürmischsten Boom die schwerste Krise des westdeutschen Kapitalismus. Die in den Jahren 1969 und 1970 akkumulierte Mehrwertmasse konnte mit dem zur Verfügung stehenden kaum noch wachsenden Menschenmaterial auch bei intensiver Rationalisierung nicht verwertet werden, daher stockt und sinkt die Akkumulation seit 1971 bis heute."

Diese Entwicklung entspricht dem Harrodschen Wachstumsmodell, wonach die Obergrenze der langfristigen Wachstumsrate des Sozialprodukts durch die Entwicklung des Arbeitskräftepotentials und den technischen Fortschritt gegeben ist[8]. Wenn in einem Boom das wirkliche Wachstum höher ist als das von den Unternehmen geplante Wachstum, wird der Kapitalbestand im Verhältnis zur Produktion zu gering, woraufhin die Unternehmen ihre Kapazität durch Investitionen erhöhen, die nunmehr den Kapitalbestand in der Investitionsgüterindustrie als zu gering erscheinen lassen und diese veranlassen, Investitionen durchzuführen, was wiederum Rückwirkungen auf die Kapazitätsauslastung der entsprechenden Investitionsgüterindustrien hat[9]. Steigende Gewinne und freizügige Kreditgewährung stellen die hierfür erforderlichen Finanzierungsmittel zur Verfügung. Der klassische Akzeleratorprozeß läuft, den Boom verschärfend, ab, bis die obere Wachstumsgrenze erreicht ist und die Investitionstätigkeit wegen des Mangels an Arbeitskräften und der ungenügenden Möglichkeit, die Arbeit durch Kapital zu ersetzen, zurückgeht. Dann stellt sich die stark erhöhte Kapazität in der Investitionsgüterindustrie als Fehlentwicklung heraus, und es kommt zur Krise in der Investitionsgüterindustrie, die zu einer allgemeinen Depression führt[10].

Wolf[11] unterstützt die Erklärung der jüngsten Depression in der Bundesrepublik Deutschland durch statistische Angaben über die Entwicklung der industriellen Produktion in verschiedenen Sektoren und die Entwicklung der Investitionstätigkeit. Danach sind die Sektoren Elektroindustrie und Maschinenbau für den Gesamtverlauf der Konjunktur am repräsentativsten. „Längst bevor die Industrieproduktion rückläufig war, waren die Investitionen zurückgegangen. Das heißt, zu einem Zeitpunkt,

[8] R. Harrod, Dynamische Wirtschaft, Wien—Stuttgart 1949, S. 109. Harrod spricht hier zwar von B e v ö l k e r u n g s w a c h s t u m und technologischen Verbesserungen als Determinanten der langfristigen Obergrenze des Wirtschaftswachstums, doch ist es ohne Verfälschung seiner Argumentation für die Analyse des Konjunkturzyklus zweckmäßiger, die oben gebrauchte Umformulierung vorzunehmen. Die durch Vollbeschäftigung bedingte Obergrenze des Wachstums spielt bei J. R. Hicks (A Contribution to the Theory of the Trade Cycle, Oxford 1950, S. 96 ff.) die entscheidende Rolle bei der Erklärung der Depression aus der Abweichung vom gleichgewichtigen Wachstum im vorhergehenden Boom.

[9] R. Harrod, a.a.O., S. 103 ff.

[10] Vgl. R. Harrod, a.a.O., S. 108 ff. sowie die daran anknüpfenden Akzelerator- und Multiplikatormodelle.

[11] W. Wolf, a.a.O., S. 68 f.

wo die Kapitalisten noch produzierten, was die Kapazitäten, und verkauften, was der Markt hergab, hatten dieselben Herren längst die Krise gewittert und entsprechend die Erneuerung und Erweiterung ihres angelegten Kapitals reduziert[12]." Mader[13] betont die Förderung der Überakkumulation durch die Inflation, doch führt er zur Begründung lediglich die inflationsbedingt wachsenden Gewinne der Monopole an, die akkumuliert wurden. Dieser Mangel wird besonders deutlich, wenn Mader darauf hinweist, daß die Überakkumulation besonders krasse Ausmaße in der Automobilindustrie und im Wohnungsbau aufwies, obwohl gerade in diesen Branchen in der Bundesrepublik Deutschland keine Monopole bestehen.

Von solchen Widersprüchen abgesehen, kann man die Erklärung der jüngsten Depression durch die Überinvestitionstheorie weitgehend als richtig, wenn auch nicht als ausreichend ansehen. Sie zeigt, daß die gerade von der „bürgerlichen" Nationalökonomie weiterentwickelte, auf der Akzeleratortheorie basierende Überinvestitionstheorie zur Erklärung der konjunkturellen Schwankungen, insbesondere des oberen Konjunkturwendepunkts, besser geeignet ist als die Unterkonsumtionstheorie. Auch vergangene Konjunkturen stimmen mit der Überinvestitionstheorie überein. So sank in der Weltwirtschaftskrise der dreißiger Jahre der Index der Investitionsgüterproduktion wesentlich stärker als der Index der Konsumgüterproduktion, wie aus Tabelle 1 hervorgeht.

Tabelle 1

Produktionsindex im Jahre 1932 auf der Basis 1925—1929 = 100

	Deutschland	Großbritannien	USA
Investitionsgüter	54	75	29
Konsumgüter	85	90	82

Quelle: L. Robbins, The Great Depression, London 1934, S. 211.

In der deutschen Rezession von 1966/67 sank der Index der industriellen Produktion in der Investitionsgüterindustrie von 1965 = 100 auf 90

[12] W. Wolf, a.a.O., S. 69.
[13] H. Mader, a.a.O., S. 27.

im 1. Halbjahr 1967, in der Verbrauchsgüterindustrie ohne Nahrungs- und Genußmittel dagegen nur auf 95 und in der Nahrungs- und Genußmittelindustrie auf 99[14]. Die Rezession brach nicht in der Konsumgüterindustrie, sondern in der Investitionsgüterindustrie aus. Erst der damit verbundene Einkommensausfall übertrug die Rezession, wenn auch stark abgeschwächt, auf die Konsumgüterindustrie[15].

Neben der Entwicklung von Disproportionalitäten im ungebremsten Boom von 1968—1973 wurde die folgende Depression noch dadurch verschärft, daß die Gewerkschaften aufgrund der steigenden Inflationsraten und der dadurch sowie durch die Ölkrise gestiegenen Inflationserwartungen ohne Rücksicht auf die Konjunkturlage im Jahre 1974 besonders hohe Lohnforderungen durchsetzten, die ohne inflatorische Aufblähung der Nachfrage zu steigender Arbeitslosigkeit und sinkender Kapazitätsauslastung führen mußten. Wenn Lebedinskas[16] die Ansicht vertritt, daß das Streben nach größtmöglichen Gewinnen und nicht die Erhöhung der Löhne die Inflationsspirale ankurbelt, so widerspricht diese Behauptung eindeutig den Tatsachen. Seit Herbst 1969 sind die Lohnkosten je Produkteinheit in der Gesamtwirtschaft der Bundesrepublik Deutschland stärker gestiegen als der Preisindex des Sozialprodukts, und zwar besonders im Jahre 1974 (vgl. Schaubild 1).

Schaubild 1

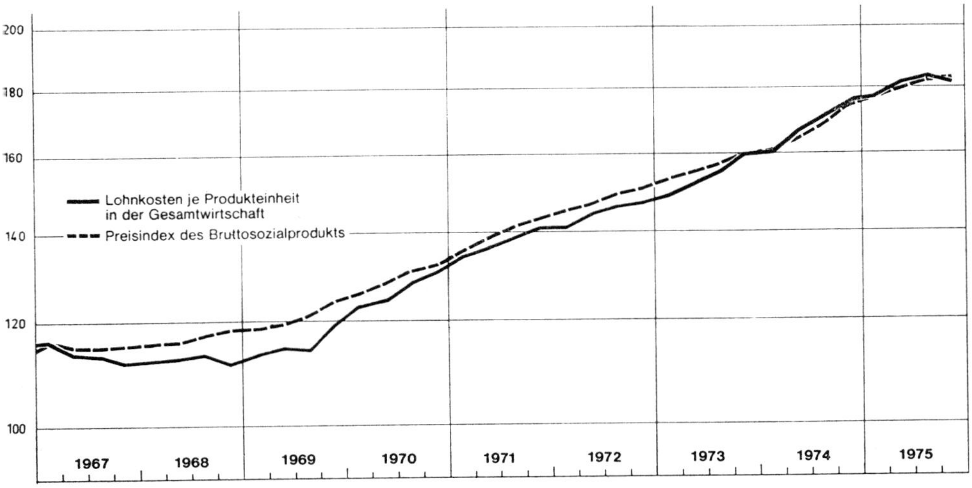

Quelle: Statistische Beihefte zu den Monatsberichten der Deutschen Bundesbank, Reihe 4, Saisonbereinigte Wirtschaftszahlen, Februar 1976, Nr. 2, Schaubild 4.

14 Wirtschaft und Statistik, Jg. 1968.

15 Stabilität im Wachstum. Jahresgutachten 1967/68 des Sachverständigenrats zur Begutachtung der gesamtwirtschaftlichen Entwicklung, Stuttgart—Mainz 1976, Ziffern 3, 5, 57, 59, 60 und 61.

16 A. Lebedinskas, Wachstum ohne Inflation, in: Sowjetunion heute, Nr. 3, Februar 1975, S. 14 f.

Die durch die Erfahrung genährten Erwartungen steigender Inflationsraten führten zur Flucht in die Sachwerte und verstärkten dadurch den Bauboom. Die Beibehaltung des unterbewerteten DM-Kurses bis 1973 gab den Unternehmen in der Exportindustrie falsche Investitionssignale. Hierdurch stellte sich ein großer Teil der Investitionen in der exportierenden Industrie nach der Einführung echter Marktpreise für Devisen im Frühjahr 1973 als Fehlinvestitionen heraus mit entsprechender Wirkung auf Kapazitätsauslastung und Beschäftigung, besonders in der Automobilindustrie.

Ferner wurde die Investitionsgüterindustrie besonders hart durch die scharfe restriktive Geldpolitik der Jahre 1973 und 1974 getroffen. Dieser Einfluß wird von Mader[17] richtig gesehen: „Durch Hochzinspolitik und restriktive Finanzpolitik der öffentlichen Hand zur Eindämmung der Inflation wurde die Produktion bis 1974 weiter gedrosselt; zwar konnte die Inflationsrate um einige Prozentpunkte vermindert werden, doch nur um den Preis einer hohen Zahl von Unternehmenszusammenbrüchen, verminderten Investitionen und höherer Arbeitslosigkeit."

Wenn also die Erklärung der jüngsten Depression in der Bundesrepublik Deutschland durch die Überinvestitionstheorie, ergänzt durch krisenverschärfende Wirkungen der Wirtschaftspolitik, als weitgehend richtig akzeptiert werden kann, ist die entscheidende Frage die, ob eine solche Entwicklung in einem kapitalistischen Wirtschaftssystem notwendig ist oder ob die Konjunkturpolitik solche Fehlentwicklungen vermeiden kann.

3. Krise der Konjunkturpolitik?

„Die traditionelle, überwiegend indirekte Steuerung des Wirtschaftsablaufs durch Geld-, Finanz- und Einkommenspolitik der Notenbank und des Staates vermag weder das Inflationsproblem zu bewältigen noch das Ziel anhaltend hoher Beschäftigung zu erreichen[18]." Auf die deutsche Konjunkturpolitik seit Beginn der sechziger Jahre bezogen, trifft diese Behauptung zu. Doch ist zu fragen, ob die Wirtschaftspolitik, die seit Beginn der sechziger Jahre bei uns von Regierung und Notenbank betrieben wurde, überhaupt den Namen Konjunkturpolitik verdient.

Schon 1926 hat Müller-Armack[19] die Ansicht vertreten, die Konjunkturpolitik dürfe nicht den Aufschwung sich unbehindert entwickeln lassen, um ihn dann kurz vor dem Umschwung abzubremsen, sondern müsse

[17] H. Mader, a.a.O., S. 25.

[18] H. Mader, a.a.O., S. 28. — Vgl. auch L. Müller und F. Rische, Krise, Inflation, Arbeitslosigkeit. Probleme und Alternativen, Marxistische Taschenbücher, Frankfurt 1975, S. 41.

[19] A. Müller, Ökonomische Theorie der Konjunkturpolitik, Leipzig 1926, S. 77. — Derselbe, Artikel: Konjunkturforschung und Konjunkturpolitik, in: Handwörterbuch der Staatswissenschaften, 4. Aufl., Ergänzungsband, Jena 1929, S. 664 f.

frühzeitig lenkend eingreifen. Aus der Überinvestitionstheorie kann man die Schlußfolgerung ableiten, daß der Abschwung verhindert werden kann, wenn die Konjunkturpolitik Wachstumsraten der Produktion und der Investition vermeidet, die auf die Dauer wegen des Mangels an Arbeitskräften und an freiwilligem Konsumverzicht nicht aufrechterhalten werden können. Da die Wachstumsraten am Beginn der Hochkonjunktur am höchsten sind, muß die Konjunkturpolitik unmittelbar nach dem Beginn des Aufschwungs bremsend eingreifen[20]. Insbesondere muß sie einen Nachfrageüberhang vermeiden, der zunächst in steigenden Auftragsbeständen und Lieferfristen sowie in einem Überhang der Zahl der offenen Stellen über die Zahl der Arbeitslosen, später in steigendem Preisniveau zum Ausdruck kommt.

Wegen des Lohn Lag führt die ungezügelte Nachfrageexpansion zunächst dazu, daß die Gewinne stärker steigen als die Löhne. Hierdurch wird die Überakkumulation gefördert. Wenn dadurch die Disproportionalitäten immer stärker werden und somit die Krisenanfälligkeit der Wirtschaft steigt, führen die wachsenden Inflationsraten und die Verknappung am Arbeitsmarkt zu Lohnerhöhungen, die über die Produktivitätssteigerung hinausgehen, so daß die Lohnstückkosten bei abnehmender Produktivitätssteigerung immer höher werden, während es am Ende des Aufschwungs immer schwieriger wird, sie voll auf die Preise abzuwälzen. Wenn erst in dieser Situation die Konjunkturpolitik restriktiv eingreift, kommt es zum Konjunkturumschwung und zur Depression.

Diesen zweiten krisenverschärfenden Weg wählte die Konjunkturpolitik seit Beginn der sechziger Jahre in der Bundesrepublik Deutschland. Noch im Jahre 1960 versuchte die Deutsche Bundesbank, den damaligen Aufschwung frühzeitig zu bremsen, doch mußte sie bald einsehen, daß nach Einführung der Konvertibilität der Währungen Ende der fünfziger Jahre ihre restriktive Politik lediglich den raschen Zufluß von Auslandsgeld, jedoch nicht mehr die Dämpfung der inländischen Nachfrage bewirkte. Daraufhin gab sie ihre restriktive Politik auf und ließ der Kon-

20 Die Behauptung von E. Mandel (Die deutsche Wirtschaftskrise. Lehren der Rezession 1966/67, Frankfurt 1969, S. 15), die zeitige Drosselung der Hochkonjunktur würde die Krise zwar entschärfen, sie aber voreilig zum Ausbruch bringen, hält der empirischen Überprüfung nicht stand. Der weltweite starke Investitionsboom Mitte der fünfziger Jahre wurde in der Bundesrepublik Deutschland in einem wesentlich früheren Stadium gebremst als der jüngste Aufschwung von 1968 bis 1972. Hierdurch wurde vermieden, daß die Hochkonjunktur in einer Rezession endete. Lediglich die Wachstumsraten des realen Sozialprodukts sanken von 11,8 v. H. auf dem Höhepunkt der Hochkonjunktur im Jahre 1955 auf 3,2 v. H. im Jahre 1958; sie blieben also positiv. Die Arbeitslosigkeit sank in den fünfziger Jahren stetig, während die Zahl der offenen Stellen 1958 erstmals die Zahl der Arbeitslosen überstieg. Vgl. zum Stabilisierungserfolg frühzeitiger Konjunkturdämpfung auch die empirische Untersuchung von M. W. Keran, Monetary Policy, Balance of Payments, and the Business Cycles, in: Review of the Federal Reserve Bank of St. Louis, Vol. 49, 1967, Nr. 11, S. 7 ff.

junktur bis 1965 freien Lauf. In dieser Zeit wurde praktisch keine Konjunkturpolitik betrieben. Als 1965 die Wachstumsraten des realen Sozialprodukts schon zurückgingen, griff die Deutsche Bundesbank erstmalig seit 1960 wieder restriktiv ein. Trotz Beibehaltung der Konvertibilität und fester Wechselkurse war sie nunmehr hierzu in der Lage, weil die steigenden Inflationsraten in der Bundesrepublik Deutschland zu einem Defizit der Bilanz der laufenden Posten geführt hatten. Dieses Defizit wurde durch den zinsinduzierten Kapitalimport nicht voll ausgeglichen, so daß per Saldo von der Zahlungsbilanz trotz restriktiver Geldpolitik ein kontraktiver Effekt auf die Geldmenge ausging, der allerdings durch die starke Erhöhung der Rediskontierung und die Rückgabe kurzfristiger Offenmarktpapiere an die Bundesbank überkompensiert wurde. Die Bundesbank hielt, gemessen am Diskontsatz, bis Januar 1967 an ihrer restriktiven Politik fest, obwohl die Wachstumsrate des realen Sozialprodukts 1966 bereits nur noch etwa halb so groß war wie im Vorjahr und mit starken Disproportionalitäten verbunden war, die der Überinvestitionstheorie entsprechen. So schrieb Müller-Armack[21] in einer Denkschrift am 7. 9. 1966: „Unsere offizielle Konjunkturbeobachtung läßt sich durch das Umgehen mit globalen Wachstumsgrößen völlig in die Irre führen. Das augenblicklich vorhandene Gesamtwachstum von 4 % mag noch als ausreichend erscheinen, aber schon die Tatsache, daß das Jahreswachstum der Investitionsgüterindustrie nur 2,8 %, das der Verbrauchsgüterindustrie jedoch 8,5 % betrug, deutet auf ein fundamentales Ungleichgewicht hin, das unsere gegenwärtige konjunkturelle Situation seit über einem Jahr bestimmt. Einer steigenden Rezession im Investitionsgüterbereich steht eine durch erhebliche Lohnerhöhungen permanent angefachte Konjunktur im Konsumgütersektor gegenüber." Nach theoretischen Überlegungen und allen Erfahrungen aus dem Ausland, das seit dem Zweiten Weltkrieg bis zur Mitte der sechziger Jahre im Gegensatz zur Bundesrepublik Deutschland schon mehrere Rezessionen infolge mangelhafter Konjunkturpolitik erlebt hatte, mußte diese verspätete Konjunkturbremsung zur Rezession führen.

Leider hatten die Konjunkturpolitiker auch aus der Erfahrung der ersten deutschen Nachkriegsrezession von 1966/67 nichts gelernt. Statt den 1967 beginnenden Aufschwung frühzeitig zu steuern, ließen sie einen wachsenden Nachfrageüberhang zu. Obwohl schon im Januar 1968 die Zahl der offenen Stellen die der Arbeitslosen überschritt (beide saisonbereinigt) und im September 1968 die Zahl der offenen Stellen doppelt so groß war wie die Zahl der Arbeitslosen, und obwohl ferner im 4.

[21] A. Müller-Armack, Die konjunkturelle Lage, das Stabilitätsgesetz und die nächsten wirtschaftspolitischen Aufgaben, Hektographierte Denkschrift vom 7. 9. 1966, S. 1.

Quartal 1968 der Index der Auftragseingänge den der Umsätze um 5 v.H. überstieg und die Reichweite der Auftragsbestände in der verarbeitenden Industrie sich im 1. Quartal 1968 um 7 v.H. und im 2. Quartal um 14 v.H. erhöhte[22], setzte die Bundesregierung ihre expansive Wirtschaftspolitik fort. Noch im Jahreswirtschaftsbericht 1969 sprach sich die Bundesregierung für eine Fortsetzung der Politik des billigen Geldes und die Steigerung der Binnennachfrage aus. Eine Aufwertung der DM wurde abgelehnt und noch im Sommer 1969 vertraten deutsche Politiker die Ansicht, es bestehe kein Grund zu einem konjunkturpolitischen Eingriff[23]. Die kurze Periode flexibler DM-Kurse im Herbst 1969 wurde von der Bundesbank nicht für restriktive Maßnahmen ausgenutzt, da sie die wirtschaftspolitischen Entscheidungen der neuen Bundesregierung abwarten wollte. In den folgenden Jahren wurde der Boom durch eine von Jahr zu Jahr stärker werdende Inflation künstlich am Leben gehalten und der Keim für zahlreiche Fehlinvestitionen und Disproportionalitäten gelegt, bis schließlich die Inflationsrate ein so alarmierendes Ausmaß erreicht hatte und bei Fortdauer fester Wechselkurse eine so starke Erhöhung der Inflation abzusehen war, daß sich die deutschen Politiker zu dem Entschluß durchrangen, anderen Ländern zu folgen und zu freien Wechselkursen überzugehen.

Im Gegensatz zum Herbst 1969 nutzte die Deutsche Bundesbank 1973 ihre wiedergewonnene Aktionsfähigkeit aus und betrieb eine stark restriktive Geldpolitik, die zu einer Drosselung der inflatorisch aufgeblähten Wachstumsraten der Geldmenge und zu hohen Zinsen führte. Mehr noch als 1965 traf diese verspätete Konjunkturpolitik auf eine labil gewordene Wirtschaft. Die Verknappung und Verteuerung des Kredits, der steigende DM-Kurs an den Devisenbörsen und die Beendigung der Inflationsverstärkung führten in Verbindung mit steigenden Lohnerhöhungsraten notwendig zur stärksten Nachkriegsdepression in der Bundesrepublik Deutschland.

22 Sicherlich ist jeder einzelne dieser Indikatoren problematisch, doch ist die Gefahr einer Fehldiagnose gering, wenn, wie Ende 1968, alle Anzeichen eines Nachfrageüberhangs vorliegen. Hierauf ist der Verfasser an anderer Stelle näher eingegangen. Vgl. E. Dürr, Reform der Geldpolitik statt Konzertierter Aktion, in: E. Hoppmann (Hrsg.), Konzertierte Aktion. Kritische Beiträge zu einem Experiment, Frankfurt 1971, S. 147 ff.

23 Auf dieses traurige Kapitel deutscher Konjunkturpolitik bzw. konjunkturpolitischer Enthaltsamkeit ist der Verfasser an anderer Stelle näher eingegangen. Vgl. E. Dürr, Konjunkturpolitik, Regelmechanismen, Konzertierte Aktion oder Laissez faire? Wirtschaftspolitische Chronik, hrsg. vom Institut für Wirtschaftspolitik an der Universität zu Köln, Heft 1/1970, S. 59 ff. — „Heute wird allgemein — offen oder insgeheim auch von damaligen Gegnern der Aufwertung — erkannt: Spätestens im Frühjahr 1969 ist die Sternstunde für ein rechtzeitiges Gegensteuern, für die Überleitung des Aufschwungs in einen Gleichgewichtspfad ohne extreme Ausschläge nach oben verpaßt worden." (O. Schlecht, Erfahrungen und Lehren aus dem jüngsten Konjunkturzyklus (Walter Eucken Institut. Vorträge und Aufsätze), Tübingen 1972, S. 18.)

Diese Darstellung der verspäteten Konjunkturpolitik im jüngsten Konjunkturzyklus scheint im Widerspruch zu Ausführungen des Sachverständigenrats zu stehen. In Ziffer 283 seines Jahresgutachtens 1973/74[24] hat er erklärt, die Konjunkturpolitik habe 1973 früher als in anderen Konjunkturzyklen bremsend eingegriffen. Dabei muß jedoch beachtet werden, daß die restriktive Geldpolitik der Deutschen Bundesbank nur dann als frühzeitig erscheint, wenn man den Einsatzzeitpunkt der restriktiven Maßnahmen des Jahres 1973 mit dem vorübergehenden Zwischenaufschwung der zweiten Hälfte des Jahres 1972 in Beziehung setzt. 1972 begann jedoch im Gegensatz zu vorhergehenden Konjunkturzyklen der Aufschwung in einer Zeit steigender Inflationsraten und hoher Überbeschäftigung, deren Ursprung in der konjunkturpolitischen Untätigkeit der Zeit seit 1968 zu suchen ist. Die Notenbank ließ seit 1968 ohne Unterbrechung bis 1973 steigende Wachstumsraten der Geldmenge zu, die immer weiter über die Wachstumsraten des realen Sozialprodukts hinausgingen, wie aus Tabelle 2 ersichtlich ist.

Tabelle 2

Jährliche Wachstumsraten in v.H.

Jahr	der Geldmenge*)	des realen Bruttoinlandsprodukts	des Preisindex für die Lebenshaltung
1969	8	9	3
1970	10	6	3
1971	14	3	5
1972	17	3	6

*) Bargeld + Sichtdepositen + Zeitdepositen bis zu 4 Jahren.

Die restriktive Geldpolitik der Deutschen Bundesbank von 1973/74 hat gezeigt, daß sie durchaus in der Lage ist, Investitionen, gesamtwirtschaftliche Nachfrage und Inflation zu dämpfen, wenn man ihr nur durch flexible Wechselkurse die notwendige Bewegungsfreiheit gibt. Dann ist sie auch in der Lage, zum richtigen Zeitpunkt Konjunkturpolitik zu betreiben. Wegen ihrer Unabhängigkeit ist sie hierzu eher in der Lage als die Finanzpolitik, deren Maßnahmen zum großen Teil der Zustimmung des Parlaments bedürfen.

[24] Mut zur Stabilisierung. Jahresgutachten 1973/74 des Sachverständigenrats zur Begutachtung der gesamtwirtschaftlichen Entwicklung, Stuttgart—Mainz 1973, S. 109.

Wenn die von marxistischen Nationalökonomen[25] vorgebrachte Behauptung, die Inflation sei wesentlich auf das Profitstreben der Monopole zurückzuführen, richtig wäre, müßte allerdings die Eignung der Geldpolitik als Mittel der Inflationsbekämpfung angezweifelt werden. Entscheidend ist hier, ob die Erklärung der Inflation durch monopolistisches Profitstreben oder durch die Erhöhung der Geldmenge eine bessere theoretische Basis hat, denn nur aufgrund einer allgemein (nicht nur am erklärungsbedürftigen Fall) getesteten Theorie kann eine Erscheinung erklärt werden. Diese wissenschaftstheoretische Überlegung ist bei der Erklärung der zunehmenden Inflation in der Bundesrepublik Deutschland von besonderer Bedeutung. Die Behauptung, die wachsenden Inflationsraten seien auf eine zunehmende Konzentration in der Wirtschaft zurückzuführen, hat zwar den Vorzug einer gewissen Plausibilität und kann darauf verweisen, daß die Zahl der Unternehmenszusammenschlüsse in der Bundesrepublik Deutschland seit Ende der sechziger Jahre tatsächlich stark gestiegen ist. Es fehlt jedoch eine empirisch überprüfte Theorie, nach der allgemein, auch im internationalen Vergleich, eine positive Korrelation zwischen Konzentration und Inflationsrate besteht. Bisher hat kein marxistischer Theoretiker den empirisch fundierten Nachweis führen können, daß die großen internationalen Inflationsunterschiede seit 1969 und die enorm gestiegenen Inflationsraten in Großbritannien, Frankreich und Italien auf entsprechende Konzentrationsunterschiede bzw. eine entsprechende Zunahme der Konzentration zurückzuführen seien.

Die Problematik von Erklärungen durch plausible, aber nur am erklärungsbedürftigen Fall getestete Hypothesen wird deutlich, wenn man versucht, die Verminderung der Wachstumsraten des realen Sozialprodukts in der Bundesrepublik Deutschland in den sechziger Jahren mit der zunehmenden Durchschnittstemperatur in der Bundesrepublik Deutschland zu erklären. Diese Hypothese hat, wie die Konzentrationstheorie der Inflation, den Vorzug der Plausibilität, denn jedermann weiß aus Erfahrung, daß Hitze den Arbeitseifer dämpft. Außerdem stimmt die „Wärmetheorie des Wachstums" mit der Wirklichkeit in der Bundesrepublik Deutschland überein: In den sechziger Jahren bestand in der Bundesrepublik Deutschland zwischen der mittleren Jahrestemperatur und der Wachstumsrate des realen Bruttosozialprodukts eine hohe negative Korrelation von $r = -0{,}71$. Dennoch ist diese Wachstumserklärung falsch, da die „Wärmetheorie des Wachstums" dem Test in anderen Ländern und in der

[25] „Mit diesen monopolistischen Strategien hängt auch eine weitere Besonderheit des gegenwärtigen Konjunkturzyklus zusammen: die Inflation. Die Tendenz zur Inflation ist keine Entwicklung, die von heute auf morgen stattgefunden hat. In der BRD ist sie aber erst seit der Krise 1966/67 durchschlagend wirksam geworden ... Ursache hierfür sind die Strategien der marktbeherrschenden Konzerne ..." (J. Huffschmid, a.a.O., S. 20 f.).

internationalen Querschnittsanalyse nicht standhält: Allgemein ist kein Zusammenhang zwischen Temperatur und Wirtschaftswachstum feststellbar. Folglich ist die Erklärung sinkender Wachstumsraten in der Bundesrepublik Deutschland durch steigende Temperaturen falsch.

Wenn man dagegen internationale Inflationsunterschiede und die wachsenden Inflationsraten in einem Lande durch die unterschiedliche Wachstumsrate der Geldmenge erklärt, kann man sich auf die Quantitätstheorie des Geldes stützen, die nicht nur plausibel ist (eine Aufblähung der Geldmenge führt zu einer vermehrten Nachfrage nach Gütern und Dienstleistungen und erhöht dadurch in einer Marktwirtschaft die Preise), sondern, besonders in ihrer Ausgestaltung durch Milton Friedman, zahlreichen empirischen Tests in Zeitreihen- und Querschnittsanalysen standgehalten hat. Nicht nur ist die steigende Inflationsrate in der Bundesrepublik Deutschland mit einem starken Anstieg der Wachstumsrate der Geldmenge verbunden gewesen[26], sondern auch international besteht ein enger Zusammenhang zwischen Inflationsraten und Wachstumsraten der Geldmenge. Bei den außerordentlich hohen internationalen Inflationsunterschieden in den siebziger Jahren genügt sogar die einfache Quantitätstheorie des Geldes (die das Wachstum des realen Sozialprodukts nicht berücksichtigt, sondern eine direkte Beziehung zwischen Geldmenge und Preisniveau behauptet), um Inflationsunterschiede zu erklären. Wenn man berücksichtigt, daß sich die Änderung der Geldmenge erst nach einem time lag auf die Nachfrage und dann auf die Preise auswirkt, kommt man für die wichtigsten Industrieländer zu dem Ergebnis, das in Tabelle 3 dargestellt ist.

Wenn somit die Expansion der Geldmenge die Inflation erklären kann, ist die Steuerung der Geldmenge in der Lage, Inflationen zu vermeiden oder zumindest in engen Grenzen zu halten[27]. Es soll nochmals betont werden, daß Voraussetzung einer monetären Stabilitätspolitik flexible Wechselkurse sind.

Damit ist die These Maders vom konjunkturpolitischen Bankrott der Geld- und Finanzpolitik widerlegt. Wenn Mader seine Behauptung aufrechterhalten wollte, müßte er nachweisen, daß flexible Wechselkurse mit einer kapitalistischen Marktwirtschaft unvereinbar seien. Das Gegenteil ist jedoch der Fall. Bei flexiblen Wechselkursen wird der Preismechanismus auf den Devisenmarkt übertragen und dadurch die Marktwirtschaft ausgeweitet. Falls Huffschmid[28] die Einführung flexibler Wech-

[26] Vgl. Tabelle 2.

[27] Über die Lösung des Ursache-Wirkungs-Problems in der Quantitätstheorie und ihrer geldpolitischen Bedeutung vgl. E. Dürr, Innere und äußere Währungspolitik, in: E. Dürr und G. Neuhauser, Währungspolitik, Konjunktur- und Beschäftigungspolitik, Stuttgart 1975, S. 11 ff.

[28] J. Huffschmid, a.a.O., S. 19.

Tabelle 3

Land	durchschnittliche jährliche Wachstumsrate der Geldmenge (Geld und Quasi-Geld in der Abgrenzung des Internationalen Währungsfonds) 1970—1973 in v.H.	durchschnittliche jährliche Wachstumsrate des Lebenshaltungskostenindex 1972 bis 1. Quartal 1974 in v.H.
USA	6	12
BR Deutschland	7	13
Frankreich	8	17
Italien	10	19
Großbritannien	10	20
Japan	13	21

Quelle: IMF (Hrsg.), International Financial Statistics.

selkurse meint, wenn er von einer „Zerrüttung des internationalen Währungssystems" spricht, welche die Krise des Kapitalismus verschärfe, kann seine Meinung durch die obigen Ausführungen widerlegt werden. Die Ansicht Mandels[29], durch die Einführung flexibler Wechselkurse seien „a l l e Regierungen durch die imperialistische Konkurrenz untereinander gezwungen gewesen, eine g l e i c h z e i t i g e antiinflationistische Politik zu führen", ist schlechthin falsch. Das Gegenteil ist der Fall. Bei festen Wechselkursen werden Länder, die eine überdurchschnittlich hohe Inflationsrate haben, durch die hierdurch bedingten Devisenabflüsse gezwungen, entweder abzuwerten (was Stufenflexibilität bedeutet) oder die Inflation zu bekämpfen. Die wachsenden internationalen Unterschiede der Inflationsraten haben ja erst zur Einführung flexibler Wechselkurse geführt, und zwar angeführt von den Inflationsländern Großbritannien Mitte 1972 und Italien Anfang 1973, bei denen die Freigabe ihrer Wechselkurse eine Abwertung ihrer Währungen zur Folge hatte, während die anschließende Freigabe des Wechselkurses der an Preisniveaustabilität orientierten Länder Schweiz und Bundesrepublik Deutschland zu einer Aufwertung ihrer Währungen führte. Nur durch flexible Wechselkurse

[29] E. Mandel, Weltwirtschaftsrezession und die gesellschaftliche Krise des Kapitalismus 1974/75, in: Mandel und Wolf, a.a.O., S. 10. Hervorhebungen im Original.

konnten Großbritannien und Italien wachsende Inflationsraten zulassen, die weit über die Inflationsraten anderer Industrieländer hinausgingen. Bei festen Wechselkursen hätten sie entweder ihre Inflation bekämpfen oder Devisenbewirtschaftung einführen müssen. Allerdings hat Großbritannien durch seine Inflationspolitik die Erhöhung der Arbeitslosigkeit nicht verhindern können.

Damit kommen wir zu einer weiteren Behauptung Mandels[30], wonach „es einer massiven Inflationsdosis bedarf, um die Wirtschaft wieder in Gang zu setzen". Je stärker versucht wird, trotz inflationsorientierter Lohnabschlüsse durch darüber hinausgehende Nachfrageexpansion die Beschäftigung zu erhöhen, um so größer wird die Gefahr einer Wiedererhöhung der Inflationsraten mit entsprechend steigenden produktivitätsunabhängigen Lohnforderungen bei künftigen Tarifverhandlungen, die wiederum eine noch stärkere Nachfrageexpansion erfordern würden, wenn die Beschäftigung steigen soll. Daß unter diesen Umständen durch steigende Inflationsraten die Vollbeschäftigung erreicht werden kann, ist unwahrscheinlich. In Großbritannien war die Erhöhung der Inflationsrate (gemessen am Konsumentenpreisindex) von jährlich 16 v.H. (2. Quartal 1974 gegenüber 2. Quartal 1973) auf 24 v.H. (2. Quartal 1975 gegenüber 2. Quartal 1974) mit einer Erhöhung der Arbeitslosenquote von 2,5 v.H. im 2. Quartal 1974 auf 3,8 v.H. im 2. Quartal 1975 verbunden. Die Erhöhung der Nachfrageexpansion (gemessen am nominalen Bruttosozialprodukt) schlug sich lediglich in steigenden Lohnerhöhungsraten nieder; die Steigerungsrate der Stundenlöhne erhöhte sich von 15 v.H. (2. Quartal 1974 gegenüber 2. Quartal 1973) auf 34 v.H. (2. Quartal 1975 gegenüber 2. Quartal 1974)[31]. Auf Kosten ihrer arbeitslos gewordenen Kollegen konnten also diejenigen englischen Arbeiter, die das Glück hatten, weiterhin beschäftigt zu sein, eine gewisse Reallohnerhöhung erzielen.

Die Einbeziehung eines Inflationsausgleichs in Tariflohnforderungen führt also dazu, daß eine Nachfrageausweitung, die sich auf diese Inflationsrate beschränkt, lediglich die Löhne der bereits beschäftigten Arbeiter erhöht, jedoch keinen Raum für die Erhöhung der Beschäftigung läßt. Nur soweit die Nachfrageexpansion über die Lohnerhöhungsrate hinausgeht, kann sie zur Verminderung der Arbeitslosigkeit beitragen. Die Einbeziehung der an vergangenen Inflationsraten orientierten Inflationserwartungen in die Lohnforderungen erschwert also die Verminderung der Arbeitslosigkeit und zementiert die Inflationsrate, wenn nicht uner-

30 E. Mandel, a.a.O., S. 46.

31 OECD (Hrsg.), Main Economic Indicators, November 1975, S. 118 ff. — Kommission der Europäischen Gemeinschaften, Generaldirektion Wirtschaft und Finanzen (Hrsg.), Die Wirtschaftslage der Gemeinschaft, Heft 4/1975, S. 13.

wartete Produktivitätssteigerungen auftreten, die von den Gewerkschaften nicht antizipiert worden sind.

Die Überwindung der Depression durch Inflationspolitik wird ferner dadurch erschwert, daß die Inflationserwartungen nicht nur in die Lohnforderungen, sondern auch in die Zinsen eingerechnet werden. Die Erwartung inflatorisch aufgeblähter Nominalzinsen führt jedoch dazu, daß die Geldanleger mit dem Kauf festverzinslicher Wertpapiere zurückhaltend sind. Das heißt in der Keynesschen Terminologie, daß die Nachfrage nach Geld aus dem Spekulationsmotiv steigt. Hierdurch wird die Zinssenkungspolitik der Notenbank und damit die Anregung zinsabhängiger Investitionen (z. B. im Wohnungsbau) erschwert. Die Auswirkung der Inflation auf den Zinssatz macht sich auch international bemerkbar. So lag der Kapitalmarktzins in Großbritannien Ende 1974 bei über 17 % gegenüber 10 % in der Bundesrepublik Deutschland[32]. Während in der Bundesrepublik Deutschland in der mit Preisniveaustabilität verbundenen Rezession von 1966/67 der Kapitalmarktzins auf 6,2 % sank und erst bei vollem Aufschwung im März 1969 wieder stieg[33] gelang es 1975 der Deutschen Bundesbank trotz direkter Offenmarktpolitik am Kapitalmarkt nicht, den Kapitalmarktzins unter 8,2 % zu senken[34]. Bei steigenden Inflationserwartungen würde sich der Kapitalmarktzins unabhängig von der Konjunkturlage wieder erhöhen.

Die Annäherung an die Geldwertstabilität steht also nicht in einem Konflikt mit der Erreichung der Vollbeschäftigung, sondern erscheint als wichtige Bedingung einer Vollbeschäftigungspolitik. Die Verringerung der Inflationserwartungen könnte sichern, daß sich die Nachfrageexpansion stärker in der Erhöhung der Beschäftigung als in der Erhöhung der Lohnsätze niederschlägt und daß die Expansion der Geldmenge über die Senkung der Kapitalmarktzinsen investitionsfördernd wirkt. Da die Regierung in der Bundesrepublik Deutschland seit 1969 nur zu oft ihre stabilitätspolitischen Ziele nicht eingehalten hat und wachsende Inflationierung zuließ, ist es verständlich, wenn die Gewerkschaften bei ihren Lohnforderungen zunächst von einer Lohnerhöhung in Höhe der vergangenen Inflationsrate ausgehen und diese Forderung durch Zuschläge auszuweiten suchen, um eine Reallohnsteigerung zu erhalten. Es ist schwer, die an der Vergangenheitserfahrung orientierten Inflationserwartungen herabzusetzen. Die auf diese Weise zustandekommende Zementierung der Inflationsrate im Wege der inflatorisch überhöhten Lohnforderungen könnte

32 Kommission der Europäischen Gemeinschaften (Hrsg.), Schaubilder und Kurzkommentare zur Konjunktur in der Gemeinschaft, Heft 12/1975, S. D 5.

33 Monatsberichte der Deutschen Bundesbank, 21. Jg., Nr. 12, Dezember 1969, S. 49*.

34 Monatsberichte der Deutschen Bundesbank, 28. Jg., Nr. 2, Februar 1976, S. 51*.

am ehesten verhindert werden, wenn die Regierung in irgendeiner Form eine Indexgarantie für Löhne geben würde[35].

4. Verbesserung der Konjunkturpolitik sichert den Bestand der Sozialen Marktwirtschaft

Die Schwierigkeiten, eine Depression zu überwinden, sowie die volkswirtschaftlichen Verluste, die mit einer Depression verbunden sind, machen die Notwendigkeit deutlich, eine Konjunkturpolitik zu betreiben, die die Depression durch frühzeitige Steuerung des Konjunkturaufschwungs verhindert. Konjunkturpolitik war wesentlicher Bestandteil des von Müller-Armack[36] entworfenen Programms der Sozialen Marktwirtschaft und wurde von der Währungsreform bis zum Ende der fünfziger Jahre wirkungsvoll betrieben. Erst die Einführung der Konvertibilität bei festen Wechselkursen machte die Notenbank als Hauptträger der Konjunkturpolitik aktionsunfähig. Wenn die Soziale Marktwirtschaft überleben soll, darf das gegenwärtige System flexibler Wechselkurse, das auch bei Konvertibilität monetäre Konjunkturpolitik ermöglicht, nicht aufgegeben werden. Auch die europäische „Währungsschlange" ist nur so lange konjunkturpolitisch tragbar, wie sie eine konjunkturgerechte Geldpolitik erlaubt.

[35] Vgl. E. Dürr, L. Erhard, H. Giersch, E. Helmstädter, O. Issing, A. Müller-Armack, J. Starbatty, Ch. Watrin und H. Willgerodt, Konzept zur Rückgewinnung der Stabilität vom 23. April 1974. Wieder abgedruckt in: Wirtschaftspolitische Chronik, hrsg. vom Institut für Wirtschaftspolitik an der Universität zu Köln, Heft 2/1974. — Der Bundesminister für Wirtschaft (Hrsg.), Indexierung wirtschaftlich relevanter Größen. Gutachtliche Äußerung des Wissenschaftlichen Beirats beim Bundesministerium für Wirtschaft, Bonn 1975.

[36] A. Müller-Armack, Wirtschaftslenkung und Marktwirtschaft, Hamburg 1946. Wieder abgedruckt in: Derselbe, Wirtschaftsordnung und Wirtschaftspolitik, Freiburg 1966 (2. unveränderte Aufl. Bern und Stuttgart 1976), S. 159 ff.

EINE GEGENPOSITION ZUR MARXISTISCHEN THESE VON DER VERARMUNG DER MASSEN BEI ANWENDUNG DES MARKTWIRTSCHAFTLICHEN KONZEPTES IN ENTWICKLUNGSLÄNDERN

von Ronald Clapham

Zu den Argumenten, die von marxistischen Kritikern gegen den marktwirtschaftlichen Entwicklungsweg vorgebracht werden, gehört die Behauptung von der systembedingten Verarmung des größten Teils der Bevölkerung. Sie weisen dabei auf drei Ursachen hin. Das den heutigen Entwicklungsländern von den Kolonialmächten aufgezwungene marktwirtschaftliche System habe durch Außenorientierung und Fremdbestimmung der Wirtschaft zu dem bevorzugten Aufbau einiger exportorientierter Produktionen geführt und alle anderen Wirtschaftszweige an der Entwicklung behindert. Außerdem würden die in der Exportwirtschaft (Bergbau, Plantagen, rohstoffverarbeitende Industrie) Beschäftigten konsequent ausgebeutet. Ferner habe der vom ausländischen Kapital geförderte Einsatz kapitalintensiver Technologien trotz teilweise erheblicher Expansion einiger moderner Wirtschaftszweige nur wenig zusätzliche Arbeitsplätze geschaffen, ja sogar ursprünglich im Produktionsprozeß eingegliederte Arbeitskräfte freigesetzt, so daß das wachsende Arbeitskräftepotential nicht absorbiert worden und die „industrielle Reservearmee" angewachsen sei[1].

Die Kritiker ziehen daraus die Folgerung, daß eine fundamentale Verbesserung der Existenzbedingungen nur unter sozialistischem Vorzeichen möglich sei. So meint Baran: „Der Aufbau einer sozialistischen Planwirtschaft ist eine wesentliche, ja unerläßliche Bedingung für den wirtschaftlichen und sozialen Fortschritt in den Entwicklungsländern[2]." Der Behauptung, daß der sogenannte kapitalistische Entwicklungsweg zwangsläufig die Armut der Massen fortsetzt und sogar verschärft, wird im folgenden die These entgegengestellt, daß der marktwirtschaftliche Entwicklungsweg geeignet ist, Arbeitslosigkeit und Armut der Bevölkerung zu überwinden und die Einkommensdisparitäten im Laufe des Wachstumsprozesses auf ein gesellschaftlich toleriertes Ausmaß zu verringern. Es werden dazu zunächst einige grundsätzliche Überlegungen

[1] Diese Begründungen werden heute vor allem von den Vertretern der Dependenz-These verbreitet, die ursprünglich von der lateinamerikanischen Situation ausging, heute aber auch auf andere Entwicklungsregionen angewendet wird. Vgl. den Überblick von T. T. Evers und P. v. Wogau, „Dependencia": Lateinamerikanische Beiträge zur Theorie der Unterentwicklung, in: Das Argument, 15. Jg., Heft 4—6, 1973, S. 404 ff.

[2] P. Baran, Politische Ökonomie des wirtschaftlichen Wachstums, Neuwied—Berlin 1966, S. 392.

vorgetragen und dann werden Einzelbereiche einer auf Verteilungsziele ausgerichteten marktwirtschaftlichen Entwicklungspolitik — in Verbindung mit empirischen Fällen — behandelt.

Wenn die Kritiker nicht-sozialistischer Systeme heute mit Absicht an der Bezeichnung „kapitalistischer" Entwicklungsweg festhalten, dann wollen sie durch diese Terminologie suggerieren, der „Kapitalismus" habe sich nicht gewandelt. Tatsächlich basiert die moderne Marktwirtschaft zwar weiterhin auf „kapitalistischen" Elementen wie Privateigentum an den Produktionsmitteln, private Rentabilitätsrechnung sowie Marktpreisen, jedoch ist die wirtschaftliche und soziale Kontroll- und Steuerungsfunktion des Staates in den letzten Jahrzehnten erheblich ausgebaut worden. Die reale marktwirtschaftliche Alternative für die Entwicklungsländer ist nicht das kapitalistische Laisser-faire-System, von dem die Marxisten implizit ausgehen, sondern die moderne oder entwickelte Form der Marktwirtschaft, in der dem Staat zahlreiche Ordnungs- und Prozeßsteuerungsfunktionen zugewiesen sind. Daher wird im folgenden stets vom marktwirtschaftlichen Entwicklungsweg gesprochen.

Man kann feststellen, daß der Vorwurf der Verarmung der Menschen in Entwicklungsländern eine wachsende Bedeutung in der Kontroverse um den geeigneten Entwicklungsweg erhalten hat. Hirschman spricht zutreffend von der in den Entwicklungsländern abnehmenden Toleranz für Einkommensungleichheiten[3]. In den frühen Phasen der wirtschaftlichen Entwicklung, in denen die Ungleichheit der Einkommensverteilung zwischen den Wirtschaftsgruppen, den Sektoren und Regionen stark zunimmt, läßt sich häufig beobachten, daß die Toleranz in der Gesellschaft für solche Unterschiede erheblich sein kann. Wenn als Folge der Wirtschaftsentwicklung das Einkommen einiger Bevölkerungsgruppen steigt, wird das von nicht begünstigten Gruppen mittelfristig akzeptiert, da sie damit die Erwartung eines höheren zukünftigen Einkommens für sich selbst verbinden. Die Toleranzweite paßt sich zunächst sogar der steigenden Ungleichheit an. Jedoch ist diese Toleranz mit einem Kredit vergleichbar, der eines Tages zurückgezahlt werden muß. Sie wird also in der Erwartung geübt, daß schließlich in der Gesellschaft die Einkommensdisparitäten geringer werden, also insbesondere die Masseneinkommen in einer späteren Phase überproportional steigen. Wenn dies nicht eintritt, werden die Betroffenen von Befürwortern zu Gegnern des bisherigen Entwicklungsweges; es kommt zu einer sozialen Revolution, in der das bestehende politische und wirtschaftliche System abgelöst werden soll.

Diese Situation besteht heute in vielen Ländern der Dritten Welt. Die von Hirschman formulierte Toleranz-These könnte — was die zukünf-

[3] A. O. Hirschman, The Changing Tolerance for Income Inequality in the Course of Economic Development, in: Quaterly Journal of Economics, Vol. 87, 1973, S. 544 ff.

tige Forschung noch genauer erarbeiten müßte — in Konkurrenz zu den bisherigen Konflikttheorien einen neuen Erklärungsansatz für das Eintreten von Systemveränderungen in Entwicklungsländern geben. Das Ausmaß der Toleranz in einer Gesellschaft gegenüber Einkommensunterschieden ist von sozialen, politischen und psychologischen Strukturen abhängig. Aus diesen Gründen ist sowohl die Toleranzbreite in den einzelnen Ländern verschieden als auch die Reaktion der politisch Herrschenden beim Erreichen der Toleranzgrenze unterschiedlich. So könnte man den Übergang zu einem Einparteiensystem oder zu einer Militärdiktatur als den Versuch der politischen Macht sehen, bei Annäherung an die Toleranzgrenze in der Gesellschaft die politische Partizipation einzuschränken und soziale Proteste zu unterdrücken.

Die Armut großer Bevölkerungsgruppen in den Entwicklungsländern ist endlich in den Mittelpunkt wirtschaftspolitischer Überlegungen gerückt. Die Tatsache der Armut ist nicht neu — wenn auch erst in den letzten Jahren das verbesserte empirische Material das Ausmaß der Einkommensunterschiede aufgedeckt hat —, doch neu ist für viele Entwicklungspolitiker offensichtlich die Erfahrung, daß die forcierte Wachstumspolitik der beiden letzten Dekaden nicht zwangsläufig das Problem der absoluten und relativen Armut in einer Volkswirtschaft löst.

Die wachstumsorientierten Entwicklungsstrategien werden daher zunehmend infrage gestellt. Das Wirtschaftswachstum war in allen Entwicklungsländern die dominierende gesellschaftliche und wirtschaftspolitische Zielsetzung, unabhängig davon, ob ihre gemischten Wirtschaftsordnungen stärker lenkungswirtschaftliche oder marktwirtschaftliche Züge aufwiesen. In dieser Haltung wurden sie nicht nur durch die globale Entwicklungsstrategie der ersten und — wenn auch etwas stärker auf soziale Ziele bezogen — der zweiten Entwicklungsdekade der Vereinten Nationen gestärkt[4]. Auch die Entwicklungshilfe der westlichen Industrieländer blieb praktisch weitgehend auf diese Zielsetzung ausgerichtet. Die Wachstumserfolge der letzten Jahre sind insgesamt ermutigend. Das reale Bruttosozialprodukt der Entwicklungsländer wuchs 1960—1972 mit durchschnittlich 5 bis 6 v.H. schneller als das der westlichen Industrieländer (EG: 4,6 v.H.; USA: 4,2 v.H.)[5].

Wenn nun heute zusätzlich zum Wachstumsziel Verteilungsziele mit gleichem oder höherem Gewicht in die Entwicklungspolitik aufgenommen werden, dann zeigt das an, daß sich die Auffassung über die Verteilungseffekte im Verlauf des Wirtschaftswachstums verändert hat. Man war zunächst von den Erfahrungen der europäischen Industrieländer ausge-

4 Vgl. hierzu J.-U. Meyer u. a., Die Zweite Entwicklungsdekade der Vereinten Nationen. Konzept und Kritik einer globalen Entwicklungsstrategie, Düsseldorf 1971.

5 DIW, Wochenbericht Nr. 30, 1973: Kommen die Entwicklungsländer nicht voran?, S. 270.

gangen, nach denen eine Verbesserung der materiellen Güterversorgung das Verteilungsproblem entschärfen würde. Kuznets[6] hatte zwar aufgrund seiner empirischen Untersuchungen darauf hingewiesen, daß sich in den ersten Phasen wirtschaftlicher Entwicklung die Einkommen ungleicher verteilen werden. Als Ursachen verweist er auf das schnellere Wachstum des nicht-agrarischen Sektors, verbunden mit der Erweiterung beruflicher und sonstiger Lohndifferenzen sowie auf die relativ rascher wachsenden Kapitaleinkommen. Aber er sagte auch, daß in späteren Phasen des Wachstums eine Reduzierung der Unterschiede eintreten würde, da dann eine Verknappung des Arbeitsfaktors entsteht, die intersektoralen Einkommensdifferenzen geringer, der Anteil der selbständig Beschäftigten kleiner und staatliche Maßnahmen zur Angleichung der Lebensbedingungen (z. B. Erziehung) wirksam werden. Eigenständige verteilungspolitische Instrumente schienen hiernach innerhalb der Wachstumspolitik nicht notwendig zu sein.

Die heute bekannten Auswirkungen der ordnungspolitisch verschiedenen Wachstumsstrategien auf die Einkommensverteilung sind sehr unterschiedlich, in vielen Fällen sogar widersprüchlich. Aufgrund neueren statistischen Materials[7] hat man zwischen 45 Entwicklungsländern einen Vergleich nach Höhe und Verteilung der Haushaltseinkommen vor Steuer vorgenommen. Die Einkommensanteile wurden für jede Zentilgruppe ermittelt und diese wurden dann in die untersten 40 v.H., die mittleren 40 v.H. und die obersten 20 v.H. zusammengefaßt. Man klassifizierte die Einkommensverteilung in einem Land als stark ungleichmäßig, wenn der Anteil der untersten 40 v.H. am Bruttoinlandsprodukt niedriger als 12 v.H. ist, als gemäßigt ungleich, wenn der Anteil zwischen 12 und 17 v.H. liegt und als gering ungleich, wenn der Anteil 17 v.H. und mehr beträgt. Nach dieser Einteilung kommen in den Entwicklungsländern folgende Fälle vor:

1. Alle drei Verteilungslagen — starke Ungleichheit, gemäßtigte Ungleichheit und geringe Ungleichheit der Einkommensverteilung — treten sowohl bei niedrigem, mittlerem als auch hohem Bruttoinlandsprodukt pro Kopf auf.

2. Sowohl bei hoher als auch niedriger Wachstumsrate des Bruttosozialproduktes gibt es Länder, in denen die Einkommensverteilung gleichmäßiger bzw. ungleichmäßiger wurde oder unverändert blieb.

[6] Vgl. S. Kuznets, Quantitative Aspects of the Economic Growth of Nations: Distribution of Income by Size, in: Economic Development and Cultural Change, Vol. XI, No. 2, Part. II, 1963.

[7] Die Auswertung stützt sich auf die Statistiken bei M. S. Ahluwalia, Income Inequality: Some Dimensions of the Problem, in: H. Chenery u. a., Redistribution with Growth, London 1974, Tab. I. 1, S. 8—9. Dieser Beitrag ist auszugsweise übernommen und ins Deutsche übersetzt in: Finanzierung und Entwicklung, 11. Jg., Nr. 3, 1974, S. 3 ff.

3. Eine hohe Wachstumsrate des Bruttosozialproduktes kann trotz einer Verschlechterung der Einkommensverteilung mit erheblichen absoluten Einkommenszuwächsen bei den Ärmsten verbunden sein (z. B. Brasilien, Mexiko).

Diese Vielfalt der empirischen Ergebnisse, die teilweise noch einer theoretischen Erklärung bedürfen, erlaubt dennoch bereits zwei für unser Thema wichtige Feststellungen:

1. Es gibt keine feste empirische Basis für die Ansicht, daß das Wirtschaftswachstum in marktwirtschaftlichen Systemen unausweichlich zu größeren Ungleichheiten in der Einkommensverteilung führt. In marktwirtschaftlich orientierten Entwicklungsländern wie Taiwan, Südkorea, Iran und Kolumbien ist nämlich in den 60er Jahren der Anteil der untersten 40 v.H. der Einkommensbezieher schneller bzw. in gleicher Weise gestiegen wie das Bruttosozialprodukt (vgl. Tabelle im Anhang). Aufgrund dieser Fakten kann die Behauptung marxistischer Kritiker in der allgemeinen Formulierung zurückgewiesen werden.

2. Wenn Wirtschaftswachstum sowohl mit Verbesserungen als auch mit Verschlechterungen der Einkommensverteilung verbunden sein kann, dann muß das Verteilungsziel als eigenständiges Ziel in die Entwicklungspolitik aufgenommen werden.

Aus dem letzten Punkt ergibt sich für den Wirtschaftspolitiker die Notwendigkeit, das Verteilungsziel — die gleichmäßigere bzw. die gerechtere Verteilung der Einkommen — zu operationalisieren. Allen bisher diskutierten Verteilungsnormen ist die Vorstellung eines bestimmten Ausmaßes an Gleichheit gemeinsam (Egalitätsprinzip, Bedarfsprinzip, Leistungsprinzip), die sich jedoch an unterschiedlichen Objekten orientiert[8]. Die Kritik an diesen Gleichheitskonzepten hat zu einer Kompromißlösung geführt, die hier auf die Entwicklungsländer angewendet werden soll. „Als Ausdruck einer solchen Einstellung wird i.d.R. gefordert, die interpersonelle und interregionale Einkommensverteilung dürfe weder egalitär (das wäre ein Verstoß gegen die unterschiedlichen Bedürfnisstrukturen und die divergierenden Leistungsopfer) noch zu unterschiedlich (das wäre Ausdruck eines Verstoßes gegen die Startgleichheiten und die Gerechtigkeit in den Besitzverhältnissen) sein; vielmehr müsse ein bestimmter Differenzierungsgrad vorliegen. Wegen der Unmöglichkeit kardinaler Nutzen- und Leidmessungen kann jedoch das genaue Ausmaß des Differenzierungsgrades nicht bestimmt werden. Als Ausweg aus dieser Schwierigkeit wird deshalb die Festlegung einer maximal zulässigen Toleranzbreite bei den Verteilungsdifferenzen empfohlen; dieses Toleranzband dürfe weder nach oben (d. h. durch schwächere Einkommensdifferenzierungen) noch nach unten (d. h. durch stärkere Einkommens-

8 Vgl. B. Külp, Verteilungspolitik, Stuttgart 1971, S. 109 ff.

differenzierungen) durchbrochen werden[9]." Wie diese Toleranzbreite in einem Entwicklungsland festgelegt wird, fällt in die Verantwortung der dort politisch Herrschenden.

Die Verteilungsnorm der gesellschaftlich akzeptierten Toleranzbreite bei Differenzen in der Einkommensverteilung ist eine notwendige, aber keine hinreichende Bedingung für eine gerechtere Einkommensverteilung in Entwicklungsländern[10]. Sie würde das Problem der absoluten Armut nicht völlig erfassen können, d. h. den extrem niedrigen Stand von Gesundheit, Ernährung, Ausbildung und Wohnverhältnissen bei größeren Bevölkerungsteilen. Versucht man diesen Armutszustand in absoluten Zahlen auszudrücken und legt die Armutsschwelle — hilfsweise — bei einem jährlichen Pro-Kopf-Einkommen von 50 US-$ fest, dann blieben 1969 folgende Bevölkerungsanteile darunter: Lateinamerika 10,8 v.H., Afrika 28,4 v.H. und Asien 36,7 v.H.[11]. Aus diesen Gründen ist als Nebenbedingung für eine gerechtere Einkommensverteilung die Beseitigung der absoluten Armut aufzustellen.

Grundsätzlich bestehen sechs wirtschaftspolitische Einwirkungsbereiche, um die Einkommensverteilung zu beeinflussen[12]:

1. Die Faktormärkte, über die die funktionelle Einkommensverteilung erfolgt;
2. das Eigentum und die Kontrolle von Produktionsmitteln (sowohl physisches Kapital als auch Humankapital), welche die personelle Einkommensverteilung bestimmen;
3. die Besteuerung von Einkommen und Vermögen als Korrektur der Primärverteilung;
4. die Versorgung mit öffentlichen Gütern oder direkter Einkommenstransfer durch den Staat zur weiteren Gestaltung der Sekundärverteilung (in Verbindung mit 3.);
5. die Gütermärkte, die durch Volumen und Struktur der Endnachfrage auf die Faktormärkte einwirken und
6. die Produktionsfunktionen, die das Niveau der Gesamtproduktion und das Ausmaß der Substituierbarkeit der Faktoren bestimmen.

Der ordnungspolitische Charakter der jeweiligen Entwicklungsstrategie drückt sich darin aus, in welchen Einwirkungsbereichen der Schwerpunkt wirtschaftspolitischer Maßnahmen liegt. In einer gemischten Wirtschaftsordnung marktwirtschaftlichen Typs stehen dem Staat zwar gerin-

[9] H.-R. Hemmer, Zur Problematik der gesamtwirtschaftlichen Zielfunktion in Entwicklungsländern (Diskussionsbeitrag Nr. 1. Zentrum für Regionale Entwicklungsforschung der Universität Gießen), Gießen 1975, S. 31—32.

[10] Vgl. ebenda, S. 34.

[11] M. S. Ahluwalia, a.a.O., S. 12.

[12] Vgl. M. S. Ahluwalia, The Scope for Policy Intervention, in: H. Chenery, a.a.O., S. 73 ff.

gere Einwirkungsmöglichkeiten auf die funktionelle und personelle Einkommensverteilung zur Verfügung als in einem lenkungswirtschaftlichen System, jedoch reichen sie aus, um Verteilungsziele zu realisieren.

Es entspricht nicht dem marktwirtschaftlichen Konzept, aus Verteilungsgründen einzelne Faktor- oder Güterpreise festzulegen, sondern durch ordnungspolitische Maßnahmen werden die Rahmenbedingungen für eine wettbewerbliche Preisbildung geschaffen und gesichert. Die jeweiligen Faktorentgelte sind dann das Ergebnis von Marktprozessen; die Höhe der funktionellen Einkommen ist Ausdruck der jeweiligen Marktbewertung der Produktionsfaktoren.

Ebenso kann im marktwirtschaftlichen Entwicklungskonzept nicht die Aushöhlung oder Reduzierung des Privateigentums an Produktionsmitteln Gegenstand der verteilungsorientierten Wirtschaftspolitik sein, sehr wohl kann sie aber auf die Verteilung von Real- und Humankapital Einfluß nehmen. In einer nicht-industrialisierten Gesellschaft muß sich eine solche Politik in erster Linie auf das Eigentum und die Kontrollrechte an Grund und Boden als die Hauptquellen des Einkommens richten.

Von kaum geringerer Bedeutung ist die Verteilung des Zugangs zu den Bildungseinrichtungen. So ist nach einer Untersuchung von Adelman und Morris[13] über die Abhängigkeit der Einkommensverteilung von 31 unabhängigen Variablen (18 wirtschaftliche, 5 sozio-kulturelle und 8 politische Indikatoren) bei den sozio-kulturellen Variablen die Verbesserung der Ausbildung („rate of improvement in human resources") die wichtigste Einflußgröße. Danach sind höhere Einschreiberaten in weiterführenden Schulen übereinstimmend in den 44 untersuchten Entwicklungsländern mit geringerer Konzentration der Einkommensverteilung und mit größeren Anteilen der unteren und mittleren Einkommensgruppen am Bruttoinlandsprodukt verbunden. Die Verteilung des Zugangs zu den Bildungs- und Ausbildungsstätten ist in einem marktwirtschaftlichen System eine wesentliche soziale Aufgabe des Staates.

In den übrigen Einwirkungsbereichen — Besteuerung, Bereitstellung öffentlicher Güter und direkter Einkommenstransfer sowie die Produktionsfunktionen — können im marktwirtschaftlichen Entwicklungskonzept zahlreiche Maßnahmen ergriffen werden, von denen allerdings prinzipiell zu fordern ist, daß sie jeweils dem Kriterium der Marktkonformität genügen.

Im folgenden soll dargelegt werden, daß eine marktwirtschaftlich orientierte Entwicklungspolitik schon von ihrem spezifischen Ansatz her die Erfüllung von Verteilungszielen im Wachstumsprozeß ermöglicht.

[13] I. A. Adelman u. C. T. Morris, An Anatomy of Income Distribution Patterns in Developing Nations, auszugsweise abgedr. in: Development Digest, Vol. IX, Nr. 4, 1971, S. 24 ff.

Dies soll exemplarisch für die beiden Bereiche Agrarpolitik und Industrialisierungspolitik aufgezeigt werden. Dabei ist besonders der Einfluß auf die Einkommenslage der Ärmsten der ländlichen und städtischen Bevölkerung zu beachten.

In der Kontroverse um eine forcierte Förderung des landwirtschaftlichen oder des industriellen Sektors wurde von den Befürwortern einer marktwirtschaftlichen Strategie stets davon ausgegangen, daß die Industrialisierung nicht auf Kosten der Landwirtschaft erfolgen kann, da beide Sektoren für den volkswirtschaftlichen Wachstumsprozeß ganz spezifische Funktionen erfüllen[14]. Dabei wurde die Bedeutung der landwirtschaftlichen Entwicklung zum einen für die Absorption des größten Teils des schnell wachsenden Arbeitskräftepotentials besonders hervorgehoben, ganz zu Recht, wie neuere Statistiken zeigen[15]. Zwar ist die industrielle Produktion der Entwicklungsländer für den gesamten Zeitraum 1960—1970 um durchschnittlich 7 v.H. jährlich gestiegen, jedoch war die Zunahme der industriellen Beschäftigung erheblich geringer. Sie lag in Lateinamerika und Asien — für Afrika liegen noch keine vergleichbaren Statistiken vor — durchschnittlich zwischen 4,3 und 1,2 v.H. jährlich. Solange die Erwerbsbevölkerung in den Entwicklungsländern jährlich um 2 bis 3 v.H. wächst, muß daher — selbst wenn arbeitsintensivere Technologien in der Industrie angewendet werden sollten — ein großer Teil der neu hinzukommenden Arbeitskräfte in der Landwirtschaft Beschäftigung finden. Nach einer Schätzung der FAO für die Jahre 1975 bis 1985 wird bei einer durchschnittlichen jährlichen Wachstumsrate der gesamten Erwerbsbevölkerung von 2,5 v.H. die Zunahme der in der Landwirtschaft Beschäftigten wie auch schon während der 60er Jahre im Durchschnitt 1,1 v.H. pro Jahr betragen; der Anteil an der Gesamtbeschäftigung wird allerdings von 61,5 v.H. (1975) auf 53,7 v.H. (1985) sinken[16].

Zum anderen wurde der Faktor- und Marktbeitrag des landwirtschaftlichen Sektors hervorgehoben. Die anfängliche volkswirtschaftliche Kapitalbildung muß sich auf die Einkommenssteigerung im Agrarbereich stützen. Dieser Faktorbeitrag der Landwirtschaft kommt jedoch nur dann zustande, wenn es möglichst schnell gelingt, die landwirtschaftliche Produktivität und den Anteil der Marktproduktion zu erhöhen. Der Marktbeitrag liegt in der Nachfrage nach industriellen Produktions- und Konsumgütern, die zur Ankurbelung des internen Wirtschaftskreislaufs not-

14 Vgl. P. T. Bauer u. B. S. Yamey, The Economics of Under-Developed Countries, London 1957, S. 235 ff.

15 Zu den folgenden Angaben vgl. DIW, Wochenbericht Nr. 1/2, 1975: Entwicklungsländer auf dem Wege zur Industrialisierung, S. 1 ff.

16 Vgl. W. Schulte u. a., Projections of World Agricultural Population, in: Monthly Bulletin of Agricultural Economics and Statistics, Vol. 21, No. 1, 1972, S. 6. Die Angaben beziehen planwirtschaftliche Entwicklungsländer nicht ein.

wendig ist. Da der weitaus größte Teil der Erwerbsbevölkerung in der Landwirtschaft beschäftigt ist, würde deren Einkommenserhöhung die binnenwirtschaftliche Nachfrage verstärken.

Nach der marktwirtschaftlichen Strategie ist eine Förderung der Landwirtschaft in Entwicklungsländern erreichbar einerseits durch ordnungspolitische Maßnahmen (Schaffung funktionsfähiger Agrargütermärkte, Reform der Agrarverfassung und Aufbau von Genossenschaften, Vermarktungseinrichtungen und Kreditinstitutionen) und andererseits durch strukturpolitische Maßnahmen, die auf eine direkte Produktionsförderung gerichtet sind (landwirtschaftliche Beratung, Förderung neuer Agrartechnologien und Krediterleichterungen). In Ländern, in denen diese Art der Förderungspolitik über längere Zeit hinweg verfolgt wurde (Chile, Elfenbeinküste, Kenia, Mexiko, Pakistan, Südkorea, Taiwan), lag die Wachstumsrate der Agrarproduktion in den 60er Jahren über dem regionalen Durchschnitt. Bis auf Mexiko und Chile hatten diese Länder auch über der Wachstumsrate der Bevölkerung liegende Steigerungsraten der durchschnittlichen jährlichen Agrarproduktion[17].

Beispielsweise konzentrierte man sich in der Elfenbeinküste — anders als in vergleichbaren Nachbarländern — nach der Unabhängigkeit 1960 auf die Entwicklung der tropischen Landwirtschaft. Durch Förderung der traditionellen Exportgüter (Kaffee, Kakao, Rundholz), Diversifizierung (Anpflanzung von Ölpalmen) und Aufbau agrarnaher Industrien konnten die Einkommen im Agrarsektor — auch bei den Kleinbauern — verbessert werden[18]. Auch für Taiwan und Südkorea lassen sich die positiven Auswirkungen einer marktorientierten Agrarpolitik auf Produktion, Beschäftigung und Einkommen nachweisen[19].

Es ist jedoch fraglich, ob der allgemeine marktwirtschaftliche Ansatz bereits ausreicht, die Lage der Ärmsten spürbar zu verbessern. Im Agrarsektor der Entwicklungsländer konzentriert sich die ärmste Gruppe der Bevölkerung vornehmlich selbständige Kleinbauern, Pächter und Landarbeiter, die in der Einkommensskala zu den untersten 40—50 v.H. der Einkommensbezieher gehören. Man kann davon ausgehen, daß wenigstens 70 v.H. der Ärmsten eines Landes ihren Lebensunterhalt aus der Landwirtschaft beziehen[20].

17 Zum statistischen Material vgl. Agricultural Production in Developing Countries in Relation to the Targets for the Second United Nations Development Decade, in: Monthly Bulletin of Agricultural Economics and Statistics, Vol. 22, No. 4, 1973, S. 3—5.

18 Vgl. H. P. Schipulle, Das Entwicklungsmodell Elfenbeinküste ist besser als sein Ruf, in: Entwicklung und Zusammenarbeit, Heft 3, 1976, S. 9.

19 Für Taiwan vgl. I. Little, T. Scitovsky u. M. Scott, Industry and Trade in Some Developing Countries. A Comparative Study, London 1970, S. 37 u. 109; ferner G. Ranis, Taiwan, in: H. Chenery, a.a.O., S. 285 ff. — Für Südkorea vgl. D. C. Cole und P. N. Lyman: Korean Development. The Interplay of Politics and Economics, Cambridge (Mass.) 1971, S. 142 ff.; ferner I. Adelman, South Korea, in: Chenery, a.a.O., S. 280 ff.

20 Vgl. M. S. Ahluwalia, Income Inequality, a.a.O., S. 19.

Die auf einen Wirtschaftssektor bezogenen allgemeinen wachstumspolitischen Maßnahmen haben innerhalb dieses Sektors Einkommensverteilungseffekte. Die Faktoren, die innerhalb des Sektors die bestehende Ungleichheit verursacht haben, wirken vermutlich in gleicher Weise auf die Verteilung zukünftiger Ergebnisse. Kommt es daher aufgrund der allgemeinen Förderungsmaßnahmen zu einem sektoralen Einkommenszuwachs, so ist die Annahme vertretbar, daß er der gleichen Verteilung folgt, die bisher vorlag. Es würden hauptsächlich die mit moderner Technik besser vertrauten, kapitalkräftigen und für den Markt produzierenden Bodeneigentümer davon profitieren.

Daher ist unter verteilungspolitischer Zielsetzung in der Agrarpolitik eine stärkere Ausrichtung der staatlichen Maßnahmen auf die Gruppe der Ärmsten notwendig. Man muß versuchen, die Produktivität der ländlichen Armen dadurch zu steigern, daß man ihnen bevorzugt Zugang zu den komplementären Faktoren Land, Kapital und Know-how verschafft. Eine gruppenspezifische Politik ist mit der Konzeption des marktwirtschaftlichen Entwicklungsweges durchaus vereinbar, wenn sie eine Kompensation für die speziellen Behinderungen darstellt, unter denen die Ärmsten bisher wirtschaften müssen, und wenn dadurch die Möglichkeit der Verbesserung der wirtschaftlichen Leistungsfähigkeit geschaffen wird.

Die Einkommensverteilung in der Landwirtschaft der Entwicklungsländer wird hauptsächlich durch die strukturellen Faktoren Verteilung des Landeigentums, Pachtsystem und Verteilung des Zugangs zu komplementären Faktoren wie Kapital und Know-how bestimmt. Bei diesen Bestimmungsfaktoren kann die verteilungspolitisch ausgerichtete Agrarpolitik ansetzen, ohne das Wachstumsziel zu gefährden.

Erhebliche verteilungspolitische Bedeutung hat die Landreform als Veränderung der bestehenden Besitz- und Bewirtschaftungsverhältnisse. Geeignete Maßnahmen sind insbesondere[21]:

- Flächenreduzierung bei Großbetrieben;
- Ausstattung landloser Bauern mit eigenem, ertragreichen Boden;
- Flächenaufstockung unrentabler kleiner Familienbetriebe (Subsistenzwirtschaften) und
- Beseitigung entwicklungshemmender Pachtverhältnisse (Senkung der Pachtpreise und Erhöhung der Pachtsicherheit).

Hier wird nun von vielen Kritikern eingewendet, daß in einer liberal-marktwirtschaftlichen Gesellschafts- und Wirtschaftsordnung keine politischen Kräfte vorhanden sind, um eine umfangreiche Landreform zu realisieren; die Konzentration von Eigentum und Kontrollrechten an Boden bedeute in einer nicht-industrialisierten Gesellschaft gleichzeitig politi-

[21] DIW, Wochenbericht Nr. 31, 1975: Zur Landreform in Entwicklungsländern, S. 268.

schen Einfluß, der von der herrschenden Schicht nicht freiwillig aufgegeben werde. Es ist zutreffend, daß eine Landreform schwierige politische und ökonomische Probleme (z. B. Höhe und Art der Entschädigung) aufwirft und deshalb in vielen Fällen nicht ausgeführt wurde. Andererseits gibt es viele Fälle, in denen in nicht-sozialistischen Gesellschaften weitreichende Landreformen erfolgreich durchgeführt werden konnten (Japan, Taiwan, Südkorea, Mexiko). Eine allgemeine sozio-ökonomische Theorie zur Erklärung der zu einer ökonomisch sinnvollen Landreform führenden gesellschaftlichen Prozesse steht noch aus; als unabhängige Variable müßte sie Faktoren einbeziehen wie Bevölkerungsdruck, externen politischen Einfluß, Auflehnung der modernisierenden Oligarchie gegen den Agrarfeudalismus und Art der ökonomischen Alternativen für die entschädigten Grundeigentümer.

Die Landreform als ein Maßnahmenbündel, das zu größerer Verteilungsgerechtigkeit führt, steht im Gegensatz zu früheren Befürchtungen nicht im Widerspruch zum Ziel der Wachstumssteigerung. Es gibt inzwischen viele Beweise dafür, daß die produktive Kapazität des Bodens nach der Umverteilung erheblich höher war. Vergleiche der Entwicklung der landwirtschaftlichen Produktivität weisen für Länder mit durchgreifenden Landreformen wie Ägypten, Chile, Kenia, Mexiko, Pakistan, Südkorea und Taiwan auf überdurchschnittliche Produktivitätssteigerungen gegenüber dem jeweiligen Regionendurchschnitt hin[22]. Auch ein Vergleich der Hektarerträge zwischen landwirtschaftlichen Betrieben verschiedener Größe zeigt, daß nach der Landneuverteilung die Flächenproduktivität der kleineren Betriebseinheiten jeweils größer ist. Dies ist die Folge der arbeitsintensiveren Bewirtschaftung. Der positive Beschäftigungseffekt der Landreform ist allerdings zunächst — solange keine komplementären Produktionsfaktoren hinzukommen — mit einer Verringerung der durchschnittlichen Arbeitsproduktivität verbunden. Dieses Ergebnis wird man wegen der verteilungspolitischen Zielsetzung hinnehmen, da das neu geschaffene Einkommen g l e i c h m ä ß i g e r als vorher verteilt ist. So war Ergebnis einer entsprechenden Agrarpolitik in Taiwan, daß die landwirtschaftlichen Reallöhne von 1952—1969 um 3,8 v.H. stiegen und eine ziemlich gleichgewichtige Einkommensverteilung im Agrarsektor erfolgte[23].

Ein weiterer Schwerpunkt der Verteilungsziele einbeziehenden marktwirtschaftlichen Wachstumspolitik ist eine Industriepolitik, die mit ordnungs- und strukturpolitischen Maßnahmen vor allem den Aufbau einer arbeitsintensiven Kleinindustrie fördert. Die meisten der in den Entwick-

[22] Vgl. ebenda, S. 267.
[23] Vgl. G. Ranis, a.a.O., S. 286.

lungsländern bereits existierenden industriellen Produktionsstätten sind dem informalen Sektor (small-scale oder traditional sector) zuzuordnen. Ihre Struktur und Tätigkeit lassen sich charakterisieren durch: a) Leichtigkeit des Markteintritts, b) Stützung auf eigene Ressourcen, c) Unternehmen im Familieneigentum, d) geringes Ausmaß der wirtschaftlichen Operationen, e) Verwendung arbeitsintensiver und angepaßter Technologien, f) Erwerb fachlicher Fähigkeiten außerhalb des formalen Schulsystems und g) unregulierte und wettbewerbsintensive Märkte[24].

Auch hier haben die Befürworter einer marktwirtschaftlichen Politik seit jeher auf das mittels Kleinbetrieben erschließbare Wachstumspotential und die damit verbundenen Verbesserungen der Beschäftigungslage und der Einkommens- und Vermögensverteilung hingewiesen[25]. In einer unentwickelten Volkswirtschaft ist die mengenmäßige Faktorausstattung durch relative Knappheit von Kapital und relativen Reichtum von Arbeit gekennzeichnet; ausgebildete Arbeitskräfte und fähige Unternehmer sind nur sehr begrenzt verfügbar. Diesen Knappheitsverhältnissen, die sich bei freier Preisbildung auf den Faktormärkten in entsprechenden Preisrelationen widerspiegeln würden, entspricht als ökonomische Lösung die arbeitsintensive Fertigung in kleineren Betrieben, die von noch wenig erfahrenen Unternehmern und einem erst wenig geschulten Management relativ leicht geleitet werden können. Diese Lösung ist zugleich aber auch unter Verteilungsaspekten zu bevorzugen.

Dieser Ansatz verbessert nämlich die Einkommensmöglichkeiten für die Armen in städtischen Gebieten, seien sie arbeitslos oder bereits im traditionellen Sektor beschäftigt. Durch die Förderung der arbeitsintensiven Kleinindustrien werden verstärkt industrielle Arbeitsplätze geschaffen, so daß die Zahl der Bezieher von monetären Lohneinkommen steigt. Im Gegensatz zu den meist kapitalintensiven Großprojekten ist außerdem die regionale Streuung der kleineren Industriebetriebe gleichmäßiger, was eine Verschärfung des regionalen Wohlstandsgefälles verhindert. Ferner kann man Einkommenssteigerungen in den arbeitsintensiven Kleinbetrieben in die Wege leiten, indem man günstige Voraussetzungen für die Erhöhung der Arbeitsproduktivität schafft.

Durch diese Beschäftigungs- und Einkommenseffekte entsteht zusätzlich zur wachsenden Nachfrage nach industriellen Konsumgütern seitens der in der Landwirtschaft Beschäftigten die Nachfrage der Industriearbeiter. Sie fördert die Ausrichtung der einheimischen Industrien auf den ex-

[24] ILO, Employment, Incomes and Equality. A Strategy for Increasing Productive Employment in Kenya, Genf 1972, S. 7.

[25] Vgl. P. T. Bauer u. B. S. Yamey, a.a.O., S. 252 ff.

pandierenden Binnenmarkt. Gleichzeitig wird der Konsum von Agrargütern stimuliert, so daß die landwirtschaftlichen Einkommen steigen werden; die Integration der volkswirtschaftlichen Gütermärkte nimmt daher zu.

Veränderungen in der Einkommensverteilung führen aufgrund der Einkommenselastizität der Nachfrage zu Änderungen in der Konsumgüternachfrage. Hierzu liegt eine erste Schätzung der FAO für Agrarprodukte vor[26]. Wie die Untersuchung für elf lateinamerikanische Länder ergab, würde eine „gemäßigte" Veränderung der Einkommensverteilung zu einer Steigerung der Nachfrage nach Nahrungsmitteln um 9—9,5 v.H. und bei einer „drastischen" Verteilungsänderung um 13—14 v.H. führen[27].

Die Förderung arbeitsintensiver Kleinindustrien zielt auch auf eine gleichmäßigere Vermögensverteilung ab. Bei kapitalintensiven privaten Großprojekten würde sich das Kapital vor allem in den Händen der Mitglieder der obersten Einkommensgruppen befinden, zum großen Teil auch deshalb, weil bei fehlenden Kapitalmärkten und Kapitalsammelstellen die Beteiligung der weniger sparfähigen unteren Einkommensschichten kaum möglich ist. Wenn die Industriepolitik Großprojekte begünstigt, dann würde die ungleiche Einkommens- und Vermögensverteilung noch verschärft. Man muß hier nämlich die marktstrukturellen Bedingungen berücksichtigen, die in der Industrialisierungsphase in den meisten Entwicklungsländern vorliegen. Durch monopolistische und oligopolistische Marktpositionen und fehlende Substitutionskonkurrenz sind die Möglichkeiten sehr günstig, relativ hohe Einkommen aus industriellen Kapitalanlagen zu erzielen.

Selbst in Entwicklungsländern, in denen man eine mehr marktwirtschaftliche Politik verfolgt, neigt man dazu, die Verteilungsaspekte der Industrieförderung zu vernachlässigen. Die einseitige wachstumspolitische Einstellung äußert sich darin, daß die ökonomischen Bestimmungsgrößen für die Kapitalverwendung günstiger gestaltet werden. Der Kapitaleinsatz wird dadurch subventioniert, daß man niedrige Zinsen für Industriekredite festlegt, für den Import von Ausrüstungsgütern einen unterbewerteten Wechselkurs einräumt bzw. Zollfreiheit gewährt und steuerliche Vorteile nach der Höhe des Kapitaleinsatzes richtet. Während man so den an sich relativ knappen Faktor Kapital durch Markteingriffe verbilligt, wird der relativ reichlich vorhandene Faktor Arbeit aus sozial-

[26] Vgl. FAO, The Impact on Demand of Changes in Income Distribution, in: Monthly Bulletin of Agricultural Economics and Statistics, Vol. 21, No. 3, 1972, S. 1 ff.

[27] Allerdings geht die gemäßigte Variante bereits von einer erheblichen Umverteilung aus, z. B. bei Brasilien von der Veränderung des Gini-Koeffizienten der Einkommenskonzentration von 54 v. H. (1970) auf 38 v. H. (1980). Vgl. ebenda, S. 5.

politischen Motiven verteuert, meistens in Form hoher lohnabhängiger Sozialabgaben des Arbeitgebers und in Form der gesetzlichen Mindestlohnregelung. Diese Verteilungspolitik hat für Wachstum und Beschäftigung häufig negative Auswirkungen[28].

Ob die Festlegung eines Mindestlohnes die Einkommensverteilung in einem Entwicklungsland verbessert und zugleich die Nebenbedingung der Beseitigung der absoluten Armut erfüllt, ist fraglich[29]. Lohn- und Gehaltsbezieher machen in den Frühphasen der Entwicklung nur einen kleinen und zudem sehr langsam wachsenden Teil der Beschäftigten aus, so daß schon deshalb ein größerer Umverteilungseffekt nicht zu erwarten ist.

Es gibt ferner Hinweise dafür, daß die Arbeiter, die einen durchschnittlichen Geldlohn erhalten — die also von der Einführung eines Mindestlohnes profitieren würden —, in vielen Fällen einen Lebensstandard haben, der über dem niedrigsten Niveau liegt. Dies ergibt sich aus folgenden Zusammenhängen[30]: Die Einkommensverteilung im landwirtschaftlichen Sektor ist meist weniger ungleich als im Nicht-Agrarbereich; wegen der relativ größeren Bedeutung des Agrarsektors in der Gesamtwirtschaft wäre also eigentlich zu erwarten, daß der Gini-Koeffizient der Einkommenskonzentration relativ niedrig ist. Da aber das Gegenteil zutrifft, liegt die Erklärung in dem großen Unterschied zwischen durchschnittlichen landwirtschaftlichen und nicht-landwirtschaftlichen Einkommen und in der großen Einkommensstreuung im Nicht-Agrarbereich. In diesen Fällen ist das durchschnittliche Einkommen der Lohn- und Gehaltsempfänger höher als das der selbständig Beschäftigten (Kleinbauern, Pächter). Der Durchschnittslohn der unselbständig Beschäftigten ist zwar niedrig, liegt aber — da ihre Arbeitskraft ja erhalten werden muß — über der Schwelle des Existenzminimums. Bei sehr schiefer Lohneinkommensverteilung — die größte Zahl der Beschäftigten fällt in die untersten Einkommensklassen — liegt der Mindestlohn in der Regel nahe dem Durchschnittslohn. Die Anhebung des Mindestlohnes würde daher den Lebensstandard der unteren Einkommensgruppen erhöhen, die aber nicht zu denen gehören, die tatsächlich den niedrigsten Lebensstandard haben. Es würden dadurch nicht die Armutsgruppen der selbständig Beschäftigten in der Landwirtschaft und im Dienstleistungssektor und auch nicht die Arbeitslosen bzw. Gelegenheitsarbeiter begünstigt. Durch die Einführung eines Mindestlohnes käme es also zu einer Verschärfung der ungleichen Einkommensverteilung.

[28] Vgl. hierzu R. Clapham, Probleme der sozialpolitischen Orientierung in Entwicklungsländern — Beobachtungen und Vorschläge, in: Wirtschaftspolitische Chronik, Heft 2, 1970, S. 49—71.

[29] Vgl. hierzu A. D. Smith, Minimum Wages and the Distribution of Income with Special Reference to Developing Countries, in: International Labour Review, Vol. 96, 1967, S. 129 ff.

[30] Ebenda, S. 138.

Darüber hinaus kann die Mindestlohnregelung negative Rückwirkungen auf die gesamte Beschäftigungslage haben, insbesondere wenn gleichzeitig das Kapital noch absolut verbilligt wird. Geschützte Löhne in einigen Sektoren können Einkommensziele für kollektive Lohnverhandlungen in anderen Sektoren setzen, in denen die Elastizität der Substitution von Arbeit durch Kapital jedoch viel größer sein kann. Schließlich ist auch zu berücksichtigen, daß der Übergang zur kapitalintensiven Produktionsweise die obersten Einkommensgruppen begünstigt, da sie sowohl über anlagesuchendes Eigenkapital als auch über einen leichteren Zugang zu Fremdkapital verfügen. Es würde daher die zukünftige Einkommens- und Vermögensverteilung weiterhin zugunsten der reichen Oberschicht festgelegt.

Im marktwirtschaftlichen Konzept kann eine auf Wachstums- und Verteilungsziele angelegte Förderung der arbeitsintensiven Kleinindustrie von vornherein in die Ordnungs- und Strukturpolitik einbezogen werden. Die ordnungspolitischen Maßnahmen müssen dabei auf die Schaffung funktionsfähiger Faktor- und Gütermärkte gerichtet sein, deren Preise und Preisentwicklungen für alle Produzenten zu gelten haben, so daß die Unternehmer schon von den allgemeinen ökonomischen Randbedingungen her auf eine kapitalsparende Produktionsweise hingesteuert werden.

Allerdings reicht die Beseitigung von Verzerrungen der Faktorpreise allein nicht aus, um die Faktorintensitäten der Produktionstechnik so zu verändern, daß größere Beschäftigungseffekte eintreten. Es müssen auch institutionelle und gesetzliche Maßnahmen, die zwar nicht direkt die Faktorpreise beeinflussen, aber indirekt die Substitutionselastizität der Faktoren bestimmen (wie z. B. leichter Zugang der Großbetriebe zu Krediten oder außergewöhnliche Erschwerung von Entlassungen), entsprechend gestaltet werden. Der Gesamteffekt dieser Maßnahmen auf die Beschäftigung hängt davon ab, welches Ausmaß die Faktormarktstörungen hatten und wie groß der industrielle Sektor bereits ist.

Die Ordnungspolitik muß von strukturpolitischen Maßnahmen unterstützt werden. Sie sollen den Handwerksbetrieben und industriellen Kleinbetrieben den Zugang zu ökonomischen Ressourcen und Instutionen, nämlich zu Kapital, Devisen, Einfuhrlizenzen, technischem und organisatorischem Know-how sowie zu Beschaffungs- und Vertriebswegen erschließen. Es sollen gleiche Zugangsbedingungen zu den ökonomischen Ressourcen geschaffen werden; dies würde heute in den meisten Entwicklungsländern einen Abbau der zahlreichen Privilegien der Großbetriebe erfordern. Eine darüber hinausgehende direkte Unterstützung der Kleinindustrie wirft auch hier die Frage nach dem Konflikt zwischen Umverteilung der Ressourcen und Effizienz der Produktion auf. Jedoch ist es notwendig, die kleinen Produzenten für die verschiedenen gegebenen Behinderungen zu kompensieren, die eine effiziente Faktorallokation vereiteln, zumal diese nicht alle zu beseitigen sind[31].

Derartige nach Umfang und Zeit begrenzte staatliche Betriebsgründungs- und Anpassungshilfen sind marktkonform. Außerdem gibt es genügend Beweise dafür, daß Kleinindustrien in vielen Bereichen (z. B. Holz- und Lederverarbeitung, Fertigung von landwirtschaftlichen Geräten) in der Wirtschaftlichkeit nicht hinter Großbetrieben zurückstehen und als leistungsfähige Zuliefererbetriebe die volkswirtschaftliche Integration verstärkt haben (vgl. Japan, Südkorea, Taiwan).

Abschließend soll noch auf den in Entwicklungsländern besonders markanten Tatbestand eingegangen werden, daß die sehr unterschiedliche Qualifikation des Faktors Arbeit dessen Einsatzmöglichkeiten unterschiedlich verteilt. Ebenso wie die ungleiche Verteilung des Bodens ein Ansatzpunkt für verteilungspolitische Maßnahmen ist, kann man bei der als ungerecht empfundenen Verteilung des Humankapitals im weitesten Sinne ansetzen. Dann geht es darum, die überdurchschnittliche Benachteiligung der Ärmsten auf dem Land und in der Stadt beim Zugang zu Einrichtungen des Ausbildungs- und Gesundheitssektors zu korrigieren. Dem Staat als Träger verteilungspolitischer Maßnahmen kommt hier eine besondere Bedeutung zu. Das Angebot öffentlicher Leistungen für die armen Gruppen der Bevölkerung ist nicht nur deshalb unverzichtbar, weil die genannten agrar- und industriepolitischen Maßnahmen selbst unter günstigen Umständen längere Zeit benötigen — nämlich bis Ersatz- und Neuinvestitionen zu arbeitsintensiveren Fertigungsverfahren führen —, um zur Verbesserung der Beschäftigungslage und der Einkommensverteilung beizutragen. Vielmehr schafft die bevorzugte Berücksichtigung der Armen bei der Verteilung öffentlicher Leistungen eine andere Verteilungsstruktur von Ausbildung, Gesundheit und allgemeinen Lebensbedingungen, die als Faktoren die zukünftige Einkommensverteilung in der Entwicklungsgesellschaft entscheidend mitbestimmen.

Für einige Entwicklungsländer, die ihre Wachstumspolitik unter Einbeziehung von Verteilungszielen stark marktwirtschaftlich ausgerichtet haben, sind in einer Tabelle (vgl. Anhang) die Veränderungsraten wichtiger sozio-ökonomischer Indikatoren zusammengestellt.

Wer also behauptet, der marktwirtschaftliche Entwicklungsweg verschärfe die Armut der Massen, will nicht zur Kenntnis nehmen,

— daß schon der Marktmechanismus an sich wirtschaftliche Dynamik freisetzt und damit zugleich die entscheidende Weichenstellung für die Ausdehnung der Beschäftigung und die Erhöhung der Masseneinkommen ist und

[31] D. C. Rao, Urban Target Groups, in: H. Chenery, a.a.O., S. 141.

— daß außerdem der Staat in der modernen Marktwirtschaft die soziale Aufgabe wahrnimmt, durch verschiedene Maßnahmen die Bestimmungsfaktoren der Einkommensverteilung so zu setzen, daß eine gleichmäßigere, von der Gesellschaft tolerierte Verteilung erreicht wird.

Daß dies nicht bloße Wunschbilder sind, beweisen die Ergebnisse der im Kern marktwirtschaftlichen Entwicklungspolitik in Ländern wie Taiwan und Südkorea.

Durchschnittliche jährliche Veränderungsraten sozioökonomischer Hauptindikatoren in Entwicklungsländern mit überwiegend marktwirtschaftlichen Elementen (in v.H.)

Indikatoren	Brasilien	Kolumbien	Mexiko	Philippinen	Südkorea	Taiwan	Elfenbeinküste	Kenia	Nigeria
1. Reales Bruttosozialprodukt pro Kopf 1960—1972	3,2	1,8	3,3	2,2	6,8	6,8	4,2	3,6	2,0
2. Agrarproduktion 1961—1971	3,3	3,6	3,4	3,2	4,4	(7,4)	5,0	3,2	0,4
3. Erwerbstätige in der Landwirtschaft 1960—1970	1,2	— 0,2	— 1,7	2,3	1,0	0,4	—	—	—
4. Verarbeitende Industrie 1960—1970	7,2	6,0	8,5	6,1	17,7	(13,3)	—	5,8	10,0
5. Erwerbstätige in der verarbeitenden Industrie 1960—1970	6,2	7,8	3,9	6,8	19,8	6,2	—	6,6	—
6. Einkommenssteigerungen in verschiedenen Einkommensgruppen in den 60er Jahren									
Obere 20 %	8,4	5,6	8,0	4,9	10,6	4,5			
Mittlere 40 %	4,8	7,3	7,0	6,4	7,8	9,1			
Untere 40 %	5,2	7,0	6,6	5,0	9,3	12,1			
7. Einkommenssteigerung der untersten 40 % der Einkommensbezieher									
— größer als die Wachstumsrate des Bruttoinlandsproduktes (BIP)		7,0			9,3	12,1			
— kleiner als die Wachstumsrate des BIP	5,2		6,6	5,0					
8. Veränderung der Einschulungsquote in Primar- und Sekundarschulen									
1960	47	45	49	68	65	—	24	30	21
1969	66	59	66	84	75	—	42	39	17

Quellen:

1 Bericht zur Entwicklungspolitik der Bundesregierung (1975), Drucksache 7/4293, Tab. 5, S. 103 ff.

2 FAO, Monthly Bulletin of Agricultural Economics and Statistics, Vol. 22, No. 4, 1973, Tab. 2, S. 4—5.

3 ILO, Yearbook of Labour Statistics 1966, 1971 und 1975, jeweils Tab. 2 A; Kolumbien 1964—1970, Taiwan 1956—1966.

4 DIW, Wochenbericht, 1/2, 1975, S. 3.

5 Quelle wie unter 3.

6 H. Chenery u. a., Redistribution with Growth, London 1974, Tab. II. 1, S. 42. — Brasilien 1960—70, Kolumbien und Südkorea 1964—70, Mexiko 1963—69, Philippinen 1961—71, Taiwan 1953—61.

7 Ebenda, S. 14; Zahlen wie unter 6.

8 UNESCO, Statistical Yearbook 1971.

Die in Klammern gesetzten Angaben für Taiwan (1953—68) sind entnommen aus M. H. Hsing, Taiwan, London 1971, S. 162.

DIE SOZIALISTISCHEN PLANWIRTSCHAFTEN ALS NUTZNIESSER DER MARKTWIRTSCHAFT

von Reinhold Biskup

1. Überlegenheit über das „kapitalistische" System — Anspruch und Wirklichkeit

Der Überlegenheitsanspruch über das marktwirtschaftlich verfaßte Wirtschafts- und Gesellschaftssystem gehört zu den augenfälligen Attributen der Selbstdarstellung des marxistisch-leninistischen Wirtschaftssystems. Er entspringt letztlich der marxistischen Lehre von der geschichtlichen Entwicklung, die ja in der gesetzmäßig aufsteigenden Evolution zum geschichtlichen Endstadium der klassenlosen „befreiten" Gesellschaft des Kommunismus dem Sozialismus als Vorstufe des Endziels bereits ein qualitativ und quantitativ überlegenes Niveau gegenüber dem Kapitalismus zuweist. Dabei ist allerdings in der Praxis des Sozialismus der Staaten Osteuropas festzustellen, daß die Vision des Überflusses und der vollen Selbstverwirklichung des Menschen im „Reich der Freiheit" des endzeitlichen Kommunismus weitgehend dazu dient, gleichsam nach Art einer Durchhalteparole die tatsächlichen Entbehrungen und Beschränkungen des sozialistischen Alltags zu rechtfertigen und sinnvoll erscheinen zu lassen.

Aus der Perspektive dieses Geschichtsdeterminismus ist auch zu erklären, daß das marxistisch-leninistische Wirtschafts- und Gesellschaftssystem seine eigene Sinngebung geradezu aus der Vernichtung des „kapitalistischen" Systems ableitet, das wiederum durch einen vagen mythischen Kapitalismusbegriff buchstäblich personifiziert und so mit allen erdenklichen Negativeigenschaften versehen apodiktisch abgewertet und diffamiert wird[1].

Dieser ideologisch begründete und eschatologisch motivierte Antagonismus zwischen dem sozialistisch-kommunistischen Wirtschaftssystem und der als Kapitalismus verzeichneten marktwirtschaftlichen Ordnung von Wirtschaft und Gesellschaft läßt sich letztlich auf die Erkenntnis zurückführen, daß — wie Müller-Armack es ausdrückt — Marktwirtschaft und Machtwirtschaft unvereinbar sind. Denn ein funktionierendes Marktwirtschaftssystem ermöglicht und begünstigt durch das Entstehen einer

[1] Vgl. zum Begriff und zur Darstellung des Kapitalismus: A. Müller-Armack, Entwicklungsgesetze des Kapitalismus, Berlin 1932; sowie zur gegenwärtigen terminologischen Funktion: Chr. Watrin, Kapitalistischer Klassenstaat? in: Frankfurter Allgemeine Zeitung Nr. 120 vom 25. 5. 1974, S. 13; und E. G. Vetter, Verleumdung oder Mißverständnis, in: Frankfurter Allgemeine Zeitung, Nr. 174 vom 31. 7. 1971, S. 15. Zur methodologischen Kritik siehe auch: V. Vanberg, Die zwei Soziologien. Individualismus und Kollektivismus in der Sozialtheorie, Tübingen 1975, S. 195 ff.

Vielzahl von individuellen Dispositionszentren einen Freiheitsspielraum, in dem die unterschiedlichen persönlichen Präferenzen zur Geltung kommen können, die jedem totalitären Machtanspruch ebenso entgegenstehen wie der zu seiner Verwirklichung und Sicherung angewandten zentralen Wirtschaftslenkung.

Der Gegensatz zwischen der Entfaltungsmöglichkeit menschlicher Freiheit und dem System zentraler Planung der Wirtschaft stellt sich bereits bei der Erfüllung des eigentlichen Zwecks auch dieses Wirtschaftssystems, nämlich bei der Versorgung der Gesellschaft nach dem Prinzip ökonomischer Rationalität. Zumindest der historische Befund aller Volkswirtschaften, die bislang nach diesem System organisiert werden, zeigt nämlich, daß das entscheidende Problem der Wirtschaftsrechnung beziehungsweise der Wertrechnung weitgehend ungelöst geblieben ist. Die Wertrechnung ist indessen eine unerläßliche Voraussetzung für die Bemessung ökonomischer Rationalität. „Historisch gesehen fällt", wie auch Befürworter einer sozialistischen Wirtschaftsordnung hervorheben, „der Aufstieg ökonomischer Rationalität zusammen mit der Entwicklung von Einrichtungen, die menschliche Freiheitsrechte sichern und den Raum der Gewalt in menschlichen Beziehungen vermindern"[2].

Es herrscht zumindest außerhalb der gegenwärtig bestehenden „sozialistischen" Volkswirtschaften und sicherlich auch bei einem großen Teil der unmittelbar Betroffenen Einmütigkeit darüber, daß der Spielraum menschlicher Freiheit in diesen realisierten wirtschaftlichen und gesellschaftlichen Ordnungsformen des Systems zentraler Planung weitaus geringer ist als in Ländern mit marktwirtschaftlich organisierten Volkswirtschaften. Sofern man die Verwirklichung und Gewährleistung grundlegender menschlicher Freiheiten selbst nur zu den Nebenzielen eines Wirtschafts- und Gesellschaftssystems rechnet, weisen also diese angewandten sozialistischen Ordnungsformen ein beträchtliches Leistungsdefizit auf, das ihren Überlegenheitsanspruch über das „kapitalistische" System allein schon für diesen Bereich als bloße Fiktion erscheinen lassen muß.

Die Kluft zwischen Schein und Wirklichkeit wird noch offensichtlicher, wenn man sich einmal vergegenwärtigt, in welchem Ausmaß die kommunistischen Machthaber abweichend von den Grundaussagen der Ideologie, mit der sie ihren Herrschaftsanspruch legitimieren, und trotz ihrer erklärten Absicht, den „faulenden Kapitalismus" zu begraben, sich dessen ungeachtet elementare Funktionsmechanismen und die Leistungskraft des von ihnen angeprangerten „dekadenten" marktwirtschaftlichen Systems

[2] C. Landauer, Das Eindringen marktwirtschaftlicher Vorstellungen in die sozialistische Ideenwelt, in: Hamburger Jahrbuch für Wirtschafts- und Gesellschaftspolitik, 12. Jg., Tübingen 1967, S. 157.

zunutze machen. Dieser Sachverhalt läßt sich im folgenden an einigen Beispielen vornehmlich aus dem Bereich der Außenwirtschaft veranschaulichen.

2. Der Kapitalismus als Entwicklungshelfer des sozialistischen Systems

Der ehemalige Außenhandelsminister und spätere Vorsitzende des Präsidiums des Obersten Sowjets der UdSSR, Mikojan, soll von einem amerikanischen Journalisten gefragt worden sein, woher die kommunistischen Länder die Preise für ihren Außenhandel entlehnen würden, wenn ihr erklärtes außenpolitisches Ziel, die weltweite Ausbreitung des kommunistischen Wirtschafts- und Gesellschaftssystems, verwirklicht und dadurch das marktwirtschaftliche Wirtschaftssystem mitsamt seinen Voraussetzungen für die Bildung von Knappheitspreisen beseitigt wäre. Der schlaue Armenier soll darauf ebenso gewandt wie hintergründig geantwortet haben, daß man für diesen Fall vorgesehen habe, in der Schweiz die Marktwirtschaft als Modell für den kapitalistischen Weltmarkt bestehen zu lassen.

Nichts anderes wird hierdurch beschrieben als die Unfähigkeit der sozialistischen Zentralverwaltungswirtschaften, ein eigenständiges funktionsfähiges System von Verrechnungspreisen für ihren Außenhandel zustande zu bringen. Stattdessen müssen die Außenhandelspreise dem „kapitalistischen" Weltmarkt entlehnt werden. Nichtsdestoweniger identifizieren seine Nutznießer im als überlegen herausgestellten sozialistischen System seine Ordnungsprinzipien geradezu als „Anarchismus". Die fortgesetzte Inanspruchnahme der guten Dienste dieses Systems hat indessen eine lange Tradition.

So hat bereits Lenin seine Genossen zu überzeugen versucht, daß bei der Überwindung der nach der Einführung des Kriegskommunismus in Rußland bestehenden großen wirtschaftlichen Schwierigkeiten „der privatwirtschaftliche Kapitalismus in der Rolle eines Helfers des Sozialismus ... eine ökonomisch völlig unbestreitbare Tatsache"[3] ist. Es ist bemerkenswert, daß Lenin 1921, um die wirtschaftliche Katastrophe zu überwinden und die Voraussetzungen für den politischen und wirtschaftlichen Fortbestand des Sowjetstaates zu schaffen, zur Besinnung auf die methodische und materielle Leistungsfähigkeit der Marktwirtschaft riet. Er nahm damals, zu Beginn der Neuen Ökonomischen Politik in der Sowjetunion, sogar den offenbar werdenden Widerspruch zur Ideologie in Kauf, als es darum ging, „den Umsatz der Industrie und der Landwirtschaft zu beleben, koste es, was es wolle"[4]. „Wer auf diesem Gebiet", so erläuterte

[3] W. I. Lenin, Werke, Bd. 32, Berlin (Ost), 1961, S. 368.
[4] Ebenda.

er die Priorität dieses Zieles, „die besten Resultate erzielt, sei es auf dem Wege des privatwirtschaftlichen Kapitalismus, sei es sogar ohne Genossenschaften, ohne direkte Umwandlung dieses Kapitalismus in Staatskapitalismus, der wird dem sozialistischen Aufbau in ganz Rußland mehr Nutzen bringen als derjenige, der auf die Reinheit des Kommunismus ‚bedacht' ist ..."[5].

Freilich war diese Neuorientierung der sowjetischen Wirtschaftspolitik unter Lenin, wie später auch die Stalinära deutlich genug vor Augen führte, von vornherein keine prinzipielle, sondern nur eine taktische Kursänderung. Sie bedeutete auch keine Preisgabe ideologischer und politisch-totalitärer Grundpositionen, zumal da sorgsam die Kontrolle über die entscheidenden Schlüsselpositionen aufrechterhalten und weiter ausgebaut wurde. Jedoch ist sie damals wie heute gleichermaßen bezeichnend für den Zwiespalt zwischen dem Mythos eines in Theorie und Praxis als überlegen dargestellten sozialistischen Wirtschaftssystems und der Realität ihrer fortdauernden konzeptionellen und materiellen Anleihen im System der als unterlegen und dekadent abgewerteten Marktwirtschaft.

Wenngleich der Entfaltung marktwirtschaftlicher Lenkungsmechanismen und Verhaltensweisen im Rahmen der Leninschen Neuen Ökonomischen Politik nur ein begrenzter Spielraum und unzureichende Voraussetzungen gewährt wurden, blieben dennoch die Erfolge der wiederbelebten privaten Initiative insbesondere in Handel, Landwirtschaft und Kleingewerbe nicht aus. Die Produktion dieser Wirtschaftsbereiche erreichte alsbald wieder den Vorkriegsstand[6]. Es verdient vermerkt zu werden, daß Lenin, um den Aufschwung der Wirtschaft zu erreichen, die Kommunisten ausdrücklich ermahnte, „bei den bürgerlichen Spezialisten, darunter auch bei den Händlern, den kleinkapitalistischen Genossenschaftlern und den Kapitalisten, in die ‚Lehre' zu gehen"[7]. Er scheute sich nicht, im Zusammenhang mit seiner Bewertung des sogenannten Kapitalismus „als Mittel, Weg, Behelf, Methode zur Steigerung der Produktivkräfte"[8] ihn wegen dieser Eigenschaften als „Segen gegenüber dem Mittelalter"[9] zu bezeichnen.

Angesichts der wirtschaftlichen Situation Rußlands stand es für Lenin außer Frage, „den kulturell am höchsten stehenden, talentvollsten, organisatorisch fähigsten Kapitalisten anbieten (zu) müssen ... in den Dienst der Sowjetmacht zu treten und gewissenschaft zu helfen, die große und

[5] Ebenda.

[6] Vgl. hierzu H. Raupach, Geschichte der Sowjetwirtschaft, Reinbek bei Hamburg 1964, S. 49 ff.

[7] Lenin, Werke, Bd. 32, a.a.O., S. 379.

[8] Lenin, Werke, Bd. 32, a.a.O., S. 364.

[9] Ebenda.

größte ,staatliche' Produktion zu organisieren"[10]. Lenin war überzeugt: „Sozialismus ist undenkbar ohne großkapitalistische Technik, die nach dem letzten Wort modernster Wissenschaft aufgebaut ist"[11].

Wenn die kommunistischen Machthaber Osteuropas sich heute zur Legitimierung ihrer Außenwirtschaftspolitik gegenüber den marktwirtschaftlichen Industrieländern auf Lenin berufen, so kann dieser Anspruch auf Leninsche Tradition durchaus für zutreffend gehalten werden. Denn tatsächlich besteht nicht nur im Ziel und weitgehend sogar auch in der Methode dieser Politik Übereinstimmung, sondern letztlich auch in den fortbestehenden Ursachen, weshalb die Entwicklungshilfe des „Kapitalismus" weiterhin in Anspruch genommen wird. Innerhalb des Zeitraumes von nahezu 60 Jahren des Bestehens der sozialistischen Sowjetwirtschaft als Anwendungsbeispiel einer zentralgeleiteten Planwirtschaft haben sich die strukturellen Schwächen dieses Wirtschaftssystems nicht verringert, sondern auf einem höheren Entwicklungsniveau eher verfestigt.

Das Leninsche Konzept für die wirtschaftlichen Beziehungen zum „kapitalistischen" Ausland war bestimmt von der Erkenntnis, daß der Sowjetstaat nicht imstande sein werde, die tiefgreifende Wirtschaftskrise selbständig zu überwinden und „die zerstörte Wirtschaft aus eigenen Kräften, ohne maschinelle Ausrüstung und technische Hilfe aus dem Ausland wieder aufzubauen"[12]. Da die „bloße Einfuhr dieser Ausrüstungen" als unzureichend angesehen wurde, erschien es den Sowjetführern zweckmäßig, „Konzessionen" an die „größten imperialistischen Syndikate" zu vergeben[13]. Mit Hilfe dieser Konzessionen sollten mit „dem fortgeschrittenen Finanzkapital der fortgeschrittenen Länder"[14] Verträge über den Ausbau und den Betrieb von Unternehmen sowie über die Gewinnung und den Vertrieb von Rohstoffen abgeschlossen werden.

Während man sich davon für die Sowjetmacht „einen Vorteil durch die Entwicklung der Produktivkräfte und die Vermehrung der Produktmenge, sei es sofort oder in kürzester Zeit"[15], versprach, erwartete man, daß sich der ausländische Vertragspartner zu dieser Art der kapitalistischen Wirtschaftsförderung bereit fände, „um einen Extraprofit über den üblichen hinaus zu erzielen oder um solche Rohstoffe zu erhalten, die er sonst nicht oder nur äußerst mühsam beschaffen kann"[16]. Lenin ermahnte seine Genossen, sich „auf die Besonderheiten der kapitalistischen Welt zu stüt-

[10] Lenin, Werke, Bd. 32, a.a.O., S. 351.
[11] Lenin, Werke, Bd. 32, a.a.O., S. 346.
[12] Lenin, Werke, Bd. 32, a.a.O., S. 181.
[13] Ebenda.
[14] Lenin, Werke, Bd. 32, a.a.O., S. 240.
[15] Lenin, Werke, Bd. 32, a.a.O., S. 359.
[16] Ebenda.

zen, die Gier der Kapitalisten nach Rohstoffen auszunutzen und daraus Vorteile zu ziehen ..."[17].

Die Parallele zur Politik der Kooperationsabkommen zwischen den kommunistischen Ländern Osteuropas und den marktwirtschaftlichen Industrieländern in der Gegenwart drängt sich geradezu auf. Auch dieses sowjetische Konzept der wirtschaftlichen Zusammenarbeit mit den marktwirtschaftlich organisierten Ländern enthält neben der industriellen Kooperation als besonderen Anreiz auch wieder die Erschließung der Naturschätze[18]. Es stellt ebenso wie die Konzessionspolitik der zwanziger Jahre eine Wachstumsförderung der Sowjetwirtschaft dar, dadurch daß aus den Marktwirtschaften ein Transfer von Investitionsgütern, Technologie und Krediten erfolgt. Auf diese Weise erhalten die zentral geleiteten Planwirtschaften Osteuropas, vornehmlich die Sowjetunion, notwendige Wachstumsimpulse, die sie aufgrund systembedingter Unzulänglichkeiten und Strukturschwächen nicht in ausreichendem Maße aus sich heraus entwickeln. Zudem bedeutet die Politik der Kooperationsabkommen eine Anpassung der Marktwirtschaften an die spezifischen Funktionsbedingungen und strukturellen Eigenarten der Zentralverwaltungswirtschaften, die sich zum Beispiel in der langfristigen zentralen Planung, im Bilateralismus, in der Inkonvertibilität der Währungen, im Staatshandel sowie in einer qualitativ und quantitativ unzureichenden Exportkapazität und daher auch in einem chronischen Devisenmangel äußern. Bezeichnend für diesen Sachverhalt sind die Exportüberschüsse in Höhe von mindestens 17 Milliarden DM, die die westlichen Länder 1975 gegenüber den osteuropäischen Volkswirtschaften aufweisen — davon über 9 Mrd. DM allein die Bundesrepublik — sowie die hohe Verschuldung der osteuropäischen Länder, die mit mehr als 30 Mrd. US-Dollar zu veranschlagen ist und auch nur einen Teil des gesamten Kreditbedarfs kennzeichnet.

Diese Beispiele zeigen, daß ganz im Widerspruch zum Axiom von der Überlegenheit der sozialistischen zentralen Planwirtschaft das marktwirtschaftliche System gezielt als Entwicklungshelfer in den Dienst der Wirtschaftspolitik kommunistischer Staaten gestellt wird. Das gilt auch für die Regierungszeit Chruschtschows, in der ja gerade im Zeichen seiner Politik der „friedlichen Koexistenz" die wirtschaftlichen Ressourcen der „kapitalistischen" Länder für den Aufbau des „sozialistischen Lagers" wieder stärker mobilisiert werden sollten, nachdem vornehmlich in der zweiten Hälfte der Stalinära diese Hilfsquellen der Sowjetwirtschaft weitgehend

[17] Lenin, Werke, Bd. 32, a.a.O., S. 320.

[18] Vgl. die Rede Breschnews anläßlich des offiziellen Besuchs von Bundeskanzler Schmidt in der Sowjetunion vom 28. Oktober 1974, in: Bulletin des Presse- und Informationsamtes der Bundesregierung, Nr. 129, vom 5. 11. 1974, S. 1302, sowie das am 30. Oktober unterzeichnete Kooperationsabkommen zwischen der Bundesrepublik und der Sowjetunion, insbesondere Artikel 5, ebenda, S. 1310.

verschlossen blieben. Gleichzeitig wurde der „ökonomische Wettbewerb" mit den westlichen marktwirtschaftlichen Industrieländern zugleich auch als Beweis für die „Überlegenheit des sozialistischen Systems über das kapitalistische"[19] unter Chruschtschow geradezu in das Programm seiner Politik einbezogen.

Die von Chruschtschow häufig — allerdings mit einem immer wieder (von 1968 bis 1980) verlängerten Zeithorizont[20] — verkündete Zielvorgabe, den mächtigsten und „fortgeschrittensten kapitalistischen" Staat, die USA, „in der industriellen und landwirtschaftlichen Pro-Kopf-Produktion weit hinter sich (zu) lassen"[21], wird sogar in das Parteiprogramm der KPdSU von 1961 übernommen. Es sieht als äußerste zeitliche Begrenzung für diesen Erfolg sozialistischer Planwirtschaft das Jahr 1970 vor und verheißt außerdem innerhalb der Frist bis 1980 der gesamten Bevölkerung der Sowjetunion „einen Überfluß an materiellen und kulturellen Gütern"[22].

Unter Chruschtschow erfolgte auch erstmals wieder nach einer langen Periode der Sterilität und des Niedergangs der Wirtschaftswissenschaften im Sowjetsystem, nicht zuletzt durch eine umfangreiche Aneignung wirtschaftstheoretischer Erkenntnisse aus den Industrieländern des Westens, eine Wiederbelebung der ökonomischen Theorie, insbesondere der mathematischen Planungstechniken[23]. Leontief kennzeichnete den damaligen Zustand der sowjetischen Wirtschaftswissenschaft als „ein riesiges unantastbares und unbewegliches Marxdenkmal, umgeben von einer Vielzahl von Wärtern, die damit beschäftigt sind, das Monument instand zu halten, von Zeit zu Zeit frische Blumen in wenig verändertem Arrangement an seinem Fuße niederzulegen und einen nicht abreißenden Strom von ehrerbietigen Besuchern an ihm vorbeizuführen"[24].

Die bis dahin praktizierte Technik der Wirtschaftsplanung, die von den Sowjets insbesondere den Entwicklungsländern gegenüber nichtsdestoweniger als wissenschaftlich überlegenes, in der Sowjetunion und in Osteuropa praktisch bewährtes Erfolgsmodell angepriesen wird[25],

[19] Vgl. N. S. Chruschtschow, Über die wichtigsten Probleme der Gegenwart. Reden — Aufsätze von 1956—1963, Verlag für Fremdsprachliche Literatur, Moskau, 1963, S. 53.

[20] Vgl. Chruschtschow, a.a.O., S. 47, 58 und 117.

[21] Chruschtschow, a.a.O., S. 117.

[22] Vgl. den Wortlaut in: B. Meissner, Das Parteiprogramm der KPdSU 1903 bis 1961, Köln 1962.

[23] Vgl. hierzu W. Leontief, Niedergang und Aufstieg der sowjetischen Wirtschaftswissenschaft, in: Hamburger Jahrbuch für Wirtschafts- und Gesellschaftspolitik, hrsg. von H. D. Ortlieb, 5. Jg., Tübingen 1960, S. 33 ff., sowie H. Raupach, Die Wiederbelebung der ökonomischen Theorie seit 1953, in: Boettcher, Lieber, Meissner (Hrsg.), Bilanz der Ära Chruschtschow, Stuttgart—Mainz 1966, S. 132 ff.

[24] Leontief, a.a.O., S. 34.

[25] Vgl. hierzu R. Biskup, Sowjetpolitik und Entwicklungsländer, Freiburg 1970, insbesondere S. 154 ff.

wurde selbst von sowjetischen Wirtschaftswissenschaftlern wenig rühmlich als „Planung ohne Theorie" gekennzeichnet[26]. Leontief stellt sogar gänzlich infrage, daß es so etwas wie eine sowjetische konsistente Planungstechnik bis zu dieser Zeit gegeben hat, und vergleicht jede Aussage über sie mit dem, was man von einem sprechenden Pferd sagen kann: „Bemerkenswert ist nicht, was es sagt, sondern daß es überhaupt etwas sagt"[27].

Indem die kommunistischen Planungstheoretiker in ihrem Bestreben, die Grundlagen für die Weiterentwicklung neuer Verfahren zu entlehnen, die „bürgerliche Ökonomie" wiederentdeckten und sie sich ihren Zielen dienstbar machten[28], erwarben sie zweifelsohne ebenso wie die Praktiker der Außenhandelsplanung umfangreichere Kenntnisse von der Funktionsweise der Marktwirtschaften. Als Epigonen von Marx, der ja ausschließlich den „Kapitalismus" analysierte und sich über die Organisationsformen und Funktionsweise eines sozialistischen Wirtschaftssystems ausschwieg, sollte von ihnen ja ohnehin angenommen werden können, daß sie zumindest vom Ansatz her mit der — in der Ausführung freilich dogmatisch verzeichneten — Analyse des marktwirtschaftlichen Systems vertraut seien.

Auch allein schon die Entlehnung der marktwirtschaftlich gebildeten Preise des Weltmarktes als Maßstab für die Bewertung der Waren, die im Außenhandel zwischen den sozialistischen Planwirtschaften ausgetauscht werden, erfordert eine fortgesetzte gründliche Beobachtung zumindest der Preisbildungsprozesse in den Marktwirtschaften. Wenn allerdings die an den Weltmarktpreisen orientierten Verrechnungspreise in der Praxis des sozialistischen Außenhandels nur ungenügend funktionieren, so ist dieser Mangel nicht primär auf eine unzureichende Ermittlung der entsprechenden Marktpreise zurückzuführen. Denn einmal wären diese von den Märkten der Industrieländer Westeuropas und Nordamerikas entlehnten Knappheitspreise nur dann als Surrogat im Außenhandel zwischen den zentral gelenkten Volkswirtschaften Osteuropas und der UdSSR verwendbar, wenn die Konsum- und Produktionsstrukturen dieser Länder den Mustermärkten zu jedem Zeitpunkt völlig entsprechen würden. Zudem werden die — in der Regel also ganz andere Knappheitsverhältnisse bezeichnenden — Weltmarktpreise entsprechend den unterschiedlichen wirtschaftlichen und politischen Gegebenheiten der bilateralen Austauschbeziehungen zwischen den sozialistischen Handelspartnern manipuliert, so daß schließlich, wie es ein fachkundiger sozialistischer Theoretiker ausdrückt, „eine ‚höchst eigenartige' Preisbasis zustande-

[26] Vgl. hierzu L. Smolinski, Planning without Theory 1917—1967, in: Survey, No. 64, Jg. 1967, S. 120.

[27] Leontief, a.a.O., S. 35.

[28] Vgl. Leontief, a.a.O., S. 36.

kommt, ein Preissystem von einer Art, die seit der Entwicklung der Weltwirtschaft bisher noch niemals existiert und funktioniert hat"[29].

3. Irrationale oder marktwirtschaftliche Verhaltensweisen im Außenhandel der Planwirtschaften?

Es liegt nun nahe zu fragen, ob die Außenhandelsplaner der sozialistischen Volkswirtschaft die Kenntnisse der Funktionsweise des marktwirtschaftlichen Systems nutzbringend in der Praxis ihrer Wirtschaftsbeziehungen mit Marktwirtschaften verwenden, oder ob sie sich den Prinzipien der sozialistischen Doktrin getreu und befangen in den Kategorien des Planungsdenkens verhalten.

Der Außenhandel sozialistischer Planwirtschaften ist reich an Beispielen für Verhaltensweisen der Außenhandelsinstitutionen, die als irrational angesehen werden können[30], zumal wenn sie allein nach den grundlegenden Kriterien der modernen Außenhandelstheorie — Freihandel entsprechend den komparativen Kostenvorteilen — beurteilt werden[31]. Es würde zu weit führen, in diesem Zusammenhang zu erörtern, daß zur Erklärung und Beurteilung von Reaktionen der Planwirtschaften Osteuropas auf veränderte Angebots-Nachfrage-Konstellationen im Außenhandel marktwirtschaftliche Anpassungsmechanismen nur sehr begrenzt herangezogen werden können, weil ja die Anpassung an solche Veränderungen in zentral geleiteten Wirtschaften unmittelbar durch Entscheidungen und Maßnahmen der Planer erfolgt[32]. Außerdem wäre zu berücksichtigen, daß diese Entscheidungen auch von weiteren wirtschaftlichen und politischen Prioritäten der Planwirtschaften abhängig sind[33] und daß auch noch andere Maßstäbe gewählt werden könnten[34]. Insofern erscheint es für eine an marktwirtschaftlichen Kriterien orientierte Beurteilung ihrer Verhaltensweisen unerläßlich zu unterscheiden, inwieweit der Handlungsspielraum für marktwirtschaftliche Reaktionen vorweg durch spezifische Funktionsbedingungen der sozialistischen Planwirtschaft vorbestimmt und eingeengt wird. Denn es ist durchaus möglich, daß durch

[29] S. Ausch, A KGST — együttmüködés helyzete, mechanizmusa, távlatai, Budapest 1969, S. 96.

[30] Vgl. hierzu P. J. Bryson, Socialist International Economics — An East European Model of Trade, Decentralization and Growth, in: Weltwirtschaftliches Archiv, Bd. 111, 1975, S. 138 ff.

[31] Vgl. A. Bergson, On Prospects for Communist Foreign Trade, in: A. A. Brown and E. Neuberger, International Trade and Central Planning, Berkeley and Los Angeles 1968, S. 384, sowie G. Grossman, Foreign Trade of the U.S.S.R.: A Summary Appraisal, ebenda, S. 344.

[32] Vgl. hierzu J. S. Berliners Diskussionsbeitrag in: A. A. Brown and E. Neuberger, a.a.O., S. 306 f.

[33] Vgl. H. G. Johnson, Toward a General Theory of Foreign Trade Policy, in: A. A. Brown and E. Neuberger, a.a.O., S. 395 ff.

[34] Vgl. hierzu die Kriterien, die M. Bornstein bei der Bewertung des sowjetischen Preissystems verwendet, in: Konjunkturpolitik, 9. Jg., 1963, S. 377 ff., sowie die Kriterien von P. J. D. Wiles, Communist International Economics, Oxford 1968, S. 34 ff. und S. 90.

derartige Systemzwänge der Anschein völlig irrationalen Verhaltens entsteht, während tatsächlich die Außenhandelsorganisationen sich ihre Kenntnisse vom „kapitalistischen Weltmarkt" beziehungsweise von dessen Teilmärkten zunutze machen, um zumindest das Ausmaß planungsbedingter „Irrationalität" möglichst in Grenzen zu halten.

Der Nachweis, daß die sozialistischen zentral geleiteten Planwirtschaften sich im Außenhandel mit den Marktwirtschaften nicht durchgängig irrational verhalten, läßt sich — ebensowenig wie eine gegenteilige Verallgemeinerung — nicht generell führen. Er muß sich zwangsläufig darauf beschränken, an einem für einen solchen Sachverhalt möglichst aufschlußreichen Beispiel die Anpassungsreaktionen der Außenhandelsinstitutionen im einzelnen zu untersuchen. Auf diese Weise kann nachgewiesen werden, daß zumindest ausreichende Kenntnisse unterstellt werden können, die grundsätzlich zu nicht-irrationalem Verhalten im Außenhandel befähigen. Das läßt sich am Beispiel der Ausfuhr von Sonnenblumenöl der sozialistischen Staatshandelsländer Osteuropas (RGW) in die EWG in den Jahren zwischen 1967 und 1970 veranschaulichen.

Im Jahre 1967 verzehnfachten diese Länder gegenüber dem Vorjahr ihre Exporte von Sonnenblumenöl in die EWG. Sie lieferten 212.633 Tonnen in die EWG und weiteten damit ihren Marktanteil zu Lasten der übrigen Drittländer beträchtlich aus. Darüber hinaus führten diese Importe, die lediglich mit verhältnismäßig geringen Zöllen belastet wurden und insbesondere von der UdSSR, Bulgarien und Rumänien in wachsendem Umfang zu immer niedrigeren und jeweils zu fast gleichen Preisen angeboten wurden, zu einer Schädigung der verarbeitenden Industrie in der EWG. Daher belastete die Kommission der Europäischen Gemeinschaft diese Einfuhren gemäß den Vorschriften des Gemeinschaftsrechts ab September 1967 mit einer zunächst auf 1,7 Rechnungseinheiten (RE, entsprechend US-Dollar) je 100 kg festgesetzten Ausgleichsabgabe. Da die osteuropäischen Staatshandelsländer auf diese handelspolitische Restriktion der EWG mit einer weiteren Ausdehnung der angebotenen Mengen reagierten, wurde die Ausgleichsabgabe im April 1969 schließlich auf 5 RE erhöht und danach entsprechend dem nun einsetzenden absoluten mengenmäßigen Rückgang der Importe aus Osteuropa bis zum Oktober desselben Jahres wieder auf Null gesenkt.

Die Reaktion der Staatshandelsländer auf die veränderten Absatzbedingungen schien so weitgehend dem traditionellen Verhaltensmuster von sozialistischen Zentralverwaltungswirtschaften zu entsprechen, wie es in ausgeprägter Form erstmals in dem inzwischen häufig zitierten Beispiel der umfangreichen Getreidelieferungen der Sowjetunion zu Beginn der dreißiger Jahre sichtbar wurde[35]. Der Angebotspreis wurde zunächst an

[35] Vgl. F. D. Holzman, Soviet Central Planning and Its Impact on Foreign Trade Behavior and Adjustment Mechanisms, in: A. A. Brown and E. Neuberger, a.a.O., S. 281.

die Ausgleichsabgabe angepaßt und zusätzlich gesenkt, während die Angebotsmenge weiter ausgedehnt wurde, damit der ursprünglich erstrebte Umsatzerlös erzielt werden konnte. Erst nachdem die Einfuhrbelastung (im April 1969) mit 5 RE je 100 kg gegenüber 1967 verdreifacht war, ging die von den Staatshandelsländern in die EWG exportierte Menge auf 173.262 Tonnen zurück.

Auf den ersten Blick ist man angesichts dieser Gegebenheiten geneigt, die gleiche wenig flexible, am geplanten Devisenerlös ausgerichtete Exportpolitik, wie etwa in den dreißiger Jahren zu unterstellen und sie als irrational zu bezeichnen. Es scheint so, daß die Außenhandelsplaner die Weisung Lenins, „bei den Kapitalisten zu lernen", nicht befolgt hätten. Dieser Eindruck trügt jedoch, denn die Planer haben sich tatsächlich nach Art einer „konzertierten" Aktion sogar auf dreifache Weise den veränderten Gegebenheiten des Absatzmarktes angepaßt. Insgesamt gesehen haben sie durchaus nicht irrational gehandelt, sondern in bemerkenswert guter Kenntnis der zu nutzenden Möglichkeiten, die Erlösminderung in Grenzen zu halten. Die dreistufige Reaktion der RGW-Länder auf die Erhebung der Ausgleichsabgabe läßt sich anhand der folgenden Zahlenübersicht verdeutlichen.

EWG-Ausgleichsabgabe und Entwicklung der Einfuhr von Sonnenblumenöl aus RGW-Staaten in die EWG

Jahr	1967	1968	1969	1970
Monat	— 9.	4. 4. 10. 11. 12.	4. 6. 7. 9. 10.	—
Ausgleichsabgabe in RE	0 1,7	2,2 3,5 3,0 4,0 2,5	5 4 2,7 1,5 0	0
Ausfuhr RGW a)	212 633	180 456	238 983	173 262
davon: DDR b)	7 007	30 147	77 730	240
Bezüge der Bundesrep. a)	906	n. v.	n. v.	17 519
aus der DDR c)	767	7 433	8 133	21 425

a) in Tonnen, b) ohne Lieferungen in die Bundesrepublik, c) in 1.000 DM.
Quellen: Abl. der EG; SAEG; Statistisches Bundesamt, Fachserie G, Reihe 6.

Die Planer der osteuropäischen Exportländer reagierten auf die veränderten Absatzbedingungen langfristig gesehen — marktwirtschaftlich

— durchaus angemessen, indem sie die angebotenen Mengen absolut verringerten, um auf diese Weise einer weiteren Erhöhung der Ausgleichsabgabe vorzubeugen und dadurch einem Erlösverfall entgegenzuwirken. Im Endeffekt haben sie durch die Mengenreduzierung und durch die sie begleitende allmähliche Preissteigerung bewirkt, daß sie 1970 gegenüber 1969 erneut einen Erlöszuwachs von 2,879 Mill. US-Dollar erzielt haben[36], obwohl gleichzeitig die exportierten Mengen um 65.721 Tonnen verringert wurden. Mit diesem in der zweiten Hälfte des Jahres 1969 wirksamen Anpassungsvorgang wurde die Angebotsmenge wieder unter die für die Erhebung der Ausgleichsabgabe maßgebliche Reizschwelle gesenkt. Weil deswegen diese Abgabe sukzessive bis auf Null abgebaut werden konnte, erhöhte sich der Exporterlös der RGW-Lieferungen entsprechend dem Preiserhöhungsspielraum, der nunmehr wieder zumindest in Höhe der fortgefallenen zusätzlichen Einfuhrbelastung gegeben war.

Die Zahlen für die betreffende gesamte Ausfuhr der RGW-Staaten weisen indessen noch bis 1969 eine beträchtliche Erhöhung auf 238.983 Tonnen aus, so daß der Eindruck entsteht, die sozialistischen Planwirtschaften hätten doch erst mit großer Verzögerung zwei Jahre nach der ersten Belastung der Sonnenblumenölexporte mit der Einfuhrausgleichsabgabe angemessen reagiert. Tatsächlich jedoch beginnt der Anpassungsvorgang bereits 1968. Er zeigt sich in der Steigerung des Ausfuhranteils der DDR in die EWG-Staaten (ohne Bundesrepublik) im Jahre 1968 bereits auf 16,7 v.H. und 1969 sogar auf 32,5 v.H. der gesamten Sonnenblumenölexporte der RGW-Länder, während er im folgenden Jahr jäh auf 0,13 v.H. sinkt.

Diese Handelsumlenkung stellt einen weiteren Schritt der Anpassungsmaßnahmen der Außenhandelsplaner dar. Denn dadurch wurde das mit der Ausgleichsabgabe belastete Exportvolumen jeweils um den beträchtlichen Anteil verringert, der über die DDR in die EWG (ohne Bundesrepublik) ausgeführt wurde. Die Erklärung für diese Wirkung liegt darin, daß aufgrund der Nichtanerkennungspolitik der Bundesrepublik die DDR nicht als Drittland im Sinne der Handelspolitik der EWG angesehen und deswegen auch nicht in die entsprechenden Verordnungen über die Festsetzung einer Zusatzabschöpfung einbezogen wurde[37]. Daher konnten auch die aus der DDR in die EWG eingeführten Anteile des gesamten Ausfuhrvolumens an Sonnenblumenöl nicht mit der Abgabe belastet werden, da keine gesetzliche Grundlage bestand. Diese Lücke im Gemeinschaftsrecht der EWG haben also die sozialistischen Außenhan-

[36] Der Exportwert der Lieferungen betrug 1969 44,995 Mill. US-Dollar und 1970 47,874 Mill. US-Dollar.

[37] Vgl. hierzu C.-D. Ehlermann, Innerdeutsche Wirtschaftsbeziehungen und Europäische Gemeinschaft, in: C.-D. Ehlermann u. a., Handelspartner DDR — Innerdeutsche Wirtschaftsbeziehungen, Baden-Baden 1975, S. 223.

delsinstitutionen für ihre Anpassungsreaktion erfolgreich zu nutzen gewußt, so daß einmal die effektiv mit der Abgabe belastete Ausfuhrmenge 1968 nur 150.309 Tonnen und 1969 nur 161.253 Tonnen betrug und zum anderen ein ständig wachsender, 1969 gegenüber 1967 auf das Elffache gestiegener Anteil überhaupt ohne Zusatzabgabe auf dem Markt der EWG abgesetzt werden konnte.

Die plötzliche Verminderung des DDR-Exportanteils 1970 auf 0,13 % der gesamten Sonnenblumenölexporte der RGW-Länder in die EWG bezeichnet nun eine weitere Reaktion der betreffenden sozialistischen Volkswirtschaften, und zwar auf eine nunmehr seitens der einzelnen Importländer drohende restriktive Behandlung der bislang nicht mit der Zusatzabgabe belasteten Exporte der DDR. Anders als die sozialistischen Außenhandelsinstitutionen, die in diesem Falle die vorhandene Lücke im Außenwirtschaftsrecht der Gemeinschaft bereits schon zwei Jahre lang zu ihrem Vorteil ausnutzten, hatten die zuständigen Verwaltungsinstitutionen der EWG den Vorgang der Handelsumlenkung, der die Erhebung der Ausgleichsabgabe begleitete und teilweise unwirksam machte, bis Ende 1969 noch gar nicht bemerkt[38].

Als durch parlamentarische Anfragen von Abgeordneten der betroffenen Mitgliedsländer der Tatbestand aufgedeckt wurde, paßten sich die osteuropäischen Außenhandelsinstitutionen erneut an die veränderten Absatzbedingungen an. Die über die DDR in die EWG-Länder mit Ausnahme der Bundesrepublik gelieferten Mengen wurden auf ein Minimum verringert und, da die Ausgleichsabgabe inzwischen aufgehoben war, der unmittelbar gelieferte Anteil wieder bis unter die kritische Grenze erhöht auf etwas über 173.000 Tonnen. Inzwischen hatten die sozialistischen Volkswirtschaften erneut auf dem Wege über die DDR eine weitere Möglichkeit wahrgenommen, die Belastung ihrer Exporte zu reduzieren. Die DDR nutzte nämlich das Loch im Außenschutz der EWG, das aufgrund des EWG-Protokolls über den innerdeutschen Handel besteht, um zusätzlich zu den in die übrigen EWG-Länder exportierten Mengen Sonnenblumenöl in die Bundesrepublik auszuführen, und zwar nicht nur abgabenfrei, sondern auch zollfrei. Die auf diesem Handelsweg in die Bundesrepublik gelieferte Menge stieg von 906 Tonnen im Jahre 1967 steil an auf 17.519 Tonnen 1970, kompensierte also zum Teil die bis dahin von der DDR in die anderen EWG-Mitgliedsländer exportierten Anteile an den Gesamtexporten der RGW-Länder. Zugleich erreichte durch diese Zusatzmenge der gesamte Absatz der RGW-Länder ein Volumen von 190.781 Tonnen, das sind — bei einem höheren Gesamterlös — nur 10 v.H. weniger als 1967 zu Beginn der Datenänderung auf dem Absatzmarkt.

Die Antwort auf die Frage, die noch offen geblieben ist, nämlich warum nicht sogleich das Ausweichmanöver zur Umgehung oder Ver-

[38] Vgl. hierzu Amtsblatt der Europäischen Gemeinschaften, Nr. C 91 vom 10. 7. 1969, S. 4.

minderung der Zusatzbelastung über den innerdeutschen Handel vollzogen wurde, vermag schließlich weitere Aufschlüsse über die inneren Zusammenhänge der Anpassungsstrategie und die ihr zugrunde liegende geschickte Verwertung der Kenntnisse von den „kapitalistischen" Märkten zu vermitteln.

Eine noch umfangreichere Umlenkung von Exportanteilen der RGW-Länder über den innerdeutschen Handel auf den Absatzmarkt der EWG hätte zwar den großen Vorzug der völlig abgaben- und zollfreien Einfuhr in die EWG. Die Einfuhr von Sonnenblumenöl im Rahmen des innerdeutschen Handels gehört jedoch nach Maßgabe der geltenden Regelung dieser Handelsbeziehungen zu den genehmigungspflichtigen Bezügen, für die jährliche Wertbegrenzungen festgesetzt werden. Da in diesem Falle die Wertgrenze von 10 Millionen Verrechnungseinheiten in den Jahren 1968 und 1969 fast erreicht und 1970 sogar beträchtlich überschritten war, ließ sich dieser billige Absatzweg nicht noch weiter benutzen.

Ausschlaggebend für das Verhalten der Außenhandelsplaner dürfte aber wohl das RGW-interne Verrechnungsproblem gewesen sein, das sich für die Erlöse stellte, die die DDR für die Lieferungen von Sonnenblumenöl im innerdeutschen Handel erzielte. Denn im Gegensatz zu den entsprechenden Exporterlösen der DDR aus dem Handel mit anderen EWG-Ländern, die als Devisen in der Regel ohne Schwierigkeiten von der DDR in die osteuropäischen Ursprungsländer des Sonnenblumenöls transferiert werden können, erzielt die DDR im innerdeutschen Handel keine frei verfügbaren Devisen. Denn die Erlöse für die Lieferungen der DDR im innerdeutschen Handel werden entsprechend dem Berliner Abkommen über den innerdeutschen Handel (Interzonenhandelsabkommen) nur über Verrechnungskonten verbucht und zum Ausgleich der Bezüge verwendet. Die DDR kann also keine Devisenerlöse aus diesem Handel an die Ursprungsländer unmittelbar überweisen. Sie muß vielmehr zum Ausgleich für ihre an die Bundesrepublik weitergeleiteten Sonnenblumenöllieferungen im Gegenwert hierfür mit den Ursprungsländern Kompensationsgeschäfte vereinbaren. Das bedeutet aber, daß diese Posten in ihren Außenhandelsplänen berücksichtigt werden müssen, wenn nicht — die ohnehin äußerst knappen konvertiblen — Devisen aus Außenhandelsgeschäften mit anderen westlichen Handelspartnern verfügbar sind.

Dieser Sachverhalt erklärt, warum die DDR im Rahmen dieser Exportstrategie solange wie möglich den Absatz in den anderen EWG-Ländern bevorzugte und die — allerdings verhältnismäßig geringfügige — Zollbelastung in Kauf nahm. Erst als diese Möglichkeit erschöpft und vermutlich auch die zeitlich aufwendige Planung der Kompensationslieferungen an die Ursprungsländer zustande gekommen war, verstärkte die DDR — als zweitbeste Lösung — die Lieferungen in die Bundesrepublik im Rahmen des innerdeutschen Handels.

Vergegenwärtigt man sich diesen komplexen Sachverhalt, so kann man die gängige Behauptung vom systemgebundenen irrationalen Verhalten der Außenhandelsinstitutionen zumindest nicht in der noch häufig unterstellten Allgemeingültigkeit für wahr halten. Vielmehr ist es erforderlich, die Lernprozesse der sozialistischen Außenhandelsplaner, die erworbenen Kenntnisse über die Marktwirtschaften sowie die geistigen Anleihen im marktwirtschaftlichen System gebührend zu berücksichtigen und tradierte Verhaltenshypothesen entsprechend zu korrigieren.

4. Wie man die „Kapitalisten" im Profitstreben „einholt und überholt"

Es ließen sich noch zahlreiche Beispiele anführen, die bestätigen, daß die sozialistischen Außenhandelsorganisationen ganz abweichend von dem Überlegenheitsanspruch des Planwirtschaftssystems sich geradezu „kapitalistische" Verhaltensweisen angeeignet haben. Es können jedoch hier nur noch einige aktuelle angeführt werden.

Ein bezeichnendes bekanntes Beispiel ist die Art, wie die Sowjets — getreu den Weisungen Lenins — ihre beträchtlichen Goldvorräte zum Ausgleich von Handelsbilanzdefiziten monetarisieren. Die Sowjetunion hält sicherlich den zweiten Rang in der Goldproduktion der Welt und verfügt wahrscheinlich nach den USA über die zweitgrößten Goldvorräte. Ihren Goldvorrat, dessen Umfang sie stets verheimlicht haben, verwendeten sie bislang keineswegs, wie zuweilen befürchtet wurde, um etwa durch massive Verkäufe in den Währungszentren des Westens Krisenerscheinungen zu verstärken und das Weltwährungssystem zu schwächen. Stattdessen haben sie ganz im Gegenteil ihre Verkäufe stets sorgsam getarnt und auf möglichst viele Handelsplätze, wie Paris, Zürich, London, Beirut verteilt, damit durch ihre Transaktionen der Goldpreis nicht zu stark gedrückt wurde und sie einen möglichst hohen Verkaufserlös erzielen konnten.

Ein für solche „kapitalistischen" Praktiken der Sowjetunion aufschlußreiches Beispiel ist der — zeitweilig durch die Intervention des Bundesfinanzministeriums beendete — Versuch der Sowjetunion, den Profit ihrer Goldverkäufe in der Bundesrepublik durch Ausnutzung von Lücken in der Steuergesetzgebung zu erhöhen. Da in der Bundesrepublik Barrengold der Umsatzbesteuerung unterliegt, die Umsätze von gesetzlichen Zahlungsmitteln aber (nach § 4 Nr. 8 des Umsatzsteuergesetzes) steuerfrei sind, nutzte die Sowjetunion diese Gelegenheit, die Erlöse ihrer Goldverkäufe zu erhöhen. Sie prägte ausschließlich für den Verkauf in der Bundesrepublik und in anderen westeuropäischen Ländern Goldmünzen zum Nennwert von zehn Rubeln und erklärte sie zum gesetzlichen Zahlungsmittel, obwohl den Sowjetbürgern der Besitz von Goldmünzen oder Goldbarren strikt verboten ist. In der Absicht, den Anschein einer solchen Zahlungsfunktion und zugleich einer alten Tradition zu erwecken, werden diese Goldrubel unter der gleichen Bezeichnung — Tscherwonez — eines ehemaligen russischen Zahlungsmittels emittiert, das im Verlauf der Neuen Ökonomischen Politik zwischen 1924 und 1926 sogar an ausländischen Devisenmärkten annähernd zur Goldparität notiert wurde[39].

Der Vertrieb dieser Münze sollte ursprünglich allein durch eine Großbank in der Bundesrepublik erfolgen, der von der Sowjetunion das Vertriebsmonopol für die Länder der EWG sowie für Österreich und die Schweiz eingeräumt worden war. Doch ehe die Emission der Goldrubel in der Bundesrepublik im geplanten großen Umfang in vollen Schwung kam, entzog das Bundesfinanzministerium dieser Transaktion die Geschäftsgrundlage. Es hob nämlich zunächst im Januar 1976 für die neuen Goldrubel — und in diesem Zusammenhang sogleich auch für alle anderen zweckentfremdeten „gesetzlichen" Zahlungsmittel mit Metallwert — die Befreiung von der Umsatzsteuer auf, weil ihre Zahlungsmittelfunktion nicht anerkannt wurde. Im April dieses Jahres wurde die Umsatzsteuerpflicht jedoch wieder aufgehoben mit der Begründung, daß die Finanzverwaltung zur Zeit noch prüfe, ob die „Umsätze von Münzen umsatzsteuerpflichtig sind"[40]. Inzwischen hatte ein Schweizer Bankenkonsortium den Vertrieb der sowjetischen Goldmünzen übernommen, die im Vergleich zum Goldbarrenpreis seither mit einem Aufgeld von 40 v.H. gehandelt wurden[41].

Diese Praxis der sowjetischen Goldverkaufspolitik, die wohl in nichts dem von den Kommunisten so sehr diffamierten „kapitalistischen" Profitstreben nachsteht, erklärt auch, warum sowjetische Theoretiker in der Diskussion um die Neuordnung des „kapitalistischen" Weltwährungssystems zugunsten ihrer Argumentation „die Gesetze des Marktes" gegen die Bestrebungen einer Entmonetarisierung des Goldes ins Feld führen[42]. Sie machen sich zum Anwalt des Goldstandards und prangern „diese goldfeindliche Politik — wie sie sich in den konkreten Maßnahmen zur Verdrängung des Goldes aus den internationalen Verrechnungen offenbarte —" als imperialistische Machenschaften an[43]. Bedenkt man, daß die geldlose Wirtschaft, in der Gold ein überflüssiges Gut ist, zum Ideal einer kommunistischen Gesellschaftsordnung gehört[44], so wird der Widerspruch zwischen Theorie und Praxis augenscheinlich, zumal wenn die Anhänger dieses vorgeblich überlegenen sozialistischen Wirtschaftssystems folgern:

39 Vgl. Wiles, a.a.O., S. 125.

40 Vgl. hierzu Bundesministerium der Finanzen, Finanznachrichten Nr. 5/76 vom 21. 1. 1976, S. 7 und Nr. 26/76 vom 20. 4. 1976, S. 3.

41 Vgl. Neue Tscherwonez-Münzen 1976, Frankfurter Allgemeine Zeitung vom 24. 2. 1976.

42 Vgl. F. Gorjunow, Gold: Schemen oder reale Macht? in: Sowjetunion heute, 19. Jg., Nr. 15—16, vom 16. 8. 1974, S. 14.

43 Ebenda.

44 Vgl. W. I. Lenin, Über die Bedeutung des Goldes jetzt und nach dem vollen Sieg des Sozialismus, Werke, Bd. 33, Berlin (Ost), 1973[5], S. 94.

„Von jeher diente als Universalmaßstab für einen wertgleichen Warenaustausch im Welthandel das Gold, in dem die Eigenschaften einer Weltware mit denen eines Weltgeldes verknüpft sind. Man bemühe sich also nicht, es zu verdrängen, seine Rolle einzuengen, es zu einem bloßen Schemen zu erklären"[45].

Zweifellos beschränkt sich diese Anpassung an „kapitalistisches" Marktverhalten durchaus nicht nur auf die Verkäufe von Gold. Die Verträge mit dem Diamantensyndikat beispielsweise sollen den sowjetischen Außenhandelsorganisationen beim Verkauf ihrer Edelsteine ebenfalls höchstmögliche Erlöse sichern. Wie weit die Lernprozesse der Planer auf dem Gebiet der Erschließung von zusätzlichen Verkaufserlösen gediehen sind, läßt sich auch daran ermessen, daß selbst die Leidenschaft der Briefmarkensammler durch besondere monopolistische Verkaufspraktiken „ausgebeutet" wird. So verkauft die DDR bestimmte Einzelwerte von Briefmarkenserien, sogenannte Sperrwerte, überhaupt nicht an ihren Postschaltern, sondern nur über Händler im Ausland, vornehmlich in der Schweiz. Durch diese künstliche Verknappung soll die Begehrlichkeit und damit auch der Preis der gänzlich zweckentfremdeten Briefmarken erhöht werden, während die monopolisierte Vertriebsform in Hartwährungsländern dazu dient, zusätzliche Deviseneinnahmen zu erschließen. Aber auch bei gefragten Massengütern, bei Rohstoffen und Energieträgern verstehen es die Außenhandelsplaner, den Anschluß an die jeweilige Marktpreisentwicklung durch entsprechende Preisgleitklauseln zu wahren und mögliche Erlössteigerungen auszuschöpfen.

Die genannten Beispiele beziehen sich alle auf die Verkaufspraktiken der sozialistischen Außenhandelsinstitutionen auf dem „kapitalistischen Weltmarkt". Jedoch lassen sich ebenso für den Importbereich Musterfälle für methodische und materielle Anleihen bei den Marktwirtschaften anführen. Sie sind insofern auch aufschlußreich, weil sie erkennen lassen, daß sich die Außenhandelsorganisationen der sozialistischen Planwirtschaften in das internationale Arbitragegeschäft erfolgreich einschalten. So hat die Sowjetunion 1973 aus der EWG 200.000 Tonnen Butter bezogen und in den Kaufverhandlungen erreicht, daß der Abnahmepreis durch eine besondere Exporterstattung in Höhe von 1.500 Rechnungseinheiten (entsprechend US-Dollar) je Tonne noch unter den vergleichbaren Weltmarktpreis gesenkt wurde.

Zu dieser außergewöhnlichen Subvention, die die Europäische Gemeinschaft annähernd 1,1 Mrd. DM kostete, hatte sich die EWG-Kommission in Anbetracht der Möglichkeit verleiten lassen, auf diese Weise den hohen Butterberg erheblich verringern zu können. Jedoch war gerade wegen des großen Volumens dieses Handelsgeschäftes die Befürchtung

[45] Gorjunow, a.a.O., S. 31.

unangebracht, die Sowjetunion könnte ihren Bedarf außerhalb der EWG decken, da zu dieser Zeit kein Konkurrent diese Mengen hätte liefern können. Offenbar bestand auf dem Weltmarkt noch zu einem höheren Preis Nachfrage, denn die Sowjetunion soll 50.000 Tonnen Butter mit Gewinn weiterverkauft haben[46]. Ein günstigerer Abnahmepreis als anderen Drittländern wurde der Sowjetunion auch 1972 durch eine höhere Ausfuhrsubvention seitens der EWG für die Ausfuhr von 500.000 Tonnen Weichweizen und einer ebenso großen Menge Gerste aus Frankreich gewährt[47].

Ein anderes Beispiel, bei dem ebenfalls die Handelsbeziehungen zur EWG zu Sondervorteilen genutzt werden, stellen die Zuckerlieferungen der DDR in die Bundesrepublik in der zweiten Hälfte der sechziger Jahre dar. Die DDR wurde damals an der Wirtschaftshilfe der Sowjetunion für Kuba beteiligt und mußte sich zur Abnahme von Zuckerimporten aus Kuba verpflichten, die jedoch den Eigenbedarf beträchtlich überstiegen. Die auf diese Weise entstehenden Überschüsse baute die DDR dadurch ab, daß sie zu den Vorzugsbedingungen des innerdeutschen Handels Zukker abgabenfrei und zum EWG-Marktordnungspreis, der damals annähernd 100 % über dem Weltmarktpreis und ebenso über dem Bezugspreis aus Kuba lag, in die Bundesrepublik lieferte[48]. So wurden die entstandenen Zuckerüberschüsse der DDR mit Gewinn auf dem Markt der EWG verwertet und damit zugleich die Europäische Gemeinschaft mittelbar an der Entwicklungshilfe der kommunistischen Länder Osteuropas für Kuba beteiligt.

Nahezu gleich hohe Gewinnspannen von 100 % soll die Sowjetunion nach Auffassung von amerikanischen Sachverständigen durch den Weiterverkauf von Getreide erzielt haben, das sie im Erntejahr 1972/1973 in großem Umfang in den Vereinigten Staaten aufgekauft hat[49]. Das Vorgehen der Vertreter der sowjetischen Außenhandelsorganisationen beim Abschluß dieses Getreidegeschäftes hatte damals den Betroffenen rückblickend allen Anlaß zur Erkenntnis gegeben, daß die Sowjets die Bedingungen am Weltmarkt besser kannten als die Amerikaner, da sie offensichtlich nicht nur für ihren eigenen Bedarf, sondern auch für den Weiterverkauf, bei dem sie „riesige Gewinne" erzielten, eingekauft hatten[50]. Der ehemalige Finanzminister der USA, Shultz, räumte sogar ein, daß die Amerikaner sich an diesem Geschäft „die Finger verbrannt" hätten[51].

[46] Vgl. The Financial Times vom 12. 4. 1973 und The Daily Telegraph vom 13. 4. 1973.

[47] Vgl. Amtsblatt der Europäischen Gemeinschaften, Nr. C 67 vom 17. 8. 1973, S. 13.

[48] Einzelheiten hierzu in R. Biskup, Deutschlands offene Handelsgrenze, Berlin 1976, Teil III, Kap. 4.3 (erscheint demnächst).

[49] Vgl. Washington hat sich die Finger verbrannt, in: Blick durch die Wirtschaft, Nr. 211 vom 11. 9. 1973.

[50] Ebenda.

[51] Ebenda.

Die Sowjetunion, die sich bislang immer noch weigert, Vorausschätzungen der zu erwartenden Getreideernte bekanntzugeben, um nicht den Umfang der eigenen Nachfrage zur Deckung der Versorgungslücke sichtbar werden zu lassen, hatte offenbar keine Schwierigkeiten, die Erntemenge und die Marktlage in den Vereinigten Staaten zutreffend abzuschätzen. Sie nutzte die „professionelle Geheimniskrämerei der Händler" in den USA, mit denen sie — üblicherweise schon Monate vor der Ernte — jeweils umfangreiche Lieferverträge abschloß, dazu aus, ihre Vertragspartner in Unkenntnis über das gesamte Volumen ihrer Nachfrage zu lassen und sie gegeneinander auszuspielen, um den ohnehin vom Staat stark subventionierten Preis noch weiter zu senken[52]. Da sich jedoch zum Liefertermin nach der Ernte herausstellte, daß die Sowjetunion durch die Einzelkontrakte mit den Händlern insgesamt weit mehr als nur die Überschußmenge aufgekauft hatte, entstand eine Versorgungslücke auf dem Markt der USA. Die dadurch ausgelösten Preissteigerungen wurden nicht nur zu einem Problem der amerikanischen Wirtschaftspolitik, sie brachte auch einigen beteiligten Getreidehändlern Verluste, in einem Falle sogar in Höhe von mehr als 600.000 Dollar[53].

Demgegenüber hatten die sowjetischen Außenhandelsinstitutionen dank ihres versierten Vorgehens auf dem amerikanischen Einkaufsmarkt alle sich bietenden Möglichkeiten weidlich zu ihrem Vorteil zu nutzen gewußt. Sie haben den Umfang des eigenen Bedarfs erfolgreich verheimlicht und durch eine diskrete Verhandlungstaktik die Fiktion des in den vergangenen Jahren regelmäßig bestehenden Käufermarktes erhalten, so daß die Finanzverwaltung der USA für den Abbau der — vermeintlich erneut entstehenden — Überschüsse den Exporteuren zum Zwecke der Preissenkung massive Exportsubventionen zugesagt hatte. Außerdem erhielt die Sowjetunion von den USA noch einen zinsgünstigen Kredit in Höhe von 750 Millionen Dollar für die Zwischenfinanzierung ihrer Getreide- und Futtermittelimporte in den Jahren 1972 bis 1974[54].

Darüber hinaus konnten die Außenhandelsorganisationen der Sowjetunion als weitere Aktivposten ihrer Erfolgsbilanz dieses Getreidegeschäftes neben den beträchtlichen Gewinnen aus den Wiederverkäufen des — inzwischen auf dem Weltmarkt auch als Folge ihrer unerwartet hohen Aufkäufe — knapp gewordenen Getreides auch erheblich Transportkostenersparnisse verbuchen. Denn ein großer Teil des Getreides wird aus den USA über den Hafen Wladiwostok importiert, von wo aus es unmittelbar über verhältnismäßig kurze Transportwege in die tradi-

[52] Vgl. Das Riesen-Getreidegeschäft brachte großen Verlust, in: Blick durch die Wirtschaft, Nr. 249 vom 25. 10. 1973.

[53] Ebenda.

[54] Vgl. Washington hat sich die Finger verbrannt, a.a.O.

tionellen Zuschußgebiete im Osten der Sowjetunion und an ihre asiatischen politischen Einflußgebiete weitergeleitet werden kann und nicht mehr weitaus kostspieliger über Entfernungen bis zu 10.000 Kilometer aus der Ukraine herangeführt werden muß. Der Anteil der regelmäßig unmittelbar oder durch Substitution von eigenem Getreide erfolgenden Wiederausfuhr läßt sich in etwa daran ermessen, daß nach sowjetischen Angaben allein an andere sozialistische Länder 1974 Getreidelieferungen in Höhe von 50 v.H. der mit 10,5 Millionen Tonnen bezifferten gesamten Getreideeinfuhr aus dem Westen vorgenommen wurden[55].

Inzwischen haben sich die Vereinigten Staaten vor einer Wiederholung des „Weizenraubes" gesichert, indem sie — zugleich zur Stabilisierung ihrer Getreideexporte — mit der Sowjetunion ein langfristiges Lieferabkommen für die Zeit von 1976 bis 1981 abgeschlossen haben. Danach verpflichtet sich die Sowjetunion, jährlich mindestens 6 Millionen Tonnen Getreide zu Marktbedingungen abzunehmen und die US-Regierung zu konsultieren, sobald sie mehr als 8 Millionen Tonnen zu kontrahieren beabsichtigt[56].

5. „Mit den Wölfen muß man heulen"

Der Tatbestand, daß sich die Sowjetunion langfristig zur Abnahme derartig hoher Mindestmengen an Getreide allein gegenüber den USA verpflichtet, deutet darauf hin, daß die sowjetische Führung mit anhaltenden chronischen Defiziten in der Getreideversorgungsbilanz rechnet. Es handelt sich dabei also nicht um zufällige witterungsbedingte Mangelerscheinungen — die allein auch für kommunistische Begriffe von Kausalität und Verantwortung wohl kaum die Entlassung des sowjetischen Landwirtschaftsministers rechtfertigen können — sondern um systembedingte Schwächen sozialistischer Planwirtschaft. Strukturelle Schwächen, wie Überzentralisierung, unzureichende Kapazitäten und mangelhafte Bereitstellung von landwirtschaftlichen Maschinen, Transportmitteln und Lagerraum, sowie vor allem die unzulängliche Arbeitsintensität und Kapitalproduktivität sind geradezu chronische Symptome einer Dauerkrise der Landwirtschaft im sozialistischen Wirtschaftssystem auch außerhalb der Sowjetunion geworden[57].

Im sowjetischen Parteiprogramm von 1961 wird der sowjetischen Bevölkerung „die Schaffung eines Überflusses von Agrarprodukten" ver-

55 Vgl. W. Kornilowitsch, Widerlegen Getreideimporte die Vorzüge der sozialistischen Landwirtschaft?, in: Sowjetunion heute, Nr. 22—23, 20. Jg., 1. 12. 1975, S. 21.

56 Vgl. United States Information Service, Wireless Bulletin from Washington, Nr. 192 vom 29. 10. 1975, S. 15.

57 Vgl. hierzu Chronische Probleme der sowjetischen Landwirtschaft, Neue Zürcher Zeitung, Nr. 245 vom 22. 10. 1975, S. 7 und T. Wybraniec, Moskaus Sorgen mit dem täglichen Brot, in: Frankfurter Allgemeine Zeitung, Nr. 65 vom 17. 3. 1976, S. 6.

sprochen und als zeitlicher Maßstab für den Erfolgsnachweis eine Frist von zehn Jahren angegeben, während der die Sowjetunion „die Vereinigten Staaten von Amerika in bezug auf die Pro-Kopf-Produktion der wichtigsten landwirtschaftlichen Erzeugnisse überholen" werde, wobei gerade die „beschleunigte Steigerung der Produktion von Getreide" als wichtigstes Kettenglied der Agrarpolitik bezeichnet wird[58].

Sechs Jahre nach Ablauf dieser Frist liegt die Sowjetunion im Wettlauf der Systeme immer noch weit zurück. Nahezu ein Drittel ihrer Arbeitskräfte sind nach wie vor in der Landwirtschaft beschäftigt, während in den USA nur vier Prozent aller Beschäftigten in der Landwirtschaft arbeiten und — mit einem prozentual erheblich geringeren Kapitaleinsatz — einen zehnmal größeren Hektarertrag (pro Agrararbeitskraft) erwirtschaften[59]. Dieser unübersehbare, auch durch ungleiche klimatische und geographische Bedingungen nicht zu beschönigende Rückstand in der Produktivität bezeichnet eine systembedingte Schwäche, die letztlich den hohen Importbedarf der sozialistischen Länder an Getreide bedingt. Mit Ausnahme von Rumänien und Ungarn sind die meisten RGW-Länder von Überschußländern zu Nettoimporteuren von Getreide geworden. Der durchschnittliche jährliche Importüberschuß von 13 Millionen Tonnen in der Zeit von 1971 bis 1974, der sich gegenüber den Vorjahren sogar verachtfacht hat, erklärt die starke Nachfrage insbesondere der Sowjetunion und Polens auf den Getreidemärkten des Westens[60].

Obwohl die umfangreichen Importe aus den Überschußländern des Westens die Zahlungsbilanz stark belasten, ist eine durchgreifende dauerhafte Änderung dieser Entwicklung kaum zu erwarten. Sie würde vor allem eine Dezentralisierung und Erweiterung des Entscheidungsspielraums der ohnehin überdimensionierten Produktionseinheiten sowie wirksame materielle Leistungsanreize als Voraussetzung für eine Steigerung der Arbeitsproduktivität erfordern. Die heute selbst in der Sowjetunion noch bestehenden, von den Kolchosbauern individuell bewirtschafteten, kaum einen halben Hektar großen Hoflandwirtschaften, die aus einkommens- und versorgungspolitischen Gründen wie Oasen des „Restkapitalismus" in der sozialistischen Wirtschaft geduldet werden, sind ein beredtes Zeugnis dafür, daß Leistungswille, Dispositionsfähigkeit, Organisationsvermögen und Arbeitsproduktivität gesteigert werden, sobald selbst nur in bescheidenem Umfang materielle Anreize und ein individueller Entscheidungsspielraum gegeben sind. Dieser kleine Privatsektor landwirtschaftlicher Produktion kann deshalb auch als Beweis dafür gel-

[58] Vgl. Meissner, Das Parteiprogramm der KPdSU, a.a.O., S. 197.

[59] Vgl. Chronische Probleme der sowjetischen Landwirtschaft, a.a.O. und Wybraniec, a.a.O.

[60] Vgl. Getreideversorgung in den RGW-Ländern 1971/75, DIW-Wochenbericht 7/76 vom 19. 2. 1976, S. 63.

ten, „daß der Boden der Sowjetunion unter Bedingungen einer freiheitlichen Wirtschaftsordnung weit besser genutzt werden könnte, als das heute der Fall ist"[61].

Aber gerade diese Voraussetzungen einer effizienteren Produktion werden auch in absehbarer Zeit von der Parteiführung der sozialistischen Länder weder in diesem noch in anderen Sektoren der Wirtschaft gewährt werden, weil sie wie alle anderen auf autonomen Marktkräften beruhenden wirtschaftlichen Lenkungsmechanismen dem Machtmonopol der Partei und seiner Sicherung durch zentralisierte Planung und allgegenwärtige Kontrolle zuwiderlaufen. Insofern sind auch alle hier genannten Beispiele nicht zu deuten als Anzeichen dafür, daß die totalitären sozialistischen Planwirtschaften durch die Entlehnung von wissenschaftlichen und technischen Funktionshilfen aus dem System der Marktwirtschaft und durch die Aneignung von marktwirtschaftlichen Praktiken besonders im Bereich des Außenhandels den Erfordernissen marktwirtschaftlicher Rationalität generell größeren Spielraum gewähren wollten.

Ebensowenig ist die fortgesetzte Inanspruchnahme der finanziellen und materiellen Ressourcen der Marktwirtschaften eine Gewähr dafür, daß das „sozialistische Lager", um sich diese Hilfsquellen zu erhalten, einem dauerhaften friedlichen Wettbewerb der Systeme vor der marxistisch-leninistischen antagonistischen Konfliktlösung den Vorzug gibt. Nach Auffassung der geistigen Urheber des „Prinzips der friedlichen Koexistenz" ist darunter die Fortsetzung des Klassenkampfes vorzugsweise ohne kriegerische Auseinandersetzungen zu verstehen und auch eine Politik der „Entspannung hebt", nach der maßgeblichen Auslegung Breschnjews, „die Gesetze des Klassenkampfes keineswegs auf"[62].

Die marxistisch-leninistische Grundauffassung, daß „Politik und Wirtschaft zu einer Einheit verflochten sind"[63], kommt vor allem auch in der Bewertung der wirtschaftlichen Beziehungen zwischen den Systemen zur Geltung: „Wir gehen nur dann ökonomische Beziehungen ein, wenn sie dem sozialistischen und kommunistischen Aufbau nützen, wenn sie die sozialistische Gemeinschaft stärken und dazu beitragen, daß sich dadurch das Kräfteverhältnis zu unseren Gunsten verändert"[64]. Eine solche Einstellung entspricht durchaus der Handlungsmaxime Lenins, das „kapitalistische" System als Entwicklungshelfer des Sozialismus zu nutzen.

[61] Wybraniec, a.a.O., vgl. hierzu auch K.-E. Wädekin, Privatproduzenten in der sowjetischen Landwirtschaft, Köln 1967, S. 22 ff. und S. 168 ff.

[62] L. Breschnew, Bericht des Zentralkomitees der KPdSU und die nächsten Aufgaben der Partei auf dem Gebiet der Innen- und Außenpolitik, XXV. Parteitag, Moskau, 24. 2. 1976, abgedruckt als Beilage in: Sowjetunion heute, 21. Jg., Nr. 5 vom 1. 3. 1976, S. 13.

[63] Vgl. Breschnew, a.a.O., S. 22.

[64] O. Reinhold, Die kapitalistische Krise und die ökonomische Zusammenarbeit zwischen sozialistischen und kapitalistischen Ländern, in: Einheit, Zeitschrift für Theorie und Praxis des wissenschaftlichen Sozialismus, herausgegeben vom Zentralkomitee der Sozialistischen Einheitspartei Deutschlands, 30. Jg., 1975, S. 914.

Die Verhaltensweisen, die bei der Anwendung dieser Maxime die sozialistischen Planwirtschaften erkennen lassen, sind gleichermaßen nur Mittel zum Zweck. Als gültiger Maßstab, auch zu ihrer Beurteilung, kann die Weisung Lenins gelten: „Mit den Wölfen muß man heulen, in bezug darauf aber, daß alle Wölfe ausgerottet werden müssen, wie es sich in einer vernünftigen menschlichen Gesellschaft gehört, wollen wir uns an das weise russische Sprichwort halten: ‚Prahle nicht, bevor du die Schlacht gewonnen hast'[65]."

[65] W. I. Lenin, Werke, Bd. 33, Berlin (Ost), 1973[5], S. 95.

SELBSTVERWALTETE UNTERNEHMEN UND PRODUKTIONSMITTELEIGENTUM

von Christian Watrin

Im Mittelpunkt der Kritik an der Marktwirtschaft steht gegenwärtig wieder die Behauptung, daß das Rechtsinstitut des Privateigentums an den Produktionsmitteln die Ausbeutung und Entfremdung des Arbeiters verursache. Das Privateigentum schaffe die Grundlage dafür, daß in der sogenannten entwickelten kapitalistischen Wirtschaft nichtarbeitende Produktionsmitteleigentümer den arbeitenden Nichteigentümern einen Teil ihres Lohnes vorenthielten und sich so die Früchte der gesellschaftlichen Zusammenarbeit aneigneten. In der politischen Phraseologie unserer Tage ausgedrückt, es werde gesellschaftlich produziert, aber privat angeeignet.

Der auf Marx und viele Autoren des neunzehnten Jahrhunderts zurückgehende Vorwurf, daß die Marktwirtschaft auf einem „objektiven Widerspruch zwischen vergesellschafteter Produktion und privater Aneignung" beruhe, läßt sich konsequent nur auf der Basis der Arbeitswerttheorie vertreten, da nur sie einen energischen, wenn auch in der Sache gescheiterten Versuch unternimmt, die „kapitalistische Ausbeutung" abzuleiten. Mit dem Zerfall der Arbeitswertlehre, der sich nicht zuletzt in der Rehabilitierung der Kapital- und Zinstheorie durch die sozialistische Planungsliteratur niederschlägt[1], sollte eigentlich erwartet werden, daß auch die Kritik der Eigentumsordnung als Instrument der Ausbeutung nicht mehr in der bisherigen Form aufrechterhalten und zugunsten neuerer Analysen revidiert wird. Beides ist jedoch nicht der Fall. Nachdem die Effizienzproblematik als einigermaßen geklärt angesehen werden kann und die Ersetzung der Preissteuerung durch Plandirektiven oder Planpreise weithin als nicht durchführbar angesehen wird, hat sich die ordnungspolitische Debatte von der Markt-Plan-Problematik zur Analyse der komparativen Vorteile der sozialistischen und der liberalen Marktwirtschaft verlagert. In dieser Debatte gilt die Eigentumsordnung als der Rubikon, der beide Wirtschaftsordnungen voneinander trennt. Für die

[1] Bedauerlicherweise ist es immer noch notwendig, gegenüber der orthodoxen marxistischen Tradition auf die einschlägigen Kritiken hinzuweisen, die selbst in jüngeren Publikationen, beispielsweise Ernest Mandels Buch, Marxistische Wirtschaftstheorie, Frankfurt 1972, S. 95, nicht zur Kenntnis genommen werden. Zur Kritik der Mehrwerttheorie siehe E. von Böhm-Bawerk, Zum Abschluß des Marxschen Systems, in: Gesammelte Schriften, hrsg. von Franz-Xaver Weiss, Bd. 2, Wien 1924/26, S. 321—435. Ferner: P. A. Samuelson, Wages and Interest: A Modern Dissection of Marxian Economic Models, in: The American Economic Review, Bd. XLVII (1957), S. 884—912. — G. Haberler, Marxian Economics in Retrospect and Prospect, in: Zeitschrift für Nationalökonomie, Bd. 26 (1966), S. 69—82. Zur Schwäche der Mehrwertlehre und damit des sogenannten Wertgesetzes in der Wirtschaftsplanung der Zentralverwaltungswirtschaft und zur optimalen Allokation der Ressourcen siehe U. Fehl, Kapitalzins und Allokation: Zum Kardinalfehler der Marxschen Arbeitswerttheorie, in: Zeitschrift für die gesamte Staatswissenschaft, Bd. 130, 1974, S. 297 ff.

sozialistische Marktwirtschaft wird reklamiert, daß sie die „private Aneignung des gesellschaftlichen Reichtums" aufhebe und somit Ausbeutung und Entfremdung beseitige.

Die vor diesem Hintergrund entwickelten ordnungspolitischen Vorschläge, die von der Arbeitermitbestimmung über die Wirtschaftsdemokratie bis hin zur Arbeiterselbstverwaltung reichen, sind seit dem Zerfall der Arbeitswerttheorie noch mit einem Argument abzustützen: der Behauptung, daß in heutigen Marktwirtschaften die „unmittelbaren Produzenten" vom Zugang zu den Produktionsmitteln ausgeschlossen sind. Würde dieses nicht vorausgesetzt, so könnte der Kritik an der liberalen Marktwirtschaft entgegengehalten werden, daß die Arbeiter „Ausbeutung" und „Entfremdung" durch die Gründung eigener, von ihnen selbstverwalteter und in ihrem Eigentum befindlicher Unternehmen verhindern könnten. Gerade dieses aber wird bestritten. Es heißt, daß nur in einer sozialistischen Eigentumsordnung „entfremdete" Arbeit durch von den „unmittelbaren Produzenten" selbstbestimmte Tätigkeit ersetzt werden könnte. Die hierzu unterbreiteten ordnungspolitischen Vorschläge zielen sämtlich darauf ab, gesellschaftliches Eigentum und die Selbstverwaltung der Unternehmen so miteinander zu kombinieren, daß die Trennung der „unmittelbaren Produzenten" von den Produktionsmitteln zwar nicht rückgängig gemacht, wohl aber auf einer höheren Stufe der „Gesellschaftsformation" aufgehoben wird[2].

Im folgenden sollen die ordnungspolitischen Vorstellungen erörtert werden, die vor dem Hintergrund der Marxschen Theorie entwickelt wurden. Danach ist im Zuge der modernen wirtschaftlichen Entwicklung „die ursprüngliche Einheit von Produzenten und Produktionsmitteln zerrissen"[3] worden. Es ist nach den Konsequenzen zu fragen, die die angestrebte Wiederherstellung einer neuen Einheit zwischen „Produzent und Produktionsmittel" möglicherweise haben wird.

I. Die Marxsche Theorie der „kapitalistischen Produktionsweise" und die Trennung der Arbeiter von den Produktionsmitteln

Die Marxsche Kritik am „Kapitalismus" richtet sich, soweit die Eigentumsproblematik betroffen ist, auf eine spezifische Form des Produktions-

[2] Von den zahlreichen Schriften, die von den geschilderten Voraussetzungen ausgehen, seien hier nur genannt: Ota Sik, Der dritte Weg. Die marxistisch-leninistische Theorie und die moderne Industriegesellschaft, Hamburg 1972, S. 54 ff., S. 100 ff. — Jiri Kosta, Sozialistische Planwirtschaft. Theorie und Praxis, Opladen 1974, S. 159 ff. — Branko Horvat, Die Arbeiterselbstverwaltung. Das jugoslawische Wirtschaftsmodell, München 1973, S. 106 ff. — Derselbe, Die jugoslawische Gesellschaft. Ein Essay, Frankfurt am Main 1972, S. 59 ff. — Jaroslav Vanek, Marktwirtschaft und Arbeiterselbstverwaltung, Frankfurt/New York 1975, S. 17 ff.

[3] So Kosta, a.a.O., S. 159.

mitteleigentums, das kapitalistische Eigentum. Folgt man den Marxschen Erörterungen, so lassen sich — grob gesprochen — vier Eigentumsformen unterscheiden:

1. Das Arbeitseigentum, in dem Produzent (im Marxschen Sinne) und Produktionsmitteleigentümer identisch sind; es findet sich vor allem in der handwerklich-bäuerlichen Produktionsweise und ist dadurch gekennzeichnet, daß keine fremden Arbeitskräfte gegen Entlohnung beschäftigt werden; es spielt heute im kleingewerblichen Sektor von Marktwirtschaften (Alleinmeister im Handwerk, bäuerliche Unternehmen ohne familienfremde Arbeitskräfte, freie Berufe), in der jugoslawischen Arbeiterselbstverwaltung und in sozialistischen Systemen sowjetischen Typs eine Rolle[4];
2. das sogenannte kapitalistische Eigentum, dessen wesentliches Merkmal — nicht nur nach Marx — die Trennung von Arbeit und Kapital in der Weise ist, daß ein Lohnarbeitsvertrag abgeschlossen wird; in Marxscher Terminologie die „kapitalistische Produktionsweise";
3. das genossenschaftliche Eigentum in seinen historisch überkommenen Formen[5], vor allem als Produktivgenossenschaft, in der die Genossen gleichzeitig arbeitend tätig und Kapitaleigentümer sind und
4. das öffentliche Eigentum, das Marx in Form des zur gemeinschaftlichen Nutzung verfügbaren Gemeindelandes ausführlich erörtert.

Die Marxsche Kritik konzentriert sich auf die zweite Eigentumsform, da sie nach seiner Auffassung — als überall wirkende „Erbsünde"[6] — durch das Lohnarbeitsverhältnis die Trennung der Arbeiter von ihren Produktionsmitteln bewirkt, die philosophisch als Entfremdung gedeutet wird. Marxens historische Schilderung stützt sich auf das Aufkommen des dynamischen Wettbewerbs im neunzehnten Jahrhundert, das ausgelöst wurde durch die Beseitigung zahlreicher Wettbewerbsbeschränkungen aus der Zeit des Merkantilismus und die schnelle Umsetzung technischer Fortschritte in wirtschaftliche Innovationen. Beides bewirkte eine damals als revolutionär aufgefaßte Umwälzung der aus dem Spätmittelalter überkommenen bäuerlich-handwerklichen Produktionsstruktur und Wirtschaftsverfassung, in der die jeweiligen Produzenten, sofern sie sich nicht kreditwirtschaftlicher Mittel bedienten, tatsächlich in einer sehr einfachen Weise noch als Eigentümer ihrer Produktionsmittel angesehen werden konnten.

[4] Siehe Karl C. Thalheim, Formen und Bedeutung des Eigentums an Produktionsmitteln in marktsozialistischen Systemen, in: Chr. Watrin (Hrsg.), Studien zum Marktsozialismus (Schriften des Vereins für Socialpolitik, N.F. Bd. 86), Berlin 1976, S. 62 und 65.

[5] Nur diesen wendet Marx seine Aufmerksamkeit zu, indem er sie als Vorläufer der „kapitalistischen" Unternehmung auffaßt. Siehe Karl Marx, Das Kapital, Bd. III (Ausgabe Dietz-Verlag, 1957), S. 36 f.

[6] Karl Marx, Das Kapital (Ausgabe Dietz-Verlag, 1957), Bd. I, S. 623.

Der für die Marxsche Theorie entscheidende Gesichtspunkt, der auch von seinen heutigen Nachfolgern ohne Abstriche übernommen wird, ist die Behauptung, daß sich wegen ihrer wirtschaftlichen Überlegenheit die „kapitalistische Produktionsweise" auf breiter Front durchsetzen konnte[7]. Durch sie wurde einerseits der Interessengegensatz zwischen „Kapitalisten" und „Proletariern" verschärft, gleichzeitig aber begünstigte er die Zentralisation der Produktionsmittel in den Händen einer immer kleiner werdenden Klasse von Produktionsmitteleigentümern.

In Marxens Augen handelt es sich um einen irreversiblen historischen Prozeß, dessen Determinanten so gesetzt sind, daß die „unmittelbaren Produzenten" keine Möglichkeit haben, die persönliche Verfügung über die Produktionsmittel zurückzugewinnen. Rechtliche Zugangsbarrieren zum Produktionsmitteleigentum spielen dabei keine Rolle. Die behauptete Ereignisabfolge soll vielmehr Ausfluß der ökonomischen Grundregeln der Marktwirtschaft und eines in ihr wirkenden Gesetzes der Wirtschaftsstufenentwicklung sein. Beide Faktoren verursachen im Zeitablauf durch ihre vermeintliche innere „Logik" den Ausschluß einer wachsenden Majorität der Bevölkerung vom Produktionsmitteleigentum.

Um diesen Nachweis zu führen, unterscheidet Marx bekanntlich zwischen der vorkapitalistischen und der kapitalistischen Produktionsweise. Während er erstere als „einfache Warenproduktion" beschreibt, in der der Produzent Eigentümer seiner Produktionsmittel und Erzeugnisse ist und letztere verkauft[8], um seine Subsistenzmittel erwerben zu können[9], werden in der letzteren anfallende Gewinne nicht mehr wie auf früheren Wirtschaftsstufen dem Konsum zugeführt, sondern größtenteils im Unternehmen investiert. Der „Scheidungsprozeß des Arbeiters vom Eigentum an seinen Arbeitsbedingungen"[10] zeichnet sich jedoch vor Erreichen der „kapitalistischen Produktionsweise" bereits im Stadium der „ursprünglichen Akkumulation" ab, die für Marx „der historische Scheidungsprozeß von Produzent und Produktionsmittel"[11] ist.

Die endgültige Herausbildung eines produktionsmittellosen Proletariats ist bei Marx durch zwei Faktoren bestimmt, einerseits durch die liberale Politik, die im Wege der Befreiung von Dienstbarkeit und Zunftzwang „die Produzenten in Lohnarbeiter verwandelt", andererseits aber die „Neubefreiten ... (zu) Verkäufern ihrer selbst (macht), nachdem ihnen alle ihre Produktionsmittel und alle durch die alten feudalen Einrichtungen gebotenen Garantien ihrer Existenz"[12] genommen wurden.

[7] Siehe hierzu die in: Das Kapital, Bd. I, a.a.O., S. 803, gegebene Schilderung und die Bemerkung von Friedrich Engels im Anhang auf S. 824.

[8] Karl Marx, Das Kapital, Bd. I, a.a.O., S. 777 und 801.

[9] Siehe auch Mandel, a.a.O., S. 126 ff.

[10] Karl Marx, Das Kapital, Bd. I, a.a.O., S. 753.

[11] Ebenda, S. 753.

[12] Ebenda, S. 754.

In Marxens wirtschaftshistorischer Darstellung ist die „ursprüngliche Akkumulation" eine ununterbrochene Folge brutaler Beraubungen und schwerster Formen der Unterdrückung. Sie wird in die Wege geleitet durch die Expropriation der ländlichen Produzenten von Grund und Boden[13], die Privatisierung von Gemeindeland[14], die private Aneignung von Kirchengütern und vor allem durch eine parteiliche Gesetzgebung zugunsten der aufkommenden „Kapitalistenklasse". Am Ende des Akkumulationsprozesses steht das „kapitalistische" Eigentum, das das zersplitterte Eigentum der vielen zusammenfaßt und die bipolare Unternehmensverfassung bedingt. —

Ob diese Art der historischen Schilderung der kritischen Prüfung standhält, sei hier nicht weiter erörtert. Alfred Müller-Armack, der im Anschluß an Max Webers Forschungen diese Frage in seinen wirtschaftshistorischen und -soziologischen Studien erörtert, hat die völlig anderen Erklärungsmuster, die für die Entstehung der modernen marktwirtschaftlichen Ordnungen herangezogen werden müssen, ausführlich dargestellt[15]. Aus Gründen des Arguments sei jedoch die Marxsche Analyse als zutreffend unterstellt und nach den Alternativen gefragt, die die „kapitalistische Produktionsweise" von diesem Standpunkt aus für die Arbeiter läßt.

Die Wiedergewinnung des privaten Produktionsmitteleigentums durch die „unmittelbaren Produzenten" scheidet für Marx als Alternative aus. Zwar bemerkt er „solange ... der Arbeiter für sich selbst akkumulieren kann, und das kann er solange er Eigentümer seiner Produktionsmittel bleibt, ist die kapitalistische Produktionsweise unmöglich, die dazu mögliche Klasse der Lohnarbeiter fehlt"[15a]. Diese Möglichkeit wird von ihm jedoch allein mit der bäuerlich-handwerklichen Produktion assoziiert, die nach seinem geschichtstheoretischen Schema eine niedrigere Stufe der Wirtschaftsentwicklung ist. Nach der Marxschen Fortschrittstheorie sterben aber die niedrigeren Stufen des Wirtschaftens ab und werden durch höhere ersetzt. Das gilt auch für die „kapitalistische Produktionsweise". In Marxens Worten: „Das Kapitalmonopol wird zur Fessel der Produktionsweise, die mit und unter ihm aufgeblüht ist. Die Zentralisation der Produktionsmittel und die Vergesellschaftung der Arbeit erreichen einen Punkt, wo sie unverträglich werden mit ihrer kapitalistischen Hülle. Sie wird gesprengt. Die Stunde des kapi-

[13] Ebenda, S. 754.

[14] Ebenda, S. 763.

[15] Alfred Müller-Armack, Religion und Wirtschaft, Geistige Hintergründe unserer europäischen Lebensform, Stuttgart 1959. — Derselbe, Entwicklungsgesetze des Kapitalismus. Ökonomische, geschichtstheoretische und soziologische Studien zur modernen Wirtschaftsverfassung, Berlin 1932.

[15a] Marx, Das Kapital, Bd. I, S. 807.

talistischen Privateigentums schlägt. Die Expropriateurs werden expropriiert[16]." Worin aber das Wesentliche der neuen Phase der Wirtschaftsentwicklung besteht, das soll sich aus der Anwendung der dialektischen Logik ergeben.

Danach ist das „kapitalistische Privateigentum die erste Negation des individuellen, auf eigne Arbeit gegründeten Privateigentums. Aber die kapitalistische Produktion erzeugt mit der Notwendigkeit eines Naturprozesses ihre eigne Negation. Es ist die Negation der Negation. Diese stellt nicht das Privateigentum wieder her, wohl aber das individuelle Eigentum auf der Grundlage der Errungenschaft der kapitalistischen Ära: der Kooperation und des Gemeinbesitzes der Erde und der durch die Arbeit selbst produzierten Produktionsmittel"[17]. —

Diese Argumentation ist freilich aus drei Gründen wenig befriedigend. — Die „Negation der Negation" führt logisch gesehen zur Ausgangssituation zurück. Nimmt man die „vorkapitalistische Produktionsweise" als Thesis, die „kapitalistische Produktionsweise" als Antithesis („Negation"), dann bezeichnet die doppelte Verneinung, die „Negation der Negation", aussagenlogisch keine „höhere Synthesis sondern die Identität mit der ursprünglichen Thesis"[18]. — Marx verbindet überdies seine Argumentationsfigur im unmittelbaren Anschluß an die zitierte Stelle mit einer politisch-ökonomischen Voraussage auf der Basis seiner Stufenlehre, und zwar der Behauptung, daß der Übergang vom „kapitalistischen Eigentum" zum „gesellschaftlichen Eigentum", wie es weiter bei ihm heißt, ungleich weniger hart und schwierig sei, da es sich jetzt nur noch um „die Expropriation weniger Usurpatoren durch die Volksmasse (handele)". Er stützt diese Prophezeiung mit dem Hinweis, daß die „Entwicklung der großen Industrie ... der Bourgeoisie die Grundlage selbst (wegzieht), worauf sie produziert und die Produkte sich aneignet"[19]. Es dürfte aber schwer sein, die Geschichte der letzten hundert Jahre im Lichte dieses einfachen Stufenschemas zu beschreiben[20], obwohl dieser Versuch immer wieder unter-

[16] Marx, Das Kapital, Bd. I, S. 803 (Sperrungen im Original).

[17] Ebenda (Sperrungen im Original).

[18] Siehe Karl R. Popper, Was ist Dialektik?, in: Ernst Topitsch (Hrsg.), Logik der Sozialwissenschaften, Köln—Berlin 1965, S. 274. Popper weist darauf hin, daß andere von Dialektikern gegebene Deutungen der Triade zu völlig willkürlichen Ergebnissen führen können.

[19] Marx, Das Kapital, Bd. I, a.a.O., S. 804 und Fußnote. — Vgl. hierzu auch Popper, a.a.O., S. 285.

[20] Auf die wechselvolle Geschichte der Eigentumsordnungen in den vergangenen Jahrzehnten soll hier nicht eingegangen werden. Es genügt aber schon ein kurzer Blick auf die Volksvermögensrechnung, um Mängel der Marxschen Analyse sichtbar zu machen. — Die Volksvermögensrechnung weist ein recht kompliziertes Geflecht von Eigentumsbeziehungen auf, auf das die marxistische Vorstellung vom privaten Besitz, der

nommen wird[21]. — Schließlich aber bleibt die Frage offen, was unter „gesellschaftlichem Eigentum" im Sinne der Negation des Privateigentums zu verstehen ist. Da historisch gesehen „schrankenloses" Privateigentum an Produktionsmitteln nicht bekannt ist und da es konkret immer nur um die Frage der Grenzen der individuellen Eigentumsrechte und die Einschränkung dieser Rechte durch Dritte (Nachbarn, Gemeinde, Staat) geht, ist bei gesellschaftlichem Eigentum die umgekehrte Problematik aktuell, und zwar wieweit die Nutzungsrechte gehen. Auf eine verkürzende Formel gebracht, die Alternative ist nicht privates oder gesellschaftliches Eigentum, sondern Privateigentum mit Verfügungsbeschränkungen oder gesellschaftliches Eigentum mit Nutzungsrechten für einzelne oder Kollektive. Die denkbaren Regelungen können im Einzelfall sehr komplex sein, und es ist kaum möglich, die Diskussion mit zwei

die Herrschaft über die vermögenslosen Arbeiter ausübt, kaum angewendet werden kann. In funktionaler Aufgliederung entfallen 1970 vom gesamten deutschen Volksvermögen in Höhe von rund 2,9 Billionen DM 19,4 v.H. auf das Hoheits- und Vereinsvermögen, 30,8 v.H. auf das Wohnungsvermögen, 35,3 v.H. auf das Produktivvermögen und 14,5 v.H. auf landwirtschaftliche Vermögen. Die letzten drei Gruppen verteilen sich wieder auf soziale Gebilde unterschiedlichster Natur, deren Klassifikation mit den einfachen Begriffen des Arbeitseigentums und des kapitalistischen Eigentums nicht zu beschreiben ist. So sind die Gebietskörperschaften in allen drei Gruppen bedeutsame Eigentümer (von den hundert größten deutschen Industrieunternehmen sind beispielsweise dreißig, darunter einige der größten, staatlich kontrolliert). Das Wohnungsvermögen verteilt sich über staatliche Einrichtungen, gemeinnützige und gewerbliche Unternehmen bis hin zu privaten Haushalten, die den größten Anteil haben, wobei wieder zu unterscheiden ist zwischen „Arbeitseigentum" im Sinne des selbstgenutzten Einfamilienhauses und „kapitalistischem" Eigentum bei Vermietung. Selbst die Unselbständigen-Haushalte sind nicht, wie die Rede vom „vermögenslosen Arbeiter" nahelegt, ohne Vermögensbesitz. Vom konsolidierten Volksvermögen fallen 31,4 v.H. an öffentliche Haushalte, 2,3 v.H. an private Organisationen, 3,1 v.H. an ausländische Wirtschaftseinheiten, 37,1 v.H. an die Selbständigenhaushalte und 26,1 v.H. an die Unselbständigenhaushalte. Da die Zahl der Selbständigenhaushalte erheblich kleiner ist als die der Unselbständigenhaushalte, folgt daraus ein signifikant verschiedenes Durchschnittsvermögen, und zwar von DM 396.000 je Selbständigenhaushalt und DM 41.700 je Unselbständigenhaushalt. Eine adäquate Würdigung dieser Differenz ist allerdings erst möglich, wenn man die Vermögensfunktionen in Rechnung stellt, also beispielsweise einbezieht, in welchem Ausmaß Selbständigenhaushalte ihr Vermögen als Ausgleich für die sozialen Risiken, die bei den Unselbständigenhaushalten im Rahmen der Einrichtungen der sozialen Sicherheit versichert sind, im angegebenen Zeitpunkt benötigten. Bezieht man beispielsweise den Barwert der Sozialversicherungsleistungen, die für 1971 auf 1,6 Billionen DM geschätzt wurden, mit in die Rechnung ein, so ändert sich das Bild grundlegend. Schließlich aber ist noch zu beachten, daß Volksvermögensrechnungen nur einen Teilausschnitt des Vermögens erfassen; in ihnen ist beispielsweise nicht das Arbeitsvermögen enthalten. — Zu den Zahlenangaben siehe W. Engels, H. Sablotny, D. Zickler, Das Volksvermögen — seine verteilungs- und wohlstandspolitische Bedeutung, Frankfurt—New York 1974, S. 104, 127 und 137. — Ferner Alfred Stobbe, Volkswirtschaftliches Rechnungswesen, 3. Aufl., Berlin, Heidelberg, New York 1972, S. 78 f., und Hans Willgerodt, Karl Bartel, Ulrich Schillert, Vermögen für alle. Probleme der Bildung, Verteilung und Werterhaltung des Vermögens in der Marktwirtschaft, Düsseldorf—Wien 1971, S. 48 ff.

21 Siehe z. B. Kosta, a.a.O., S. 160. — Zur Kritik historizistischer Entwürfe siehe: Müller-Armack, Entwicklungsgesetze des Kapitalismus, a.a.O., S. 12 ff. — Ferner: Chr. Watrin, Spätkapitalismus, in: Erwin K. Scheuch, Die Wiedertäufer der Wohlstandsgesellschaft, Köln 1968, S. 40 ff.

idealtypischen Extremen, dem „schrankenlosen" privaten und dem „totalen" gesellschaftlichen Eigentum zu bestreiten[22].

Versuche zur Umschreibung des Inhalts der Nutzungsrechte bei gesellschaftlichem Eigentum aber zeigen ein weiteres Mal die Schwäche des sogenannten dialektischen Denkens. Es ist oft hervorgehoben worden, daß Marx die sozialistische Gesellschaft aus der Negation der typischen Merkmale des von ihm kritisierten „Kapitalismus" entwickeln wollte[23]. Aus der inhaltlichen Unbestimmtheit des Negats einer Sache[24] ergibt sich der perennierende Streit darüber, ob sozialistisches Eigentum im Sinne von „einheitlichem Volkseigentum" bzw. „Staats"-eigentum oder von „nichtstaatlichem", gesellschaftlichem Eigentum mit einem Nutzungsrecht auf Zeit zu verstehen ist[25].

Marx ist von vielen seiner Nachfolger so gedeutet worden, daß ihm für die von ihm als höher angesehenen Entwicklungsstufen der Gesellschaft Arbeiterassoziationen als Grundelement der Wirtschaftsorganisation vorschwebten. Diese Ansicht wurde im neunzehnten Jahrhundert vielfach vertreten. Sie findet sich nicht nur bei den „utopischen" Sozialisten, sondern auch in den Werken der ökonomischen Klassiker, die sie sorgfältig unter Abwägung von Vor- und Nachteilen erörtern. So behandelt Marxens Zeitgenosse J. St. Mill nicht nur die kommunistische Wirt-

[22] Die Problematik des Marxschen Denkansatzes und der auf ihn aufbauenden Soziologien der Eigentumsverhältnisse zeigt sich, wenn man sich nur für einen Augenblick die Fülle der Einschränkungen vor Augen hält, der das Eigentum auch im liberalen neunzehnten Jahrhundert unterlag. Diese haben sich in neuerer Zeit vervielfacht, angefangen vom Nachbarschaftsrecht über das Polizeirecht, das öffentliche Recht, die Vorrangrechte im Konkurs- und Vergleichsfall bis hin zu den Mitbestimmungsrechten. Ausgestaltungen der Verfügungsbeschränkungen, die zur de-facto Vergesellschaftung führen, ohne daß der Eigentümer der Verantwortung ledig ist, sind in der Wohnungs- und Mietpolitik, vor allem aber bei öffentlichen Unternehmungen nicht unbekannt. — Wegen der vielen Ausgestaltungsmöglichkeiten kann sich eine rationale Kritik nur gegen bestimmte Ausprägungen der Eigentumsrechte richten. Der gelegentlich erweckte Eindruck, Marx habe schlechthin gegen jede Form des Privateigentums Stellung bezogen, trifft übrigens nicht zu. Das folgt aus seiner durchaus wohlwollenden Beurteilung des Arbeitseigentums in der „vorkapitalistischen Produktionsweise", in der nach seiner Auffassung weder Ausbeutung noch Entfremdung bestanden.

[23] Siehe z. B. Hans G. Nutzinger, Die Stellung des Betriebes in der sozialistischen Wirtschaft, Frankfurt 1974, S. 57. — Dinko Dubravcić, Beiträge zur Theorie der selbstverwalteten Unternehmung (Forschungsberichte des Wiener Instituts für Internationale Wirtschaftsvergleiche beim Österreichischen Institut für Wirtschaftsforschung, Nr. 14), März 1974, S. 5 f.

[24] Um ein Beispiel zu bilden: Die Menge aller „Nicht-Dialektiker" ist die Menge aller Objekte, die nicht zur Menge der Dialektiker gehören, umfaßt also, ausgenommen die letzteren, alle Objekte der Welt.

[25] Es nimmt kaum Wunder, daß in dieser Diskussion auch Positionen wie die folgenden vertreten werden. Danach ist „das gesellschaftliche Eigentum einfach als Negation der Eigentumsrechte überhaupt" aufzufassen (Dubravcić, a.a.O., S. 11 f.). Der von Thalheim (a.a.O., S. 67) zitierte Jurist Spaić formuliert: „Weil das gesellschaftliche Eigentum gleichzeitig jedem und niemandem gehört, ist es die Negation jedes Eigentumsrechtes und jedes Trägers dieses Rechtes." — Eine „dialektische" Umschreibung dessen, was die Vertragstheorien der Gesellschaft (Hobbes, Locke, Rousseau) als Naturzustand bezeichnen?

schaftsverfassung, sondern er erörtert im Zusammenhang mit der Frage nach der „wahrscheinlichen Zukunft der arbeitenden Klasse" gerade die entscheidende Frage der Marxschen „Entfremdungsphilosophie", die Wiedergewinnung der Selbstbestimmung des einzelnen im Rahmen der Gründung und des Betriebes von Arbeiterassoziationen. In wichtigen Punkten kommen Mills Vorschläge den Ideen der Vertreter der Arbeiterselbstverwaltung nahe. Mill und seine Schüler entwickeln die Theorie, die durch das Privateigentum bewirkte Trennung der Arbeiter von den Produktionsmitteln durch eine Wirtschaftsverfassung zu ersetzen, in der die Arbeiter gleichzeitig wieder p r i v a t e Eigentümer ihrer Produktionsmittel sind. Die soziale Frage könne, so glauben sie, durch die Förderung der Produktivgenossenschaften gelöst werden, die die auf dem Prinzip der Trennung von „Kapital" und „Arbeit" beruhenden Aktiengesellschaften allmählich auskonkurrieren würden[26]. So gesehen war die Marxsche Lehre, die man meist mit dem Argument in Schutz zu nehmen versucht, daß in ihrer Zeit von ihrem Standpunkt aus keine konkreten Prognosen über den „realen Prozeß der ‚Negation des Privateigentums'"[27] möglich gewesen seien, kaum auf der Höhe ihrer Zeit. Die Geschichtstheorie verhinderte die Diskussion der sozialistischen und liberalen Alternativen.

II. Der Zugang zu den Produktionsmitteln in der Arbeiterselbstverwaltung

Unter dem Gesichtspunkt des Zugangs der „unmittelbaren Produzenten" zu den Produktionsmitteln wird heute dem Modell der Arbeiterselbstverwaltung (jugoslawischen Typs) besondere Beachtung zugewendet, da es gerade aus der Zielsetzung, die Ausbeutung und Entfremdung des Arbeiters im Marxschen Sinne zu überwinden, entworfen wurde und zur „Wiederherstellung seines Status als vollwertiges menschliches Wesen"[28] führen soll.

Von den verschiedenen Varianten einer Arbeiterselbstverwaltung sei hier diejenige unterstellt, die die innerbetriebliche Koordination nach rätedemokratischem Muster und die außerbetriebliche mit Hilfe der

[26] Auf diese Zusammenhänge und die in der Dogmengeschichte offenbar in Vergessenheit geratene ökonomische Theorie der genossenschaftlichen Kooperation hat jüngst Michael Hoppe (Die klassische und neoklassische Theorie der Genossenschaften. Ein Beitrag zur Dogmengeschichte und zur neueren Genossenschaftstheorie, Volkswirtschaftliche Schriften, Heft 241, hrsg. von J. Broermann, Berlin 1976, S. 23 ff.) aufmerksam gemacht. — Zu J. St. Mill siehe seine Grundsätze der politischen Ökonomie, in: Gesammelte Werke, Bd. 7, Neudruck der Ausgabe Leipzig 1881, Scientia Verlag Aalen 1968, S. 64.

[27] So Kosta, a.a.O., S. 160.

[28] Jaroslav Vanek, Marktwirtschaft und Arbeiterselbstverwaltung, a.a.O., S. 151.

Marktwirtschaft bewältigen will[29]. Ihre wesentlichen Kennzeichen sind die Selbstverwaltung der „unmittelbaren Produzenten" nach der Marxschen Idee einer sich selbst regierenden Assoziation[30], das Fehlen von Kontrollen durch die Eigentümer, gleichgültig ob es sich um private Eigner, Regierungen oder andere Institutionen handelt[31], die Existenz von gesellschaftlichem Eigentum, an dem die unmittelbar in den Unternehmungen Tätigen ein Nutzungsrecht in dem Sinne haben, daß sie über die Allokation der Produktionsfaktoren einschließlich ihrer eigenen Arbeitsleistung auf dem Wege interner demokratischer Abstimmungsverfahren befinden, und die marktwirtschaftliche Abstimmung der Wirtschaftspläne der einzelnen Produzenteneinheiten untereinander, wobei administrativlenkende Maßnahmen der staatlichen Wirtschaftspolitik, die in die betrieblichen Kompetenzen eingreifen, ausdrücklich ausgeschlossen sind.

Wie gestaltet sich der Zugang der „unmittelbaren Produzenten" zum Produktionsmitteleigentum unter diesen Voraussetzungen? Zunächst ist festzuhalten, daß der Zugang zu den Produktionsmitteln in einer solchen Ordnung nur begrenzt gewährt werden kann. Ausgeschlossen sind nicht nur diejenigen, die nicht zur Gruppe der „unmittelbaren Produzenten" gehören (Frauen, Kinder, Auszubildende, Rentner), sondern auch alle diejenigen, die im Bereich der Produktion öffentlicher oder meritorischer Güter tätig sind. Hier müssen die Organisationsziele durch staatlichen Akt bzw. gemäß der Marxschen Lehre vom Absterben des Staates durch Entscheidung der „Organe der Gesellschaft" vorgegeben werden. Da sich öffentliche Einrichtungen wie Polizeien, Feuerwehren, Gerichte, Finanzämter, Militär, Schulen usw. nicht über die Erzielung von Markteinkommen finanzieren und folglich die Marktsteuerung fehlt, bedeutet das gleichzeitig, daß auch die einzusetzenden Faktormengen durch politischen Beschluß vorgegeben werden. Für Selbstverwaltungsrechte im Sinne einer sich selbst regierenden Assoziation, die ihre Produktions-, Beschaffungs-, Absatz-, Investitions- und Einkommensausschüttungsziele durch Mitgliederbeschluß festsetzt, bleibt in diesem Fall kein Spielraum. Andernfalls geht man das Risiko ein, daß die in den betreffenden Einrichtungen Tätigen ihre Eigeninteressen[32] über die ihnen durch öffentlichen (oder „gesellschaftlichen") Auftrag vorgegebenen Ziele stellen und die gesellschaft-

[29] Zur Auseinandersetzung mit anderen Formen der Arbeiterselbstverwaltung siehe meinen Aufsatz „Arbeiterselbstverwaltung und gesellschaftliches Eigentum — Ein Weg zur Humanisierung der Wirtschaft?", in: Ordo, Bd. 26, S. 79—96.

[30] Horvat, Die Arbeiterselbstverwaltung, a.a.O., S. 111.

[31] So Vanek, a.a.O., S. 69.

[32] Deren Verfolgung ist ihnen ausdrücklich gestattet und gilt als großer Vorteil des Systems im Vergleich zur zwangswirtschaftlichen Ordnung.

lichen Mittel in Verwendungsrichtungen lenken, die nicht dem Willen der Allgemeinheit entsprechen[33].

Abgesehen von diesem Fall müssen im Selbstverwaltungssozialismus die Eigentumsrechte der „unmittelbaren Produzenten" in ein de-jure-Eigentum der Gesellschaft (manchmal auch als basic-owner-ship bezeichnet) und ein Nutzungsrecht (usufruct-ownership)[34] in den Betrieben aufgeteilt werden. Daraus folgt, daß die Dispositionsrechte der in den Betrieben Tätigen nur einen Teilausschnitt der Verfügungsmöglichkeiten umfassen können, die beispielsweise der klassisch-liberalen Konzeption des Eigentums zugrundeliegen. Die Disposition über Produktionsmittel wird dem einzelnen oder der Gruppe nur für die Dauer der Betriebszugehörigkeit zugestanden. Darüber hinausgehende Rechte sind ausgeschlossen; so sind Vererbung oder Verkauf der Eigenanteile verboten. Außerdem sind alle Formen des (genossenschaftlichen) Gruppeneigentums unzulässig. Es findet somit keine Wiedereinsetzung der „unmittelbaren Produzenten" in eine Position statt, die etwa dem Marxschen Bild der vorkapitalistischen Produktionsweise entspräche.

Über das gegebene Bündel von „Eigentumsrechten" kann der einzelne nicht autonom sondern nur im Verband mit seinen jeweiligen Genossen verfügen. Die Beurteilung des Wertes, den diese Art des Produktionsmittelzugangs für ihn hat, hängt daher von drei Überlegungen ab:

— dem Umfang der Mitverfügungsrechte und den Bedingungen ihres Entzugs,
— der Möglichkeit des Firmeneintritts und
— den Chancen der Neugründung selbstverwalteter Unternehmen.

1. Die Mitverfügungsrechte, der erste Aspekt, erstrecken sich prinzipiell auf alle betrieblichen Gegenstände. Je nach Unternehmensgröße wird jedoch das rätedemokratische Modell Einschränkungen unterworfen werden müssen, wenn die Entscheidungskosten nicht überproportional steigen sollen[35]. Dadurch werden die dem selbstverwalteten Unternehmen zugeschriebenen Vorteile vom Standpunkt des einzelnen nicht unerheblich eingeschränkt.

Wichtiger als diese Einschränkung der Mitbestimmungsrechte sind jedoch für das einzelne Mitglied die Regeln, die über sein Verbleiben im

[33] Es ist überraschend, daß dieses Problem im Schrifttum, von dem der Verf. naturgemäß nur einen Bruchteil kennt, nur selten abgehandelt wird. Horvat, a.a.O., S. 111, begnügt sich mit folgender Anmerkung: „Es gibt sehr wenige gesellschaftliche Aktivitäten, die einer strengen Zentralkontrolle bedürfen. Eigentlich sind es nur die, die den Schutz der Gemeinschaftsinteressen betreffen. Also etwa die Außenpolitik und Landesverteidigung. Fast alle sonstigen können der Hoheit der Kommunen überlassen bleiben." — Eine Rückkehr zum klassisch-liberalen Nachtwächterstaat?

[34] Siehe Dubravcić, a.a.O., S. 8.

[35] Siehe hierzu Erik Boettcher, Kooperation und Demokratie in der Wirtschaft, Tübingen 1974, S. 64.

Unternehmen befinden. Nach dem Vorschlag von Vanek[36] soll das wechselseitige Verhältnis der Dispositionsberechtigten nach dem Grundsatz der „freien Wahl der Arbeitstätigkeit" (freedom of employment)[37] ausgestaltet sein. Danach ist „der einzelne frei ..., eine bestimmte Arbeit anzunehmen, abzulehnen oder aufzugeben. Gleichzeitig sind die Unternehmen mit Selbstverwaltung frei, eine bestimmte Person einzustellen oder nicht"[38].

Unausgesprochen schließt diese Regelung die Entlassung des einzelnen durch kollektiven Beschluß ein. Dieses kommt bei Vanek indirekt im anschließenden Satz deutlich zum Ausdruck. Dort heißt es: „Die Unternehmungen können jedoch aufgrund einer gemeinschaftlichen und demokratischen Entscheidung ihr eigenes Recht, ein Mitglied der Gemeinschaft auszustoßen, in vielerlei Art beschränken, selbst dann, wenn streng ökonomische Überlegungen eine Entlassung fordern würden[39]." Ob es zu derartigen „Gesellschafts"-verträgen in der Praxis kommen wird[40], ist offen. Eine strikte Regel der Nichtentlassung schließt für jedes Mitglied des Kollektivs die Bereitschaft ein, hohe ökonomische Kosten in Form von Einkommensminderungen bei Verschlechterung der Lage der selbstverwalteten Unternehmung in Kauf zu nehmen. Je weniger weitreichend aber der Entlassungsschutz für den einzelnen ist, um so geringer ist für ihn der Wert seiner „Eigentümerrechte" am Unternehmen. —

2. Das zweite Beurteilungskriterium für den Zugang zu den Produktionsmitteln ist die Möglichkeit des Firmeneintritts. Der Grundsatz der freien Wahl der Arbeitstätigkeit schließt die unbehinderte Wanderung des einzelnen „unmittelbaren Produzenten" zwischen verschiedenen Unternehmen, Branchen und Regionen ein. Kann der einzelne aber damit rechnen, daß er überall freien Zugang findet, besonders dann, wenn er sich marktgerecht verhält und von Firmen mit niedrigeren zu solchen mit höheren Einkommen pro Kopf wandern will?

In der selbstverwalteten Unternehmung entsteht hier ein spezifisches Problem, das auch bei der Produktivgenossenschaft mit freiem Firmenzutritt auftritt. Entsprechend den Spielregeln des Systems erhält der Eintrittswillige von dem Betrieb, den er verläßt, keine Abfindung für seinen

[36] Vanek, a.a.O., S. 21.

[37] Vgl. das englische Original, das unter dem Titel "The Participatory Economy" (Cornell University Press, Ithaca und London 1971, S. 12) erschienen ist.

[38] Vanek, a.a.O., S. 21.

[39] Ebenda.

[40] Vom Standpunkt der Theorie des Gesellschaftsvertrages ist dieses nicht ausgeschlossen. Wenn einer Gruppe von Menschen die gleiche Gefahr (Entlassung) droht, niemand aber weiß, wie hoch sein Risiko ist, dann ist es sehr wohl denkbar, daß alle sich auf eine Regel (Nichtentlassung) einigen, die diese Gefahr ausschließt. Siehe hierzu James M. Buchanan, The Limits of Liberty, The University of Chicago Press, Chicago/London 1975, S. 6 ff.

Anteil an den aus seinen Einkommensverzichten getätigten Investitionen und Zuführungen zu allgemeinen Fonds. Ferner ist es ihm gleichzeitig verwehrt, in der neuen Unternehmung eine Einlage zu leisten. Da die Einstellung in die neue Firma in das Belieben der Insider gestellt ist, ergeben sich aus der fehlenden Möglichkeit, sich einzukaufen, Eintrittsbarrieren, die beispielsweise in der Marktwirtschaft mit Privateigentum für den produktionsmittellosen Nachfrager nach einem Arbeitsplatz nicht existieren. Dieser wird unter Konkurrenzbedingungen bekanntlich dann noch eingestellt, wenn — vereinfacht ausgedrückt — sein produktiver Beitrag dem Lohnsatz entspricht. In der arbeiterselbstverwalteten Firma gilt aber nicht analog, daß die Einwilligung des Kollektivs zum Firmeneintritt dann erfolgt, wenn der erwartete Wert der produktiven Leistung des Eintrittswilligen dem erwarteten persönlichen Pro-Kopf-Einkommen gleich ist[41]. Der Newcomer muß vielmehr den Durchschnittsbetrag zu allen betrieblichen Fonds einschließlich der bisher von den Betriebsangehörigen getätigten Investitionen erwirtschaften. Sein „Eintrittspreis" liegt also über seinem persönlichen Einkommen[42]. Da aber nun die Investitionen und Beiträge zu anderen Fonds gleichsam geronnene Kapitalbestände sind, die — so sei einmal unterstellt — aus früherem Einkommensverzicht der bereits in der Firma Tätigen finanziert wurden, besteht für diese — wie aus der Entwicklung der Produktivgenossenschaften bekannt ist[43] — ein ökonomischer Anreiz, ein neues Mitglied, das ja keine Einlage leistet, nur dann aufzunehmen, wenn sie erwarten können, daß der Neuaufgenommene die finanziellen Vorleistungen, die die bereits Etablierten schon erbracht haben, durch höhere Arbeitsproduktivität wettmacht.

41 Es ist zu beachten, daß letzteres nicht kontraktbestimmt sondern erfolgsabhängiges Residuum ist.

42 Eine detaillierte Darstellung dieses hier nur kursorisch behandelten Punktes findet sich in der Studie von Hans-Joachim Hof und Ulrich Wagner, Probleme der Beschäftigungspolitik bei Arbeiterselbstverwaltung, In: Arbeiterselbstverwaltung in Jugoslawien. Ökonomische und wirtschaftspolitische Probleme, hrsg. von Hannelore Hamel, München 1974, S. 114 ff., und bei Ulrich Wagner, Das Zielsystem der selbstverwalteten Unternehmung und sein Einfluß auf Beschäftigung und Beschäftigungspolitik, in: Chr. Watrin (Hrsg.), Studien zum Marktsozialismus (Schriften des Vereins für Socialpolitik, N.F., Bd. 86), Berlin 1976, S. 46, sowie bei Gernot Gutmann, Das Beschäftigungsoptimum für den Produktionsfaktor Arbeit in der marktsozialistischen Unternehmung, ebenda, S. 9 ff.

43 Vaneks Argument, daß die Erfolglosigkeit von Produktivgenossenschaften bedingt gewesen sei durch Diskriminierungen bei der Finanzierung, durch nicht faire Behandlung seitens der Geschäftspartner und durch zu hohe materielle Opfer, die von den Beteiligten gefordert worden seien, beachtet den oben geschilderten Zusammenhang nicht Seine Einbeziehung müßte ihn möglicherweise veranlassen, seine These zu revidieren, daß die Entwicklung der Genossenschaften kein Gegenbeispiel zu seiner Konzeption der partizipatorischen Wirtschaft sei. Siehe Vanek, Marktwirtschaft und Selbstverwaltung, a.a.O., S. 98. Auch Nutzingers Kritik (ebenda, S. 196), daß die Umwandlung von Genossenschaften in Kapitalgesellschaften Ausdruck einer im Grunde sinistren Verhaltensweise sei, nach der die „Alt-Genossen" lieber Lohnarbeiter eingestellt als neue Mitglieder aufgenommen hätten, beachtet nicht, daß dieses Problem in voller Schärfe auch für die reine Arbeiterselbstverwaltung, die nicht der „kapitalistischen" Konkurrenz ausgesetzt ist, besteht.

Dieses Problem hat bei Produktivgenossenschaften in der Marktwirtschaft zur Aufhebung des freien Firmenzutritts geführt[44]. Im Selbstverwaltungssozialismus ließe es sich durch Einschränkungen des freien Zugangs zu den Produktionsmitteln lösen, etwa — wie auch die jugoslawische Praxis zeigt[45] — durch Vereinbarung eines niedrigeren Einkommensanspruches, durch illegale Eintrittszahlungen oder durch regelwidrige Einstellung als „Lohnabhängiger". Besteht hingegen ein Verbot derartiger Praktiken und wird dieses wirkungsvoll kontrolliert, dann wird die Wanderung zwischen einzelnen Beschäftigungen und von weniger produktiven zu produktiveren Arbeitsplätzen beeinträchtigt. Die Folgen sind Einkommensunterschiede für gleiche Tätigkeiten zwischen verschiedenen Unternehmungen, die Prämierung der beruflichen Immobilität und in gesamtwirtschaftlicher Sicht Effizienzverluste.

Das Eintrittsproblem verliert an Gewicht, wenn dem Vorschlag Vaneks[46] gefolgt wird, die selbstverwalteten Unternehmen vollständig fremdzufinanzieren. Die Insider können dann alle ausschüttungsfähigen Bestandteile des Bruttoeinkommens auch tatsächlich ausschütten, müssen also keine eigenen Mittel im Unternehmen investieren. Der ökonomische Anlaß, einen „Eintrittspreis" zu fordern, entfällt mithin. Die gesamtwirtschaftlichen Nachteile dieses Vorgehens liegen jedoch auf der Hand. Die Fremdfinanzierung durch eine Behörde bedeutet, daß das Eintrittsproblem zu Lasten des allgemeinen Steuerzahlers gelöst wird, während gleichzeitig die Vorteile der „gesellschaftlichen" Finanzierung, die aus den höheren Investitionen resultierenden Einkommen, bei den Betriebsangehörigen anfallen und dort zu privaten Mehreinkommen führen.

Die beiden anderen denkbaren Wege, die Selbstfinanzierung und — sofern die politischen Prämissen des Selbstverwaltungssozialismus dieses überhaupt zulassen — die Kapitalmarktfinanzierung sind im Vergleich zur Fremdfinanzierung kaum weniger problematisch. Im Umfang der Selbstfinanzierung wird das Eintrittsproblem für den Outsider verschärft. Zusätzlich treten beachtenswerte Nebenfolgen auf. Die Investitionsfinanzierung vollzieht sich dann über den Preis zu Lasten der Konsumenten, die jedoch in diesem Fall (anders als in der Marktwirtschaft mit Privateigentum an den Produktionsmitteln) gleichzeitig auch die kollektiven Kapitaleigner sind[47]. Ähnlich der Kritik an der Selbstfinanzierung

[44] Vgl. Vanek, The General Theory of Labor-Managed Market Economies, Cornell University Press, Ithaca und London 1970, S. 318.

[45] Siehe Wagner, a.a.O., S. 46 ff. sowie Hof und Wagner, a.a.O., S. 115 ff.

[46] Vanek, The General Theory, a.a.O., S. 319. Träger der Fremdfinanzierung soll bei Vanek eine nationale Behörde für Selbstverwaltung sein.

[47] Bei der Marktwirtschaft mit Privateigentum an den Produktionsmitteln wird ja kritisiert, daß bei der Selbstfinanzierung „über den Preis" die Anteilseigner zu Lasten der Konsumenten einen Vermögensvorteil erlangen. Zur Kritik der Selbstfinanzierung siehe Reimut Jochimsen, Artikel: Selbstfinanzierung, in: Staatslexikon, Bd. VII, 6. Auflage, Sp. 33 und Sp. 37 ff.

in der freiheitlichen Marktwirtschaft richten sich gegen diese Finanzierungsmethode zwei Einwände: Die Kapitalmittel können erstens wegen der fehlenden Orientierung an (Kapital-)Marktsignalen von den Arbeitskollektiven in weniger dringliche Verwendungsrichtungen gelenkt werden. Zum zweiten aber werden die Konsumenten-Eigentümer — gesamtwirtschaftlich gesehen — zum Sparen gezwungen. Dadurch werden die Spielregeln des Systems verletzt. Die Höhe der volkswirtschaftlichen Ersparnisse müßte ja, wenn die Funktionsbedingungen des wirtschaftsdemokratischen Modells eingehalten werden, im Wege eines Abstimmungsverfahrens über die gesellschaftlichen Organe der Betroffenen — in diesem Fall die Konsumenten-Eigentümer — beschlossen werden. Bei der Selbstfinanzierung aber tritt an die Stelle des wirtschaftsdemokratischen Beschlusses die demokratisch nicht legitimierte „stille" Finanzierung durch überhöhte Preise.

Die dritte Alternative, die Investitionsfinanzierung über den Kapitalmarkt, begegnet grundlegenden Schwierigkeiten. Die Ausgabe von Anteilspapieren ist nach den Regeln der Selbstverwaltungswirtschaft nicht zulässig. Es fragt sich aber, ob Sparer unter diesen Umständen bereit sind, einem selbstverwalteten Unternehmen, das ja über kein haftendes Eigenkapital im üblichen Sinne verfügt, ihre Mittel freiwillig zur Verfügung zu stellen. Da ja die Regel gilt, daß sie keine „kapitalistische Funktion" wahrnehmen dürfen, sich also auf Ertragsrechte beschränken und auf „Verfügungsrechte" verzichten müssen, sind die üblichen Verfahrensweisen der liberalen Marktwirtschaft wohl ausgeschlossen. Es ist kaum verwunderlich, daß Anhänger des Systems unter diesen Bedingungen auf sehr entlegene Finanzierungsinstrumente, wie das der stimmrechtslosen Aktie, verfallen[48].

Selbst wenn eine Investitionsfinanzierung auf diesem Wege möglich sein sollte[49], würde sie das Problem des Firmeneintritts nur im Umfang der Fremdfinanzierung erleichtern. Jede Form der „Eigenfinanzierung" aus Konsumverzichten führt in das Problem hinein, daß der Markteintritt nicht frei ist.

3. Der Zugang zu den Produktionsmitteln und der Wert, den dieses persönliche Nutzungsrecht am gesellschaftlichen Eigentum für den einzelnen hat, hängt schließlich davon ab, unter welchen Bedingungen neue Firmen gegründet werden können. Kann beispielsweise eine Gruppe arbeitsloser aber wagemutiger, persönlich jedoch nicht am Einsatz eige-

48 So Hans W. Nutzinger, Die Stellung des Betriebes in der sozialistischen Wirtschaft, a.a.O., S. 285.

49 Wie werden sich z. B. die selbstverwalteten Banken verhalten, wenn sie ohne Sicherheiten ausleihen müssen und mit dem Problem konfrontiert sind, bei unsicheren Risiken Verluste erleiden zu können? Diese gehen zu Lasten der Pro-Kopf-Einkommen der Bankangehörigen und Rückzahlungs- und Zinsansprüche der Gläubiger.

ner Mittel interessierter Genossen analog dem dynamischen Unternehmer Schumpeters, der glaubt, einen neuen Markt entdeckt zu haben, an den „gesellschaftlichen Kapitalisten" herantreten mit dem Begehren, den Aufbau und die Anlaufphase einer Produktion vorzufinanzieren? Können dasselbe auch Personen tun, die an anderen Orten beschäftigt sind, die aber möglicherweise auf höhere persönliche Einkommen in der neuen Tätigkeit hoffen? In der Schumpeterschen Marktwirtschaft muß der schöpferische Unternehmer, wenn er keine eigenen Ersparnisse hat, einen privaten Marktpartner finden, der bereit ist, sein Vorhaben zu finanzieren. Wer aber hat die Kompetenz, in der gleichen Weise in der Arbeiterselbstverwaltung über die Allokation gesellschaftlichen Kapitals zu entscheiden? Und welche Anforderungen dürfen die „Organe der Gesellschaft" an das unternehmerische Kollektiv stellen, wenn ihnen die Ausübung von Eigentümerrechten im Sinne einer privatrechtlich verfaßten Marktwirtschaft ausdrücklich untersagt ist?

Kann überdies jede Gruppe sich zusammenfinden und Forderungen stellen? Oder bedarf es, um die erforderlichen Mittel kreditiert zu bekommen, des Testats einer Nationalen Behörde der Arbeiterselbstverwaltung, die sich ihrerseits wieder bei einer Nationalen Behörde für Volkswirtschaftsplanung rückzuversichern hat[50]? Oder ist am Ende die individuelle Kreditwürdigkeit der Gruppenmitglieder von Bedeutung? Fehlende Haftungsmöglichkeiten der Gruppenmitglieder einerseits und das Verbot von Eigentümerkontrollen andererseits — letzteres ist ja ein konstitutiver Bestandteil der Arbeiterselbstverwaltung — lassen die Frage offen, wie der einzelne in diesem Fall seine Nutzungsrechte am gesellschaftlichen Produktionsmitteleigentum wahrnehmen kann. Eine Bereitstellung von Kapitalmitteln ohne ähnliche Vorkehrungen, wie sie im Haftungsrecht der Marktwirtschaft üblich sind, würde die Verschwendung gesellschaftlicher Mittel prämiieren, zumal ja die Mitglieder einer selbstverwalteten Unternehmung in der Anlaufphase, wenn gewöhnlich die Erträge noch nicht kostendeckend sind, keiner Eigentümerkontrolle im Hinblick auf die auszuschüttenden Einkommen unterliegen dürfen. Kann die fehlende Kapitalhaftung, wie sie in der liberalen Marktwirtschaft geläufig ist, dadurch ersetzt werden, daß etwa das ausgeschüttete Einkommen als Haftsumme dient oder soll am Ende zu Haftungsformen zurückgekehrt werden, die der Liberalismus des neunzehnten Jahrhunderts im Zuge der Humanisierung des Wirtschaftslebens abgeschafft hat?

Vanek[51] glaubt, das Problem auf zwei Wegen lösen zu können, durch staatliche Unternehmensgründungen und durch die Gründung von Firmentöchtern. Im ersten Fall soll der in Gründung befindliche Betrieb aus-

[50] Diese Konstruktion wählt Vanek, The General Theory, a.a.O., S. 323.
[51] Vanek, The General Theory, a.a.O., S. 284 f.

geschrieben und eine Konkurrenz um seine Übernahme stattfinden, wobei die Frage unbeantwortet bleibt, wie die Seriosität der einzelnen Übernahmeangebote angesichts des Fehlens jeglicher Haftungsgrundlagen geprüft werden kann. Im zweiten Fall ist es schwer einzusehen, wie im Rahmen der Modellvoraussetzung, daß die Wirtschaftsbürger selbstinteressiert handeln, eine Firmenneugründung zustandekommen soll. Die Gründung ist einer Investitionsentscheidung gleichzusetzen. Erfolgt sie auf der Basis der Selbstfinanzierung durch die Mutterfirma, so ist sie irreversibel, da die geschaffene Produktionskapazität nicht mehr zugunsten derjenigen veräußert werden darf, die sie durch Konsumverzicht finanzierten. Im Unterschied zu einer Investition, die ja im Erfolgsfalle zu einem späteren Zeitpunkt höhere ausschüttungsfähige Einkommen schafft, verliert jedoch die Gruppe der Gründer die Kontrolle über die neugeschaffene Tochter, da diese wegen der Regeln des Systems ja unter die Botmäßigkeit der neuen Belegschaft zu stellen ist. Beherrschungsverträge nach den Prinzipien der Konzernpolitik aber sind unzulässig. Folglich fällt es schwer, sich vorzustellen, welche ökonomischen Anreize bestehen sollen, um Tochterfirmen zu gründen. — Anders ist die Situation nur bei völliger Steuerfinanzierung. In diesem Fall ist es denkbar, daß eine Mutterfirma eine Firmengründung vornimmt. —

Es ist das ursprüngliche Ziel der Arbeiterselbstverwaltung, über den Produktionsmittelzugang die ökonomische Entfremdung aufzuheben und die schöpferische Entfaltung der Kräfte des Individuums zu garantieren. Um dieses Versprechen einzulösen, müßten jedoch gerade im Fall des Markteintritts für eine Gruppe klare Regeln bestehen, nach denen sich diese verschulden und Risiko tragen kann. Vorerst ist es jedoch offen, wie dieses Problem in Übereinstimmung mit der Grundkonzeption gelöst werden kann. Es hat den Anschein, daß gerade das gesellschaftliche Eigentum das Haupthindernis auf dem Weg zu einer befriedigenden Lösung ist. Einerseits schließt es die Bildung von Einzel- oder Gruppeneigentum aus, das als Haftungsgrundlage dienen könnte. Andererseits aber ist die Ausleihe von Kollektiveigentum an einzelne oder Gruppen ohne Haftungsgrundlage und Eigentümerkontrolle der Gefahr ausgesetzt, zur Verschwendung der im gemeinsamen Eigentum befindlichen Produktionsmittel beizutragen.

III. Der Zugang zu den Produktionsmitteln in der Marktwirtschaft

In der Arbeiterselbstverwaltung beruhen Unternehmensform und Eigentumsordnung auf staatlichem Zwang bzw. auf den Anordnungen der Organe der Gesellschaft. Es ist nicht zulässig, nicht-selbstverwaltete Firmen zu betreiben oder privates Produktionsmitteleigentum zu besitzen, wenn der Bereich des Arbeitseigentums[52] überschritten wird. Das gilt selbst dann, wenn andere Organisations- und Eigentumsformen größere wirtschaftliche Vorteile haben oder eine Gruppe von Personen andere Arten der wirtschaftlichen Kooperation aus freiem Entschluß zu wählen wünscht.

Eine auf Privateigentum beruhende Marktwirtschaft ist im Hinblick auf die Eigentumsordnung weniger restriktiv. Neben dem Arbeitseigentum und dem „kapitalistischen" Eigentum bietet sie Raum für kommunales, staatliches, genossenschaftliches, gemeinnütziges, gewerkschaftliches und kirchliches Eigentum, für das Eigentum von Parteien, Verbänden oder öffentlich-rechtlichen Körperschaften, um nur einiges aufzuzählen. Im gesellschaftlichen Bereich wird die Wahl der Eigentumsform im Rahmen der Gesetze dem Willen der Beteiligten überlassen, die nach ihren Präferenzen und Möglichkeiten vorgehen können.

Eine marktwirtschaftliche Ordnung schließt daher auch nicht die Gründung und den Betrieb von Firmen aus, die nach den Selbstbestimmungsregeln der Arbeiterselbstverwaltung verfaßt sind. Wenn diese Möglichkeit besteht, dann ist nach den reellen Chancen ihrer Nutzung zu fragen.

— Sind die Arbeiter imstande, das erforderliche Kapital zum Betrieb selbstverwalteter Firmen zu akkumulieren?
— Treffen sie, wenn sie den Markteintritt wagen, auf wettbewerbliche oder andere Diskriminierungen, die ihre geschäftlichen Erfolgsaussichten erheblich schmälern?
— Kann aus der Tatsache, daß in einer liberalen Marktwirtschaft *privates* anstelle des gesellschaftlichen Kapitals eingesetzt und daß *private* anstatt gesellschaftliche Haftung für ökonomische Fehldispositionen übernommen werden muß, gefolgert werden, daß eben wegen dieser Privatisierung der Risiken arbeiterselbstverwaltete Unternehmungen gehindert seien, sich erfolgreich durchzusetzen?

1. Die erste der drei Fragen, die nach der Möglichkeit der Arbeiter, Kapital zu akkumulieren, um der Entfremdung und Fremdbestimmung durch den Eigenerwerb von Produktionsmitteln zu begegnen, glaubt Marx negativ beantworten zu können. Einerseits können die Arbeiter nur deshalb ausgebeutet werden, weil sie im Laufe der Wirtschaftsentwicklung von den Produktionsmitteln getrennt wurden[53], andererseits sind zufolge der Ausbeutung die Löhne so niedrig, daß die Arbeiter weder die nötigen Investitionsmittel ansparen noch die Anlaufphase einer Produktion vorfinanzieren können.

Die Marxsche Position ist nur auf der Basis einer Existenzminimumtheorie des Lohnes in Verbindung mit einer Reproduktionskostentheorie

[52] Zur Definition des Arbeitseigentums siehe Fußnote 4.

[53] Siehe hierzu die Marxsche Theorie der „Verewigung des Arbeiters" (Das Kapital, I. Band, S. 599), die sich als eine Art circulus-vitiosus-Modell deuten läßt.

der Arbeit haltbar. Abgesehen davon, daß Marx selbst einen temporären Anstieg der Löhne über das Existenzminimum einräumt, was sofort zu der Frage führt, warum die Arbeiter diese Phase nicht nutzen, um sich der kapitalistischen Produktionsweise zu entziehen, wird dieser Teil seines Lehrgebäudes angesichts der widersprechenden Fakten heute selbst von seinen Epigonen nicht mehr aufrechterhalten[54]. Wenn aber die Reallöhne säkular ansteigen, dann kann die fehlende Akkumulationsfähigkeit kaum als entscheidendes Hindernis auf dem Wege zur Überwindung der Trennung der „unmittelbaren Produzenten" von den Produktionsmitteln ins Feld geführt werden. Selbst wenn es für den einzelnen — nicht zuletzt als Folge der bestehenden Besteuerungssysteme — schwer sein mag, den Schritt in eine Existenz zu tun, in der er über seine eigenen Produktionsmittel verfügt, so gilt dies nicht für die Gruppe[55]. Dort, wo sich Arbeiter zu Kollektivorganisationen freiwillig zusammengeschlossen haben, verfügen diese heute auch über erhebliches Produktionsmitteleigentum. Im deutschen Fall beispielsweise besitzen Gewerkschaftsmitglieder über ihre Repräsentanten mittelbar Eigentum an großen Produktionsunternehmungen, Banken, Bausparkassen, Handelsketten, Versicherungen, Verlagen und kleinen und mittleren Firmen. Außerdem verfügen Arbeiter über persönliche Ersparnisse in verschiedenen Anlageformen.

Warum aber werden diese aufs Ganze gesehen erheblichen Mittel nicht im großen Stil eingesetzt — vielleicht noch mit Unterstützung gemeinnütziger Einrichtungen, die den Zielen der Arbeiterselbstverwaltung nahestehen —, um die Trennung der Arbeiter vom Eigentum an den Produktionsmitteln zu überwinden[56]?

2. Der Einwand, daß sich nach Selbstverwaltungsprinzipien verfaßte Firmen nur in einer Wirtschaftsordnung mit gesellschaftlichem Produk-

54 Siehe hierzu Mandel, Marxistische Wirtschaftstheorie, a.a.O., S. 156 f., der ausdrücklich bemerkt, daß seit Mitte des neunzehnten Jahrhunderts die Reallöhne zu steigen beginnen.

55 Siehe hierzu auch Robert Nozick, Anarchie, Staat, Utopia, München 1976, S. 250.

56 In jüngerer Zeit hat es nur wenige und aufs Ganze gesehen unbedeutende Schritte in dieser Richtung gegeben. In einigen Fällen wurden konkursgefährdete Firmen (Lip S.A., Glashütte Süssmuth), in einem anderen eine florierende Unternehmung durch Übereignung (Porst) von den jeweiligen Belegschaften übernommen. Die betreffenden Experimente gelten heute weithin als gescheitert (siehe W. Müller-Haeseler, Betriebe in Arbeiterhand? Frankfurter Allgemeine Zeitung vom 27. 4. 1976). Bei Lip wurde das Konkursverfahren endgültig eröffnet, die Glashütte Süssmuth konnte sich nur durch Einzahlungen der Belegschafts-Eigentümer im Markt halten und bei Porst wurden die Mitbestimmungsregelungen eingeschränkt. — Es bleibt noch anzumerken, daß in der Diskussion um die Arbeiterselbstverwaltung in der Marktwirtschaft ein wichtiger Sektor völlig unbeachtet bleibt, die Verfassung der Sozialversicherungseinrichtungen auf Selbstverwaltungsbasis. Allerdings sind die Selbstverwaltungsrechte in den letzten Jahrzehnten durch staatliche Interventionen weitgehend ausgehöhlt worden. (Siehe hierzu Wilfried Schreiber, Soziale Ordnungspolitik heute und morgen, W. Kohlhammer Verlag, 1968, S. 143 ff.) Ob diese Entwicklung bedingt ist durch Funktionsmängel des Systems der Selbstverwaltung oder durch den politisch motivierten Zugriff auf ein öffentliches Gut, wäre der näheren Prüfung gerade unter den Aspekten der „partizipatorischen" Demokratie wert.

tionsmitteleigentum entwickeln können, dürfte kaum Gewicht haben. Einmal wäre auf das genossenschaftliche Beispiel zu verweisen, zum anderen könnte kaum ins Feld geführt werden, daß die selbstverwaltete Unternehmung durch die gleichzeitige Existenz „kapitalistischer" Firmen beeinträchtigt würde. Die externen Beziehungen wären im einen wie im anderen Fall in Märkte eingebettet. Die Motivationsvorteile, die den arbeiterselbstverwalteten Firmen deswegen zugeschrieben werden, weil in ihnen die Trennung der „unmittelbaren Produzenten" von den Produktionsmitteln „aufgehoben" ist[57], aber sind unabhängig von der Verfassung anderer Firmen. Vielmehr wäre zu erwarten, daß der herrschaftsfreie Diskurs, den die Unternehmerproduzenten untereinander pflegen und die Mitbestimmung jedes einzelnen Firmenmitgliedes die betriebliche Produktivität auch dann erheblich steigerten, wenn in anderen Bereichen noch keine vergleichbaren Firmen existierten. Nach der Ansicht ihrer Verfechter verfügen die selbstverwalteten Unternehmungen zudem über ausgesprochene Wettbewerbsvorteile im Vergleich zu anderen, auf der Basis „entfremdeter" Produktion betriebenen Firmen[58]. Allenfalls könnte daher angeführt werden, daß die demokratischen Abstimmungsverfahren in selbstverwalteten Unternehmen höhere Entscheidungskosten verursachen[59]. Diesen müßten jedoch die sogenannten Entfremdungskosten[60] gegenübergestellt werden, die angeblich dann anfallen, wenn Wirtschaftsbürger sich für „entfremdete" (fremdbestimmte) statt für „sinnvolle" (selbstbestimmte) Arbeit entscheiden.

Wenn jedoch keine zwingenden Wettbewerbsnachteile des selbstverwalteten Unternehmens in der liberalen Marktwirtschaft behauptet werden können und wenn einige Überlegungen sogar für eine tendenzielle Überlegenheit sprechen, dann ist erklärungsbedürftig, warum sich diese Organisationsform nicht spontan durchsetzt. Selbst wenn im Grenzfall die selbstverwaltete Unternehmung kostenmäßig unterlegen wäre, könnte daraus noch nicht gefolgert werden, daß sie sich nicht im Wettbewerbsmarkt behaupten könnte; denn auch unter dieser ungünstigen Voraussetzung wären in der Sicht der Befürworter die Vorteile noch erheblich, da ja eine humane, von jedem Betriebsangehörigen mitbestimmte Arbeitswelt geschaffen wird, die im Vergleich zur „entfremdeten Produktion" einen geringeren Einkommensbezug wegen der immateriellen Vorteile des Arbeitsplatzes als diskutabel erscheinen läßt. Die persönlichen Einkommen wären zwar in diesem Fall niedriger als die Löhne im „kapita-

57 Siehe hierzu besonders Vanek, Marktwirtschaft und Arbeiterselbstverwaltung, a.a.O., S. 29 ff.

58 So Nutzinger und FitzRoy (in Vanek, Marktwirtschaft, a.a.O., S. 183) für die sozialistische Arbeiterselbstverwaltung.

59 So Vanek, Marktwirtschaft und Selbstverwaltung, a.a.O., S. 98 ff.

60 Diese neue Kostenart haben Nutzinger und FitzRoy erfunden (a.a.O., S. 197).

listischen" Sektor, aber die nicht-monetären Vorteile der Selbstverwaltung könnten diesen Nachteil mehr als aufwiegen.

Die Frage, warum sich selbstverwaltete Unternehmungsverfassungen in einer Marktwirtschaft nicht spontan durchsetzen und warum die ihnen eng verwandte Form der Produktivgenossenschaft verhältnismäßig wenig Verbreitung findet und Genossenschaften häufig in Kapitalgesellschaften umgewandelt wurden, ist verschieden beantwortet worden.

Die verschwörungstheoretische Auffassung, daß Herrschaftsinteressen des Managements Formen der Selbstbestimmung der Arbeiter verhinderten[61], oder daß Produktivgenossenschaften deswegen in Schwierigkeiten geraten seien, weil sie von Banken diskriminiert worden seien[62], wirkt zumindest heute wenig überzeugend. Diskriminierungen könnten leicht durch Banken, die im Eigentum von Arbeiterorganisationen stehen, überwunden werden. Die zuerst genannte Strategie aber hätte in einer Marktwirtschaft dann keine Chance, wenn selbstverwaltete Unternehmen kostengünstiger operierten[63]. Gegen offensichtliche Kostenüberlegenheit sind in einer dynamischen Marktwirtschaft weder „Herrschaftsstabilisierungsinteressen" noch andere konservierende Strategien und Taktiken hilfreich.

Die ökonomische Betrachtungsweise liefert möglicherweise eine befriedigendere Erklärung, warum sich selbstverwaltete Unternehmen nicht spontan auf breiter Front durchsetzen. Die wirtschaftliche Tätigkeit in der Marktwirtschaft ist nicht hinreichend erfaßbar mit dem einfachen Modell der Ausbeutung und der Entfremdungslehre. In spontanen Ordnungen ist die Bereitschaft, Marktrisiken zu tragen, sehr verschieden gestreut. Die unterschiedliche Risikobereitschaft aber erzeugt ihrerseits auch verschiedenste Formen der Absicherung, die sich bis in die Unternehmensverfassung hinein widerspiegeln. Unternehmerische Tätigkeit aber zeichnet sich dadurch aus, daß sie die Übernahme von wirtschaftlichen Risiken einschließt, die nicht versicherbar sind. Nicht der fehlende Zugang zum privaten Produktionsmitteleigentum, sondern die hohe Risikoaversion hält daher viele Wirtschaftsbürger davon ab, im Bereich primärer Marktrisiken unternehmerisch tätig zu werden. Wenn man von den getroffenen

[61] So Nutzinger und FitzRoy, a.a.O., S. 183.

[62] Vgl. Fußnote 36 oben.

[63] Für Nutzinger und FitzRoy (a.a.O., S. 183) wird es daher von ihrem Standpunkt auch zum Problem, warum sich diese Unternehmensform nicht durchsetzt, „obwohl" — wie sie schreiben — „sich doch gezeigt hat, daß Mitbestimmungsmöglichkeiten und mehr ‚horizontale' oder kooperative Organisationsformen die Produktivität steigern und die Entfremdung verringern." Sie fahren fort: „Trotz schlagender Erfolge in Einzelfällen und Befürwortung durch führende Organisationstheoretiker wird im allgemeinen Mitbestimmung in der Praxis vom Management abgelehnt." Ihre Erklärung für dieses Phänomen ist nicht ökonomischer, sondern verschwörungstheoretischer Natur; das Interesse an Herrschaftssicherung soll den organisatorischen Fortschritt verhindern.

Entscheidungen ausgeht, dann ist für viele der durch die Rechtsordnung gut abgesicherte Anspruch auf Einkommensbezug unabhängig vom Unternehmenserfolg, der außerdem noch durch das Sozialsystem für den Notfall zusätzlich abgestützt wird, die vorzugswürdigere Alternative im Vergleich zur unmittelbaren Beteiligung am Geschäftserfolg, selbst wenn es sich um das selbstverwaltete Unternehmen handelt. Die mit dem Arbeitsvertrag verbundene Einschränkung der Rechte auf Teilhabe an innerbetrieblichen demokratischen Abstimmungsverfahren, die ja beispielsweise die Genossenschaft in der Marktwirtschaft prinzipiell einräumt, ist für viele das kleinere wirtschaftliche Übel, auch wenn diese Haltung vom Standpunkt der Entfremdungsphilosophie ganz und gar unverständlich ist.

Und selbst dort, wo durch gesetzliches Gebot Mitbestimmungsrechte eingeführt worden sind und keinerlei individuelle Haftungsrisiken bestehen, läßt sich in vielen Fällen beobachten, daß die Wahrnehmung der eingeräumten Rechte keineswegs so hoch auf der Wertskala der Begünstigten rangiert, wie der Entfremdungsphilosoph gerne glauben möchte. Der vielbeklagte Absentismus, das Nichtwahrnehmen der Rechte und die Nichtbeteiligung an den demokratischen Abstimmungsprozessen und Versammlungen, ist ökonomisch gesehen nicht die Folge eines fehlenden „richtigen" Bewußtseins oder noch vorhandener Indolenz, sondern schlicht die Konsequenz der Abwägung der Entscheidungs- und Teilnahmekosten mit anderen Tätigkeiten. Wem vor dem Hintergrund seiner Lebenspläne und Wünsche die „Partizipationskosten" an der Unternehmensdemokratie zu hoch erscheinen, der wird sich, wenn ihm die Freiheit der Entscheidung gelassen wird, anderen Tätigkeiten zuwenden.

3. Es bleibt noch der dritte Einwand. Kann aus der Tatsache, daß in einer liberalen Marktwirtschaft privates statt gesellschaftliches Kapital eingesetzt werden muß, gefolgert werden, daß dadurch die spontane Entwicklung selbstverwalteter Unternehmen behindert wäre? Das Argument hat wenig Gewicht, wenn denjenigen, die interessiert sind, selbständig zu wirtschaften, die Wege hierzu offenstehen. Daß der Markteintritt für Eintrittswillige — gleichgültig welcher Unternehmensform sie sich bedienen wollen — nicht beschränkt wird, ist sicher ein zentrales Problem jeder Politik der Wettbewerbssicherung in der Marktwirtschaft. Wenn aber darüber hinaus die Regeln einer liberalen Marktwirtschaft den Einsatz *privaten* Kapitals — wer immer es zur Verfügung stellen mag — erfordern, dann ist das ein entscheidender Vorteil dieser Wirtschaftsordnung gegenüber der marktsozialistischen. Das marktwirtschaftliche Regelsystem zwingt zum effizienten Einsatz der Produktionsmittel gemessen an den Marktsignalen, und es hat den großen Vorteil, daß ökonomische Fehldispositionen privatisiert und nicht auf den „gesellschaftlichen Eigentümer" abgewälzt werden.

WIRTSCHAFTSKRIMINALITÄT UND WIRTSCHAFTSORDNUNGEN

von Josef Molsberger

I. Die These von der Systemimmanenz der Wirtschaftskriminalität in der Marktwirtschaft

Es fehlt nicht an Stimmen, die die Wirtschaftskriminalität[1] als systemimmanente, ja systemnotwendige Begleiterscheinung der Marktwirtschaft bezeichnen. Delikte, die im Wirtschaftsverkehr begangen werden, sind nach Ansicht dieser Autoren nur die Fortsetzung des „kapitalistischen Profitstrebens" mit anderen Mitteln.

Am dezidiertesten wird diese Auffassung von marxistischen Autoren vertreten. So hat etwa ein marxistischer Jurist die Wirtschaftskriminalität in der Bundesrepublik wie folgt charakterisiert: „Diese Verbrechen sind ihrem sozialen Wesen nach Resultat des die Gesellschafts- und Wirtschaftsordnung der BRD bestimmenden und beherrschenden Konkurrenz- und Profitkampfes ... Der Kampf um Höchstprofite ist ein Kampf um die Ausschaltung des Konkurrenten, ein Kampf auf Gedeih und Verderb; in diesem Kampf sind alle Mittel willkommen. Das Streben nach Profit und die schonungslose Ausbeutung der Werktätigen stellen im Bunde mit rücksichtslosem Ausspielen des ökonomischen Machtfaktors sowie legalen, scheinlegalen bis hin zu direkt verbrecherischen Mitteln eine systemimmanente Äußerungsform des Kapitals dar[2]." „Wirkliche Veränderungen und Erfolge auch bei der Bekämpfung der Wirtschaftskriminalität als integralem Element kapitalistischer Profitjagd, sind nur durch grundlegende Veränderungen des Gesellschaftssystems selbst möglich[3]."

Ähnlich beurteilen zwei andere marxistische Autoren die Wirtschaftskriminalität in der Bundesrepublik: „Die hier skizzierten Kriminalitätserscheinungen sind insgesamt Ausdruck der sich verschärfenden Wider-

[1] Das Problem der Wirtschaftskriminalität hat in letzter Zeit verstärkte Beachtung gefunden. Ausführliche Literaturangaben finden sich in den folgenden Veröffentlichungen: Hans-Wilhelm Zeidler, Zur Phänomenologie der Wirtschaftskriminalität, in: Grundlagen der Kriminalistik, Bd. 13/1: Wirtschaftskriminalität, Weiße-Kragen-Kriminalität, hrsg. von Herbert Schäfer, Hamburg 1974, S. 155 ff. — Karl-Dieter Opp, Soziologie der Wirtschaftskriminalität (Beck'sche Schwarze Reihe, Bd. 122), München 1975.
Fragen der Wirtschaftskriminalität sind bisher hauptsächlich von Juristen, Kriminalisten, Kriminologen und Soziologen behandelt worden, dagegen kaum von Wirtschaftswissenschaftlern. Aus der betriebswirtschaftlichen Literatur sind neben der erwähnten Arbeit von Zeidler vor allem die Veröffentlichungen von Adolf Zybon zu nennen, zuletzt: Wirtschaftskriminalität als gesamtwirtschaftliches Problem, München 1972.

[2] Dietmar Seidel, Erscheinungsformen und Hintergründe der Wirtschaftskriminalität in der BRD, Neue Justiz, Zeitschrift für Recht und Rechtswissenschaft, hrsg. vom Obersten Gericht der Deutschen Demokratischen Republik, Berlin (Ost), Jg. 26, 1972, S. 360.

[3] Ebenda, S. 364.

sprüche der staatsmonopolistischen Entwicklung." Sie äußern die Überzeugung, „daß es unter den gegenwärtigen gesellschaftlichen Bedingungen in Westdeutschland unmöglich ist, dieser Kriminalität ernsthaft zu begegnen"[4].

Auch Beurteiler der Wirtschaftskriminalität, die nicht so eindeutig ideologisch festgelegt sind, sehen die Wirtschaftsdelikte als Ausfluß unserer Wirtschafts- und Gesellschaftsordnung. Ein schweizerischer Bezirksanwalt meint: „Unserer Wirtschaftsordnung wohnt ein beträchtliches Maß an Täuschung, Übervorteilung und Ausbeutung der Schwächen anderer inne, ohne daß der durchschnittliche Bürger von Skrupeln befallen oder gar nach strafrechtlicher Ahndung rufen würde[5]." Von einem deutschen Oberlandesgerichtspräsidenten „wird nicht bestritten, daß der Kampf gegen die Wirtschaftskriminalität seinem Ansatz nach ein Korrektiv zum kapitalistischen System ist, dazu bestimmt, diesem die asozialen Flügel zu stutzen"[6]. Als eigentlich erfolgreiches Mittel zur Bekämpfung der Wirtschaftskriminalität sieht er eine — nicht näher spezifizierte — Änderung der gesellschaftlichen Verhältnisse an, die eine Veränderung des gesellschaftlichen Bewußtseins und der Verhaltensweisen mit sich bringe: „Wer nicht mit Scheuklappen durch die Welt geht, kann nicht daran vorbeisehen, daß unsere Gesellschaft die Übel, die eine aufgeklärte öffentliche Meinung denunziert, selbst hervorruft und immer wieder neu produziert. Es ist daher nur konsequent, wenn darauf hingewiesen wird, daß ein wirksamer Kampf gegen die Wirtschaftskriminalität in erster Linie soziale Wandlungsprozesse erfordert, die die Quellen dieser Kriminalität verstopfen ... Progressive Rechtspolitik hat ihre Realisierungschance nur im Kontext progressiver Gesellschaftsverhältnisse[7]."

Die zitierten Äußerungen enthalten eine generelle und sehr radikale Kritik am System der Marktwirtschaft. Ist diese Kritik begründet? Ist die Marktwirtschaft oder sind bestimmte Ausgestaltungen der Marktwirtschaft kriminogen? Liegt die kriminogene Wirkung im Wesen der Marktwirtschaft begründet, und ist sie damit unvermeidlich, wenn nicht das System geändert wird? Wird andererseits die Wirtschaftskriminalität beseitigt, wenn die Marktwirtschaft durch eine Zentralverwaltungswirtschaft ersetzt wird? Diesen Fragen soll im folgenden nachgegangen werden.

[4] Lucie Frenzel und Gert Schwarz, Das staatsmonopolistische Herrschaftssystem und die „Oberweltkriminalität" auf wirtschaftlichem Gebiet, Neue Justiz, Jg. 20, 1966, S. 220 und 218.

[5] Niklaus Schmid, Probleme der Untersuchungsführung, in: Wirtschaftskriminalität (Probleme im Gespräch, Bd. 4), Bern und Frankfurt/Main 1972, S. 54.

[6] Rudolf Wassermann, Was tun?, in: Die Verbrechen in der Wirtschaft — Neue Aufgaben für Strafjustiz und Strafrechtsreform, hrsg. von Klaus Tiedemann, 2. Aufl., Karlsruhe 1972, S. 164.

[7] Ebenda, S. 163.

II. Formen und Ausmaß der Wirtschaftskriminalität in der Marktwirtschaft

Unter „Wirtschaftskriminalität" wird in der Literatur eine große Zahl sehr unterschiedlicher Tatbestände zusammengefaßt. Dabei werden im allgemeinen nicht nur kriminelle Delikte, sondern auch Ordnungswidrigkeiten in diesen Sammelbegriff einbezogen. Als wichtigste Erscheinungsformen der Wirtschaftskriminalität kann man aufzählen[8]:

1. Betrugsdelikte (z. B. Gründungs- und Beteiligungsbetrug, Kreditbetrug, Versicherungsbetrug, Betreiben von Schwindelfirmen, Warenfälschung, Wechselreiterei).
2. Insolvenzdelikte und Bilanzdelikte (z. B. betrügerischer Konkurs, Gläubigerbenachteiligung, Bilanzfälschung).
3. Treubruchsdelikte (z. B. Unterschlagung, Veruntreuung, Untreue, Korruption).
4. Steuer- und Zolldelikte, Subventionsdelikte (z. B. Steuerhinterziehung, Schmuggel, betrügerische Erlangung von Subventionen).
5. Devisen- und Außenwirtschaftsdelikte (z. B. Verstöße gegen das Verbot der Devisenausfuhr oder -einfuhr, Verstöße gegen ein Verzinsungsverbot für Gebietsfremde, Embargoverstöße, Verstöße gegen eine Einfuhrkontingentierung).
6. Wettbewerbsdelikte (z. B. Wettbewerbsbeschränkungen, Boykott, unlauterer Wettbewerb).
7. Verletzung von gewerblichen Schutzrechten und Urheberrechten (z. B. Patent- und Warenzeichenverletzung, Raubdrucke).
8. Gewerbedelikte und Umweltschädigung (z. B. Verstöße gegen die Gewerbeordnung und gegen Umweltschutzvorschriften).

Ein solch heterogener Katalog ist schwer in einer Definition zusammenzufassen. Gleichwohl ist es versucht worden. So definieren Zirpins/Terstegen wie folgt: „Als Wirtschaftsdelikte sind strafbare Handlungen dann anzusehen, wenn und soweit sie geeignet sind, die wirtschaftliche Ordnung zu beeinträchtigen, d. h. zu stören oder zu gefährden, indem das für das jeweilige Wirtschaftssystem grundlegende Vertrauen angetastet wird[9]." Nach Tiedemann „wird in der Kriminalistik das Wirtschaftsdelikt dadurch gekennzeichnet, daß sich die Tat durch Mißbrauch von Formen und Gestaltungsmöglichkeiten des geltenden Rechts bzw. des im Wirtschaftsleben erforderlichen Vertrauens vollzieht und nach ihren Auswir-

[8] In Anlehnung an Walter Zirpins und Otto Terstegen, Wirtschaftskriminalität — Erscheinungsformen und ihre Bekämpfung, Lübeck 1963, S. 23 (im folgenden zitiert: Zirpins/Terstegen), sowie H.-W. Zeidler, a.a.O., S. 183.

[9] Zirpins/Terstegen, a.a.O., S. 34.

kungen über die Schädigung von Einzelinteressen hinaus das Wirtschaftsleben oder die Wirtschaftsordnung gefährdet"[10].

Wirtschaftskriminalität ist nicht identisch mit der sogenannten „Weiße-Kragen-Kriminalität" ("white-collar crime"). Mit diesem Begriff werden Delikte von Angehörigen der gesellschaftlichen Oberschicht oder von „Personen von hohem sozialen und wirtschaftlichen Status"[11] bezeichnet. Dagegen kommen Angehörige aller gesellschaftlichen Schichten als Täter von Wirtschaftsdelikten vor[12].

Ist es nun so, daß alle Wirtschaftsteilnehmer in einer Marktwirtschaft mindestens potentielle Wirtschaftskriminelle sind? Nicht nur die marxistische Ansicht vom skrupellosen und schrankenlosen „Profitstreben" legt diesen Schluß nahe, sondern auch die Behauptung eines bekannten Kriminologen: „Betrachtet man die Opfer der Verbrecher im weißen Kragen, so findet man immer wieder Persönlichkeitsmerkmale des Täters. Oft hängt es vom Zufall ab, wer Täter und wer Opfer ist, oder es ist eine Frage der Quantität und nicht der Qualität[13]."

Gegen diese These von der beliebigen Austauschbarkeit von Täter und Opfer und einer damit gegebenen potentiellen Wirtschaftskriminalität aller Wirtschaftsteilnehmer spricht zunächst einmal eine in allen Definitionen der Wirtschaftskriminalität als fundamental angesehene Tatsache: Wirtschaftsdelikte beruhen zu einem wesentlichen Teil auf der Ausnutzung, dem Mißbrauch des im Wirtschaftsverkehr üblichen und erforderlichen Vertrauens. Wären alle Teilnehmer am Wirtschaftsverkehr potentielle Kriminelle, so würde dieses Vertrauen nicht existieren. Jeder würde jedem mißtrauen, da er bei dem andern die gleiche Bereitschaft zur Überschreitung der Grenzen des Legalen unterstellen müßte, die bei ihm selbst bestünde. Dieses gegenseitige Mißtrauen würde Wirtschaftsdelikte weitgehend unmöglich machen (gleichzeitig aber auch einen normalen Wirtschaftsverkehr drastisch behindern). Wirtschaftskriminali-

[10] Klaus Tiedemann, Wirtschaftskriminalität als Problem der Gesetzgebung, in: Die Verbrechen in der Wirtschaft, op.cit., S. 15. — Tiedemann gibt — in sprachlich vereinfachter Form — im wesentlichen die Definition aus den „Richtlinien über den kriminalpolizeilichen Nachrichtenaustausch bei Wirtschaftsdelikten" wieder, die in einer Publikation des Bundeskriminalamts an zwei Stellen zitiert wird: Vgl. Grundfragen der Wirtschaftskriminalität — Arbeitstagung im Bundeskriminalamt Wiesbaden vom 27. Mai bis 1. Juni 1963 über „Grundfragen der Wirtschaftskriminalität", hrsg. vom Bundeskriminalamt, Wiesbaden 1963, S. 12 und S. 117.

[11] Edwin H. Sutherland, White Collar Crime, in: Encyclopedia of Criminology, New York 1959, S. 511 ff., zitiert von Herbert Schäfer, Zur Täterpersönlichkeit des Wirtschaftsstraftäters, in: Grundfragen der Wirtschaftskriminalität, a.a.O., S. 117.

[12] Vgl. etwa: Jürgen Bunge, Die Erschleichung staatlicher Finanzhilfen für die Landwirtschaft als Vereitelung der Agrarpolitik, in: Die Verbrechen in der Wirtschaft, op.cit., S. 51 ff. — Wolfgang Fleischer, Der unrechtmäßige Bezug von Wohnungsbauprämien — straffreier Raum für die Wirtschaftskriminalität der Mittelschicht?, ebenda, S. 59 ff. — Zirpins/Terstegen, a.a.O., S. 65 ff. und S. 87 ff.

[13] Armand Mergen, Die Persönlichkeit des Verbrechers im weißen Kragen, in: Wirtschaftskriminalität (Probleme im Gespräch, Bd. 4), a.a.O., S. 34.

-tät lebt also gerade von der Anständigkeit, dem Vertrauen der überwiegenden Mehrzahl der Wirtschaftsteilnehmer[14].

Der empirische Befund bestätigt, daß die Wirtschaftskriminalität nur eine Randerscheinung in unserer Wirtschaftsordnung ist. Aufgrund seiner umfassenden Untersuchung der Subventionskriminalität in der Bundesrepublik kommt Tiedemann zu dem Schluß: „In allen erwähnten Fallbereichen kann n i r g e n d s zwingend auf die Kriminalitätsanfälligkeit ganzer Wirtschaftszweige oder Bevölkerungsschichten geschlossen werden[15]." Zirpins/Terstegen stellen fest: „Es ist nun nicht so, als ob die Wirtschaft von Wirtschaftsdelikten nur so wimmelte. Wenn die absolute Zahl auch groß ist, so ist sie doch klein im Verhältnis zu der unvorstellbar großen Zahl ordentlichen Verhaltens[16]." An anderer Stelle bemerkt Tiedemann, es erscheine „nicht selten das, was sich dem Wirtschaftskriminalisten an Hand einer mehr oder weniger großen Zahl von Einzelfällen als typisch und schwerwiegend schädlich darstellt, bei einer gesamtwirtschaftlichen Betrachtung als Reibungsverlust und seltene Ausnahme"[17].

Zudem geht anscheinend mindestens in neuerer Zeit ein nicht geringer Teil der Wirtschaftskriminalität auf das Konto typischer Berufsverbrecher, die zum Teil von der „Unterwelt" zur „Oberwelt" emporgestiegen sind. Für England berichtet ein Beamter der Company Fraud Branch von New Scotland Yard: „Die Tendenz geht immer spürbarer dahin, daß abgefeimte Verbrecher, die wegen Gewaltverbrechen, Raubes oder Diebstahls vorbestraft sind, Schwindelfirmen organisieren, sich an ihnen beteiligen und sie finanzieren[18]." Für Deutschland behauptet D. Robbert: „Wenn man heute in der Bundesrepublik hundert potente Wirtschaftsstraftäter aus dem Verkehr ziehen könnte, hätten wir 90 % weniger Wirtschaftskriminalität; es gibt in der BRD tatsächlich hundert potente Verbrecher, die sich ständig etwas Neues einfallen lassen ...[19]."

14 Der Umstand, daß in den USA die Wirtschaftskriminalität (oder auch nur der Anteil der aufgedeckten Delikte?) höher sein soll als in anderen Ländern (vgl. etwa Zirpins/Terstegen, a.a.O., S. 55), hängt vielleicht auch damit zusammen, daß dort der „altmodische" Grundsatz von Treu und Glauben in einem für einen Europäer überraschenden Ausmaß das Wirtschaftsleben und den Verkehr mit Behörden bestimmt. Viele schriftliche Bestätigungen und Nachweise, die in Europa üblich (und notwendig) sind, sind in den USA (noch) unbekannt.

15 Klaus Tiedemann, Subventionskriminalität in der Bundesrepublik — Erscheinungsformen, Ursachen, Folgerungen (rororo studium, Nr. 53), Reinbek 1974, S. 35.

16 Zirpins/Terstegen, a.a.O., S. 55.

17 Klaus Tiedemann, Wirtschaftskriminalität als Problem der Gesetzgebung, a.a.O., S. 25.

18 James William Crane, Wirtschaftskriminalität in England, in: Wirtschaftskriminalität (Probleme im Gespräch, Bd. 4), a.a.O., S. 35.
Damit sind eine Reihe scharfsinniger kriminologischer Unterscheidungen zwischen „Unterwelt"- und „Oberwelt"-Kriminalität und einige Beschreibungen „typischer" Wirtschaftskrimineller mindestens überprüfenswürdig geworden.

19 Dieter Robbert (Norddeutscher Rundfunk, Berlin), Diskussionsbeitrag in: Wirtschaftskriminalität (Probleme im Gespräch, Bd. 4), a.a.O., S. 92.

Wirtschaftskriminalität ist also offensichtlich nicht der Regelfall unternehmerischer Betätigung in einer Marktwirtschaft. Gleichwohl könnte sie auch als Marginalerscheinung systembedingt sein, durch die Marktwirtschaft oder durch bestimmte Ausgestaltungen der Marktwirtschaft hervorgerufen. An drei Erscheinungsformen der Wirtschaftskriminalität soll im folgenden geprüft werden, ob dies zutrifft, ob im System der Marktwirtschaft keine Abhilfemöglichkeiten bestehen und ob durch eine Systemänderung, nämlich die Einführung einer Zentralverwaltungswirtschaft, die Wirtschaftskriminalität aus der Welt zu schaffen wäre.

III. Korruption in Marktwirtschaft und Zentralverwaltungswirtschaft

Keine Erscheinungsform der Wirtschaftskriminalität hat in den letzten Monaten so viele Schlagzeilen gemacht wie die Korruption[20]. Korruption ist von K. Schmidt definiert worden als die Erscheinung, daß „eine Partei, um ihre Ziele durchzusetzen, dafür zahlt, daß eine Leistung zustande kommt, die ihr Partner nur zu erbringen vermag, indem er gegen geltende Gesetze oder weitgehend anerkannte Verhaltensnormen verstößt"[21]. Korruption kommt als Beamtenbestechung vor, aber auch bei Angestellten von Privatfirmen.

Ist Korruption eine typisch marktwirtschaftliche Erscheinung? Betrachten wir zunächst die „private" Korruption. Unter welchen Bedingungen zahlt ein Anbieter „Schmiergelder", um einen Auftrag von einem privatwirtschaftlichen Nachfrager zu erhalten? Wenn die Preisbildung grundsätzlich frei ist und der Nachfrager ein selbständiger Unternehmer ist, der auch selbst über den Auftrag verhandelt oder zumindest endgültig entscheidet, erübrigt sich offensichtlich die Zahlung einer korrumpierenden „Prämie". Das Mittel der Wahl, um die Konkurrenz auszustechen, ist in diesem Fall — bei gegebener Qualität der Ware — eine Preissenkung.

Anders ist dies, wenn es sich bei dem Abnehmer um ein großes Unternehmen handelt, in dem ein Angestellter Entscheidungsbefugnis über die Einkäufe hat. Allgemein läßt sich sagen: Korruption wird immer dann zu einem möglichen Aktionsparameter eines Anbieters, wenn der entscheidungsberechtigte Partner die Vorteile eines Geschäfts nicht selbst oder nicht in voller Höhe selbst erlangt. Je weniger ein Angestellter am wirt-

[20] Vgl. etwa: The Big Payoff, Time, February 23, 1976, S. 6 ff.

[21] Kurt Schmidt, Zur Ökonomik der Korruption, Schmollers Jahrbuch für Wirtschafts- und Sozialwissenschaften, Jg. 89, 1969, I. Halbband, S. 130.

schaftlichen Erfolg der Firma beteiligt wird, um so höher ist — vom Geschäftspartner der Firma aus gesehen — die „Chance" der Korruption.

Ein Anbieter wird bei grundsätzlich freier Preisbildung natürlich nur dann Korruption als Aktionsparameter einsetzen, wenn dadurch mit geringerem finanziellen Einsatz als durch eine Preissenkung das gleiche Verkaufsergebnis zu erzielen ist. Dies ist um so wahrscheinlicher, je größer der einzelne Geschäftsabschluß ist. Das wiederum läßt große Unternehmen als Abnehmer für Korruptionsversuche besonders geeignet erscheinen.

Mit dem Rückgang der Zahl der selbständigen kleinen Unternehmen und der Zunahme der Zahl der großen Unternehmen wächst also die Gefahr der Korruption in einer Marktwirtschaft: Der „Grad der illegitimen Möglichkeiten"[22] wird erhöht. Die moderne Marktwirtschaft ist somit prinzipiell anfälliger für „private" Korruption als die Marktwirtschaft etwa der ersten Hälfte des 19. Jahrhunderts. Das hat übrigens auch der Gesetzgeber schon recht früh erkannt. In die zweite Fassung des Gesetzes gegen den unlauteren Wettbewerb (UWG) von 1909 wurde als §12 eine Vorschrift aufgenommen, die die Bestechung von „Angestellten oder Beauftragten eines geschäftlichen Betriebs" unter Strafe stellte. In der ersten Fassung des UWG von 1896 hatte es diese Vorschrift noch nicht gegeben[23].

Entscheidungsbefugnis für den Abschluß von Geschäften ohne persönliche Beteiligung an den Vorteilen dieser Geschäfte gibt es in extremer Form bei Beamten in staatlichen Beschaffungsstellen. Eine Erfolgsbeteiligung der Beamten am „Unternehmen Staat" ist ja nicht möglich. Es gibt sie nicht einmal in der indirekten Form, daß mangelnde Vorteilswahrung durch die entscheidungsberechtigten Beamten auf die Dauer zu Bilanzverlusten und zur Gefährdung des eigenen Arbeitsplatzes führen würde. Mit stärkerer Ausdehnung der Staatstätigkeit und zunehmender Einschaltung staatlicher Stellen in den Wirtschaftsverkehr nehmen also ebenfalls die Korruptionsmöglichkeiten zu, und damit wächst ceteris paribus die Gefahr, daß die Korruption als Aktionsparameter bei Geschäftsabschlüssen in der Marktwirtschaft eingesetzt wird.

Das bisher Gesagte bedarf der Präzisierung: Die Wahrscheinlichkeit, daß Bestechungsversuche akzeptiert oder auch überhaupt erst unternommen werden, ist nur dann hoch, wenn die Wahrscheinlichkeit, daß die Bestechlichkeit unentdeckt bleibt, hoch ist. Das aber ist bei freier Preisbildung, wie sie bisher noch angenommen wurde, und folglich der Möglichkeit, daß Konkurrenten des bestechenden Anbieters seine Preise unterbieten, nur zu erwarten, wenn die Tatsache, daß solche günstigeren An-

22 Vgl. K.-D. Opp, a.a.O., S. 79 f.
23 Vgl. Zirpins/Terstegen, a.a.O., S. 736.

gebote vorliegen, von dem bestechlichen Angestellten oder Beamten unterdrückt werden kann[24].

Diese Voraussetzung ist sicher nicht immer gegeben. Es folgt daraus, daß bei freier Preisbildung gewisse Schranken gegen die Ausbreitung der Abnehmerbestechung bestehen. Diese Schranken werden letztlich durch den Preiswettbewerb der Anbieter errichtet.

Anders ist die Situation, wenn alle Anbieter zu gleichen Festpreisen oder Mindestpreisen anbieten. Dabei kann es sich um staatliche Preistaxen handeln, aber auch um privat festgelegte Kartellpreise oder eine Preisbindung der zweiten Hand. In diesen Fällen ist es sehr viel weniger wahrscheinlich, daß die Bestechlichkeit eines Angestellten oder Beamten entdeckt wird. Andererseits drängt der Ausschluß des Preiswettbewerbs die Anbieter zum Einsatz anderer Aktionsparameter, um ihren Absatz zu erhöhen. Aus beiden Gründen ist bei der Einführung von Fest- oder Mindestpreisen mit einer Zunahme der Korruptionsgefahr zu rechnen.

Ähnliches gilt, wenn Güter unentgeltlich oder zu Höchstpreisen abgegeben werden[25]. (Die unentgeltliche Abgabe kann man als Abgabe zum Höchstpreis Null ansehen[26].) Zu den unentgeltlich abgegebenen Gütern gehören im wesentlichen Staatsleistungen, für die kein spezielles Entgelt erhoben wird. In diesen Fällen liegt der Preis unter dem Niveau, das sich bei freier Preisbildung am Markt einspielen würde. Das heißt: Zu dem Höchstpreis sind die Güter „knapp"; die Nachfrage übersteigt das Angebot zu diesem Preis. Eine Möglichkeit, sich solche knappen Güter zu verschaffen, besteht in der Bestechung — hier aber des Lieferanten, nicht des Abnehmers. „Daraus folgt, daß die Korruptionsgefahr zunimmt, wenn sich der Bereich der nicht oder durch Geld allein nicht käuflichen Güter ausdehnt[27]."

Die oben gestellte Frage, ob die Korruption typisch für eine Marktwirtschaft ist, kann nun zusammenfassend beantwortet werden: Die Gefahr der Korruption ist am geringsten in einer Marktwirtschaft mit einem hohen Anteil selbständiger kleiner Unternehmungen. Sie wächst mit zunehmendem Gewicht von Großunternehmen und weitverbreiteter Ein-

[24] Diese Möglichkeit ist zum Beispiel unter folgenden Voraussetzungen gegeben: (a) Wenn der entscheidungsberechtigte Angestellte oder Beamte nicht gehalten ist, formelle schriftliche Angebote von mehreren Anbietern einzuholen, die später von einer Revisionsinstanz überprüft werden können; (b) wenn trotz solcher Vorschrift später keine Überprüfung vorgenommen wird und dies dem Betreffenden bekannt ist; (c) wenn zwar schriftliche Angebote eingeholt werden müssen und die Entscheidung später überprüft wird, aber die verschiedenen Anbieter stark heterogene Waren, eventuell noch zu unterschiedlichen Konditionen, anbieten, die einen Vergleich der Angebote schwierig machen und somit einen gewissen „legalen" Entscheidungsspielraum eröffnen.

[25] Vgl. K. Schmidt, a.a.O., S. 132 ff.

[26] K. Schmidt, a.a.O., S. 133.

[27] K. Schmidt, a.a.O., S. 134.

schaltung staatlicher Stellen in den Wirtschaftsverkehr. Sie ist am höchsten schließlich, wenn der Preiswettbewerb weitgehend ausgeschaltet und durch private oder staatliche Preisfixierungen ersetzt ist. In diesem letzteren Fall ist aber die Marktwirtschaft praktisch außer Funktion gesetzt. Denn hier fehlt ja gerade das konstituierende Element einer Marktwirtschaft, der Wettbewerb mit freier Preisbildung.

Die wirksamste Bekämpfung der Korruption besteht darin, die genannten Voraussetzungen auszuschalten oder mindestens zu reduzieren. Das erfordert einmal, eine weitere Ausdehnung des Staatsanteils am Sozialprodukt auszuschließen, zum andern die Unternehmenskonzentration mindestens nicht zu fördern, schließlich und vor allem Preisabsprachen zu verhindern. Eine Politik der Wettbewerbsförderung schafft also gleichzeitig die Voraussetzung für die Bekämpfung der Korruption.

Die Ersetzung der Marktwirtschaft durch eine Zentralverwaltungswirtschaft erhöht dagegen die Möglichkeiten und damit die Gefahr der Korruption. Dabei wird ja ex definitione die freie Preisbildung ausgeschaltet und durch staatliche Preisfixierung ersetzt. Außerdem wird alles das eingeführt, was sich nach den vorherigen Überlegungen als korruptionsfördernd herausgestellt hat: Abschaffung der selbständigen Unternehmer, Ausdehnung der staatlichen Einflußnahme auf wirtschaftliche Entscheidungen, Vermehrung der abhängig beschäftigten Entscheidungsberechtigten, Erweiterung des Bereichs „der nicht oder durch Geld allein nicht käuflichen Güter"[28].

Daß aus den Ostblockstaaten trotzdem relativ wenige Korruptionsfälle bekannt werden, liegt vor allem an der Diskretion, mit der Mängel des Wirtschaftssystems dort behandelt werden. Auch mag die dort übliche Schwere der Bestrafung zum Teil eine noch weitere Ausdehnung der Korruption hintanhalten[29]. Bei gleich liberalem Strafmaß, wie es in westlichen Marktwirtschaften üblich ist, ist dagegen in einer Zentralverwaltungswirtschaft mit unvergleichlich höherer Korruption zu rechnen als in einer Marktwirtschaft. Das lehren zum Beispiel die deutschen Erfahrungen nach 1945, als die drakonischen Strafbestimmungen der nationalsozialistischen Zeit aufgehoben worden waren, aber die Zentralverwaltungswirtschaft beibehalten wurde[30].

28 K. Schmidt, ebenda.

29 Im Mai 1975 wurde zum Beispiel in Moskau ein sowjetischer Generaldirektor aus der Möbelbranche wegen passiver Bestechung zum Tode verurteilt, ein Schweizer Geschäftsmann wegen aktiver Bestechung zu zehn Jahren Freiheitsstrafe. Vgl. Frankfurter Allgemeine Zeitung, Nr. 114 vom 20. Mai 1975.

30 Vgl. Kriminalrat Kiehne, Erfahrungen aus der Tätigkeit zentraler Dienststellen zur Bekämpfung der Korruption, in: Wirtschaftsdelikte (einschließlich der Korruption), Arbeitstagung im Bundeskriminalamt Wiesbaden vom 8. April bis 13. April 1957 über Bekämpfung der Wirtschaftskriminalität einschließlich der Korruption, hrsg. vom Bundeskriminalamt, Wiesbaden 1957, S. 185 und S. 191.

IV. Warenbetrug und Warenfälschung in Marktwirtschaft und Zentralverwaltungswirtschaft

Zur Gruppe dieser Delikte gehören eine Reihe von Praktiken, die alle eine Übervorteilung der Abnehmer durch die Anbieter von Waren und Leistungen darstellen: Warenfälschung, Täuschung über die Warenqualität, Baubetrug, Anbieten von „Mogelpackungen", irreführende Werbung — einiges davon im Vorfeld der eigentlichen kriminellen Handlungen angesiedelt. Gerade eine Übervorteilung der Abnehmer durch solche Praktiken wird nicht selten als typisch für das Anbieterverhalten in der Marktwirtschaft angesehen. Entspricht diese Behauptung der marktwirtschaftlichen Realität?

Um diese Frage zu klären, ist zunächst zu prüfen, welche Voraussetzungen gegeben sein müssen, damit die genannten Praktiken ihren Urhebern Erfolg bringen. Dann ist weiter zu prüfen, inwieweit solche Voraussetzungen in einer modernen Marktwirtschaft tatsächlich bestehen.

Eine erfolgreiche Täuschung des Abnehmers über die Beschaffenheit oder die Menge bzw. den Umfang der Ware oder Leistung setzt voraus,

a) daß der Abnehmer nicht in der Lage ist, das Angebot vor Geschäftsabschluß oder mindestens vor Bezahlung zu prüfen und Mängel zu erkennen, und
b) daß der Abnehmer bei nachträglicher Feststellung der unzureichenden Qualität oder der zu geringen Menge nicht mehr in der Lage ist, vom Anbieter eine Verbesserung der Leistung zu erreichen.

Die erste Voraussetzung ist dann erfüllt, wenn der Nachfrager nicht ausreichend sach- und fachkundig ist. Diese Voraussetzung ist im allgemeinen bei Geschäftsabschlüssen zwischen Unternehmen — „im Verkehr unter Kaufleuten" — nicht gegeben. Bei allen Geschäften dieser Art haben es die Anbieter mit Fachleuten als Nachfragern zu tun, die weder auf eine irreführende Suggestivwerbung noch auf äußerliche „Frisuren" der Ware noch auf Mogelpackungen noch auf unfundierte Angaben über angeblich ertragreiche Kapitalanlagemöglichkeiten hereinfallen werden. Unternehmungen verfügen nicht nur über technisch und kaufmännisch versierte Kräfte zur Prüfung von Angeboten, sondern sie nehmen sich auch die Zeit für solche Prüfungen. Die Qualitätsanforderungen werden häufig schon im Auftrag festgelegt. Oft sind sie auch in einer Branche standardisiert und deshalb besonders leicht zu überprüfen.

Im Verkehr zwischen Unternehmen dürfte daher ein Betrug mit Waren so gut wie aussichtslos sein. Geschäfte zwischen Unternehmen machen aber — das wird häufig vergessen — den Großteil der in einer Volkswirtschaft abgeschlossenen Geschäfte aus.

Je höher der Organisationsgrad eines Marktes, um so schwieriger ist eine Irreführung oder Täuschung der Abnehmer. Nicht nur die Warenqualitäten sind dann standardisiert, sondern auch die Geschäftsusancen.

Für Teilnehmer an solchen Märkten hohen Organisationsgrades gelten besonders hohe Bonitätsanforderungen. Der internationale Geldhandel zwischen Banken ist dafür ebenso ein Beispiel wie die sprichwörtlich strenge Börsenmoral. „Wenn ein Mitglied der Börse, ein Bankier oder sonst jemand, der in einer Vertrauensstellung steht, in ein Wirtschaftsverbrechen verwickelt ist, so wird er gewöhnlich viel strenger beurteilt, weil er das in ihn gesetzte Vertrauen mißbraucht hat[31]." In allen diesen Fällen gilt, daß Verbrechen unter keinen Umständen lohnt.

Die zuerst genannte Voraussetzung ist also allenfalls dann gegeben, wenn es sich um den Geschäftsverkehr mit Privaten, mit Konsumenten handelt. Sie sind häufig nicht in der Lage, vor Bezahlung Mängel des Angebots zu erkennen oder nehmen sich auch nicht die dafür erforderliche Zeit. Die technische Kompliziertheit vieler moderner Produkte spielt dabei mit eine Rolle.

Soweit Geschäfte mit Nicht-Kaufleuten abgeschlossen werden, kann also die Gefahr bestehen, daß Delikte der Warenfälschung oder des Waren- oder Leistungsbetrugs vorkommen. Um sie zu verhindern, sind staatliche Regelungen zum Schutz der Unkundigen erforderlich. Dazu gehören etwa Vorschriften über die Standardisierung von Qualitäten, über die Normung von Verpackungen und über Sicherheitserfordernisse.

Mit zunehmender Komplizierung des Wirtschaftsverkehrs wie der gehandelten Güter einerseits, mit zunehmender Teilnahme von Nicht-Kaufleuten am Wirtschaftsverkehr andererseits kommt eine Marktwirtschaft nicht ohne neue rechtliche Regelungen, vor allem zum Schutz der Privaten, aus. Die Rahmenordnung der Marktwirtschaft muß insoweit ständig neu gefaßt, in vielem auch erweitert werden.

Dies ist im übrigen keine neue Erkenntnis, sondern ein Prozeß, der schon seit sehr langer Zeit im Gange ist. Tiedemann hat daran erinnert, daß schon im 19. Jahrhundert die Wirtschaftsgesetzgebung zum Teil „durch wirtschaftskriminelle Vorfälle" angeregt wurde: das „Aktienrecht, das auf den Aktien- und Gründungsschwindel des späten 19. Jahrhunderts zurückgeht, ... das Bankdepotgesetz von 1896, dessen Anlaß umfangreiche Depotveruntreuungen waren; das Börsengesetz von 1895, das angesichts schwerer Mißstände an den großen Waren- und Effektenbörsen erforderlich wurde"[32]. In allen diesen Fällen handelte es sich darum, daß an den genannten Geschäften in größerem Ausmaß Private sich zu beteiligen begannen, die als Nicht-Fachleute, Nicht-Kaufleute, nicht die nötige Sachkenntnis für diese Geschäfte besaßen und deshalb gegen betrügerische Praktiken nicht ausreichend gesichert waren. Die lange Tradition

[31] James W. Crane, Diskussionsbeitrag in: Wirtschaftskriminalität (Probleme im Gespräch, Bd. 4), a.a.O., S. 86.

[32] K. Tiedemann, Wirtschaftskriminalität als Problem der Gesetzgebung, a.a.O., S. 25.

solcher Schutzgesetze in der Marktwirtschaft zeigt, daß hier erhebliche wirtschaftspolitische Möglichkeiten bestehen, mit systemimmanenten Mitteln die Wirtschaftskriminalität einzudämmen oder sogar auszuschließen.

Die oben unter a) genannte Voraussetzung reicht jedoch für sich allein noch nicht aus, um die Täuschung des Abnehmers zu einem endgültigen Erfolg für einen betrügerischen Anbieter zu machen. Zusätzlich muß noch die unter b) genannte Voraussetzung erfüllt sein, daß der Abnehmer auch nicht in der Lage ist, noch nachträglich eine Verbesserung der Leistung zu erreichen.

Diese zweite Voraussetzung ist immer dann n i c h t erfüllt, wenn der Lieferant dem Abnehmer bekannt ist, vor allem dann nicht, wenn es sich um ständige oder wiederkehrende Geschäftsbeziehungen handelt. Daraus folgt: „Will man dieselben Nachfrager immer wieder bedienen, kann man ... nicht wagen, die Kunden zu übervorteilen, weil sie in diesem Falle leicht zu seriöseren Anbietern abwandern können. Gelegenheitsanbieter können demgegenüber viel leichter ungestraft unlautere Praktiken anwenden[33]."

Gelegenheitsgeschäfte sind zwischen Unternehmen höchst selten. Man ist in einer modernen Wirtschaft häufig schon aus technischen Gründen auf ständige oder wiederkehrende Geschäftsbeziehungen angewiesen[34]. Aber selbst für die meisten Geschäfte von Privaten gilt: „Die moderne Wirtschaft vollzieht sich nicht mehr nach den Regeln des Gelegenheitshandels oder orientalischen Basars[35]." Die unter b) genannte Voraussetzung ist heute auch bei Privaten im allgemeinen nur dann erfüllt, wenn der betrügerische Anbieter ohne festen Wohnsitz ist oder — wie beim sogenannten „Stoßbetrug" — seinen Wohnsitz schnell und häufig wechselt.

Damit reduzieren sich die Möglichkeiten des erfolgreichen Warenbetrugs auf recht wenige Fälle, die zudem nicht einmal die alltäglichen Geschäftsbeziehungen einer modernen Marktwirtschaft betreffen. Das schließt jedoch nicht aus, daß die Situation durch wirtschaftspolitische Maßnahmen, insbesondere durch den Ausbau der Regelungen zum Schutz der Konsumenten, weiter zu verbessern ist.

Wie sieht es nun mit den Möglichkeiten des Warenbetrugs und der Warenfälschung in einer Zentralverwaltungswirtschaft aus? Soweit es sich um Delikte von Tätern ohne festen Wohnsitz oder mit häufig wechselndem Wohnsitz handelt, kann man davon ausgehen, daß sie in den konkreten Zentralverwaltungswirtschaften der sozialistischen Länder so

33 Hans Willgerodt, Fehlurteile über vielzahligen Wettbewerb, Ordo, Bd. 26, 1975, S. 114.

34 Vgl. Hans Willgerodt, Grenzmoral und Wirtschaftsordnung, in: Soziale Verantwortung, Festschrift für Goetz Briefs zum 80. Geburtstag, hrsg. von J. Broermann und Ph. Herder-Dorneich, Berlin 1968, S. 144.

35 H. Willgerodt, ebenda.

gut wie ausgeschlossen sind. Denn es dürfte in diesen Ländern aus verschiedenen Gründen schwierig sein, keinen festen Wohnsitz zu haben oder auch nur seinen Wohnsitz häufig zu wechseln.

Innerhalb der etablierten staatlichen Zentralplanwirtschaft sind solche Delikte dagegen keineswegs ausgeschlossen, nicht einmal selten. In den meisten Fällen sind sie zudem gerade durch die Eigenart der Zentralplanung hervorgerufen und infolgedessen systemimmanent.

Hier sind zunächst betrügerische Praktiken in der Produktion zu nennen, die sich sowohl gegen die zentrale Planbehörde als auch gegen die Abnehmer richten. Sie resultieren aus dem Bestreben der Betriebe, die Planauflagen der Zentralverwaltung mit möglichst geringer Anstrengung zu erfüllen. „Sie ... ziehen in geschickter Weise Nutzen aus den in Plankennziffern verborgenen ökonomischen Widersprüchen und Vieldeutigkeiten, die einen Einfluß auf die Prämien haben[36]." Dabei kommt es ziemlich regelmäßig zu Erscheinungen, die, wie Brus es ausdrückt, „den gesellschaftlichen Interessen widersprechen"[37]. Es werden nämlich Produkte erzeugt, deren Qualität oder Verwendbarkeit in keiner Weise den Wünschen und Bedürfnissen der Abnehmer entspricht. Meist haben diese Abnehmer nicht einmal die Möglichkeit, ihren Bedarf bei anderen Anbietern zu decken, da es entweder keine anderen Anbieter gibt oder diese sich genauso verhalten wie der erste Anbieter und da im übrigen der Plan auch die konkreten Lieferbeziehungen reglementiert.

Wie der Warenbetrug aussieht, wenn das Soll der Bruttoproduktion den Betrieben in naturalen Einheiten vorgegeben wird, dafür gibt Demmler folgende Beispiele: „Wird z. B. die Planauflage in Tonnen vorgegeben, so lohnt es sich für die Betriebe nicht, dünne und leichte Walzstahlprodukte, leichte Lampen, kleine Nägel oder kleine Zementblöcke zu produzieren. Das Problem wird auch nicht dadurch gelöst, daß die Planauflage statt in Tonnen in Quadratmetern Walzstahl oder durch die Zahl der Nägel ausgedrückt wird, denn dies führt lediglich dazu, daß jetzt überwiegend dünne Bleche und kleine Nägel hergestellt werden[38]."

Wird stattdessen der Nettoproduktionswert als Plansoll vorgegeben, kommt es zu ähnlichen Praktiken der Planerfüllung nach dem Buchstaben, nicht nach dem Sinn des Plans: „Im extremen Fall kann ein Zuwachs der Nettoproduktion ohne jeden Zuwachs der Bruttoproduktion erreicht wer-

36 Janos Kornai, Überzentralisierung der ökonomischen Verwaltung, Budapest 1957, zitiert bei Wlodzimierz Brus, Funktionsprobleme der sozialistischen Wirtschaft (edition suhrkamp, Nr. 472), Frankfurt 1971, S. 111.

37 W. Brus, ebenda.

38 Horst Demmler, Profit und Moral — Eine Auseinandersetzung mit der Kritik am Gewinnprinzip in der Marktwirtschaft, in: Marktwirtschaft — Eine Einführung in das Konzept der freiheitlichen Wirtschaftsordnung, hrsg. von Peter Harbusch und Dietrich Wiek, Stuttgart 1975, S. 27.

den: durch Reduzierung des Materialaufwands[39]." Auch das führt oft dazu, daß den Abnehmern Produkte geliefert werden, die gar nicht oder nur unter Sicherheitsrisiken verwendbar sind oder die nach kurzer Zeit defekt werden.

Andere Formen der betrügerischen Planerfüllung richten sich im allgemeinen nicht gegen die Abnehmer, sondern nur gegen die Zentralverwaltung. Es handelt sich um die „Planerfüllung ,um jeden Preis'" — „erreicht durch hohen, unvertretbaren und daher gesetzlich unzulässigen finanziellen und materiellen Aufwand"[40]. Die Qualität der Produkte kann dabei für die Abnehmer durchaus zufriedenstellend sein. Entscheidend ist hier die Täuschung der Planbehörde über die tatsächlichen Kosten der Produktion. Dabei kommt es meistens auch zu dem (nach § 171 StGB der DDR strafbaren) formalen Delikt der Falschmeldung zur Vorteilserschleichung[41], ein Delikt, das schon in die Nähe der im nächsten Abschnitt zu erörternden Erscheinungsformen der Wirtschaftskriminalität in einer Zentralverwaltungswirtschaft rückt.

Warenfälschung und Warenbetrug sind also einer Zentralverwaltungswirtschaft nicht nur nicht fremd, sondern gewissermaßen ihr tägliches Brot. Die angewandten Praktiken sind dabei so vielgestaltig und wechselnd, daß die Zentralverwaltung häufig die formale Frage „Wirtschaftliche Fehlentscheidung oder Straftat?"[42] nicht zureichend beantworten und somit nicht einmal strafrechtliche oder ordnungsrechtliche Sanktionen verhängen kann. Wer eine Änderung des Wirtschaftssystems zur Abschaffung der Wirtschaftskriminalität in der Marktwirtschaft empfiehlt, sollte wissen, daß er dabei gerade eine Ausbreitung betrügerischer Praktiken einhandelt.

V. Preisabsprachen in der Marktwirtschaft und analoge Wirtschaftskriminalität in der Zentralverwaltungswirtschaft

Wettbewerbsdelikte kann man ökonomisch in einem bestimmten Bezug zu Betrugsdelikten sehen: Beim Warenbetrug wird zu einem gegebenen Preis — etwa dem freien Marktpreis — Ware schlechterer Qualität oder geringerer Menge als üblich — oder auch gar nicht vorhandene

[39] W. Brus, a.a.O., S. 124

[40] Frohmut Müller, Zur Mitwirkung von Sachverständigen im Ermittlungsverfahren, Neue Justiz, Jg. 20, 1966, S. 489.

[41] Vgl. Eberhard Wendel, Zum Tatbestand der Falschmeldung und Vorteilserschleichung aus der Sicht des Wirtschaftsrechts, Neue Justiz, Jg. 26, 1972, S. 5 ff.

[42] Vgl. Erich Buchholz und Dietmar Seidel, Wirtschaftliche Fehlentscheidung oder Straftat?, Berlin (Ost) 1971.

Ware — verkauft. Unter wettbewerbsbeschränkenden Preisabsprachen wird eine Ware gegebener Qualität und Menge zu einem höheren als dem sich bei wettbewerblicher Preisbildung ergebenden Marktpreis verkauft.

Trotz dieser formalen Ähnlichkeit dürfte in der Praxis ein bedeutender Unterschied zwischen beiden Deliktsarten bestehen: Der durchschnittliche Wirtschaftsteilnehmer wird wahrscheinlich eher geneigt sein, eine Preisabsprache zu treffen als einen Warenbetrug vorzunehmen. Dies aus folgenden Gründen: Der „Normalpreis" ist für einen Anbieter weniger deutlich zu erkennen — und weniger eindeutig zu bestimmen — als eine „Normal-" oder „Mindestqualität". Der Preis ist ja nicht etwas außerhalb des Marktes, etwa nach naturwissenschaftlichen Methoden, zu Bestimmendes. Er ist außerdem in einer funktionierenden Marktwirtschaft prinzipiell keine im Zeitablauf fixe Größe, sondern verändert sich mit den Marktgegebenheiten. Es kann nicht ein für allemal ein „iustum pretium" festgelegt werden. Zudem gibt es bei der praktischen Preisbildung häufig Unbestimmtheitsbereiche: Es ist dann eine Frage des Verhandlungsgeschicks oder auch der Verhandlungsmacht, wo innerhalb dieses Unbestimmtheitsbereiches der Einigungspunkt liegt — oder wohin er gelegt wird. Ferner enthält eine Preisabsprache ein von den Beteiligten im allgemeinen moralisch positiv bewertetes Moment der friedlichen Einigung zwischen Konkurrenten, der Vermeidung „ruinöser" Konkurrenz. Und schließlich fehlt bei der Preisabsprache das Element der „hinterhältigen" Täuschung, das für den Betrug wesentlich ist: Der hohe Preis ist dem Abnehmer v o r Abschluß des Geschäftes bekannt; er trifft seine Disposition nicht in Unkenntnis einer wesentlichen Eigenschaft, wie beim Warenbetrug.

Eine Preisabsprache zwischen Anbietern wird daher von dem einzelnen Wirtschaftsteilnehmer in einer Marktwirtschaft nicht in dem gleichen Maße als Delikt empfunden werden wie eine Täuschung des Abnehmers über die Qualität oder die Menge der Ware. In den Kategorien der soziologischen Anomietheorie, wie sie von Opp für die Wirtschaftskriminalität dargelegt worden ist[43], könnte man diese Erscheinung wie folgt ausdrükken: Für wettbewerbsbeschränkende Preisabsprachen ist wahrscheinlich im Durchschnitt die „Intensität der legitimen Normen" niedriger und die „Intensität der illegitimen Normen" höher als für Warenbetrug.

Daraus folgt, daß Wirtschaftskriminalität in der Form von Preisabsprachen grundsätzlich für eine Marktwirtschaft eine größere Gefahr darstellt als Wirtschaftskriminalität in der Form des Warenbetrugs. Daraus

[43] Vgl. K.-D. Opp, a.a.O., S. 77 ff. — Die Anomietheorie erklärt abweichendes Verhalten als durch folgende Variablen bedingt: 1. die Intensität der Ziele, 2. die Intensität legitimer Normen, 3. die Intensität illegitimer Normen, 4. den Grad der (perzipierten) legitimen Möglichkeiten und 5. den Grad der (perzipierten) illegitimen Möglichkeiten. (K.-D. Opp, ebenda.)

folgt weiterhin, daß in einer Marktwirtschaft relativ strikte Wettbewerbsregeln durch den Staat festgelegt werden müssen, um die Wirtschaftskriminalität im Bereich der wettbewerbsbeschränkenden Preisabsprachen zu verhindern oder mindestens stark einzudämmen.

Es ergeben sich aber auch weitere Folgerungen für die Art und Weise der staatlichen Wettbewerbspolitik: Wenn bestimmte Wettbewerbsbeschränkungen, bestimmte Preisabsprachen oder Kartelle vom Staat als erlaubt angesehen und deklariert werden, andere dagegen verboten werden, besteht die Gefahr, daß in den Bereichen, die dem Wettbewerb vorbehalten bleiben sollen, die „Intensität der legitimen Normen" absinkt und die „Intensität der illegitimen Normen" zunimmt. Es ist nämlich schwer verständlich zu machen, warum in dem einen Fall verboten und strafbar sein soll, was im anderen Fall erlaubt ist. Durch solcherart „zweierlei Maß" wird das Unrechtsbewußtsein der Wirtschaftssubjekte geschwächt.

Außerdem wird durch die Erlaubnis bestimmter Wettbewerbsbeschränkungen der „Grad der illegitimen Möglichkeiten" erhöht. Anders ausgedrückt: Erlaubte Wettbewerbsbeschränkungen in einem System grundsätzlichen Verbots von Wettbewerbsbeschränkungen wirken oft als Kristallisationskerne für darüber hinausgehende illegale Absprachen. So sind etwa Exportkartelle, die nach dem deutschen Gesetz gegen Wettbewerbsbeschränkungen und nach den EWG-Wettbewerbsregeln erlaubt sind, in einer Reihe von Fällen als „Tarnorganisation" für Inlandsmarktkartelle verwendet worden[44].

A fortiori gelten die genannten Folgerungen für eine Kartellgesetzgebung nach dem Mißbrauchsprinzip. Hier verwischen sich für den einzelnen Wirtschaftsteilnehmer noch stärker die Grenzen zwischen „Gut" und „Böse", zwischen Legal und Illegal. Die Wettbewerbsbeschränkung an sich gilt generell als erlaubt, nur ihr Mißbrauch als verboten. Was aber Mißbrauch einer Wettbewerbsbeschränkung und somit illegal ist, wird im allgemeinen nicht oder nur unzureichend gesetzlich definiert — und ist damit dem Rechts- bzw. Unrechtsbewußtsein des einzelnen überlassen. Das aber ist, wie schon erläutert, auf dem Gebiet der Preisabsprachen ohnehin leicht schwankend.

Es spricht sogar einiges dafür, daß die Einführung einer Mißbrauchsgesetzgebung die „Unrechtsgrenze" im Bewußtsein des einzelnen Wirtschaftsteilnehmers hinauszuschieben tendiert. Denn durch die Statuierung des Mißbrauchsprinzips wird ja die Preisabsprache an sich legalisiert; ein eventueller Zweifel an der Rechtmäßigkeit solcher Praktiken, der vorher — ohne Kartellgesetzgebung — noch bestanden haben könnte, wird

[44] Vgl. dazu Josef Molsberger, Die europäische Wettbewerbspolitik und die Tendenzen zur privaten Aufteilung der Märkte in der EWG, Ordo, Bd. 26, 1975, S. 165 und S. 167 f.

damit ausgeräumt. Insofern kann man einer Kartellgesetzgebung nach dem Mißbrauchsprinzip eine stärker kriminogene Wirkung zuschreiben als einem Zustand ganz ohne spezielle Kartellgesetzgebung, bei dem das Rechtsbewußtsein des einzelnen Wirtschaftsteilnehmers sich an den allgemeinen Gesetzen zu orientieren hat.

Je nach der Ausgestaltung der Wettbewerbspolitik werden also nicht nur die Möglichkeiten für Wettbewerbsdelikte beeinflußt, sondern außerdem auch die subjektive Disponiertheit der einzelnen Wirtschaftsteilnehmer, solche Delikte zu begehen oder zu unterlassen. Die Wettbewerbspolitik hat damit zwei Ansatzpunkte zur Beeinflussung des Ausmaßes der Wettbewerbsdelikte. Eine Kartellgesetzgebung nach dem Verbotsprinzip mit möglichst geringem Umfang der Verbotsausnahmen erweist sich unter beiden Gesichtspunkten anderen kartellpolitischen Regelungen überlegen und somit als die wirtschaftspolitische Maßnahme, die am besten der Wirtschaftskriminalität auf dem Gebiet der Preisabsprachen entgegenwirkt.

Es bleibt die Frage zu erörtern, ob das Problem der wettbewerbsbeschränkenden Preisabsprachen dadurch zu lösen ist, daß die Marktwirtschaft durch eine Zentralverwaltungswirtschaft ersetzt wird. Offensichtlich dann nicht, wenn es sich um eine weitgehend dezentralisierte Verwaltungswirtschaft mit größerer Entscheidungsbefugnis der einzelnen Betriebe — eine „sozialistische Marktwirtschaft" — handelt. In diesem Fall stellt sich das gleiche Problem der Wettbewerbsbeschränkung durch Absprachen der einzelnen Betriebe oder Vereinigungen dieser Betriebe wie in der Marktwirtschaft. Das hat sich am Beispiel Jugoslawiens und der Tschechoslowakei gezeigt[45].

Dagegen scheint in einer stark zentralistisch gesteuerten „orthodoxen" Zentralverwaltungswirtschaft das Problem der Wettbewerbsbeschränkung durch Preisabsprachen nicht zu existieren. Denn die einzelnen Betriebe haben in dieser Wirtschaftsordnung ja keine Autonomie der Preisgestaltung. Dies ist jedoch, wie sich zeigen wird, eine allzu vordergründige Betrachtungsweise. Worauf es hier ankommt, ist nicht eine mit einer Preisabsprache in der Marktwirtschaft identische Verhaltensweise — die ist gewissermaßen ex definitione ausgeschlossen —, sondern eine der marktwirtschaftlichen Preisabsprache analoge, dem System der Zentralverwaltungswirtschaft angepaßte Verhaltensweise der einzelnen Betriebe bzw. ihrer Leiter.

45 Vgl. Ljubo Sirc, Entwicklung der kommunistischen Wirtschaft in Jugoslawien, Ordo, Bd. 13, 1962, S. 346. — Ulrich Wagner, Tschechoslowakei — Transformation zur sozialistischen Marktwirtschaft 1967, in: F. Blaich, I. Bog, G. Gutmann, K. P. Hensel, Wirtschaftssysteme zwischen Zwangsläufigkeit und Entscheidung, Stuttgart 1971, S. 182.

In der Marktwirtschaft wird die Leistung der einzelnen Wirtschaftsteilnehmer durch die Nachfrager am Markt bewertet[46]. Der Preis, der im Wettbewerb am Markt zu erzielen ist, stellt im marktwirtschaftlichen System ein Leistungseinkommen dar. Eine Ausschaltung oder Beschränkung des Wettbewerbs, etwa durch ein Kartell, um den Anbietern die Festsetzung der Preise zu ermöglichen, führt zu einer Verfälschung der marktwirtschaftlichen Leistungsbewertung, zu einer Düpierung der Nachfrager. Die entstehenden Monopolgewinne sind Nicht-Leistungs-Einkommen.

Gibt es in der Zentralverwaltungswirtschaft eine analoge Möglichkeit der Erzielung von Nicht-Leistungs-Einkommen? In dieser Wirtschaftsordnung wird die Leistung der einzelnen Wirtschaftsteilnehmer — der Betriebe — nicht durch die Nachfrager am Markt, sondern durch die Planbehörde bewertet. Ist also eine analoge Düpierung der Planbehörde durch die Produzenten möglich? Ja, und in nicht geringem Umfang, wie alle Erfahrungen gezeigt haben: Die einzelnen Betriebe sind ständig bestrebt, die Festsetzung ihres Plansolls durch die Planbehörde möglichst niedrig zu halten, sogenannte „weiche" Pläne zu erreichen[47]. Wenn das Plansoll niedriger liegt als die normale Kapazität des Betriebes, ist eine „Übererfüllung" des Planes und damit die Erzielung von zusätzlichen Prämien leicht. Dieses Prämieneinkommen, das auf eine falsche Einschätzung der normalen Leistungsfähigkeit eines Betriebes zurückgeht, muß vom Standpunkt der zentralen Planbehörde aus als Nicht-Leistungs-Einkommen bezeichnet werden.

Die Praktiken, mit denen die Aufstellung „weicher" Pläne erreicht und die Erzielung der Nicht-Leistungs-Einkommen gesichert wird, laufen im wesentlichen auf eine umfassende Fehlinformation der zentralen Planungsbehörden durch die Betriebe hinaus: „Kapazitäten werden zu niedrig, Kosten zu hoch und die Möglichkeit, neue Verfahren zu entwickeln und einzuführen, als minimal angegeben[48]." Solche Praktiken der Falschinformation sind also die den Preisabsprachen in der Marktwirtschaft analogen Formen der Wirtschaftskriminalität in der Zentralverwaltungswirtschaft.

Folgerichtig stellt denn auch § 171 StGB der DDR die „Falschmeldung und Vorteilserschleichung" unter Strafe[49]. Von den drei im Tatbestand genannten möglichen Zielsetzungen eines gegen diese Vorschrift Zu-

[46] Vgl. Hans Willgerodt, Das Leistungsprinzip — Kriterium der Gerechtigkeit und Bedingung des Fortschritts?, in: Kapitalismuskritik im Widerstreit, hrsg. von Anton Rauscher, Köln 1973, S. 93 ff.

[47] Vgl. etwa Ulrich Wagner, Die weichen Pläne der Betriebe im administrativen Sozialismus, Ordo, Bd. 19, 1968, S. 287 ff.

[48] U. Wagner, ebenda, S. 299.

[49] Vgl. E. Wendel, a.a.O., S. 5 ff.

widerhandelnden wird „nach den bisherigen Erfahrungen" als „die am häufigsten auftretende Zielsetzung" genannt: „Der Täter handelte, um zum Nachteil der Volkswirtschaft erhebliche ungerechtfertigte wirtschaftliche Vorteile für Betrieb oder Dienstbereich zu erwirken[50]." Nach den bisherigen Erfahrungen ist es offensichtlich noch viel schwieriger, solche wirtschaftskriminellen Praktiken in der Zentralverwaltungswirtschaft zu bekämpfen als Wettbewerbsbeschränkungen und Preisabsprachen in der Marktwirtschaft.

Mit der bisher eingenommenen Sicht vom Standpunkt der zentralen Planbehörde aus ist das Problem aber noch nicht zureichend behandelt. Ursache von Nicht-Leistungs-Einkommen in der Marktwirtschaft kann außer der Ausschaltung des Wettbewerbs „durch Vertrag" auch seine Ausschaltung „durch Zustand", nämlich durch Unternehmenskonzentration sein. In der Zentralverwaltungswirtschaft ist die Unternehmenskonzentration auf die Spitze getrieben: Den Abnehmern steht ein einziger Staatskonzern als Anbieter gegenüber. Damit ist die perfekte Möglichkeit gegeben, für den gesamten Unternehmensbereich der Volkswirtschaft Einkommen zu erzielen, die vom Standpunkt der Konsumenten Nicht-Leistungs-Einkommen sind, das heißt, die in der gegebenen Zusammensetzung freiwillig nicht von den Konsumenten konzediert würden. Und diese Möglichkeit wird auch ausgenutzt; es ist ja gerade das Ziel einer Zentralverwaltungswirtschaft, andere als die Konsumentenpräferenzen zu realisieren[51]. „Die politische Führung leitet die Produktion und befindet darüber, was als Leistung zu gelten hat. Diesen Leistungsvorstellungen wird die Masse der Bevölkerung angepaßt, so daß die Sowjetwirtschaft das vollkommene Diktat der Produzenten über die Leistungsempfänger, nämlich die Konsumenten, mit sich bringt[52]." Die eingangs zitierten Autoren würden nicht zögern, solche Praktiken, kämen sie in einer Marktwirtschaft vor, als Wirtschaftskriminalität zu bezeichnen. In Bezug auf eine sozialistische Zentralplanwirtschaft spricht man hier freilich vornehmer von der „Anpassung der Nachfragestruktur an die Struktur des Angebots"[53].

Jeder, der in einem zentralverwaltungswirtschaftlichen System in der Wirtschaft tätig ist, muß sich an dieser staatlich verordneten Ausbeutung der Konsumenten beteiligen, auch wenn er sie nicht billigt. Er hat nicht einmal die Freiheit, diese Mißbilligung zu äußern, ganz zu schweigen von der Möglichkeit, sie durch positiv abweichendes Verhalten in die Tat umzusetzen. „Es gibt in diesem System im Prinzip nur Unselbständige,

[50] E. Wendel, a.a.O., S. 8.
[51] Vgl. etwa W. Brus, a.a.O., S. 105.
[52] H. Willgerodt, Das Leistungsprinzip, a.a.O., S. 95.
[53] W. Brus, a.a.O., S. 119.

von denen ein verschwindend kleiner Bruchteil die Schalthebel der volkswirtschaftlichen Produktionsplanung bedient ... Die Mehrheit der Bevölkerung wird im wirtschaftlichen und politischen Bereich zu Befehlsempfängern mit begrenzten Handlungsspielräumen und geringen Alternativen[54]."

Dagegen gilt für eine Marktwirtschaft, selbst wenn es hier Wettbewerbsdelikte und andere Erscheinungsformen der Wirtschaftskriminalität gibt, immer noch, was Röpke in die knappe Formel geprägt hat: „Im ‚Kapitalismus' haben wir die Freiheit der moralischen Entscheidung, und niemand wird hier g e z w u n g e n , ein Schurke zu sein[55]."

[54] H. Willgerodt, Das Leistungsprinzip, a.a.O., S. 95.

[55] Wilhelm Röpke, Jenseits von Angebot und Nachfrage, 2. Aufl., Erlenbach—Zürich und Stuttgart 1958, S. 165.

EIN NEUES PARADIES?
ZU PAUL LAFARGUES ENTWURF EINER „ARBEITSFREIEN" GESELLSCHAFT

von Harriet Hoffmann

„Die Welt ist nicht aus Brei und Mus geschaffen,
drum haltet nicht euch für Schlaraffen.
Harte Bissen gibt es zu kauen,
ihr müßt dran erwürgen oder sie verdauen."

Goethe

I. Arbeit — Gottes „Fluch"

Über einer Seitenpforte des Freiburger Münsters stellen die Skulpturen in der Bogenlaibung die Schöpfungsgeschichte und im Tympanon den Sündenfall dar: Am Bogenscheitel beginnend wird Gottvater jeweils bei einem Tagewerk geschildert. Er scheidet Tag und Nacht, Himmel und Erde, schafft Gestirne, Pflanzen und Tiere, er formt Adam aus dem Erdenkloß, dann haucht er ihm Atem ein. Am Sabbat ruht er. Danach schafft er Eva aus der Rippe Adams und verheiratet die beiden ersten Menschen. Im Bogenfeld ist wiederum ein sehr beschäftigter Gottvater zu sehen. Während zu seiner Rechten ein Engel anbetend neben ihm kniet, stößt er mit der Linken den aufrührerischen Luzifer, der sich mit seinem Schemel neben ihn setzen will, in den Abgrund. Der untere Streifen zeigt den Sündenfall, die Austreibung aus dem Paradies und schließlich Adam bei schwerer Arbeit mit der Spitzhacke, Eva am Spinnrocken und neben ihr den kleinen Kain[1].

Das Goldene Zeitalter ist zu Ende. Man sieht es den Gesichtern der ersten Menschen an, daß sie nun in Härte und Mühsal dem ständigen Kampf mit der Erde um ihr tägliches Brot ausgeliefert sind und im Schweiße ihres Angesichts für sich und ihre Nachkommenschaft das zum Leben und Überleben Notwendige beschaffen müssen.

Arbeit, der „Fluch" Gottes seit der Vertreibung aus dem Paradiese, ist unumgänglich geworden; die Menschen haben sich damit abzufinden, daß Daseinsbewältigung ihnen Anstrengung und Ausdauer abverlangt, andernfalls sind sie verloren. Nicht erst Äsop und sein später Nachfolger La Fontaine haben mit der Fabel von der Grille und der Ameise die schicksalsträchtigen Folgen von Faulheit und Fleiß dargestellt. Bereits die dem weisen König Salomo zugeschriebenen „Sprüche" des Alten Testaments (6, 6-11) zeigen dem Faulen das Beispiel der Ameise, und wenn dieser auf

[1] Wolf Hart, Die Skulpturen des Freiburger Münsters. Mit Beiträgen von Ingeborg Krummer-Schroth, Ilsabe und Robert Oertel, Reinhold Schneider, Freiburg o. J. (1975).

die Frage: „Wie lange noch, Fauler, willst du liegenbleiben? Wann willst du aufstehen vom Schlafe?" antwortet: „Nur ein bißchen noch schlafen, ein bißchen noch schlummern, noch ein bißchen die Arme verschränken zum Ruhen!", wird die Schlußfolgerung gezogen, daß so „Armut wie ein Wegelagerer, wie ein Bettler die Not" über ihn komme.

II. Auf der Suche nach der „Goldenen Zeit"

Notgedrungen mußte der Mensch sich mit den harten Anforderungen von Leben und Arbeit abfinden; Trost und Hoffnung suchend, setzte er dagegen die Sehnsucht nach dem verlorenen Paradies, und das bedeutete, je nach dem Glauben, in dem diese Sehnsucht verankert war, die Ankunft des Messias, den Einzug in das Himmlische Jerusalem, auch den Anbruch des Tausendjährigen Reiches und ähnliche Erwartungen.

Vergröbert findet sich das Bild der „Goldenen Zeit" wieder im Märchen vom Schlaraffenland. Nachdem der Mensch sich mit einer Art von letztem Arbeitsaufwand durch einen Reisberg hindurchgefunden hat, kann er sich allen Freuden der Faulheit hingeben; ausgestreckt liegt er im Schatten der Bäume und läßt sich die gebratenen Tauben in den Mund fliegen. Pieter Breughel d. Ä., der „Bauernbreughel", wurde von diesem Märchen zu einer seiner drastischsten Darstellungen angeregt. Das im täglichen Leben hart geplagte und sich hart plagende und dennoch so lebensfrohe Bauernvolk ist dem „Fluch der Arbeit" entgangen und hat sich nun voll und ganz dem hingegeben, was ihm höchste Freude dünkt.

Die Vorstellung einer idealen Welt ist allgemein menschlich[2]. Sie taucht in altindischen Erzählungen und arabischen Reiseromanen auf und ist in vielfachen Abwandlungen in den Mythen fast aller Völker zu finden. Homer schildert die elyseischen Gefilde, Hesiod die Inseln der Seligen. Mit Plato beginnt die Reihe der Philosophen und Staatsmänner, die versuchten, Konzeptionen für den idealen Staat, das ideale Zusammenleben der Menschen auf dieser kargen Erde zu entwickeln.

Einige dieser Weltverbesserer hofften, göttliche Allmacht werde die große Harmonie bewirken, andere glaubten, eine Veränderung der Verhältnisse in Richtung auf ein rational gestaltetes Gemeinwesen durch Reform oder

[2] Zur Orientierung über utopische Literatur wurden herangezogen: o. V. (Arthur von Kirchenhain), Schlaraffia politica. Geschichte der Dichtungen vom besten Staate, Leipzig 1892, und Jean Servier. Der Traum von der großen Harmonie. Eine Geschichte der Utopie (List Taschenbücher der Wissenschaft — Politik — Bd. 1555), München o. J. (1971). — Über den Einfluß der Utopien auf die Genealogie des Staatsdenkens, vgl.: Alfred Müller-Armack, Genealogie der Wirtschaftsstile. Die geistesgeschichtlichen Ursprünge der Staats- und Wirtschaftsformen bis zum Ausgang des 18. Jahrhunderts, Stuttgart o. J. (1941), 3. Auflage 1944. Wieder abgedruckt in: Religion und Wirtschaft. Geistige Hintergründe unserer europäischen Lebensform, Stuttgart o. J. (1959), S. 169 ff.

Revolution erzwingen zu können. Um das Mißfallen der jeweiligen Herrscher zu vermeiden, wurden die Mißstände der Zeit, die jene im Grunde verursacht oder geduldet hatten, literarisch vornehmlich in unkontrollierbaren Phantasien über weit entfernt oder sogar im Mittelpunkt der Erde angesiedelte Länder gegeißelt. Kam es aber jemals zu dem konkreten Versuch, Tausendjährige Reiche oder andere nach Meinung der Initiatoren und ihrer Anhänger beziehungsweise Nutznießer „vollkommene" Gemeinschaften zu verwirklichen, so war solches Beginnen fast immer unter dem Deckmantel einer als Gipfel der Erhabenheit gepriesenen Ideologie von den schrecklichsten Untaten und Verbrechen begleitet, und wieder einmal war aus dem Versuch, ein Paradies auf Erden zu schaffen, unversehens eine Hölle entstanden[3]. Schulbeispiel hierfür sind die mittelalterlichen Wiedertäufer; aber Gegenwart und jüngste Vergangenheit geben uns, falls wir mit Pascal den Menschen als „ni ange, nie bête" deuten, hinreichend Veranlassung, diesen für schlechter als die mit Luzifer gefallenen Engel und für schlimmer als die Tiere zu halten.

Nicht nur die mißglückten Versuche, ein Tausendjähriges Reich zu errichten, auch die literarischen Träume vom wiederzugewinnenden Paradies und ihre zeitbedingten gesellschaftlich-politischen Hintergründe haben immer wieder zu kritischer Analyse gereizt. Hier sei ein Beispiel aus der Zeit kurz vor der Jahrhundertwende angeführt[4]. Der (auf dem Titelblatt ungenannte) Verfasser eines 1892 erschienenen Buches sieht eine enge Verwandtschaft von „Staatsromanen", wie er die in Utopia angesiedelten staats- und gesellschaftspolitischen Entwürfe nennt, und „Schlaraffenmärchen" begründet, und zwar vor allem durch ihre Einstellung zur Arbeitszeit und Arbeitsverteilung: Man fordere eine Reduzierung der Arbeitszeit von acht auf sechs, von vier auf drei Stunden, wodurch zudem noch Langschläfer und Faulenzer zu ganz besonderen Ehrenstellen gelangen könnten.

Pathetisch weist der Verfasser auf die Gefahren hin, die das Bemühen um Festsetzung einer „Normalarbeitszeit" in sich berge. Seiner Ansicht nach bewegen sich alle diese Dichtungen in einem gefährlichen Geleise, und der sittliche Wert der Arbeit trete hinter dem wirtschaftlichen Gesichtspunkte der Gütererzeugung allzusehr zurück. Zudem spekuliere man mit dieser Verkürzung der Arbeitszeit auf die niedrigsten Neigungen. Der Segen der Arbeit und ihre heilsame Wirkung als Schranke gegen die Macht der Verführung würden ganz verkannt. Recht modern mutet es an, wenn er feststellt, daß viele Tausende von Fürsten (gemeint sind wohl Staatsmänner) und leitenden Beamten, Ärzten und Gelehrten, Großkauf-

[3] Karl Raimund Popper, Die offene Gesellschaft und ihre Feinde, Bd. 2: Falsche Propheten — Hegel, Marx und die Folgen, Bern 1958, S. 292.

[4] von Kirchenhain, a.a.O., S. 281 f.

leuten und Schriftstellern weit eher eines Normalarbeitstages bedürften als Maurer und Zigarrendreher. Spöttisch fragt er, was man wohl zu einem Gesetze sagen würde, das etwa lautete: „Ärzte kurieren sechs Stunden, Zeitungsschreiber schreiben von zwölf bis acht, Fürsten regieren von zehn bis sechs Uhr (mit Frühstückspause von 1—2) usw.?"

Es folgen noch einige Ausführungen über die Qualifikation manueller und geistiger Arbeit. Neuerdings trete die Unterschätzung der Kopfarbeit mehr und mehr hervor: Der Maschinenheizer arbeite, der Leiter der großen Fabrik, der Hunderte von Korrespondenzen erledige, „arbeite nicht", der Setzer arbeite, aber der Verfasser des Manuskripts, der Dichter, der Gelehrte, durch dessen Tätigkeit Tausende, vom Buchhändler bis zum Setzer hinab, lebten, arbeite nicht. Die Arbeitsverteilung mache allen diesen Dichtern in Utopia Schwierigkeiten, die in der Tat unlösbar seien, weshalb auch der Kunstgriff des Morus, für die niedrigen Dienste die Sklaverei einzuführen, sehr erklärlich sei. Schließlich wird noch Bebels Ausspruch angeführt, daß mancher Professor als Schuhmacher Tüchtiges leisten würde, und mancher gute Schuhmacher ein guter Professor sein könnte, wendet aber sogleich ein, daß er das Umgekehrte für ebenso wahrscheinlich halte. Bewiesen sei mit all dem gar nichts.

III. Das Recht auf Faulheit

Ein Jahr vor diesem Angriff eines Unbekannten auf die Utopisten aller Zeiten war in Deutschland ein dem Verfasser der „Schlaraffia politica" anscheinend nicht bekanntes, 1882 zuerst in Französisch veröffentlichtes Pamphlet erschienen, das den provozierenden Titel trug: „Das Recht auf Faulheit"[5]. Provozierend war die Schrift deshalb, weil der Autor sich über die Arbeiter und ihre Situation in der aufstrebenden Industriegesellschaft mokierte, vor allem über diejenigen, die im April 1831 in Lyon mit der Parole „Blei oder Arbeit" eine Revolte inszeniert hatten; desgleichen verurteilte er die Juni-Insurgenten von 1848, die in Paris das „Recht auf Arbeit" proklamierten, und die französischen Föderierten, die im März 1871 ihren Aufstand als „Revolution der Arbeit" verstanden wissen wollten.

Diese Veröffentlichung, die im Untertitel „Widerlegung des Rechts auf Arbeit von 1848" heißt, stammt von einem der führenden Männer der spanischen und der französischen Arbeiterbewegung, von Paul Lafargue,

[5] Paul Lafargue, Das Recht auf Faulheit und Persönliche Erinnerungen an Karl Marx, hrsg. und eingel. von Iring Fetscher (Politische Texte, hrsg. von Wolfgang Abendroth, Ossip K. Flechtheim, Iring Fetscher), Frankfurt—Wien o. J. (1966). (Französische Originalausgabe: Le Droit à la paresse, Paris 1882.) Vgl. in Lafargues Schrift vor allem die Seiten 19—23, 28—35, 38 und 41—48.

einem in Frankreich erzogenen Kubaner, der mit Laura, der zweiten Tochter von Karl Marx, verheiratet war. Als Mitglied des „Parti Ouvrier Français" führte sein Weg nicht nur ins Palais Bourbon, sondern zeitweilig auch in das Gefängnis von St. Pélagie. Dort befaßte er sich mit der Ausarbeitung des Parteiprogramms des P.O.F., schrieb aber auch ein „dichterisch-visionäres Gegenstück, die Komödie am Schluß der Tragödien-Reihe aller bisherigen sozialen Revolutionen"[6], eine Satire auf den Wahnsinn der Arbeit, eben „Das Recht auf Faulheit". Offensichtlich hatte ihn eine nähere Betrachtung der real gegebenen Situation des französischen Arbeiters darauf gebracht, wie wenig Erfolg vom offiziellen Parteiprogramm, das sich nachdrücklich auf das „Recht auf Arbeit" berief, angesichts der durch das Proletariat vom Bürgertum übernommenen Arbeitsmoral zu erhoffen war und wie wenig von dem eigentlichen Ziel der sozialistischen Revolution damit verwirklicht werden konnte; denn dieses nüchterne Programm hatte nichts mehr zu tun mit der Erwartung eines sozialistischen Paradieses, in dem sich die alten Träume von einer besseren Zukunft der Menschheit mit den neuen Hoffnungen auf eine den Menschen befreiende Technik vereinigten, wogegen Lafargues Pamphlet gerade auf diese Vorstellung zurückkommt.

Lafargues bitterböse Satire auf die Lage der Arbeiter schreibt alles individuelle und soziale Elend des Proletariats dessen „Leidenschaft für die Arbeit" zu. Sein Lob der Faulheit als dem paradiesischen Zustand des „natürlichen Menschen" entspringt wohl nicht nur seiner Lektüre von Rousseau und dessen Darstellung des „edlen Wilden"; sicherlich trug auch eine Idealisierung seiner ersten, in Kuba verbrachten Lebensjahre dazu bei, daß er von den „glücklichen Völkern" spricht, „die noch zigarettenrauchend in der Sonne liegen", während die abgerackerten Maschinensklaven ihnen Fabriken und Eisenbahnen bauen. Diesen „Maschinen von Fleisch und Bein" wirft er vor, daß sie „das, was ihr Gott verflucht hat, wiederum zu Ehren zu bringen" versuchen. Das Proletariat, „die große Klasse der Produzenten aller zivilisierten Nationen, die durch ihre Emanzipation die Menschheit von der knechtischen Arbeit erlösen und aus dem menschlichen Tier ein freies Wesen machen werde", habe sich „seinen historischen Beruf verkennend", von dem Dogma der Arbeit verführen lassen. Sein ganzes Elend rühre nur daher, daß es sich zur Arbeit dränge.

Diese Leidenschaft für die Arbeit ist nach Lafargue die „Ursache des geistigen Verkommens und körperlicher Verunstaltung", eine „seltsame Sucht", die nur aus „geistiger Verirrung" entstanden sein könne. Faulheit preist er dagegen als „Mutter der Künste und der edlen Tugenden", sie

[6] Zu Lafargues Leben und schriftstellerischer Tätigkeit vgl. das Vorwort von Iring Fetscher in: Paul Lafargue, a.a.O., S. 5 ff.: ferner die Analyse von Ernst Benz, Das Recht auf Faulheit oder Die friedliche Beendigung des Klassenkampfes (Edition Alpha), Stuttgart o. J. (1974), hier S. 24 f.

sei „Balsam für die Schmerzen der Menschheit". Er lobt die Griechen, die in der Zeit der höchsten Blüte ihrer Kultur nur Verachtung für die Arbeit gehabt hätten, findet aber für die Sklaven, „denen allein es gestattet war, zu arbeiten" kein Wort, obwohl sie als die „Produzierenden" jener Zeit doch am ehesten dem Proletariat aus der Zeit Lafargues zu vergleichen gewesen wären.

Arbeit ist nach Lafargues Meinung ganz allgemein einzig und allein nur gut als „Würze der Vergnügungen der Faulheit", aber dies ist sie erst dann, wenn sie „vernünftig geregelt und auf ein den gesellschaftlichen Bedürfnissen entsprechendes Maximum beschränkt wird". Der kluge Lafargue gibt allerdings zu, daß diese „vernünftige Regelung" seine Kräfte übersteige: nur Physiologen, Hygieniker und kommunistische Ökonomen könnten sie unternehmen. Wohl angesichts dieser Schwierigkeit schwankt Lafargue zwischen der Festsetzung der Arbeitszeit auf täglich fünf bis sechs Stunden und dem Verbot für jedermann, mehr als drei Stunden pro Tag zu arbeiten. Dieses Verbot will er auch auf die Kapitalisten ausgedehnt wissen; denn die Proletarier machten ersichtlich einen großen Fehler, wenn sie die Kapitalisten entsprechend der Devise „Wer nicht arbeitet, soll auch nicht essen"[7] zu zehn Stunden Gruben- und Fabrikarbeit anhalten wollten. Lafargue gibt großzügig zu, der faule Bourgeois sei zu Anfang der kapitalistischen Ära vor etwa ein oder zwei Jahrhunderten „noch ein ehrsamer Mann von gesetzten und friedlichen Sitten" gewesen, der erst später seinen bescheidenen Bedürfnissen hätte Zwang antun und sich die Arbeitsamkeit hätte abgewöhnen müssen, um „seinem doppelten Beruf als Nichtproduzent und Überkonsument" nachzukommen. Nun solle es den Kapitalisten erlaubt sein, den Beweis zu liefern, daß „sie ihr ganzes Leben lang Nichtstuer gewesen sind"[8]. Sie müßten geradezu an der Arbeit gehindert werden, und für ihre „kleinen Vergnügungen" sollten sie jeden Morgen vom Staat ein 20-Mark-Stück ausgezahlt bekommen.

Lafargue malt das Bild einer Gesellschaft, die sowohl zur Arbeit als auch zum Klassenkampf zu träge ist. Letztlich bewirkt wird dieses „Paradies für alle" durch die von Lafargue richtig erkannten Möglichkeiten des technischen Fortschritts, der bei Herabsetzung der Arbeitszeit eine Erhöhung der Produktion mit sich bringt. Lobend weist er in diesem Zu-

[7] Diese beim Proletariat gängige Parole entstammt nicht der kommunistischen Literatur, sondern dem 2. Brief des Apostels Paulus an die Thessalonicher (3, 10): „Wer nicht arbeiten will, der soll auch nicht essen."

[8] Hier ist auf das Vorwort des Übersetzers von Lafargues Pamphlet, Eduard Bernstein, hinzuweisen. Die Übersetzung ist nicht ganz wörtlich. Im Einverständnis mit Lafargue wurden einige nicht unbedingt zum Thema gehörige und nur für französische Leser verständliche Sätze fortgelassen, während an anderen Stellen auf deutsche Verhältnisse passende Einschaltungen vorgenommen und deutsche Persönlichkeiten (Adel, Geistlichkeit, Industrielle, Gelehrte) „zur Exemplifizierung" angeführt wurden.

sammenhang auf Amerika hin, wo die Maschine sich aller Zweige der Ackerbauproduktion bemächtigt habe, „weil die Amerikaner, frei und faul, lieber tausend Tode sterben, als das Viehleben eines französischen Bauern zu führen."

Lafargue, dem Anhänger der Unterkonsumtionstheorie, geht es aber auch darum, daß die Arbeiter die von ihnen hergestellten Produkte verzehren. Zu finanzieren sei dies alles durch die Eröffnung von unbegrenztem Kredit für die Arbeiter. Lafargue muß ein ungeheures Vertrauen in die Fortentwicklung der Technik und die dadurch ermöglichte Versorgung der Bevölkerung mit den für die „gesellschaftlichen Bedürfnisse" notwendigen Gütern gehabt haben; denn die Eventualität, daß, wenn alle Güter aufgezehrt sind, der Kampf aller gegen alle losbricht, wird nicht erörtert. Anscheinend genügen die Güter, die als „Würze der Faulheit" während eines Mindestmaßes an Arbeit hergestellt werden, um die Vorräte aufzufüllen.

Macht er die Bourgeoisie und ihre Lebensgewohnheiten in seiner Verachtung eher lächerlich, so kennt sein Haß keine Grenzen, wenn es sich um diejenigen handelt, die er „Moralisten" nennt: die „Pfaffen", (nichtkommunistischen) Ökonomen und Gesetzgeber, die alle das Proletariat zur Arbeit anhalten. Mit ihnen sollen, wenn sein Paradies der Faulheit Wirklichkeit geworden sein wird, „um die Zeit totzuschlagen, die uns Sekunde für Sekunde tötet", Schauspiele aller Art aufgeführt werden, deren Thema nun ausgerechnet der Klassenkampf sein soll. Wie in Offenbachs „Orpheus in der Unterwelt", der Satire auf das Zweite Kaiserreich, die Öffentliche Meinung, tritt bei Lafargue die Historische Notwendigkeit auf und fegt schließlich den Kapitalismus hinweg. Zurück bleibt Lafargues schöne neue Welt.

IV. Ein „verderbliches Dogma"

Lafargues provozierende Behauptung, der Arbeiter erniedrige sich durch seine „Arbeitssucht", richtet sich letztlich gegen die dieser „Sucht" zugrunde liegende religiöse Fundierung, die von ihm als „verderbliches Dogma" bezeichnete Arbeitsmoral[9]. Max Webers Aufsatz „Die Protestantische Ethik und der Geist des Kapitalismus" erschien zwar erst mehr als ein Jahrzehnt später (1904/5)[10] als das Lafarguesche Pamphlet. Aber die Wechselbeziehung zwischen Religion und Arbeitsethos war auch Karl

[9] Zu Lafargues Ausführungen über die Religion vgl. vor allem die Seiten 17 und 19.

[10] Max Weber, Die Protestantische Ethik und der Geist des Kapitalismus, in: Archiv für Sozialwissenschaft und Sozialpolitik, Bd. 20 und 21, 1904 und 1905. Wieder abgedruckt in: Gesammelte Aufsätze zur Religionssoziologie, 3 Bde. (Bd. 1), Tübingen 1920/21. (Die im folgenden angeführten Hinweise beziehen sich auf diesen Wiederabdruck.)

Marx und seinen Anhängern keineswegs verborgen geblieben, wenn diese Beziehung auch nur völlig abwertend gesehen wurde: Religion ist das „Opium des Volkes"[11], das durch die Priester im Auftrag der ausbeutenden Klasse verteilt wird, um die betäubten Arbeiter im Zustand permanenter Ausbeutbarkeit zu erhalten.

Lafargue rechnet zum Betrug an den Arbeitern mit Hilfe der Religion auch die Verherrlichung der Arbeit. Er betont in diesem Zusammenhang ausdrücklich die Verbindung von christlicher und „kapitalistischer" Moral. Aber die „Religion", gegen die er sich als Grundlage der ökonomischen und politischen Herrschaft ganz allgemein wendet, ist im besonderen eben jene Protestantische Ethik, die mit ihrer Arbeitsgesinnung zur geistigen Triebkraft des Industriezeitalters wurde. Der Protestantismus hatte den katholischen Ordogedanken, wonach jedes Ding sinnvoll eingeordneter Teil der Schöpfung ist und nicht von Menschenhand beliebig geändert werden darf, abgelöst durch das Glaubensbild der sich selbst überlassenen Welt; er stellte den Menschen hinein in eine individualistische Beziehung zu Gott und verlangte von ihm, sich in dieser Beziehung zu bewähren. Von hierher ist nicht nur der Drang nach systematischer unbeirrter Weltarbeit zu deuten, die sich in erfolgreicher Entfaltung aller wirtschaftlichen Aktivitäten, im Aufstreben der Naturwissenschaften und der damit zusammenhängenden Entwicklung eines technisch-wissenschaftlichen Lebensstils manifestiert, sondern auch die Festigung bestimmter Charakterzüge — Arbeitswille, Sparsamkeit, Asketizismus, Pflichtgefühl und Bereitschaft, für außerpersönliche Zwecke zu wirken; das sind eben jene Eigenschaften, die Lafargue in ihrer Gesamtheit als „verderblich" angreift. Umgekehrt verdammt die Protestantische Ethik Müßiggang, Bettelei, mönchische Beschaulichkeit und die — von Lafargue anerkennend erwähnte — Vielzahl von Feiertagen der mittelalterlichen Kirche. Der Protestantismus fordert angestrengte unermüdliche Arbeit und einfache, jedem Luxus abholde Lebensführung. Der Gläubige hat sich zu bewähren und darf in der gesegneten Lebenstat den Widerschein seiner Erwählung zu erkennen wähnen. Das Paradies kann für ihn niemals auf dieser Erde liegen[12].

Die Idee harter Arbeit als einer Pflicht, die ihre eigene Bedeutung in sich trägt, wurde zur typischen Verhaltensmotivation des Menschen in der modernen industriellen Gesellschaft. Er sollte nicht nur gut arbeiten, weil er dies mußte, sondern weil er es wollte; in der Arbeit sollte er persön-

[11] Karl Marx, Zur Kritik der Hegelschen Rechtsphilosophie, in: Deutsch-Französische Jahrbücher, 1. und 2. Lieferung, Paris 1844. Wieder abgedruckt in: Karl Marx / Friedrich Engels, Werke, Bd. 1, Berlin 1958, S. 378 ff.

[12] Zur Kapitalismusfrage vgl. außer der Schrift von Max Weber: Alfred Müller-Armack, Genealogie der Wirtschaftsstile, in: Religion und Wirtschaft, a.a.O., S. 112 ff.; ferner: Jan Weerda, Sozialethik bei Calvin, in: Evangelisches Soziallexikon, Im Auftrage des Deutschen Evangelischen Kirchentages, hrsg. von Friedrich Karrenberg, Stuttgart o. J. (1954), 4. vollständig neu bearbeitete Auflage 1963, S. 234 ff.

liche Befriedigung finden, und in der vollendeten Ausführung einer Aufgabe sollte er den Ausdruck seiner eigenen Tugendhaftigkeit sehen. Der von dieser Einstellung getragene Kapitalismus konnte sich nur deshalb zu einem volkswirtschaftlichen Erfolg und zu einem Segen für die arbeitende Bevölkerung entwickeln, weil die der Eigenart dieser Wirtschaftsform angepaßte Art der Lebensführung als Anschauungsweise nicht nur einzelnen Individuen, sondern großen Menschengruppen eigen war. Mit diesen Menschengruppen meint Max Weber die Unternehmer und die Arbeiter, die der Kapitalismus sich durch ökonomische Auslese heranzieht, während Lafargue einem nach der Devise „Arbeit und Enthaltsamkeit" sich abrackernden Proletariat eine in erzwungener Faulheit und Üppigkeit dahinlebende Kapitalistenklasse gegenüberstellt. Gemeinsamkeit aller im Fleiße als Nervus rerum bei Max Weber, Gemeinsamkeit aller in Faulheit als Ultima ratio bei Paul Lafargue.

V. Die neue Wirklichkeit der Arbeitswelt

Lafargue und sein Traum einer arbeitslos konsumierenden Gesellschaft sind so gut wie vergessen. Im Westen genießt man sein Buch als eine Kuriosität, im Osten wird es als inopportun totgeschwiegen[13]. Vergessen sind auch die Zeiten, in denen die Arbeiter, die 1848 das „Recht auf Arbeit" proklamierten, Lafargues Wut herausforderten, weil sie „das Gesetz, welches die Arbeit in den Fabriken auf 12 Stunden beschränkt, als eine revolutionäre Errungenschaft entgegennahmen". Legende sind die von ihm angegriffenen Zustände, bei denen in den Industriezentren verelendete Menschen sich nach Arbeit drängten, als ein trotz 16 Stunden täglicher Arbeitszeit völlig unzureichender Lohn die Arbeiter zwang, auch ihre Frauen und Kinder in die Fabriken zu schicken, wo diese gern genommen wurden, da sie noch weniger Lohn erhielten. In unserem Zeitalter einer nahezu überperfektionierten Sozialgesetzgebung vergessen wir nur zu leicht, daß es noch nicht einmal ein Jahrhundert her ist, seit man im Bismarckschen Deutschland die ersten Ansätze einer für die damalige Zeit vorbildlichen Sozialpolitik verwirklichte[14].

Dennoch haben sich in den von Lafargue und von allen, die nach der „Façon" seines Schwiegervaters selig zu werden versuchen, vielgeschmähten „kapitalistischen" Ländern die Dinge nicht auf ein öffentlich proklamiertes „Recht auf Faulheit" hin entwickelt; aber das Ergebnis jahrzehntelanger Arbeitskämpfe im Verein mit der — allerdings auch von Lafargue

[13] Vgl. hierzu: Iring Fetscher, a.a.O., S. 8 f., und Ernst Benz, a.a.O., S. 14.

[14] 1881 kündigte die „Kaiserliche Botschaft" die Versicherungsgesetzgebung an, es folgten 1883 die Kranken-, 1884 die Unfall-, 1889 die Alters- und Invaliditätsversicherung.

richtig vorausgesehenen — Nutzung technischer Neuerungen war eine durch Gesetzesregelung beachtlich verkürzte Arbeitszeit, als deren Ergänzung man ein allerdings nicht ausdrücklich formuliertes, faktisch aber gegebenes „Recht auf Freizeit" zu haben glaubt[15]. Man weiß, daß es nun vielen Menschen möglich ist, das Schwergewicht von Energie und Lebensgefühl aus der Arbeits- in die Freizeit zu verlegen; man weiß auch, daß sich daraus neue Probleme ergeben, nämlich die einer sinnvollen Gestaltung und Nutzung der Freizeit, nicht allein um einen Ausgleich zur „Entfremdung" im Rahmen einer notwendig arbeitsteiligen Produktion zu finden, sondern auch um einer Vergeudung eben dieser Freizeit durch Langeweile und der daraus fast unvermeidlich folgenden Unzufriedenheit vorzubeugen. Die Notwendigkeit einer Kompensation schwindet um so mehr, je stärker die Arbeit selbst als Sinnerfüllung angesehen werden kann. So dürfte die Befriedigung desto größer sein, je mehr eine Arbeit wissenschaftlich, künstlerisch oder sozial und politisch eigenständig ist. Daß bei allen höher qualifizierten Berufen die Arbeitszeit bis zu einem Höchstmaß ausgedehnt werden kann und muß — eine Feststellung, die uns an die Ausführungen des unbekannten Autors vom Ende des vorigen Jahrhunderts erinnert —, ist dennoch eine für den Einzelnen (und seine Familie) nicht immer beglückende Notwendigkeit.

So läßt Arbeit eben dort, wo sie zur Sinnerfüllung des Lebens wird, zumeist wenig Raum für Freizeit und den darin möglichen Konsum. Aber auch dort, wo die Arbeit lediglich der Existenzsicherung dient, ist man wenig geneigt, sie als „Fluch" anzusehen; denn für Freizeit und Konsum bleiben weite Möglichkeiten. Wie ausschlaggebend bei der Verwirklichung von, wenn auch nicht „paradiesischen", so doch „erträglichen" oder gar „angenehmen" Arbeitsbedingungen die Entscheidung für eine bestimmte Wirtschaftsordnung ist, zeigt nicht nur der Rückblick beispielsweise auf die Umstände der Weltwirtschaftskrise, sondern, was für unsere Zeit weitaus wichtiger und aufschlußreicher ist, das Gefälle, auch zwischen Industrieländern, in Ost und West.

In seinem Buch „Mein Land und die Welt"[16] bringt Andrej Sacharow einen Vergleich. Danach beträgt in der UdSSR der Mindestlohn im Monat 60 Rubel und der Durchschnittslohn 110 Rubel. Seinem Kaufwert nach — auf der Basis offizieller Lebensmittelpreise und unter Ausschluß des freien schwarzen Marktes, der etwa in den größeren Städten 30 Prozent der Bevölkerung versorge — entspreche dieser Minimallohn ungefähr 80 Dollar monatlich, und der Durchschnittslohn entspreche 140 Dollar.

15 Vgl. zum folgenden: Iring Fetscher, a.a.O., S. 12 f.

16 Andrej Dimitrijewitsch Sacharow, Mein Land und die Welt, Wien—München—Zürich o. J. (1975), vgl. hier vor allem die Seiten 20 ff. — Zur Mitarbeit der Frauen vgl. auch: Alexander Solschenizyn, Offener Brief an die sowjetische Führung (Sammlung Luchterhand 178), o. O. u. J. (Darmstadt und Neuwied 1974), S. 40.

Vergleiche man die amerikanischen Zahlen, so seien 600 bis 800 Dollar monatlich für eine vierköpfige Familie das offizielle Lebensminimum und damit die offiziell festgelegte Schwelle der Armut. Sei das Einkommen niedriger, so gewähre der Staat besondere Vergünstigungen, von denen der Sowjetbürger nicht einmal träumen könne. In der UdSSR gäben diejenigen, die vom Arbeitseinkommen leben, dessen Großteil für die Ernährung aus. Das niedrige Lohnniveau führe dazu, daß der Verdienst des Mannes — genau so wie es für die Anfänge des Industriezeitalters geschildert wurde — nicht einmal zur Ernährung einer Familie mit nur einem Kind ausreiche und die Frau, trotz zwangsläufiger seelischer Benachteiligung der Kinder, mitarbeiten müsse. Nach Sacharows Meinung dürften den amerikanischen Arbeiter, dessen Frau nur arbeiten ginge, wenn sie dies wolle, diese Zustände seltsam anmuten; in Amerika gebe der Arbeiter für eine weitaus bessere Ernährung in der Regel nicht mehr als 25 Prozent des Lohnes aus. Sacharow weist darauf hin, daß sich die niedrige Bezahlung in der UdSSR besonders bedrückend bei den zahlenmäßig stärksten Schichten der Intelligenz auswirke, also bei Lehrern, Ärzten und anderen medizinischen Berufen sowie den einfachen Ingenieuren. Das sind eben jene Gruppen, für die Arbeit Sinnerfüllung des Lebens sein müßte; ihnen fehlen „Gemüsegärten“ und „schwarze“, oft „halblegale“ Einnahmequellen. Sacharow kommt zu dem Schluß, daß selbst wenn das Lebensniveau in den Ländern mit einer von ihm „kapitalistisch“ genannten Wirtschaftsordnung um 50 Prozent abnehme, die Menschen dort immer noch besser leben könnten als im reichsten sozialistischen Land der Erde.

Aber auch hinsichtlich anderer wesentlicher Punkte des Sozialwesens fällt Sacharows Vergleich zuungunsten seines Heimatlandes aus, eben jenes Landes, das sich seit mehr als fünfzig Jahren zu dem von Lafargues Schwiegervater Marx propagierten System bekennt. Es gibt dort nicht einmal Berührungspunkte zwischen Lafargues Traum und der Realität. Bei einer Arbeitszeit, die mit 41 Stunden in der Woche länger ist als in fast allen westlichen Ländern, gibt es für die Mehrheit nur einen kurzen zweiwöchigen Urlaub; abgesehen von den willkürlich festgelegten „Personalpensionen“ für „verdiente“ Prominente und den Militärpensionen beträgt die höchste Rente 120 Rubel (etwa 480 Mark) und die Durchschnittsrente die Hälfte davon; alljährlich werden einige Sonntage oder Samstage — formal „freiwillig“ — zu Arbeitstagen erklärt und der Lohn an einen staatlichen Fonds überwiesen. Lafargue wäre erstaunt, wenn er — auf die Erde zurückversetzt — sähe, wie eine Arbeiterbevölkerung, deren „Prophet“ sein Schwiegervater ist, sich mit einer mangelhaften Versorgung abfinden muß. Die Tatsache, daß in Tausenden Dörfern und Städten schon frühmorgens, ehe die Läden öffnen, lange Schlangen auf den Brotlieferwagen warten und hoffen, daß auch noch etwas anderes „ausgeworfen“, das heißt angeboten und verkauft wird, würde von ihm als Folge der „Arbeitssucht“ gedeutet, und er würde der Arbeiterschaft, deren Los im Rahmen und infolge des vorgeblich auf ihr Wohlergehen allein ausgerichteten Systems sich gar nicht bessern kann, nun erst recht empfehlen, sich das Paradies auf Erden zu erfaulenzen.

VI. Wandlungen der Arbeitsmoral

Immer noch würde das Arbeitsethos, das in eben jenen Ländern, die sich der schwiegerväterlichen Doktrin verschrieben haben, vorausgesetzt wird, Lafargues Mißfallen erregen; denn merkwürdigerweise baut man dort auf jene im „Opium des Volkes" verwurzelten Eigenschaften Arbeitsamkeit, Sparsamkeit, Enthaltsamkeit, die Lafargue als „jämmerliche Kopie der christlichen Moral" verurteilt hat. Aber nun helfen diese Tugenden dem Einzelnen nicht mehr, sich in seiner Einsamkeit vor Gott zu bewähren, sondern sie dienen im Rahmen der von Marx in einem „Jahrhundert ohne Gott"[17] begründeten Ersatzreligion des Kommunismus allein der Steigerung der Arbeitsleistung und der Gemeinschaft.

Das Leben ist, wie immer, weit hinter dem Ideal zurückgeblieben; und die Strenge der Befehlswirtschaft ist auf Grund der gegebenen wirtschaftlichen und sozialen Verhältnisse quasi ins Nichts gerichtet. Dies belegt wiederum eine Stelle bei Sacharow[18], der von einer „Lumpenisierung", das heißt dem Entstehen eines Lumpenproletariats, spricht. Es ist die Folge der Liederlichkeit einer großen Masse der Bevölkerung und des exzessiven Alkoholkonsums aller Bevölkerungsschichten, der, dreimal so hoch wie im zaristischen Rußland, jährlich Zehntausende von Opfern fordert, die auf der Straße zusammenbrechen und erfrieren. Dazu kommt in allen Städten, die nicht wie Moskau über eine Armee von Milizionären verfügen, ein sich immer weiter ausbreitendes Rowdy- und Verbrechertum. Ganz abgesehen davon, daß, wie aus der Kriminalistik bekannt, hierzu eine gewisse Erfindungsgabe und eine Art pervertierter „Arbeit" gehören — wo bleibt angesichts solcher Zustände die „Würde", die Lafargue demjenigen zuspricht, der Arbeit Arbeit sein läßt?

Offiziell jedoch bekennt man sich zu einer nun mit dem Prädikat „sozialistisch" versehenen Sittlichkeit[19], die fatal den Forderungen der Protestantischen Ethik gleicht und daher auch Faulheit verdammt, geschweige denn auch nur den Gedanken an ein „Recht auf Faulheit" aufkommen ließe. Allein schon die Erwähnung Lafargues und seiner Streitschrift trägt demjenigen, der sich so weit vergangen hat, den Tadel ein, er habe mit seinem „Anschlag" die Arbeitsmoral des Landes, in dem sie

[17] Zum Problem der Ersatzreligionen vgl. vor allem: Alfred Müller-Armack, Das Jahrhundert ohne Gott. Zur Kultursoziologie unserer Zeit, Münster (Westf.) 1948. — Wieder abgedruckt in: Religion und Wirtschaft, a.a.O., S. 371 ff.

[18] Andrej D. Sacharow, a.a.O., S. 30; vgl. dazu auch: Alexander Solschenyzin, a.a.O., S. 35.

[19] Vgl. hierzu: Iring Fetscher, a.a.O., S. 8 f.

getan wurde, untergraben wollen und sei „als Klassenfeind entlarvt". Zweifellos, Lafargue ist verfemt — und das nicht nur ob seiner Schrift, sondern auch, weil er „seinen Posten verließ", als er mit seiner Frau zusammen freiwillig aus dem Leben schied[20].

Die Frage, ob auch in den sogenannten „kapitalistischen" Ländern heute noch die Protestantische Ethik den geistigen Hintergrund bestimmt, ist müßig. Denn die religionssoziologische Forschung hat längst nachgewiesen, daß mit dem Verfall des Glaubens Wirtschaftsaktivität, Erfolg und Gewinn zu Selbstzwecken geworden sind, und daß die äußeren Güter dieser Welt zunehmende und schließlich unentrinnbare Macht über den Menschen gewonnen haben[21]. In Brechts „Dreigroschenoper" heißt es frech: „... dann löst sich ganz von selbst das Glücksproblem: Nur wer im Wohlstand lebt, lebt angenehm."

Dennoch wirkten die in Religion und Erziehung bei der älteren Generation verankerten Grundsätze, wie Pflichtbewußtsein, Liebe zur Arbeit und Identifizierung mit dem Betrieb unterschwellig weiter, und es kann nicht genug hervorgehoben werden, daß eben diese Faktoren entscheidend in der Aufbauphase der westdeutschen Wirtschaft nach dem Zweiten Weltkrieg zur Geltung kamen. Nun, dreißig Jahre später, scheint eine „neue Arbeitsmoral" zu herrschen, die zu den Fragen Anlaß gibt: „Sind die Deutschen nur noch bedingt leistungsbereit? Läuft die Leistungsgesellschaft Gefahr, zu einer Schmarotzergesellschaft zu werden?" Eine neuere Untersuchung[22] schloß aus der psychischen Grundstruktur und sozialen Faktoren, wie Erziehung, Gewohnheiten und Vorurteilen, auf die Leistungsbereitschaft. Die Ergebnisse wecken erhebliche Zweifel an der Gültigkeit des tradierten Bildes vom tüchtigen, fleißigen und strebsamen Deutschen. Er sieht sich zwar noch gern so, und seine Nachbarn fürchten diese Eigenschaften als einem sogenannten „deutschen Nationalcharakter" immanente Triebkräfte. Nun glaubt man neuerdings herausgefunden zu haben, daß

— nur vier von zehn Deutschen voll leistungsbereit, ein Drittel dagegen reine Mitläufer der Leistungsgesellschaft seien,
— jeder zweite Berufstätige seine Arbeit als Übel empfinde.
— 45 Prozent damit rechnen, daß künftig allgemein weniger gearbeitet werde, und
— 57 Prozent der unter Dreißigjährigen sogar ganz aufhören würden zu arbeiten, wenn sie nur einen einigermaßen ausreichenden Lebensstandard hätten.

An diesen Ergebnissen hätte Lafargue seine helle Freude.

20 Vgl. hierzu: Iring Fetscher, a.a.O., S. 7.

21 Vgl. hierzu: Max Weber, a.a.O., S. 203 f., und Alfred Müller-Armack, Das Jahrhundert ohne Gott, in: Religion und Wirtschaft, a.a.O., S. 371.

22 Die neue Arbeitsmoral, Der Wandel in der Leistungsbereitschaft der Deutschen, hrsg. von CAPITAL-Redaktion, o. O. (Hamburg) Januar 1975. — Vgl. dazu auch: Dieter Strametz, Die Karriere ist nicht alles, in: Die Zeit, Nr. 53/1 vom 26. Dezember 1975.

Aber es geht — außer dem von Marx vor fast 130 Jahren beschworenen — wieder „ein Gespenst um"[23], nicht nur in Europa oder im besonderen in der Bundesrepublik Deutschland, sondern in der Welt: die Arbeitslosigkeit. Nationalökonomen und Statistiker berechnen zwar „tolerable" Größen, in vielen Ländern gibt es Arbeitslosenversicherungen, die auf Allgemeingültigkeit und Wahrheitsgehalt bislang nicht überprüfte Gerüchte von einem geradezu zügellos zu nennenden Wohlleben der Betroffenen aufkommen lassen, es gibt Umschulungsprogramme, Beihilfen aller Art, Abfindungen und ähnliches, um das „Gespenst" zu bannen[24].

Lafargue würde dieses „Gespenst" allerdings freundschaftlich begrüßen und sein Erscheinen von der Philosophie der Faulheit her als Übergang zu einem Zustand der Erholung und der Teilhabe am Konsum der produzierten Güter bewerten. Wenn er im Grunde auch sein Pamphlet nur abgefaßt hatte, um die Arbeiter zu einer Auflehnung gegen ihre Notlage zu reizen, es klingt dennoch wie bitterer Hohn auf das Elend, dem zu seiner Zeit der Arbeitslose ausgesetzt war, wenn er vorschlägt, „die Arbeit zu verbieten" und ein Programm für die erzwungene Muße der Arbeitslosen entwirft, wonach man mittels drakonischer Gesetze die Posamentier-, Spitzen-, Eisen- und anderen Arbeiter und Arbeiterinnen im Interesse der Hygiene und der Veredelung der Rasse zu Ruder- und Turnübungen anhalten solle, damit sie ihre untergrabene Gesundheit wiederherstellten. Von dem Augenblick an, wo die europäischen Produkte nicht mehr in alle Welt hinaus verschickt würden, könnten auch die Seeleute, die Lastträger und die Fuhrleute anfangen, den Daumen drehen zu lernen. Dann würden die glücklichen Südseeinsulaner sich der freien Liebe hingeben dürfen, ohne die Fußtritte der zivilisierten Venus und die Predigten der europäischen Moral fürchten zu müssen[25].

23 „Ein Gespenst geht um in Europa" beginnt das Kommunistische Manifest von Karl Marx und Friedrich Engels (London 1848).

24 Ein Arbeitsloser, der in den drei Jahren vor seiner Entlassung mindestens 104 Wochen gearbeitet und regelmäßig seine Arbeitslosenversicherung gezahlt hat, erhält 312 Wochentage Arbeitslosengeld. Dieses beträgt in der Regel 68 Prozent des durchschnittlich in der tariflichen Arbeitszeit verdienten Nettogehalts der letzten zwanzig Arbeitstage, wobei Überstunden nicht voll angerechnet werden. Der Höchstsatz beträgt 319,80 pro Woche. Nach maximal einem Jahr ist der Anspruch auf das Arbeitslosengeld erloschen, und der Arbeitslose muß in einem Antrag auf Arbeitslosenhilfe (= 58 Prozent des letzten Nettogehalts ohne Zuschläge) seine Bedürftigkeit nachweisen. Bei der detaillierten Prüfung der Bedürftigkeit berücksichtigt das Arbeitsamt Einkommen und Vermögen des Ehepartners sowie aller Verwandten in gerader Linie, sofern es 75 Mark in der Woche übersteigt. Wer über Vermögen verfügt, das größer als 8000 Mark ist, bekommt keine Unterstützung: reduziert wird letztere, wenn ein Nebeneinkommen aus eigener Landwirtschaft bezogen wird. Keine Unterstützung bekommen Jugendliche, die noch nie eine feste Arbeit hatten, weil nach der Schulzeit weder eine Lehrstelle noch ein Hilfsarbeiterjob für sie zu bekommen war. Vgl. hierzu: Dauerarbeitslos: Aus 4050 Mark brutto werden 408 Mark netto, in: Zeitmagazin, Nr. 42 vom 10. Oktober 1975.

25 Diese Zukunftsvision findet sich bei Paul Lafargue, a.a.O., S. 43 f.

Auch heute würde jenen Arbeitslosen, die „unfreiwillig" zu dieser Gruppe zählen, Lafargues „Recht auf Faulheit" und die darin enthaltenen Schlußfolgerungen über Kurzarbeit und Arbeitslosigkeit sowie die dadurch ermöglichten Freuden gesteigerten Konsums als bösartige Persiflage ihres an Sorgen reichen Daseins erscheinen, das sie in den wenigsten Fällen selbst verschuldet haben und nicht als Makel empfinden mögen. Wenn sie derzeit ihr „Recht auf Arbeit" nicht wahrnehmen können, so haben sie nun dank der Arbeits- und Sozialgesetzgebung zwecks Sicherung ihres Einkommensbezuges ein „Recht auf Beistand seitens des Staates", in dem die Arbeitswilligen aber nur eine Notlösung sehen können.

Und diejenigen, die ihr Schicksal nicht teilen, noch fest im Sattel sitzen oder zu sitzen wähnen? Wird die allgemeine Lage einen Einfluß auf ihre Einstellung zur Arbeit haben, falls sie sie bisher, wenn auch nicht als „Fluch Gottes" im biblischen Sinne oder wie der ihnen sicherlich unbekannte Lafargue als „Entwürdigung", so doch nur als „notwendiges Übel" angesehen haben? Man sagt, es werde schon lange weniger „krank gefeiert", spätes Kommen werde seltener durch frühes Gehen ausgeglichen, man beginne, das Kaffeetrinken abzukürzen und die Mittagspause nicht mehr zu überziehen. Die verflossenen Jahre eines ausgedehnten Stellenangebotes hatten viele dazu verführt, Rechte groß und Pflichten klein zu schreiben. Zwar führte man noch Reden, in denen man sich zu den Tugenden einer längst vergessenen Protestantischen Ethik bekannte, doch blieb es unklar, ob man sie tatsächlich bejahte oder ob man sie insgeheim für eine Art „Laster" hielt, das der „freien Entfaltung der Persönlichkeit" ungemein hinderlich war.

Es wird sich zeigen, ob eine in späteren Jahren vorgenommene Untersuchung der „Arbeitsmoral" nachweist, daß diese sich noch immer weiter von der Protestantischen Ethik entfernt hat, oder ob es unter dem Druck wirtschaftlicher Kräfte für größere Menschengruppen eine Rückkehr zu dieser geistigen Basis unserer abendländischen Lebensform geben wird. Auch heute noch errichten Einzelne ihr Lebenswerk auf diesem Fundament, und sie sind es, die bei einem Rückblick auf ihr Leben sagen werden: „. . . und wenn es köstlich gewesen ist, so ist's Mühe und Arbeit gewesen."

DIE ENTZAUBERUNG DER „UTOPIA" — ZUR FRAGE DES CHRISTLICHEN IN DER UTOPISCHEN ETHIK

von Joachim Starbatty

„Flüchtlinge sind die beiden, aber nicht aus einem der
Länder der Gegenwart, die, mit wenigen Ausnahmen,
so viel Anlaß und Anregung zum Fliehen geben:
sie sind Flüchtlinge aus dem Jenseits der Zeit,
aus der Zukunft"[1].

I. Eine stimulierende These und eine alte Streitfrage

Die „Utopia" des Thomas Morus (1478—1535)[2] hat die literarische Form eines Dialogs und muß insgesamt — von Form und Komposition her — als vollendetes Kunstwerk gelten. In der Rahmenhandlung unterhalten sich Thomas Morus und sein Freund Petrus Aegidius mit Raphael Hythlodäus, einem philosophisch gebildeten Weltreisenden und Gefährten von Amerigo Vespucci. Dieser spricht — nach Jahren langer Abwesenheit vom Abendlande — sein Erstaunen und sein Befremden über Politik und Gesellschaft der damaligen Staaten aus. Diese Analyse, die bereits alle Denkfiguren sozialistischer Gesellschaftskritik enthält[3], gibt Thomas Morus und Petrus Aegidius Gelegenheit, den Raphael Hythlo-

[1] Ernst Wilhelm Eschmann, Die Rückkehr aus der Zukunft. Ein jahrtausende altes Trieb- und Tröstungsmittel ist erschöpft, in: Frankfurter Allgemeine Zeitung, Nr. 230 vom 4. 10. 1975.

[2] Der volle Titel der „Utopia" lautet: „De optimo statu reipublicae deque nova insula Utopia", also: Über das beste Gemeinwesen zugleich über die neue Insel Utopia. Die erste Ausgabe — besorgt von Erasmus von Rotterdam — erschien 1516 in Löwen. Die „Utopia" erlebte sofort mehrere Neuauflagen und erregte beträchtliches Aufsehen. Bei der Analyse der „Utopia" sind zwei Texte herangezogen worden:
— Die Übersetzung von Klaus J. Heinisch, die im großen und ganzen als gut und geglückt bezeichnet werden kann, in: Der utopische Staat (Rowohlts Klassiker der Literatur und der Wissenschaft, Philosophie des Humanismus und der Renaissance, Bd. 3), Reinbek bei Hamburg 1960; im folgenden zitiert: „Der utopische Staat".
— Die lateinische Fassung, in: The Complete Works of St. Thomas More, Vol. 4: Utopia, ed. by Edward Surtz, S. J. and J. H. Hexter, Yale University Press, New Haven und London 1965, im folgenden zitiert: „The Complete Works of St. Thomas More, Vol. 4: Utopia".
Die lateinische Fassung basiert hauptsächlich auf der in Basel erschienenen 3. Auflage (1518). Dieser Band enthält zugleich die von C. G. Richards 1923 besorgte englische Übersetzung. Für den vorzüglichen Kommentar zeichnet hauptsächlich Edward Surtz verantwortlich.
Bei kritischen und zentralen Stellen sowie bei allen Zitaten wurde die Übersetzung von Heinisch mit dem Original verglichen und, wenn nötig, modifiziert.

[3] Nach Auffassung von Karl Kautsky hat der moderne Sozialismus kaum eine schärfere Kritik der Gesellschaft aufzuweisen. (Karl Kautsky, Thomas More und seine Utopie, Berlin 1947, unveränderter Nachdruck der 3. Auflage 1913, S. 325).

däus zu einem ausführlichen Bericht über die ferne Insel „Utopien" einzuladen, die — wörtlich übersetzt — „Nirgendland" heißt. So gewinnt der Bericht über das utopische Gemeinwesen den Charakter einer Lehrfabel, was Thomas Morus erlaubt, seinen Berichterstatter, Raphael Hythlodäus, schonungslos die gesellschaftspolitischen Gebrechen seiner Zeit anprangern zu lassen.

Die „Utopia" gilt allgemein als der Entwurf eines sozialistischen Idealstaates. Für den Marxisten Karl Kautsky ist sie die „machtvolle Verherrlichung des Kommunismus"[4]. Zwar blicken die Väter des „wissenschaftlichen" Sozialismus — Marx, Engels, Lenin — mit Verachtung auf den „utopischen" Sozialismus, doch kann sich der „praktische" Sozialist aus der „Utopia" des Morus mehr Anregungen zur Gestaltung des sozialistischen Lebens holen als aus den gesammelten Werken von Marx, Engels oder Lenin. So liest sich beispielsweise der Bericht Wassily Leontiefs über eine Reise durch Rotchina wie die Schilderung einer Reise durch eine große „utopische" Provinz[5].

Vor diesem Hintergrund muß die These Müller-Armacks, daß die Staatsutopien als Ausdruck radikaler Sozialtheorien allein auf katholischem Boden gedeihen, während sie in protestantischen Gebieten nur abgeblaßt als literarische Form übernommen würden[6], außerordentlich stimulieren, ja geradezu provozieren. Die These Müller-Armacks ist nicht nur wegen ihrer stimulierenden Originalität und wegen möglicher Widersprüche zu geläufigeren Thesen[7] einer näheren Prüfung und Kommentierung wert, sondern auch deswegen, weil sie — unerwartet — neues Licht auf die alte bisher ungelöste Streitfrage wirft, ob die „Utopia" als der ernstgemeinte Entwurf des idealen Staates oder als „die Scherze einer heiteren Seele"[8] zu gelten habe.

[4] Karl Kautsky, Thomas More, in: ders., Vorläufer des neueren Sozialismus, 3. Bd.: Die beiden ersten großen Utopisten, 2. Auflage, Stuttgart und Berlin 1922, S. 49.

[5] Sozialismus in China, in: Hamburger Jahrbuch für Wirtschafts- und Gesellschaftspolitik, 19. Jg., 1974, S. 333 ff.

[6] Alfred Müller-Armack, Genealogie der Wirtschaftsstile. Die geistesgeschichtlichen Ursprünge der Staats- und Wirtschaftsformen bis zum Ausgang des 18. Jahrhunderts, Stuttgart o. J. (1941, 3. Auflage 1944). Wieder abgedruckt in: Derselbe, Religion und Wirtschaft. Geistesgeschichtliche Hintergründe unserer europäischen Lebensform, Stuttgart 1959, S. 172.

[7] Nach Edgar Salin sei es zwar bei Albertus Magnus und Thomas von Aquin müßig, nach ihrer Nationalität zu fragen, da sie ganz durch die katholische Ökumene geprägt seien; doch seit dem 16. Jahrhundert werde für den Charakter der einzelnen Werke, für ihren geistigen Gehalt und für ihre philosophische Begründung die nationale Wurzel wesentlicher als der übernationale Glaube. Salin nennt dabei ausdrücklich die Verwandtschaft von Thomas Morus mit Adam Smith, John Stuart Mill und Alfred Marshall. (Geschichte der Volkswirtschaftslehre, 4. Aufl., Bern und Tübingen 1951, S. 54.)
Vielfach wird auch betont, daß Morus besonders der „Politeia" Platons („Der Staat") verpflichtet sei.

[8] T. G. Rudhart, Thomas More, Nürnberg 1829, S. 119. (Zitiert nach: Karl Kautsky, Thomas More und seine Utopie, a.a.O., S. 329.)

Es soll jedoch nicht nur die These Müller-Armacks von der Gebundenheit der Staatsutopien an den Katholizismus am Beispiel der „Utopia" des Thomas Morus geprüft werden, sondern darüber hinaus soll der Versuch gemacht werden, utopische und christliche Ethik miteinander zu vergleichen. Daraus ergeben sich entscheidende Folgerungen über den Weg zu einer menschlichen Gesellschaft.

II. Die These von der Gebundenheit der Staatsutopien an den Katholizismus

1. Zur Begründung dieser These

Bei der Untersuchung der wissenssoziologischen Voraussetzungen der einzelnen Lebenskreise und der Antriebe, welche die einzelnen Kulturlandschaften dem Staatsdenken mitgaben, stellt Müller-Armack fest, daß die Staatsliteratur des katholischen Kulturkreises im Kern Theologie sei[9]. Man schrieb über theologische Fragen für einen Leserkreis, dessen Denken die katholische Theologie geprägt habe. Zudem habe die Festigkeit des Dogmas die Entwicklung einer Staatsliteratur reformierenden oder gar revolutionären Inhaltes unterbinden können. Die thomistische Sozialethik habe die bestehende Weltordnung in allen ihren Erscheinungen vom Religiösen her verklärt; jeder Versuch zur reformierenden Kritik an staatlichen und wirtschaftlichen Verhältnissen, an Kunst oder Erziehungsfragen müsse daher alsbald zum Konflikt mit dem Dogma führen und an dessen Festigkeit scheitern[10]. Doch sei die Bindung der Menschen an eine gottgewollte Ordnung nicht so stark gewesen, daß es nicht von Zeit zu Zeit zu Eruptionen gekommen sei: „Als Ausdruck dieser Radikalisierung in den Voraussetzungen des Katholizismus selbst müssen die Staatsutopien gewertet werden"[11]. Der radikale Wille der Sozialkritik stoße sich an der Festigkeit des katholischen Dogmas und müsse „jenseits dieser Welt, irgendwo auf einer Insel, eine neue Ordnung entwerfen"[12].

Müller-Armack hat seine These vornehmlich aus der Analyse der „Utopia" des Thomas Morus und der „Civitas Solis" und der „De Monarchia Hispanica" des Tommaso Campanella gewonnen. Wir werden hauptsächlich die „Utopia" des Thomas Morus zur Prüfung und Kommentierung heranziehen. Hierfür sprechen folgende Gründe. Die „Utopia" hat für die „Civitas Solis" geradezu Modell gestanden. Nicht nur den Aufbau hat

[9] Alfred Müller-Armack, Genealogie der Wirtschaftsstile, a.a.O., S. 170.
[10] Ebenda, S. 171.
[11] Ebenda, S. 172.
[12] Ebenda, S. 172.

Campanella von Morus übernommen, auch inhaltlich hat er sich stark an ihn angelehnt. Weiter ist Campanella als Mönch des Dominikanerordens viel stärker katholischem Denken verhaftet als der erfolgreiche Anwalt des Rechts und Staatsmann Thomas Morus. Daher stellt die Überprüfung der Thesen Müller-Armacks anhand der „Utopia" einen strengeren Test dar.

2. Chiliastische Tradition und das Neue in der „Utopia"

Es muß überraschen, daß bis zum Erscheinen der ersten „modernen" Staatsutopie seit Christi Geburt immerhin anderthalb Jahrtausende vergangen sind, obwohl „utopische" Visionen im christlichen Denken Tradition haben. Diese gründen in der Offenbarung Johannis[13]. Die Träume vom tausendjährigen Reich des Friedens („Chiliasmus") galten jedoch als gegen die Herrschaft des Papstes gerichtete Häresien, als das Christentum in der westlichen Welt im vierten nachchristlichen Jahrhundert zur beherrschenden Religion geworden war, denn nun wurde die Interpretation des Augustinus, daß sich die Offenbarung Johannis in der Herrschaft des Papstes als Stellvertreter Christi erfüllt habe, gleichsam zur offiziellen Doktrin der katholischen Kirche erhoben[14].

Zu einer gefährlichen Strömung für die katholische Kirche wurde der Chiliasmus vor allem im Mittelalter, als sich die moralische Autorität des Papsttums erheblichen Zweifeln ausgesetzt sah. Nach der Wiederauferstehung des chiliastischen Gedankens aus dem Urchristentum verbanden sich theologische Reformideen mit kommunistischen und anarchistischen Elementen. Die Vorstellung vom wahren christlichen Leben in einem Reich tausendjährigen Friedens führte zwangsläufig zu Überlegungen, wie eine Gesellschaft von Gerechten und Guten gestaltet sein müßte. Diese Überlegungen liefen dann wie selbstverständlich auf den Satz zu: „Omnia sunt communia omnibus".

Einen Höhepunkt chiliastischen Denkens stellen die Weissagungen des Abtes Joachim de Floris (um 1200) dar. Nach seiner mystischen Ge-

[13] Im 20. Kapitel der Johannes-Offenbarung steht: Ein Engel bindet den Satan, auf daß er die Völker nicht mehr verführen könne; eine Zeit tausendjährigen Friedens bricht an und Christus wird auf der Erde herrschen mit den wiederauferstandenen Gerechten, die um seines Zeugnisses willen ihr Leben verloren haben; danach wird der Teufel für eine kurze Zeit aus seinem Gefängnis freigelassen; er geht aus, die Völker an den vier Enden der Welt zu verführen; es kommt zu einem letzten Kampf zwischen den verführten Völkern, deren Zahl ist wie Sand am Meer, und dem Heer der Heiligen; danach wird das Jüngste Gericht gehalten.

[14] Zum „Chiliasmus" vgl.: Georg Adler, Geschichte des Sozialismus und Kommunismus von Plato bis zur Gegenwart, I. Teil: Bis zur französischen Revolution, Leipzig 1899, S. 98 ff. — Günther List, Chiliastische Utopie und radikale Reformation. Die Erneuerung der Idee vom Tausendjährigen Reich im 16. Jahrhundert, München 1973, passim.

schichtstheorie, teils biblisch begründet, teils aus Inspiration geboren, gibt es einen vollkommenen Endzustand auf dieser Erde[15]. Er unterscheidet drei Stadien der Menschheitsentwicklung, eine immer vollkommener als die andere: Das Reich Gott Vaters bis zum Erscheinen Christi, das Reich des Sohnes bis zum Jahre 1260 und danach das vollkommene „dritte Reich" des Heiligen Geistes. Vor Erreichen der letzten Phase gebe es furchtbare Kämpfe gegen den Antichrist. Dies gibt Joachim de Floris Gelegenheit zu einer radikalen Abrechnung mit Kirche und Gesellschaft: „Wo anders gibt es Lüge, wo Betrug, wenn nicht unter den Söhnen Judas, wenn nicht unter den Priestern des Herrn? Wo Verbrechen, wo Ehrsucht, wenn nicht unter den Priestern des Herrn?"[16]. Nach Überwindung des Antichrists breche das Zeitalter des „intellectus spiritualis" an und führe zur tieferen Erkenntnis der Heilswahrheit der Schrift. Der Einzelne sei ganz einem sittlich-religiös vollkommenen Leben hingegeben, und daher sei auch kein Platz mehr für eine kirchliche Hierarchie und für den Papst. „Es wird das Volk Gottes, von Mühen und Leiden frei, eines seligen Friedens genießen, der sich wie eine Osterfeier über den großen heiligen Sabbat des Herrn ergießen soll"[17].

Vor dieser christlichen Tradition erkennen wir klarer das christlich Geprägte in der „Utopia" und das Neue. Im Sinne der chiliastischen Tradition läßt sich die „Utopia" als der Traum von einem befriedeten, der Kontemplation gewidmeten Leben in einer Gemeinschaft der Gleichen deuten, ebenso die radikale Abrechnung mit dem unvollkommenen „Heute" vor dem vollkommenen „Morgen"[18]. Auch die Eroberung der Insel Utopien, so wollen wir den idealen Staat nennen, den Thomas Morus in der „Utopia" entworfen hat, durch den Staatsgründer „Utopos" kann als die letzte große Auseinandersetzung vor dem Stadium der Vollkommenheit aufgefaßt werden. Nach der Eroberung zieht der „Religionsstifter" Utopos das rohe und wilde Volk zu Bildung und Gesittung heran[19].

Das Neue in der „Utopia" gegenüber der chiliastischen Tradition ist die Diesseitsbezogenheit der Bewohner der Insel Utopia, der Utopier. Die chiliastischen Bestrebungen waren auf die Erneuerung des Christentums gerichtet in einer Gemeinschaft, die die Ideale des Urchristentums — die brüderliche, nichthierarchische, in Armut lebende Kirche — verwirklichen will, das Leben als ständiger Dienst für den einen wahren Gott. Die Utopier gehen nicht im Dienste Gottes auf, sondern streben nach eigener persönlicher Vervollkommnung; Thomas Morus spricht nicht von einer

15 Vgl. hierzu: Georg Adler, a.a.O., S. 101 ff.

16 Zitiert nach Georg Adler, a.a.O., S. 102. (Eigene Übersetzung.)

17 Joachim de Floris, zitiert nach Georg Adler, a.a.O., S. 102.

18 An Radikalität kann es die Gesellschaftskritik des Thomas Morus mit der von Joachim de Floris aufnehmen. Hinzu kommt eine starke ökonomische Komponente.

19 Der utopische Staat, a.a.O., S. 48.

Hinwendung zum Religiösen, sondern von „cultus" und „humanitas". Es gibt keine einheitliche Religion, nicht den einen wahren Gott. Es herrscht absolute Religionsfreiheit[20], die Wahl der Religion ist in das Belieben des einzelnen gestellt. Die verschiedenen Religionen lassen sich auf den gemeinsamen Nenner „pantheistischer Vernunftkult" bringen.

Die „Utopia" stellt nicht den Übergang zu einer gotterfüllten Welt des Friedens dar, sondern das Modell eines als Ideal konstruierten Gemeinwesens inmitten einer unvollkommenen Welt. Der vom Staatsgründer Utopos veranlaßte Durchstoß der Landenge, der die ursprüngliche Halbinsel „Abraxa" zur Insel „Utopien" werden läßt, kann dafür als Symbol genommen werden. Dies stellt einerseits den Anfang einer neuen Epoche dar, die Trennung vom Hergebrachten, doch reißt dadurch der Kontakt zur „alten Welt" nicht ab; denn die Utopier betreiben einen regen Schiffsverkehr, pflegen diplomatische Beziehungen zu den Staaten der „alten" Welt und scheuen auch vor kriegerischen Auseinandersetzungen nicht zurück. Sie sind ein außerordentlich wehrhaftes Volk, das den Händel nicht sucht, aber keiner Herausforderung aus dem Wege geht und jeden Kampf mit unerbittlicher Konsequenz bis zu dem gewünschten Ziele, der völligen Unterwerfung des Feindes, führt[21]. Sie bedienen sich dabei eines exakt abgestuften taktischen Vorgehens. Bevorzugtes Kampfmittel ist die psychologische Kriegsführung. Die Utopier können geradezu als die Erfinder des „kalten Krieges" gelten[22].

Diese kurzen Hinweise, die durch eine genauere Analyse der „Utopia" bekräftigt werden, lassen den Schluß zu: Morus wollte nicht — wie die Chiliasten — die Erneuerung des Christentums, sondern die radikale Umkehr in der weltlichen Politik. Stand für die Chiliasten — und besonders für Joachim de Floris — wie selbstverständlich die „geistliche Gewalt" über der „weltlichen", so stellt die „Utopia" die Emanzipation der „weltlichen" Gewalt dar. Ja, man kann sogar sagen, daß die „geistliche Gewalt" als eigenständiger gesellschaftlich bestimmender Faktor ausscheidet. Dies wird schon daran deutlich, daß es in Utopien keine einheitliche Religion gibt.

Kein Zweifel — die „Utopia" atmet den Geist ihrer Zeit, den Geist des Humanismus. Das Studium von Platons „Politeia" hatte die Idee vom

[20] Die Strenge dieses Prinzips dokumentiert eine Begebenheit, die Thomas Morus anekdotenhaft in die Erzählung einflicht. Durch Schiffbrüchige seien die Utopier mit der ihnen bis dahin unbekannten christlichen Religion bekannt geworden und einige hätten sich taufen lassen. Ein eben erst Getaufter habe nicht nur mit Eifer die christliche Religion gepriesen, sondern auch die anderen Religionen als heidnisch verdammt, er missionierte also. Als er davon nicht ablassen wollte, sei er, nachdem ihm wegen Erregung öffentlichen Ärgernisses der Prozeß gemacht wurde, verbannt worden. (Der utopische Staat, a.a.O., S. 97.)

[21] Vgl. hierzu: Der utopische Staat, a.a.O., S. 89.

[22] Ebenda, S. 89 f.

Staate als einer berechneten bewußten Schöpfung (Jacob Burckhardt) aufkommen lassen. Genau diesen Eindruck vermittelt die Lektüre der „Utopia". Sie ist von einem phantasievollen, ungemein praktischen[23] Geist entworfen, ja sogar: komponiert worden. Der Verfasser der „Utopia" war kein religiöser Schwärmer, sondern ein mit allen Wassern gewaschener Politiker.

Es verwundert daher nicht, daß Machiavelli und Thomas Morus Zeitgenossen waren[24]; das Verbindende zwischen beiden: die Emanzipation der Politik, Politik als Selbstzweck, die Entlarvung und Überwindung der offiziellen Doktrin, daß Politik in einem höheren Auftrag betrieben werde. In vielen Passagen ist Thomas Morus „machiavellistischer" als Machiavelli, so wenn er in seiner Rahmenhandlung Ratgeber karikiert, die dem König Vorschläge vorlegen, wie er an das Geld seiner Untertanen kommen könnte, oder wenn er die Kriegführung der Utopier erörtert. Gegen diese Passagen nehmen sich Machiavellis Ratschläge wie „Traktätchen" aus. Man kann nicht übersehen, daß Thomas Morus Politiker einer Weltmacht war, Machiavelli der Sekretär eines oberitalienischen Stadtstaates.

Der Vergleich zwischen chiliastischer Tradition und der „Utopia" des Thomas Morus läßt uns zu folgender Ergänzung der These Müller-Armacks von der Gebundenheit der Staatsutopien an den Katholizismus kommen. Es ist durchaus einleuchtend, daß der Katholizismus, solange er das gesellschaftliche Leben bestimmte, ein idealer Nährboden für utopische „Träumereien" war; doch hätte es wohl ohne Kenntnis Platons[25], ohne die den Humanismus beherrschende Idee: Staat als menschliches Kunstwerk, keine „Utopia" gegeben. Man könnte daher die Existenz des Katholizismus als notwendige, aber noch nicht als hinreichende Bedingung für das Auftreten von Staatsutopien ansehen[26].

23 Gleichsam im Vorübergehen schlägt Morus künstliche Brutstätten für die Hühnerzucht vor.

24 Niccolo Machiavelli hat den „Principe" im Jahre 1513 vollendet, gedruckt wurde er im Jahre 1532.

25 Die „Utopia" atmet sowohl in den Details als auch in zentralen Fragen den Geist Platons: die gemeinsamen Speisesäle, das Aussehen der Häuser und Gärten (The Complete Works of St. Thomas More, Vol. 4: Utopia, S. 120: „Haec sapiunt communitatem Platonis"), der pädagogische Aufklärungsoptimismus, die Herausstellung der klassischen Kardinaltugenden — Weisheit, Mäßigung, Tapferkeit, Gerechtigkeit, die als Gleichheit aufgefaßt wird (The Complete Works . . ., S. 238: „Hic aliquis velim cum hac aequitate audeat aliarum iustitiam gentium comparare"), die Vorzugsstellung der wissenschaftlich Gebildeten („literati"), die allein in die leitenden Stellungen berufen werden.

26 Wir können annehmen, daß Müller-Armack mit dieser Interpretation seiner These einverstanden ist; denn er schreibt (Genealogie der Wirtschaftsstile, a.a.O., S. 172): „Bereits im Hochmittelalter ist bei Petrus de Bosco ihre (der Staatsutopien, d. V.) literarische Idee nachzuweisen, und im 15. Jahrhundert erhält sie in den romanischen Ländern in der Form des Märchens vom Schlaraffenland ihre volkstümliche Gestalt. Durch antike Vorbilder bei Plato und in den hellenistischen Staatsromanen kommt sie dann im Humanismus zu neuer Wirksamkeit".

III. Atmet die „Utopia" christlichen Geist — oder hätte Thomas Morus in seinem utopischen Paradiese überleben können?

Nach Müller-Armack sind die Staatsutopien auch durch ihre innere Thematik an den Katholizismus gebunden; sie teilten mit dem Katholizismus nicht nur das Fehlen des Evolutionselementes, auch ihre Grundprobleme seien aus den Spannungen erwachsen, die die katholische Sozialtheorie seit der Hochscholastik bewegten: Eigentumsordnung, Eheordnung, Abgrenzung von Kirche und Staat[27]. Sind hierfür in der „Utopia" Lösungen im Sinne christlicher Ethik gefunden worden? Atmet die „Utopia" christlichen Geist? „Christlich" nennen wir die Ethik, für die Sinn und Worte des Neuen Testamentes maßgeblich sind.

1. Die Hoffart („superbia"): „Das Haupt und die Mutter alles Verderbens"!

Aus dem Bericht über die ferne Insel Utopien ließe sich der Eindruck gewinnen, als ob die utopische Lebensführung christlichen Prinzipien entspräche. So schildert der Berichterstatter, Raphael Hythlodäus, daß sich viele Utopier zum christlichen Glauben bekehrt hätten, nachdem Schiffbrüchige, die sich auf ihre Insel gerettet hätten, sie mit dem christlichen Glauben bekannt gemacht hätten[28]. Für nicht unwesentlich hält Hythlodäus, daß die Utopier gehört hätten, Christus habe den Seinen die gemeinschaftliche Lebensführung („victus communis") empfohlen[29]. Unter „gemeinschaftlich" verstehen die Utopier, daß alles allen gemeinsam ist.

In dem Rechtsinstitut des Gemeineigentums sieht also der Berichterstatter, Raphael Hythlodäus, die Verbindung zwischen utopischem Gemeinwesen und christlicher Lehre, wobei er sich in Übereinstimmung mit den Worten des Religionsstifters glaubt und ausdrücklich die Form ablehnt, in der die christliche Lehre von der Kirche kanonisiert worden sei[30]. Hythlodäus zweifelt nicht daran, „daß die vernünftige Erkenntnis des eigenen Vorteils oder das Vorbild unseres Erlösers Jesus Christus ... schon längst die ganze Welt mit Leichtigkeit zu den Gesetzen jenes Staates bekehrt hätte, wenn nicht ein einziges Ungeheuer, das Haupt und die

[27] Genealogie der Wirtschaftsstile, a.a.O., S. 172.

[28] Der utopische Staat, a.a.O., S. 97.

[29] Ebenda, S. 97.

[30] So behauptet Raphael Hythlodäus, daß gewitzte Priester — sehend, daß die Menschen ihre Sitten nur ungern den Ansprüchen von Christus anpaßten — die Lehre Christi menschlichen Gewohnheiten angepaßt hätten. (Der utopische Staat, a.a.O., S. 43.)

Mutter alles Verderbens: die Hoffart (superbia), sich dem widersetzte[31]."

Die Menschen bräuchten das private Eigentum, um ihren von der Hoffart diktierten Wünschen nachzukommen. Daher sei es kaum jemals möglich, überall da, wo es noch Privateigentum gebe, wo alles nach dem Wert des Geldes bemessen werde, gerechte und fruchtbare Politik zu treiben[32]. Nach der völligen Abschaffung des Privateigentums und durch die rechte Erziehung, auf die in der „Utopia" außerordentlich großer Wert gelegt wird, hätte das Übel „Hoffart" ausgerottet werden können[33].

Ob das Krebsübel „Hoffart" tatsächlich in Utopia als ausgerottet gelten kann, wird beispielhaft an der utopischen Eheordnung geprüft. Die „Eheordnung" wurde als Beispiel gewählt, weil sie den Grundzug der utopischen Moral besonders deutlich heraustreten läßt.

2. Die Eheordnung in Utopien als Beispiel für utopische und christliche Ethik

In Utopien herrscht das Prinzip der Einehe, nicht nur, daß Bigamie verboten und auch faktisch unmöglich ist, da niemand ohne behördliche Erlaubnis seinen Wohnsitz verlassen darf[34], auch der Ehebruch ist gesetzlich untersagt und wird mit Zwangsarbeit bestraft, über Rückfällige wird die Todesstrafe verhängt. Der Versuch wird genauso wie die vollendete Tat behandelt. Auch der voreheliche Verkehr ist untersagt[35].

Da aber auch die Utopier wissen, daß die körperliche Zuneigung in der Ehe eine große Rolle spielt[36] und unglückliche Ehen nach Möglichkeit vermieden werden sollen, haben sie eine Vorkehrung getroffen, die zwar höchst kurios anmutet, den Utopiern jedoch außerordentlich vernünftig erscheint und für die utopische Denkweise typisch ist.

Bevor zwei Utopier miteinander die Ehe eingehen, haben sie die Möglichkeit, ihren zukünftigen Partner genauer in Augenschein zu nehmen: „Eine würdige und ehrbare Hausfrau nämlich läßt den Bewerber die Frau, ob es nun eine Jungfrau oder eine Witwe ist, nackt sehen, und ebenso stellt auf der anderen Seite ein rechtschaffener Mann dem Mädchen den Freier nackt vor[37]."

Die Begründung der Utopier hierfür lautet[38]: Wer würde schon ein Pferd kaufen, wenn es unter Decken versteckt ist? Wer würde nicht um

[31] Ebenda, S. 43.

[32] Der utopische Staat, a.a.O., S. 44.

[33] Ebenda, S. 109.

[34] Ein Flüchtling fände nirgendwo ein Unterkommen und erhielte von niemandem Nahrung. (Der utopische Staat, a.a.O., S. 63.)

[35] Ebenda, S. 81—84.

[36] Ebenda, S. 82.

[37] Der utopische Staat, a.a.O., S. 82.

[38] Ebenda, S. 82.

das Pferd herumgehen und es genau auf geheime Fehler hin prüfen wollen? Um wieviel nötiger sei es dann, noch größere Sorgfalt bei der Partnerwahl walten zu lassen und den Partner genau in Augenschein zu nehmen?

Das utopische Vernunftprinzip geht skurrile Wege: Da einerseits jeglicher erotischer Kontakt als Verführung zur Unzucht gilt, andererseits Enttäuschungen in der Hochzeitsnacht vorgebeugt werden soll, werden die Ehekandidaten wie Rösser zur Schau gestellt. Dabei bleiben die Gefühle derjenigen, die — um im Bilde des Pferdehandels zu bleiben — mangels Nachfrage nicht aus dem Markt genommen werden, außer Betracht[39].

Die ironische Anmerkung von Karl Kautsky zu dieser Form der Braut- und Bräutigamschau darf dem Leser nicht vorenthalten werden: Durch diesen sonderbaren Einfall scheint „uns der leise Seufzer unseres Thomas Morus darüber durchzuklingen..., daß es ihm nicht vergönnt war, die Reize seiner Alice vor der Hochzeit zu Gesichte bekommen zu haben: er hätte damit vielleicht vollauf genug gehabt[40].

Scheidungen sind auch in Utopien zulässig, wenn die Charaktere der Eheleute nicht recht zueinander passen und beide einen anderen Menschen gefunden haben, mit dem sie glücklicher zu werden hoffen. Über die Scheidung befinden die Mitglieder des Senates der jeweiligen Stadt und deren Ehefrauen. Ein solcher Beschluß bedarf genauester Prüfung und wird nicht leicht gefaßt, um das Prinzip der Einehe durch häufige Ehescheidungen nicht zu durchlöchern[41].

Das Verbindende zwischen der „Utopia“ und dem Christentum könnten wir in dem Prinzip der Einehe und in dem strengen Rigorismus gegenüber Scheidung und Ehebruch sehen; denn im Neuen Testament werden sowohl das altjüdische Recht, der lästig gewordenen Ehefrau den Scheidebrief zu geben[42], wie auch der Versuch des Ehebruchs scharf verurteilt. Es heißt im Neuen Testament: „Wer eine Frau ansieht, ihrer zu begehren, der hat schon mit ihr die Ehe gebrochen in seinem Herzen. Wenn dir aber

[39] Daher heißt es in einer anderen Utopie, der „Nova Atlantis“ des Francis Bacon: „Ich habe nun zwar in einem Buche irgendeines eurer Schriftsteller über den Staat irgendwelche Vorstellungen gelesen, denen zufolge denjenigen, die die Ehe miteinander eingehen wollen, erlaubt wird, sich gegenseitig nackt zu sehen. Aber dies billigen sie (die Einwohner von Nova Atlantis, d. V.) nicht. Sie halten es nämlich für eine Schande, wenn einer nach einer so vertraulichen Kenntnisnahme abgewiesen wird“. (Francis Bacon, Nova Atlantis, in: Der utopische Staat, a.a.O., S. 202.)

[40] Karl Kautsky, Thomas More und seine Utopie, a.a.O., S. 304. — Alice, die zweite Frau von Thomas Morus, galt allgemein als „betagt, derb und grob“. Vgl. hierzu: R. W. Chambers, Thomas More. Ein Staatsmann Heinrichs des Achten, München und Kempten 1946, S. 135 f.

[41] Der utopische Staat, a.a.O., S. 83.

[42] Matthäus 5; 31 f. — Doch können in Utopien immerhin in begründeten Ausnahmefällen Ehen geschieden werden, während es im Neuen Testament heißt: „Was nun Gott zusammengefügt hat, das soll der Mensch nicht scheiden“ (Matthäus 19; 6).

dein rechtes Auge Ärgernis schafft, so reiß es aus und wirf es von dir. Es ist besser, daß eins deiner Glieder verderbe und nicht der ganze Leib in die Hölle geworfen werde[43]."

Jedoch — Christus sagt nicht: Wenn einer die Ehe bricht oder zu brechen versucht, so reiße ihn aus der Gemeinschaft heraus, damit diese keinen Schaden nehme. Sein strenger Moralanspruch soll dem einzelnen Menschen Richtschnur sein, nicht gesellschaftliche Sanktion gegenüber dem Fehlenden. Hier gilt das Wort, das zu denen gesprochen wurde, die sich zu Richtern über eine Ehebrecherin aufschwangen und diese steinigen wollten: „Wer sich frei fühlt von Schuld, der hebe den ersten Stein." Es sei auch an die Fußwaschung Christi durch Maria Magdelana erinnert, einer stadtbekannten öffentlichen Schönen, der Christus ihre Sünden vergeben hat.

Christus fordert zwar von dem einzelnen Menschen moralische Strenge sich selbst gegenüber, er verdammt aber nicht den Sünder. Es ist unchristlich, das schwarze Schaf aus der Herde auszusondern, es „unschädlich" zu machen; christlich ist, das verlorene Schaf wieder in die Herde zurückzuführen, ganz gleich, wieviele Male es gesündigt haben mag[44]. In Utopien wird dem Ehebrecher nicht verziehen, in Utopien wird er gerichtet. Im Neuen Testament aber steht: „Richtet nicht, auf daß ihr nicht gerichtet werdet[45]."

3. Utopien kennt keine Gnade

Unsere anhand der Eheordnung herausgearbeitete These, daß die utopische Moral unchristlich ist, steht im Widerspruch zu der allgemeinen Auffassung, daß die „Utopia" ein humanes, ein menschliches Gemeinwesen zeichne. Ist nicht der Dienst am Nächsten utopische Tugend? „Dir selbst etwas zu versagen, um es anderen zukommen zu lassen, ist schließlich die Pflicht der Menschlichkeit und Güte[46]." Entspricht dieser utopische Grundsatz nicht christlichen Prinzipien? Nachdenklich stimmen muß jedoch der erläuternde Relativsatz: „... was dir nicht soviel von deinem Vorteil (Commodum) nimmt, wie es dir einbringt." Dieser Moral-Kalkül, diese Gewinn- und Verlustrechnung unterscheidet die utopische von der bedingungslosen christlichen Moral: „Und wenn ihr zu euren Brüdern

[43] Matthäus 5; 28 f.

[44] Die entsprechende Stelle im Neuen Testament (Matthäus 18; 21 f.) lautet: „Da trat Petrus zu ihm und sprach: Herr, wie oft muß ich denn meinem Bruder, der an mir sündigt, vergeben? Ist's genug siebenmal!? — Jesus sprach zu ihm: Ich sage dir, nicht siebenmal, sondern siebenzigmal siebenmal".

[45] Matthäus 7; 1.

[46] Der utopische Staat, a.a.O., S. 72.

freundlich seid, was tut ihr Sonderliches? ... Ich aber sage euch: Liebet eure Feinde[47]."

Gegen ihre Feinde jedoch verfahren die Utopier mit unerbittlicher Konsequenz — bis hin zur völligen Unterwerfung oder Liquidierung — nach einem genau auskalkulierten taktischen Konzept[48].

Das charakteristische Merkmal der utopischen Ethik ist ihre Orientierung an der „Vernunft": „Derjenige nämlich folgt der Weisung der Natur, der in allem, was er begeht und meidet, der Vernunft (ratio) gehorcht[49]." Der von Thomas Morus verwendete Terminus „ratio" meint das „Rechenhafte", das mit dem Verstand Einsehbare, Logische, die allgemein akzeptierte Theorie, Lehre. Er verwendet nicht das Wort „mens", das das „Denken können" meint, auch die Denkart, Gemüt. Wir betonen diesen Unterschied deswegen, weil einer Ethik, die sich von der „ratio" leiten läßt, Barmherzigkeit oder Gnade fremd ist, nicht aber einer Ethik, in der auch Gemütsaffekte Platz haben. Es ist wider die Vernunft, einem Feind zu vergeben, wenn man befürchten muß, daß dieser einen erneut bedrohen kann; es ist unutopisch, aber ist eine solche Haltung human?

Der christliche Grundsatz: „Liebe deinen Nächsten wie dich selbst" gilt für den Utopier nicht allgemein. Nicht jeder Mensch ist für den Utopier „sein Nächster". So lautet der entsprechende Satz in der „Utopia": „Ohne Verstoß gegen diese Gesetze für deinen Vorteil zu sorgen, ist Klugheit, darüber hinaus für das allgemeine Wohl (commodum publicum): Nächstenliebe (pietas)[50]." Der Utopier ist nicht gegenüber dem einzelnen Menschen, sondern gegenüber dem Gemeinwohl verpflichtet. Ja — die gute Tat gegenüber einem Menschen ist Verletzung der utopischen Nächstenliebe, wenn sie dem allgemeinen Wohl abträglich sein sollte. Mit einem Hungernden sein Brot zu teilen, ist Nächstenliebe. In Utopien stellt dies ein Komplott gegen das Gemeinwesen dar, da sich der Hungernde ohne Erlaubnisschein außerhalb seines Aufenthaltsbezirkes befindet[51].

Das Prinzip „Barmherzigkeit" findet in Utopien keine Heimat. Ein kurzer Blick auf das utopische Strafrecht illustriert das. Da mit der Abschaffung des Privateigentums die Hauptquelle allen Übels zugeschüttet sei, blieben vornehmlich Verstöße gegen die utopische Disziplin zu ahnden: Politische Betätigung außerhalb der dafür vorgesehenen Gremien, Reisen ohne Erlaubnisschein, außerehelicher geschlechtlicher Verkehr, lasterhafter Lebenswandel überhaupt[52]. Diese Vergehen werden außer-

[47] Matthäus 5; 47, 44.

[48] Der utopische Staat, a.a.O., S. 93 f.

[49] Ebenda, S. 71.

[50] Ebenda, S. 73.

[51] In Utopia erhalten alle, die innerhalb ihres Aufenthaltsbezirkes ihrer Pflicht nachkommen oder krank sind, ihre Nahrungsration zugeteilt.

[52] Der utopische Staat, a.a.O., S. 101.

ordentlich hart bestraft — mit Zwangsarbeit. Die Todesstrafe verhängen die Utopier im allgemeinen nicht, nicht aus Gründen der Humanität, sondern aus Gründen der Vernunft: Die zur Zwangsarbeit Verurteilten verrichten für Utopien nützliche, in der Regel schmutzige Arbeit und sind den rechtschaffenen Utopiern eine ständige Mahnung[53]. Dann kommt in der „Utopia" ein wahrhaft ungeheuerlicher Satz: „Wenn sich die zur Zwangsarbeit Verurteilten bei dieser Behandlung rebellisch und widerspenstig verhalten, dann schließlich werden sie abgeschlachtet (‚trucidantur') wie unzähmbare Ungeheuer (‚indomitae beluae'), die durch Käfig und Kette nicht zu bändigen sind[54]."

4. Utopien — Paradies der Pharisäer

Die Analyse der utopischen Moral machte das ungebrochene Selbstverständnis des utopischen Gemeinwesens sichtbar. Der Staatsgründer Utopos hat die ursprünglich rohen und wilden Ureinwohner Utopiens nicht nur zu jener unvergleichlichen „Gesittung und Bildung" herangezogen, sondern hat ihnen auch zu dem Gefühl des Stolzes und der Überlegenheit verholfen. Die Schilderungen der utopischen Kriegstaktik und der Kriegsgründe lassen den Abstand erkennen, den die Utopier zwischen sich und den übrigen Völkern sehen[55]. Zwar verabscheuen sie den Krieg aufs äußerste, doch sind sie im Kriegshandwerk außerordentlich erfahren und gegen jeden Eventualfall gerüstet[56]. Sie führen Krieg grundsätzlich nur zu Verteidigungszwecken[57], doch auch „um aus Mitleid ein von Tyrannei bedrücktes Volk mit ihrer Macht von Tyrannenjoch und Knechtschaft zu befreien. Das tun sie aus reiner Menschlichkeit"[58]. Die Utopier führen also Angriffskriege aus Menschlichkeit. Bei ihren Kriegen suchen sie nach Möglichkeit keine eigenen Leute ins Feld zu schicken, sondern Söldnertruppen, mit Vorliebe die ungeschlachten „Zapaloten"[59], die sie bewußt den größten Gefahren aussetzen, einmal, um den ausgehandelten Sold zu sparen, und zum anderen, weil sie überzeugt sind, „daß sie sich den größten Dank des menschlichen Geschlechtes verdienten, wenn sie den Erdball von diesem Abschaum der Menschheit, von diesem ganzen abscheulichen und verruchten Volke reinigen können"[60]. Hier drängt

[53] Ebenda, S. 83.

[54] Ebenda, S. 83.

[55] Vgl. hierzu auch: Gerhard Ritter, Machtstaat und Utopie. Vom Streit um die Dämonie der Macht seit Machiavelli und Morus, München und Oldenburg 1940, S. 84 ff.

[56] Der utopische Staat, a.a.O., S. 93.

[57] Darunter zählen auch die Kriege, die geführt werden, um die in das Gebiet ihrer Freunde eingedrungenen Feinde zu vertreiben (ebenda, S. 88).

[58] Ebenda, S. 88.

[59] Eine Anspielung von Thomas Morus auf die schweizerischen Landsknechte.

[60] Der utopische Staat, a.a.O., S. 92.

sich geradezu die Assoziation des nationalsozialistischen Unwortes „Untermensch“ auf.

Wenn wir das biblische Gleichnis vom Pharisäer und vom Zöllner heranziehen, so stünden die Utopier wie die Pharisäer in der ersten Reihe des Tempels und riefen: „O Gott, wir danken dir, daß wir nicht so sind wie die anderen Völker ...“. Wie die Pharisäer sich die ersten im alten Israel dünkten, so dünken sich die Utopier als die ersten auf der Welt, selbstgerecht und auf die anderen Staaten herabblickend.

Das Erzübel „Hoffart“ ist also in Wahrheit in Utopien nicht ausgerottet; es hat sogar eine viel gefährlichere Form angenommen: Nicht der einzelne Mensch in seiner Individualität, sondern das utopische Gemeinwesen als solches ist der Hoffart verfallen. In Utopien wird der Wert des einzelnen Menschen danach beurteilt, inwieweit er im Dienste des Gemeinwesens „funktioniert“[61]. Anderenfalls wird er aus der Gesellschaft ausgeschlossen.

Vor diesem Hintergrund erscheint auch die alte Streitfrage, wie ernst Thomas Morus seine Erörterungen selbst nahm, wo er bloß scherze und wo er dagegen scherzhaft eine Wahrheit in seinem Sinne ausspreche[62], in einem neuen Licht. Wir müssen uns fragen, ob Thomas Morus selbst in seinem erdachten Paradiese hätte leben wollen — vielmehr, ob er überhaupt dort hätte überleben können. Wenn Morus die „Hoffart“ tatsächlich für die Wurzel allen Übels hält — und daran zu zweifeln geben weder seine Schriften noch seine eigene Lebensführung irgendeinen Anlaß[63] — dann muß er für sich selbst und als Christ ablehnen, in einem Gemeinwesen der Pharisäer leben zu wollen. Da Thomas Morus ferner unter mangelnder Anpassungsfähigkeit litt — man müßte ihn eigentlich schon starrköpfig nennen[64] —, hätte er bei der Wandlung zum angepaßten Menschen einige Schwierigkeiten gehabt. Auch Verstellung war nicht seine Sache. All dies sind Eigenschaften, die ihrem Träger in Aussicht stellen, in Utopien zur Kaste der auszutilgenden „Schädlinge“ zu gehören.

Oft wird angenommen — und dies gilt besonders von der Praxis sozialistischer Staaten —, die Idee des idealen Staates sei gut und richtig, machthungrige Emporkömmlinge und engstirnige Bürokraten hätten sie bloß verfälscht. Daher hält man am Prinzip „Hoffnung“ fest: Irgendwann

[61] So kritisiert auch Karl Rahner die Fortschrittsutopien, weil sie den einzelnen, augenblicklich lebenden Menschen nur als Material einer durchrationalisierten Zukunft gebrauchen. (Marxistische Utopie und christliche Zukunft des Menschen, in: Garaudy-Metz-Rahner, Der Dialog, Hamburg 1964, S. 20 f. Zitiert nach Hans Maier, Politische Theologie? Einwände eines Laien, in: Material zum Problem Kirche und Staat, hrsg. von der Konrad-Adenauer-Stiftung, H. 33, Bonn 1975, S. 62.)

[62] Erwin von Beckerath, Heinrich Dietzel als Nationalökonom und Soziologe, abgedruckt in: Lynkeus, Gestalten und Probleme aus Wirtschaft und Politik, Tübingen 1962, S. 16.

[63] Vgl. hierzu: R. W. Chambers, a.a.O., passim.

[64] Vgl. auch hierzu: R. W. Chambers, a.a.O., S. 295 ff. und passim.

einmal müßten doch die Politiker kommen, die sich als die Vollstrecker des idealen Staates verstehen.

Bei der Analyse der „Utopia" zeigte sich jedoch: Schon die Idee des utopischen Gemeinwesens ist pharisäisch und hoffärtig, den einzelnen Menschen in seiner Individualität verachtend, ohne Gnade. Wer wie Karl Kautsky die „Utopia" für die „machtvolle Verherrlichung des Kommunismus"[65] oder wie Ernst Bloch für „eine Art liberales (sic!) Gedenk- und Bedenkbuch des Kommunismus"[66] hält, kann das eigentliche Wesen des utopischen Gemeinwesens nicht begriffen haben. Oder sollte er die Unterwerfung des Menschen unter ein pharisäisches Gemeinwesen wollen?

65 Karl Kautsky, Thomas More, a.a.O., S. 49.

66 Ernst Bloch, Freiheit und Ordnung. Abriß der Sozialutopien mit Quellentexten, Reinbek bei Hamburg 1972 (3. Aufl.), S. 61 (rowohlts deutsche enzyklopädie 318).

ZU ARBEIT UND WERK VON ALFRED MÜLLER-ARMACK

von Harriet Hoffmann

Unter denjenigen, deren Werk und Wirken das Wirtschaftsleben der aufstrebenden Bundesrepublik Deutschland und die Bemühungen um die Einheit Europas maßgeblich bestimmten, muß der Name Alfred Müller-Armacks an hervorragender Stelle genannt werden. Ihm, der seine Laufbahn als Universitätslehrer und Forschungsleiter begonnen hatte, bot sich die Chance, die geistigen Impulse seiner wirtschaftspolitischen Konzeption als einer der engsten Mitarbeiter von Bundeswirtschaftsminister Erhard in der Adenauer-Ära und als Mitglied und zeitweiliger Leiter der deutschen Delegation bei den europäischen Verhandlungen in politische Aktion umzusetzen. Das Geschick und die Eleganz seiner Diskussionsführung, seine Konzilianz und Toleranz und sein Gespür für den alle Beteiligten befriedigenden Kompromiß sind seinen Partnern und Widersachern im politischen Raum ebenso unvergeßlich wie es die Ausstrahlungskraft seiner Gedanken für die Besucher seiner nationalökonomischen, vor allem auch seiner kultur- und religionssoziologischen Vorlesungen blieb. Nie begnügte er sich mit der bloßen Aufzählung von Fakten und der kargen Darstellung von Begebenheiten, sondern stellte stets Menschen und Ereignisse in den großen geistesgeschichtlichen und politischen Zusammenhang.

Ein an den Universitäten Gießen, Freiburg und München früh begonnenes und in Köln abgeschlossenes Studium gab dem 1901 in Essen geborenen jungen Gelehrten bald Gelegenheit, wichtige Beiträge zu der Anfang der zwanziger Jahre gerade entstehenden Wissenschaft von der Konjunkturpolitik zu leisten. Mit einer Dissertation über „Das Krisenproblem in der theoretischen Sozialökonomik" wurde er 1923 zum Dr. rer. pol. promoviert. 1926 habilitierte er sich mit einer Arbeit über „Ökonomische Theorie der Konjunkturpolitik".

Seither wurde ihm das Bemühen um die Lösung der Probleme von Konjunkturtheorie und -politik zur Lebensfrage. In einem 1929 im „Handwörterbuch der Staatswissenschaften" veröffentlichten Artikel „Konjunkturforschung und Konjunkturpolitik" vertritt er die These, daß „das Tempo des Kapitalismus von einer Wachstumsform getragen (werde), bei der im Prozesse der Expansion selbst das zur Durchführung der Expansion notwendige Kapital angesammelt wird"; sie machte im Grunde die spätere Diskussion über Sparen und Investieren, die Finanzierung der Investitionen durch Kreditschöpfung, sogenanntes „echtes" Sparen, Gewinne (Selbstfinanzierung), kurzfristige Kredite oder „echte" Kapitalmarktmittel überflüssig, weil gegenstandslos.

Der politische Umschwung in Deutschland im Jahre 1933 zwang Müller-Armack, der im Jahre zuvor eine ökonomische, geschichtstheoretische und soziologische Studie über die „Entwicklungsgesetze des Kapitalismus" veröffentlicht hatte, sich, wie viele Wissenschaftler, in die „innere Emigration" zu begeben. Zwar wurde er 1934 zum außerordentlichen Professor an der Universität zu Köln ernannt, aber erst 1938 wurde er als ordentlicher Professor auf den Lehrstuhl für Volkswirtschaftslehre an der Universität Münster und zum Leiter der Forschungsstelle für Allgemeine und Textile Marktwirtschaft sowie zum Geschäftsführenden Direktor des Instituts für Wirtschafts- und Sozialwissenschaften berufen. Der politische Druck des Systems, das trotz Arbeitsbeschaffungspolitik und Aufrüstung mit Lohn- und Preisstopp die Dynamik des Wirtschaftslebens lähmte und dessen staatliche „Lenkung" auch vor der Wissenschaft nicht Halt machte, veranlaßte ihn, sich vorwiegend kultur- und religionssoziologischen Studien zuzuwenden. In seiner 1941 erschienenen „Genealogie der Wirtschaftsstile" befaßte er sich im Anschluß an Max Webers Protestantismusforschung mit den geistesgeschichtlichen Ursprüngen der Staats- und Wirtschaftsformen bis zum 18. Jahrhundert. Er spricht von Wirtschaftsstil dort, wo die Erscheinungsformen im Bereich des Sozialen und Wirtschaftlichen eine sichtbare Einheit von Ausdruck und Haltung aufweisen, also generelle Strukturen isolierbar sind, die nicht allein als idealtypische Abstraktionen didaktischen Wert haben, sondern sich aus der Geschichtsbetrachtung selbst dem Beobachter aufdrängen, weil die einzelnen Epochen der Menschheitsgeschichte ihre entscheidenden Impulse aus einer Tiefenschicht existentieller Haltungen und Erkenntnisse empfangen. Den letzten, wenn auch nicht ausschließlichen, Antrieb für die Entstehung der Stile sieht Müller-Armack in der Weltanschauung. Ein bestimmtes Weltbild erzeugt eine bestimmte Gesinnung und ein bestimmtes Verhalten des Menschen in seiner Umwelt. Diese Gesinnung aber bringt jene Haltung, die sich auch im wirtschaftlichen Handeln beobachten läßt, hervor und kennzeichnet den Stil einer Epoche.

Auch nach dem Zusammenbruch des Dritten Reiches nahm die Erforschung der subtilen Zusammenhänge zwischen Religion und Weltanschauung einerseits und Wirtschaftsstil und politischer Struktur andererseits in den wissenschaftlichen Arbeiten Müller-Armacks noch einen weiten Raum ein. „Das Jahrhundert ohne Gott" (1948) führt die mit der „Genealogie" begonnenen Forschungen für das 19. und 20. Jahrhundert fort, die „Diagnose unserer Gegenwart" (1949) trägt bei zur Bestimmung des geistesgeschichtlichen Standorts der Nachkriegsgesellschaft.

Die Gegenwart bedeutete Zerstörung und Niederlage, aber auch Selbstbesinnung. Es galt, den Rest von Lebenswillen zu stärken und jeden Funken Hoffnung anzufachen. Schon während des Krieges konzentrierte Müller-Armack Energie und Gedankenschwung auf den wirtschaftlichen und gesellschaftlichen Neubeginn, ein Unterfangen, bei dem es nicht nur darum ging, die materiellen Schäden zu beheben, sondern auch darum, die Geister aus ihrer Verhaftung in planwirtschaftlichen Vorstellungen zu lösen.

In Vorträgen und Schriften — am eingehendsten in seinem 1946 geschriebenen Buche „Wirtschaftslenkung und Marktwirtschaft" — entwikkelte er die allen Planungsvorstellungen entgegengerichtete Konzeption der Sozialen Marktwirtschaft. Der tragende Gedanke dieses wirtschafts- und sozialpolitischen Programms, das von einem einheitlichen Stilgedanken durchzogen wird, ist die Überzeugung, daß es möglich sei, in modernen Massengesellschaften auf der Basis einer Wettbewerbswirtschaft soziale Fortschritte zu erzielen. Entgegen der Auffassung des Sozialismus muß soziale Reform also nicht notwendig mit Planwirtschaft und totalitaristischer Herrschaftsstruktur verbunden sein, vielmehr kann sie auch im Rahmen einer freiheitlichen Wirtschafts- und Gesellschaftsordnung erreicht werden. Mit seiner Konzeption versucht Müller-Armack, einen „mittleren" Weg zwischen der extrem liberalen Wirtschaftsordnung des 19. Jahrhunderts und den Zentralverwaltungswirtschaften verschiedenster Ausprägungen, die in unserer Zeit entstanden sind, zu finden.

Nur wer sich die materielle und geistige Situation der ersten Nachkriegszeit ins Gedächtnis zurückruft, kann begreifen, wieviel Vertrauen und Mut nötig waren, um inmitten von Mangel und Chaos für eine liberale Wirtschaftspolitik einzutreten, die nach den Jahren der Weltwirtschaftskrise und der Diktatur mit ihrer Befürwortung der quasiautomatischen Koordinierung von Einzelplänen anstelle eines in zeitraubendem Verfahren minutiös (und unzutreffend) ausgearbeiteten Gesamtplanes weiten Kreisen als ökonomische Anarchie oder doch als unkontrollierbares Wirtschaftssystem erscheinen mußte. Beharrlich und von der Wirkungskraft seines Entwurfs überzeugt, hat Müller-Armack seine Argumente zugunsten einer freiheitlichen Wirtschaftspolitik vorgebracht und ihnen die notwendige Publizität verschafft. Zutiefst durchdrungen vom Streben nach sozialem Ausgleich und fern aller Ideologie ging es Müller-Armack nicht um eine Auseinandersetzung zwischen Kapitalismus und Sozialismus, sondern darum, dem einzelnen seine verfassungsmäßig garantierte Freiheit im Rahmen der industriellen Wirtschaftsgesellschaft zu erhalten und zu bestätigen. Der Erfolg der Sozialen Marktwirtschaft in weiten Kreisen der Bevölkerung und ihre Anerkennung über die Grenzen der Bundesrepublik hinaus mag nicht unerheblich dadurch bedingt gewesen sein, daß sie dem Bedürfnis nach Sicherheit auf wirtschaftlicher und sozialer Ebene entgegenkommt, das in Deutschland nach zwei Kriegen und Inflationen in weitesten Ausmaße gegeben war und ist.

Müller-Armack erfuhr die seltene Genugtuung, die tragenden Gedanken seines am Schreibtisch entworfenen Systems in praktische Wirtschaftspolitik umgesetzt zu sehen. Begünstigt wurde dies durch den enormen Bedarf des durch den Krieg völlig zerstörten Landes, durch das Vorhandensein geschulter und williger Arbeitskräfte, durch den Marshallplan, die Währungsreform und durch den Einzug Ludwig Erhards in das Bundeswirtschaftsministerium nach dem ersten Wahlsieg Konrad Adenauers und der CDU. Damit stand an der Spitze der deutschen Wirtschaftspolitik ein Mann, der die besten Voraussetzungen für die Verwirklichung eines liberalen Wirtschaftsprogramms mitbrachte und dessen wirtschaftspolitisches Konzept einer freien Marktwirtschaft sich so weitgehend mit Müller-Armacks Entwurf einer Sozialen Marktwirtschaft deckte, daß Erhard dem seit 1950 in Köln als Ordinarius für wirtschaftliche Staatswissenschaften amtierenden und mit der Wahrnehmung kultursoziologischer Vorlesungen betrauten Professor 1952 die Leitung der Abteilung Wirtschaftspolitik im Bundeswirtschaftsministerium übergab und ihm damit Gelegenheit bot, bei der Verwirklichung des Programms der Sozialen Marktwirtschaft mitzuwirken. Jahre fruchtbarer Zusammenarbeit begannen, die auf nationaler und internationaler Ebene bedeutende Erfolge für die in der Bundesrepublik Deutschland praktizierte Wirtschaftspolitik brachten. Eine unter vielen Anerkennungen für die gemeinsame Leistung der für eine freiheitliche Wirtschafts- und Gesellschaftsordnung sich einsetzenden Weggefährten Erhard und Müller-Armack war die Verleihung des Freiherr-vom-Stein-Preises an beide im Jahre 1974. Zwei Jahre zuvor war Alfred Müller-Armack in Würdigung seines Lebenswerkes in Münster der Ernst-Hellmut-Vits-Preis verliehen worden.

Gerade die Dynamik und Offenheit der Entwicklung lenkte das Interesse Müller-Armacks immer wieder auf die sozial- und gesellschaftspolitische Ausgestaltung der Marktwirtschaft hin. Dabei wich seine Stellungnahme zu wichtigen sozialpolitischen Maßnahmen, wie Einführung einer dynamischen Rente, Organisation der Familienhilfen, Mitbestimmung und Vermögensverteilung, in vielen Punkten von den Stellungnahmen neoliberaler Autoren zu den gleichen Themen ab. Für ihn waren solche Maßnahmen — ebenso wie Umweltschutz, Infrastrukturausbau und Bildungschancen — wichtige Schritte in Richtung auf eine Fortentwicklung der Sozialen Marktwirtschaft. In seinem Rechenschaftsbericht aus dem Jahre 1959 „Soziale Marktwirtschaft nach einem Jahrzehnt ihrer Erprobung" und in seinem Entwurf für „Das gesellschaftspolitische Leitbild der Sozialen Marktwirtschaft" (1962) drängt er auf Schaffung eines vielgestaltigen und vollständigen Systems sozialer Sicherung, wobei er allerdings immer wieder betont, daß das „regulative Prinzip sozialer Interventionen ihre Verträglichkeit mit dem Funktionieren einer marktwirtschaftlichen Ordnung" sein müsse. Da der wirtschaftliche und soziale Wandel täglich neue Probleme aufwirft, sieht Müller-Armack die ständige Aufgabe der verantwortlichen Wirtschaftspolitiker darin, das allgemeine Leitbild unter wechselnden Konstellationen stets aufs neue durchzusetzen. Als wichtiges Ergebnis zugunsten seiner Idee kann festgehalten werden, daß trotz aller Auseinandersetzungen um Theorie und Praxis der Sozialen Marktwirtschaft die Möglichkeit gegeben ist, unter bestimmten Umständen einer marktwirtschaftlichen Ordnung in weiten Bevölkerungskreisen Rückhalt zu verschaffen und die Idee der Freiheit auf ein breites Fundament zu stellen.

Seine schöpferische Gestaltungskraft, seine Freude an Verantwortung und bewußtem Gestalten-Wollen, die ihn befähigten, das theoretische Gerüst der von ihm konzipierten Wirtschaftsordnung in wirtschaftspolitische Praxis umzusetzen, hebt Müller-Armack weit von denjenigen ab, die mit Hilfe bloßer Kenntnis der heimischen und fremder Wirtschaftsstrukturen und Beherrschung statistischer Daten oder aufgrund ihres Geschicks, mit technischen Mitteln und kunstvollen Konstruktionen über die Schwierigkeiten des Tages hinwegfinden. Sein Denken ist tiefer und umfassender und gründet in einem sozial-philosophischen Bewußtsein, das allein als „irenisch" verstanden werden kann und seinen eigenen Stil wie den der von ihm angestrebten Wirtschaftspolitik bestimmt.

Diese irenische Haltung, die mit dem Streben nach dem Ausgleich zwischen Freiheit und sozialem Anspruch schon den Entwurf der Sozialen Marktwirtschaft kennzeichnet, kam Müller-Armack und der von ihm vertretenen Position nicht zuletzt bei den Verhandlungen zugute, die er als Abteilungsleiter im Bundeswirtschaftsministerium über innerdeutsche Fragen und von 1958 bis 1963 in seiner Eigenschaft als Staatssekretär für europäische Angelegenheiten in internationalem Rahmen führte. Besonders markant ist sein Anteil an den Bemühungen um die Einführung der Konvertierbarkeit der europäischen Währungen. Wenn diese auch schon in der Konzeption der EZU von 1950 angelegt war, so bedurfte es doch langer und mühseliger Verhandlungen, um die 1952 und 1953 noch ungewöhnliche Forderung nach freier internationaler Verwendbarkeit der nationalen Währungen zu gängiger Münze zu machen und endlich 1958 das „Europäische Währungsabkommen" abzuschließen.

Als Präsident des Konjunkturpolitischen Ausschusses der Europäischen Wirtschaftsgemeinschaft und Vorsitzender des Interministeriellen Konjunkturausschusses der Bundesrepublik bemühte er sich um die internationale Koordinierung der Konjunkturpolitik durch Anerkennung eines „Kodex des guten Verhaltens". Zwar wurde die internationale Koordinierung der Konjunkturpolitik auch von anderer Seite noch gefordert. Aber bei Müller-Armacks Vorschlag zeigt sich vielleicht am klarsten, daß die Verbindung von Einsicht und Absicht erst den Wirtschaftspolitiker ausmacht, und sein Amt gab ihm die Möglichkeit, die internationale Anerkennung seiner Einsichten in Gestalt bestimmter Institutionen herbeizuführen.

Einfallsreich und unverdrossen widmete er sich bis an die Grenzen seiner körperlichen Leistungsfähigkeit als langjähriger deutscher Vertreter und wiederholt als Präsident des Ministerrats den Verhandlungen über den EWG-Vertrag, über die Assoziation der überseeischen Staaten und über die europäische Agrarpolitik. Nicht zufrieden mit einem Europa der Sechs, sondern erfüllt von dem Streben nach einer gesamteuropäischen

Integration oder wenigstens einer engen Verbindung von EWG und EFTA, trat er 1963 nachdrücklich für den Beitritt Englands zur EWG ein. Als die Verhandlungen scheiterten, gab er auf seinen eigenen Wunsch hin sein Amt auf. Zwei Jahre später verlieh ihm eine wissenschaftliche Institution, die Universität Wien, in Anerkennung seiner Verdienste um die europäische Integration anläßlich ihrer Sechshundertjahrfeier die Würde eines Dr. iur. h. c. Literarisch wurden die Erfahrungen dieser Jahre in dem Erinnerungsband „Auf dem Weg nach Europa" festgehalten.

Ein letztes Bindeglied zur internationalen wirtschaftspolitischen Praxis nach seinem Abschied vom Bundeswirtschaftsministerium im Jahre 1963 ist für Müller-Armack seine Mitgliedschaft im Verwaltungsrat der Europäischen Investitionsbank. Im übrigen widmet er sich wieder ganz seinen Aufgaben in der Universität und in dem von ihm vor fünfundzwanzig Jahren gegründeten Institut für Wirtschaftspolitik an der Universität zu Köln. Dies bedeutet allerdings keinen Rückzug in den „elfenbeinernen Turm", sondern eine weitere intensive Befassung mit wirtschafts- und gesellschaftspolitischen Fragen. Wie schon vor mehr als fünfzig Jahren nimmt die Konjunkturpolitik und mit ihr die Währungspolitik in Müller-Armacks Vorträgen und Publikationen eine vorrangige Stelle ein. Aber auch Hindernisse und Schwierigkeiten beim Ausbau der nun erweiterten Europäischen Wirtschaftsgemeinschaft werden aufgespürt und analysiert. Im Rahmen der Gesellschaftspolitik wird Erreichtes und Erstrebtes geprüft und der Einsatz wirtschaftspolitischer Mittel erwogen, um das Leitbild einer freien und sozial ausgeglichenen Gesellschaft zu vervollkommnen.

So bleibt für Müller-Armack auch nach der Rückkehr zur Wissenschaft mehr als ein Gebiet offen, das intensiver Bearbeitung bedarf. Seine Mitarbeiter im Institut schätzen die „irenische" Atmosphäre, die ihn umgibt und von ihm auf sie ausstrahlt, und folgen ihm dankbar, wenn er ihnen in einer großangelegten Schau über das reine Fachwissen hinaus neue Ziele an einem weiten Horizont weist.